2판

유아특수교육개론

김경숙 · 김미숙 · 김성애 · 김수진 · 박숙영 · 백유순
이성봉 · 조광순 · 조윤경 · 최민숙 · 허계형 공저

Early Childhood Special Education

학지사

유아특수교육은 장애영·유아, 장애위험영·유아와 그의 가족에 대한 교육적 서비스를 제공하기 위한 학문입니다. 유아특수교육은 유아교육과 특수교육의 영향을 받으며 학문적인 기반을 구축하여 왔기에 차이점보다는 공통점이 더 많은 것이 사실입니다. 더군다나 장애영·유아가 해를 거듭하며 일반교육현장에 통합되고 있는 현 추세를 감안한다면 유아교육과의 공통점은 더욱 부각될 것입니다.

그러나 유아특수교육은 독자적인 학문 분야로서의 특성을 살리기 위해 많은 노력을 해 왔으며, 이러한 노력의 결과, 해를 거듭하면서 비약적인 발전을 이루어 왔습니다. 한국유아특수교육학회를 중심으로 연구 활동이 활발히 이루어지고 있으며, 많은 저·역서의 발간을 통해 학문적인 이론 정립에 매진하여 왔습니다. 특히 2007년에 제정된 '장애인 등에 대한 특수교육법' 은 유아특수교육의 양적 성장을 담보할 수 있는 법적인 토대를 마련해 주었습니다. 장애영아가 공교육을 받게 되었고, 3세 미만 장애유아의 의무교육이 실현되었으며, 발달지체유아가 유아특수교육의 대상으로 규정되었습니다. 이렇듯 최근 몇 년간은 유아특수교육의 격동기라 해도 과언이 아닐 정도로 많은 변화가 이루어져 왔습니다.

유아특수교육은 이러한 긍정적인 변화들을 토대로 지속적인 발전을 위해 더 많은 문제를 해결해야 합니다. 첫째, 장애영·유아 조기 발견을 위한 발견체계를 구축하여 대상자들을 조기에 교육체계로 연결시켜야 하고, 둘째, 처음으로 공교육 대상이 된 장애영아를 위한 프로그램을 개발해야 하며, 셋째, 장애영·유아의 가족과 협력하기 위한 가족참여와 지원의 최상의 실제를 마련하고, 넷째, 장애영·유아가 자연적인 환경에서 성장할 수 있도록 환경을 정비해야 하며, 다섯째, 장애

영 · 유아의 발달을 최대화하기 위한 다양한 교수방법을 개발해야 합니다.

이러한 당면과제에 부응하기 위해 '유아특수교육개론'의 개정이 불가피하여 필요한 영역을 부분개정하여 출간하였습니다. 여러 사람이 집필한 관계로 용어사용이나 내용 면에서 연계성이 부족할 수 있음에 독자들에게 양해를 구합니다.

끝으로 집필에 참여한 분들은 허계형(1, 3장), 조광순(2장), 최민숙(4장), 김성애(5장), 김경숙(6, 12장), 백유순(7장), 조윤경(8장), 김수진(9장), 김미숙(10장), 박숙영(11장), 이성봉(13장)입니다.

2009년 2월
저자 일동

1판 저자 서문

독일의 전 대통령인 바이체커는 "건강한 사회란 모든 사람을 다 포용할 수 있는 사회다."라고 하였습니다. 이는 한 사회 안에는 건강한 자, 병약한 자, 장애인 등 여러 다양한 사람들이 어우러져 살아가고 있으며, 그중 누구도 배척되거나 소외되어서는 안 된다는 뜻입니다. 많은 사람들이 어우러져 다양한 색깔을 발하며 아름답게 조화를 이룬다면 그보다 더 아름다운 사회가 있을까요? 각 사람의 다양한 욕구와 필요에 부응할 수 있는 사회, 그래서 그 안에서 생활하는 모든 사람을 소외시키거나 배척하지 않는 사회, 아마도 그런 사회를 꿈꾸며 오늘도 사회의 구석구석에서 열심히 생활하고 있는 사람이 많이 있을 것입니다.

이런 사람들의 노력으로 1980년대 이후 유아특수교육이 시작되었습니다. 그 후 1994년 특수교육진흥법이 전면 개정되면서 유아특수교육에 관한 항목이 삽입됨으로써 우리나라의 유아특수교육은 법적 지원하에 미약하나마 발전하게 되었습니다. 개정 이후 몇 개 대학에 유아특수교육과가 신설되었고, 2000년 2월부터 유아특수교사를 배출하기 시작하면서 유아특수교육은 활기를 더하기 시작하였습니다.

그러나 유아특수교육의 그 짧은 역사는 우리에게 해결해야 하는 많은 난제를 제시해 주었습니다. 유아특수교육의 기초적인 용어 및 학문 정립, 한국 실정에 맞는 유아특수교육 시스템의 개발, 통합교육의 확대와 모형연구 및 교사 간 협력, 발달지체영아의 공교육화, 발달지체유아의 교육수혜율 확대 등 산재해 있는 많은 현안 문제들이 있습니다. 이러한 문제들이 하루아침에 해결되기는 어려우며, 문제점만을 생각하면 유아특수교육을 위해 노력한 많은 정성과 손길들이 잊혀져 버리기 쉽습니다. 그러나 작은 노력들이 모여 해를 거듭하며 발전하는 유아특수교육을 바라보면 항상 감사하는 마음을 갖게 됩니다.

이 한 권의 작은 책은 유아특수교육을 사랑하는 사람들이 앞으로 무궁하게 발전해 갈 유아특수교육을 마음속에 그리며 작은 노력을 더하고 싶은 마음으로 출간했으며, 앞으로 더 많은 유아특수교육을 사랑하는 후학들에게 작은 도움을 주기를 소원하는 마음으로 출간하였습니다. 여러 사람이 각자의 전공 영역에서 자유로이 집필하였기 때문에 한 권의 책으로서 연계성이 부족할 수 있음에 양해를 구합니다.

끝으로 집필에 참여한 분들은 허계형(1, 3장), 조광순(2장), 최민숙(4장), 김성애(5장), 김경숙(6, 12장), 백유순(7장), 조윤경(8장), 김수진(9장), 김미숙(10장), 박숙영(11장), 이성봉(13장)임을 밝힙니다.

2002년 7월
저자 일동

차례 CONTENTS

06 유아특수교육과 전이 183

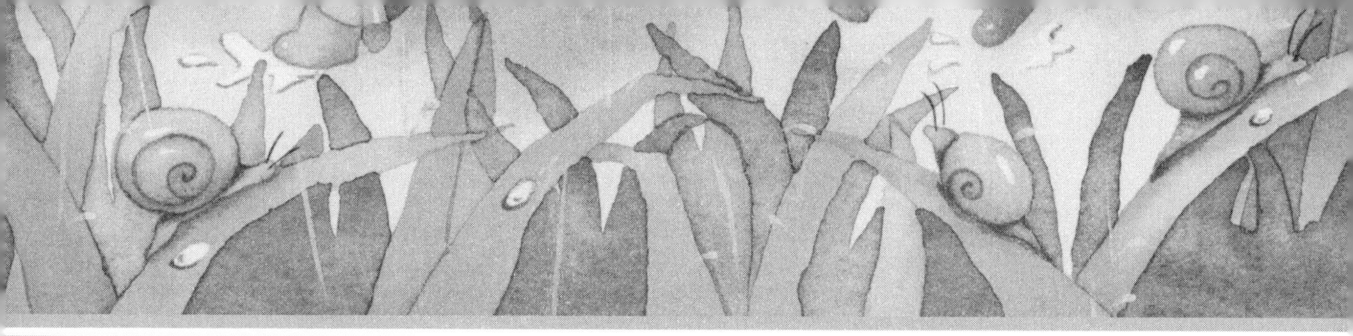

chapter

01 유아특수교육의 이해

1. 유아특수교육의 개념
2. 유아특수교육의 역사적 · 철학적 관점
3. 정상발달유아와 발달지체유아 교육의 상호작용 및 유아특수교육의 추천 실제

1. 유아특수교육의 개념

유아특수교육은 출생에서 6세까지의 학령전기에 특수교육을 필요로 하는 대상들에게 적절한 서비스를 제공하는 것을 의미한다. 유아특수교육에 대한 구체적 개념을 연령, 대상 범위, 교수접근 방향으로서의 발달적 접근, 다학문적 서비스, 유아특수교육의 교육환경으로 구분하여 제시하겠다.

1) 연 령

유아특수교육은 연령 면에서 학령전기의 대상을 의미한다. 국내의 경우 일반적인 학령 전 연령은 만 6세 미만을 의미한다고 볼 수 있다. 외국의 유아특수교육이 영아기의 조기 중재와 유아기의 유아특수교육을 모두 포함하여 '유아특수교육'으로 빈번히 정의한 반면, 국내에서는 최근에 이르기까지 유치원 대상 위주였다고 볼 수 있다. 그러나 최근에 개정된(2007년 5월) '장애인 등에 대한 특수교육법(이하 특수교육법)'에서 유아기는 의무교육을, 3세 미만의 영아는 무상교육을 명시함으로써 영아기 또한 중요한 유아특수교육의 대상임을 나타내 국내 유아특수교육의 방향을 제시하고 있다.

2) 대상 범위

유아특수교육의 대상자는 유아기라는 특수성에서 비롯, 장애 표찰의 부적절성을 고려하여 확정된 장애 유형으로 분류하는 방법 외에 발달지체 그리고 예방적 목적에 따른 장애 위험 대상을 포함한다. 국내의 경우는 2007년 제정된 특수교육법에 (유아)특수교육 대상 범주를 "시각장애, 청각장애, 정신지체, 지체장애, 정서 · 행동 장애, 자폐성장애(관련 장애 포함), 의사소통장애, 학습장애, 건강장애, 발달지체, 기타 대통령령으로 정하는 장애"로 정함으로써, 특수교육진흥법에는 포함되지 않았던 발달지체의 개념을 추가적으로 포함하여 유아기 장애 진단의 어려움과 장애 표찰의 부정적 영향을 고려하였다고 볼 수 있다.

외국의 경우는 이와 같이 확정된 장애가 있는 경우를 제외하고도 예방적 목적에 따른 장애 위험 대상을 특수교육의 범주에 포함시킨다. 그러나 국내에서는 법적으로 아직 장애 위험 유아에 대한 교육과 중재를 서비스에 포함하고 있지 않다. 보다 효과적인 유아특수교육 서비스 제공을 위해 장애 위험까지 포함할 필요가 있다.

3) 교수방향으로서의 발달적 접근

일반적인 유아특수교육에서의 교수방향은 발달적 접근을 강조한다. 발달적 접근은 유아특수교육 대상이 가능한 한 조기에 발달의 이정표(milestone) 면에서 목표를 달성할 수 있도록 촉진하는 방향을 의미한다. 이때 발달 영역은 일반적으로 인지발달, 신체발달(소근육 운동과 대근육 운동), 의사소통, 사회 및 정서, 적응발달 등이 포함된다.

4) 다학문적 서비스

유아특수교육이 대상의 요구에 효율적이고 성공적으로 부합되기 위해 다방면의 전문인 및 팀원들이 하나의 팀을 구성하여 서비스를 제공한다. 이와 같은 서비스들은 부모와 유아특수교육 대상 유아의 발달을 촉진하고 부모의 요구를 효율적으로 달성할 수 있도록 돕는다. 가능한 다학문적 서비스는 물리치료, 작업치료, 부모를 위한 자문과 교육, 시각 전문인, 청각 전문인 등을 들 수 있다.

5) 유아특수교육의 교육환경

유아특수교육의 교육환경은 통합교육 환경(예: 장애아 통합유치원 및 어린이집), 일반유아교육 환경 내의 특수반, 혹은 유아특수학교 등으로 다양하다.

2. 유아특수교육의 역사적 · 철학적 관점

다른 분야와 마찬가지로 유아특수교육의 역사 및 철학은 여러 분야로부터 다양한 영향을 받아 변화 · 발전했다. 이 장에서는 그 흐름을 정상발달유아 교육, 보상교육, 특수교육 분야로 나누어 사회적 · 정치적 흐름과 함께 살펴보고 이에 근거한 유아특수교육의 변화와 추천 실제를 제시하고자 한다.

1) 정상발달유아 교육으로부터의 접근

유아교육발달사의 많은 부분은 가난을 대처하는 과정에서 비롯되었다고 할 수 있다. 1800년대 후반과 1900년대 초반 여러 국가의 교육가 및 철학가는 가난이 유아에게 주는 심각하고 비극적인 장기적 효과를 인식하고 이를 예방하기 위한 프로그램 개발에 나섰는데, 바로 이러한 정상발달유아를 위한 프로그램이 발달지체유아 교육 프로그램 개발의 기반을 마련해 주었다(Hanson & Lynch, 1995).

(1) 프뢰벨(Froebel)의 유치원 교육

초기의 유아교육 프로그램은 유아중심 교육과 놀이를 중시했던 프뢰벨(Froebel)이 창시한 유치원(kindergarten) 교육을 통해 시작되었다(Bricker, 1998). 프뢰벨 교육은 진정한 의미에서의 유아를 위한 첫 번째의 견고한 접근법으로 볼 수 있다. 그는 신과 자연과 인간이 조화를 이룬다는 합자연의 교육관을 가지고 『인간교육(*Die Menschenerziehung*)』이라는 그의 저서를 통하여 유아의 놀이가 중요함을 강조하였다. 프뢰벨은 유아가 놀이를 통해 통찰력을 발달시키고 정신적으로도 발달한다는 기본 원칙 아래 놀이가 교육과정의 중심이 되어야 함을 제시하였다.

(2) 듀이(Dewey)의 진보주의

프뢰벨의 유치원 교육 열풍이 지난 후 그의 교육철학에 대한 개혁이 시도되었다. 이는 진보주의적 입장으로서 프뢰벨의 일반적 철학은 지지하나, 교육과정과 교수방법적인 면에서는 불필요한 형식주의에 반대하는 움직임이었다. 이러한 움직임의 대표적 학자인 듀이(Dewey)는 교육의 기능적 목적을 강조하고, 교육은 생활 안에서 통합되어야 하며 추상적인 미래를 위한 대책이 아닌 실제적인 삶에 직접적인 관련이 있어야 함을 주장하면서, 유아가 주도한 능동적 학습을 중시하고 탐구를 유도하는 흥미중심의 교육을 제창했다. 특히, 제공되는 경험의 질적인 면을 주시하여 경험이 학습에 의미 있기 위해서는 상호교환적이고 기능적이어야 함을 주장했으며, 최근의 유아특수교육 실제에서의 상호교환의 중요성과 기능성, 실용성의 강조에 영향을 주었다(Bricker & Cripe, 1992).

(3) 보육학교운동과 탁아 프로그램

유아교육에 큰 영향을 미친 또 다른 사건은 영국과 이탈리아에서 시작된 보육학교운동(nursery school movement)이라고 볼 수 있다. 이는 1900년대 초 영국에서 유아의 정신적·신체적 복지를 목적으로 맥밀란 자매가 빈민촌개혁운동으로 시작했다. 맥밀란 자매는 영국 초등학교의 형식주의를 반대하고 보육학교를 세워 런던 빈민가의 사회적 문제를 논했다. 이와 동시에 몬테소리는 이탈리아 로마에서 보육학교운동을 시작했는데, 영국 맥밀란 자매의 보육학교와 그 목적에서 같은 맥락을 이루어 이탈리아의 전통적인 실제와는 다른 목표를 가지고 지적장애인 및 로마의 빈민을 대상으로 보육학교운동을 시작하였다.

몬테소리(Montessori)는 보육학교운동의 일환으로 유아에게 기본적 개념을 가르치기 위한 목적 아래 활동센터를 시작하였다(Maxim, 1980). 몬테소리 교육에서 주목할 것은 활동센터에서 사용되었던 교구와 재료다. 이 교구 및 재료의 특징은 사용할 때 한 가지의 정확한 사용법을 제시하고 각각의 도구는 특정한 목표를 갖고 있어 고안된 목적의 용도로 사용되도록 하는 것이다. 특히, 몬테소리 교육은 발달지체유아를 위한 교육 프로그램에 단계적이고 순차적인 순서를 제공하여 자기 지시적인 교구와 환경과의 적극적 참여를 통해 감각양식의 학습을 중요하게 여겨 자기 보조에 맞는 학습을 제시하였다(Hanson & Lynch, 1995). 몬테소리 프로그램은 1900년대 초 보육운동의 한 형태로 미국에 도입되었고, 미국 내의 탁아 프로그램(Child care program)과 접목되었다(Lazerson, 1972). 보육운동교육과 탁아 프로그램은 서서히 대공황 시대까지 퍼져 나갔고, 대공황으로 직업을 잃은 교사에게 직업을 제공하기 위한 시대적 요구와 함께 많은 보육학교의 건립으로 연결되었다.

이후 제2차세계대전의 발발로 전쟁에 필요한 물자를 만드는 공장의 증가와 함께 나타난 산업화 현상으로 갑작스럽게 노동력의 수요가 증가하였다. 동시에 많은 여성들은 전쟁터로 나간 남성을 대신하여 노동을 해야 했으므로 여성 인력이 일할 수 있는 통로를 위한 해결책으로 탁아 프로그램 및 보육학교가 활성화되었다. 그러나 전쟁 후 이러한 시대적인 요구가 소멸함에 따라 유아교육 프로그램을 위한 자금 또한 급속도로 감소되었고, 많은 보육학교와 탁아 시설이 폐쇄되었다. 폐쇄된 이후에도 탁아 프로그램과 이의 철학은 오늘날의 유아교육 및 유아특수교육 흐름에 영향을 주었다.

(4) 피아제의 인지발달이론

이외에 유아교육사상에 큰 영향을 준 발달이론으로 피아제(Piaget, 1952)의 인지발달이론을 들 수 있다. 그는 유아를 인지도식을 구축하는 적극적인 · 능동적 탐색자로 기술했다(Shaffer, 2000). 또한 인지발달은 4단계(감각운동기, 전조작기, 구체적 조작기, 형식적 조작기)의 불변의 순서로 구성되어 있어 각 단계를 거쳐 표상적 사고가 가능할 때까지 능동적으로 활발한 탐구가 필요함을 제시했다. 이러한 피아제의 관점은 정상발달유아뿐 아니라 발달지체유아의 발달에서도 환경 안에서의 적극적 활동 참여가 인지 성장에 결정적 역할을 함을 시사함으로써 발달지체유아의 적극적인 활동 참여를 권장했으며, 이를 촉진하기 위해 교사 및 중재자는 적절한 피드백을 제공할 것을 강조했다(Bricker & Cripe, 1992).

(5) 비고츠키의 상호교환적 접근법

비고츠키(Vygotsky, 1978)는 유아가 능동적으로 새로운 원리를 학습하고 발견하는 데 흥미를 느끼는 호기심 많은 탐색가라는 피아제의 입장에는 동의했지만, 피아제의 자기 개시적 발견에 주의를 기울이기보다는 인지 성장에 대한 사회적 · 문화적 기여의 중요성을 강조했다(Shaffer, 2000). 그는 환경이 인간에게 주는 영향을 강조할 뿐 아니라 동시에 인간이 환경에 영향을 주고 그 변화된 환경에서의 인간이 다른 새로운 환경을 구축하는 상호교환적 접근법을 주장했다. 비고츠키의 이러한 상호교환적 태도는 새멀어프와 챈들러(Sameroff & Chandler, 1975)가 확장시켜 유아특수교육의 접근에 커다란 변화의 동기를 제시했다(Bricker & Cripe, 1992).

즉, 초기의 유아특수교육, 특수교육, 치료교육은 대체로 전문인이 분리한 환경에서 수행했으나 점차 유아의 사회적 · 문화적 환경 및 그와 관련된 변인의 상호교환적 역할의 중요성을 받아들여 유아에게 가장 중요한 사회적 환경으로서의 부모 및 가족 참여 항목을 추천하고 실제로 강조하고 있다.

요약하면, 정상발달유아 교육 측면으로부터의 접근은 매우 다양한 시대적 · 철학적 배경을 지니고 있다. 초기의 유치원 교육, 보육학교운동, 탁아 교육으로부터 시작하여 근대에 들어 큰 영향을 준 피아제 및 비고츠키의 이론은 수년에 걸쳐 정상발달유아 교육 프로그램 형성에 주축을 이루는 동시에 오늘날 유아특수교육의 실제를 형성하는 데 많은 영향을 주었다.

2) 보상교육 측면으로부터의 접근

보상교육운동(compensatory education movement)은 유아특수교육 분야를 구축하는 데 도구적 역할을 했다. 이는 이름이 암시하는 것과 같이 경제적인 이유로 초기 경험과 교육 면에서 불이익을 당하는 유아에게 생길 수 있는 약점을 보상하려는 것이 일반적인 목적이다. 이외에도 보상교육운동의 목적은 유아의 건강, 신체적 능력, 정서적 · 사회적 발달과 개념 및 언어능력 향상을 포함한다(Bricker, 1998). 보상교육운동의 대표적인 예로는 헤드스타트 프로그램(Head Start Program)과 폴로 스루 프로그램(Follow Through Program)을 들 수 있다.

(1) 헤드스타트 프로그램

헤드스타트 프로그램(Head Start Program, 1965)은 경제적기회수정조항(The Economic Opportunity Amendment, 1964)에 의거하여 8주의 실험적 프로그램으로 시작하여 1년 프로그램으로 확장되었으며, 나라 전체의 자원, 부모, 전문가, 지역사회가 동원된 조기 중재 분야의 정부 관련 최초의 포괄적인 접근법이라고 볼 수 있다(Zigler & Styfco, 1993). 1972년에 헤드스타트 법령은 모집 인원의 최소 10%는 장애를 가진 대상이어야 한다고 개정되었으며, 이 같은 법령의 개정은 수많은 발달지체유아가 유치원 시기 동안 통합될 수 있는 기회를 부여했다. 한 연구 보고에 따르면, 1973년 약 3만 명의 발달지체유아가 헤드스타트 프로그램에 등록했고, 1984년까지 헤드스타트의 99% 중 적어도 한 명 이상의 발달지체유아가 프로그램에 등록되어 있었다. 그리고 다음 해인 1985년에는 약 6만 2,000명의 발달지체 또는 장애영 · 유아가 매년 헤드스타트를 통하여 교육받고 있음을 보고했다(Peters & Deiner, 1987).

헤드스타트 프로그램은 생태학적 관점에 대한 실제적 적용으로 볼 수 있다. 생태학적 관점은 환경이 발달 과정상에 있는 사람에게 영향을 주는 중요한 원천이라는 가정에서 출발하였고, 발달이란 항상 변화하고 있는 사람과 환경 간의 상호작용의 산물로 보아 직 · 간접적인 환경의 역할을 강조했다(Bronfenbrenner, 1975). 헤드스타트 프로그램은 유아의 교육이 최대화되기 위해서 유아뿐 아니라 유아에게 가장 직접적 환경으로서의 부모 및 가족을 중심으로 한 서비스 체계를 강조한다. 예를 들어, 헤드스타트의 가족참여는 전통적인 보육학교 및 정상발달유아의 부모참여 수준보다 훨씬 더 적극성을 보인다. 헤드스타트는 부모회(PAC, Parent Advisory Committees)를 구성하여 부모가 다양한 의사 결정(예: 헤드스타트의 스태프 고용에 참여)에 참여할 수 있도록 할 뿐 아니라 무직의 부모가 직업을 원할 경우 가능한 직업 찾기에서 적절한 직업훈련까지 제공하기도 하여 가족중심 체제를 구축하는 데 중요한 역할을 했다. 또한 헤드스타트 프로그램은 복합적인 지역사회중심 서비스 체계를 제시하여 다양한 분야로부터의 전문인(예: 언어치료사, 심리학자, 정신건강 전문가, 영양사)이 서비스에 참여하도록 하여 팀 접근법의 도입에 기여했다.

헤드스타트 프로그램의 결과에 대해서는 수년에 걸쳐 열띤 논쟁과 분석을 불러왔고, 그러한 논쟁은 현재까지 지속되고 있다. 초기 결과에 대한 대표적인 연구 보고는 1969년의 웨스팅하우스 연구결과 보고(Westinghouse Research Report)다. 이에 따르면, 헤드스타트 프로그램은 부모와 그 자녀와의 상호작용에는 긍정적 효과가 있었으나 유아의 지적 발달, 감성 및 언어 발달과 학업성취 효과에서는 단기적 효과가 있었을 뿐 수년 후 실험 집단을 전국 규준과 비교했을 때 여전히 뒤떨어진다는 점을 들어 헤드스타트의 결과를 전반적 실패로 간주하였다. 이에 대해 데타(Datta, 1979)는 다른 많은 동행된 연구에서 보인 긍정적 결과를 무시하고 헤드스타트의 결과를 실패로 간주하는 것은 헤드스타트 프로그램에 대한 비현실적인 높은 기대감에서 온 것임을 지적했다. 그 후 웨스팅하우스 연구결과와 다른 관점의 연구결과가 출판되었는데, 대표적인 연구는 1975년 지글러(Zigler)가 주축이 된 예일 대학 연구팀의 연구였다. 일명 '잠재 효과(sleeper effect)' 로 불리는 이 효과는 학령기 3학년까지는 헤드스타트 교육의 효과가 통제 그룹과 비교하여 볼 때 학업성취에서 다른 점이 없었으나, 5학년 말에 학업성취를 측정하는 5개 평가 가운데 세 부분에서 우월성을 보였고 과제적응능력, 사회적 적응에 단기적인 효과가 있었으며 문제해결능력의 향상이 있었음을 보고했다. 브리커(Bricker, 1998)는 이러한 일치하지 않는 연구결과에 대하여 헤드스타트 안에서 이용되었던 접근법이 집중된 교육과정에 따라 또는 교사 및 직원의 구조, 서비스의 모델 접근 방식 등에 따라 매우 다양했고 이러한 다양성 안에서 그 성패를 가리는 것은 사실상 불가능하다고 하였다.

(2) 폴로 스루 프로그램

폴로 스루 프로그램(Follow-Through Program)은 헤드스타트의 단기적인 시도가 유아의 발달과 학습에서 황폐화된 환경이 주는 효과를 극복하는 데 충분하지 않다는 연구결과에 따라서 저소득층 아동을 대상으로 초등학교 3학년까지 연장·확장된 프로그램이었다. 폴로 스루 프로그램에서 주목할 부분은 다양한 접근법(일명 프로그램 모델)의 개발 및 시도다. 이때 개발된 프로그램 모델은 여러 분야의 학자, 심리학자, 연구가들이 각각 다른 철학, 가치, 이론, 중요성, 교수목표, 교수방법, 수업 재료, 교육과정을 반영한 것이다. 이 프로젝트에 참여한 학교 지구는 다양하게 개발된 프로그램 모델 안에서 그들이 시도하고자 하는 모델을 선택 적용하였고, 또한 이의 효과에 대한 지속적 연구가 수년에 걸쳐 수행되었다. 이 연구결과는 어떠한 대상과 특정 상황에서 어떤 접근법이 효과적임을 밝혀 내는 데 기여함으로써 교육적 이론과 실제의 통합을 시도했음에 의의가 있다.

폴로 스루 프로그램의 모델은 이후 다양한 후속 프로젝트에 영향을 주었다. 대표적인 예는 HCEEP 모델 프로그램으로, 이는 3~5세의 발달지체영·유아를 대상으로 하여 미국 국민에게 조기교육의 실현 가능성을 보여 주기 위한 목적으로 시행된 정부 주관의 시범 프로그램이었다. HCEEP 모델 프로그램에서 사용한 프로그램 모델은 폴로 스루에서 개발되었던 프로그램을 바탕으로 이루어졌으며 3년간 미국 전역에 걸쳐 이루어졌다. 이를 통하여 각 모델이 주는 상황에 따른 다양한 접근법의 우월성과 장점에 대해 심도 있는 평가 결과가 나타났고, 그에 대한 결과를 반영한 개선된 서비스는 유아교육 및 유아특수교육 프로그램의 향상에 지대한 영향을 주었다(Bricker, 1998).

(3) 기타 보상교육 프로그램

헤드스타트와 폴로 스루 프로그램 외 다른 종류의 보상교육 프로그램으로는 헤드스타트 유아의 가정을 위한 홈스타트 프로그램(Home Start Program, 1972)을 들 수 있다. 가정환경의 중요성을 배경으로 (가정)방문자를 이용하여 그들의 가정환경에서 자녀를 위한 교육적 자극을 어떻게 제공하는지를 가르치거나 적절한 모델을 보여 주고, 긍정적인 부모-자녀 관계 형성을 위한 조언을 제공한다. 홈스타트 프로그램은 헤드스타트의 기관중심 프로그램과 함께 제공되며, 그 종류와 빈도는 각 가정의 상황에 맞도록 가족이 적절하게 선택할 수 있다. 다른 예는 기존의 헤드스타트 및 폴로 스루 프로그램이 유치원 연령 및 학령기 아동의 교육 및 보육에 중점을 둔 것에 비해 3세 미만의 영아를 위한 프로그램인 얼리 헤드스타트 프로그램(Early Head Start Program)이 있다. 얼리 헤드스타트 프로그램은 위험 환경에 있는 태아 및 영아까지로 연령을 조정한 조기 예방적 차원에서의 유아특수교육 서비스라고 볼 수 있다.

결론적으로 이와 같은 보상교육 측면의 역사적 · 이론적 검토는 보상교육이 유아특수교육, 정상발달유아 교육의 발달에 어떻게 영향을 미쳤는지 설명해 준다. 보상교육은 전반적으로 지역사회의 위험 대상, 빈민과 소수집단의 교육적 · 의료적 필요에 응답한 프로그램으로, 유아특수교육과 유아교육 분야에 가족지향적이고 가족중심적인 서비스의 도입을 촉진했다. 그리고 다양한 종류의 프로그램(예: 가정중심 교육, 센터 중심의 교육, 가정과 센터의 혼합형)을 가족에게 시도함으로써 서비스 제공의 효율성을 높였다. 또한 여러 가지 프로그램 모델의 시도 및 평가를 통하여 교육 및 중재의 질적 향상에 이바지했다.

3) 특수교육 분야로부터의 접근

특수교육 분야의 역사적 철학적 근거는 행동주의 원칙을 중심으로 유아특수교육의 교수 방법론적 측면을 설명한다. 이타드와 세강을 비롯한 초기 행동주의 경향, 시대적 변화와 요구에 따른 장애인 관점과 교수방법의 변화, 근대의 자연적 교수법을 포함한 구체적 내용은 다음과 같다.

(1) 초기 행동분석의 경향: 이타드와 세강의 접근법

1800년대 프랑스 의사인 이타드(Itard)는 중도 장애아동을 대상으로 교육을 실시하였다. 연구 대상은 프랑스 파리 근처의 숲에서 11년간 방황하다 발견된 빅터(Victor)라는 소년이었다. 발견 당시 빅터는 원시적이고 비사회적이어서 교육이나 훈련이 불가능한 '백치'로 평가되었으나, 이타드는 이러한 정부의 결론에 동의하지 않고 빅터의 교육을 담당하였다. 그는 감각 훈련기법을 중시하였고, 활동은 상징체계의 이해를 위해 신중하게 계획되는 동시에 활동의 단계를 수준화하여 빅터가 수행 가능한 활동부터 학습할 수 있도록 했다. 또한 일상생활에서 반복적으로 수행할 수 있도록 중재목표와 기회를 제공함으로써 소년에게 의미 있는 활동이 되도록 했다(Bricker, 1998).

뒤를 이어 같은 프랑스계 학자이며 이타드의 제자였던 세강(Seguin)은 빅터보다도 더 중도의 장애인에게 이타드의 방법을 확장시켜 적용하였다. 세강은 이타드의 교육철학에 따라 가장 기본적 수준의 훈련에서 일반 사회에서 사용하는 높은 단계의 수준을 포함한 단계별 발달론적 프로그램까지 모두 적용하였다. 아동의 적절한 행동교육을 위해 선행 조건을 제시했고 행해진 반응에 대해 적절한 결과를 적용하는 기본적인 행동분석접근법을 이용했다. 이때 세강이 사용했던 행동분석접근법은 이후의 고전적 행동분석접근법(예: Watson)과 비교하여 볼 때 차이가 있다. 세강은 적절한 행동을 교육하기 위해 어떤 고전적 행동주의 학자보다도 더 자연스러운 결과물을 사용하였고, 장애아동의 적절한 성장을 위해서 상황과 연결되지 않은 무의미하고 반복적인 교육은 반대했다. 반면에 아동의 자발성과 호기심을 사용할 것을 강조했다. 브리커(Bricker, 1998)는 이타드와 세강 이후 행동주의 경향이 실험실 위주의 무의미한 반복과 인위적인 결과물을 이용하는 것으로 변한 것에 대한 아쉬움을 표현했다.

(2) 수용 시설 시대

1800년대 이후 미국의 특수교육은 지적장애인, 신체장애인, 감각장애인, 정신분열증의 장애인을 위한 시설물 위주였다. 시설물의 대상은 대체적으로 중도나 중등도의 장애아동이었다. 많은 경도 장애아동의 경우는 일반학교에 남겨져 있었으나 적절한 교육적 혜택이 제공되지 않아 도중에 학교를 중퇴하는 경우가 많았다. 1800년대 후반에 들어 수용 시설의 성격이 변화하기 시작하여 치료를 위한 시설물에서 사회로부터 분리하기 위한 수용 목적으로 이용되기 시작했다(Bricker, 1998). 즉, 치료를 위한 준비나 교육 프로그램을 제공하는 종류의 시설물이 아닌, 단순한 보호를 위한 장소로 사용된 것이다. 이에 따라 이 시대의 시설물에서는 학교라는 이름이 사라졌고, 대신 보호시설이나 병원이라는 이름이 사용되었다. 이때의 수용 시설은 돌보는 직원의 수에 비해 너무 많은 장애인이 수용되는 경향이 있었고, 사용된 전문적 기술은 만족스럽지 못했으며, 교육내용에서도 수용 시설 밖에서 사용할 수 있는 기능적 기술에 대한 훈련은 거의 없어서 점차 소수의 이용자만 남게 되었고 폐쇄되는 기관이 늘어나게 되었다.

이러한 특수교육의 퇴보는 1930년대의 경제 대공황의 영향과 함께 지능은 고정되어 변하지 않는다는 관점이 대두되는 사회적 · 교육적 흐름과 관련이 있다. 여기에 제2차세계대전의 발발은 전쟁에 필요한 인력 조달로 인적 자원의 부족을 초래하였으며 이러한 현상을 가속화시켰다.

(3) 사회적 여건의 변화 및 초기 행동주의 관점의 시작

제2차세계대전은 특수교육에 대한 태도 변화에 큰 영향을 미쳤다. 먼저 참전할 군인을 선별하기 위한 검사를 통하여 추정했던 것보다 훨씬 더 많은 수의 인구가 신체적, 정신적, 행동적인 장애를 가지고 있음이 판별되어 장애에 대한 개념이 확장되었다. 또한 건강하게 전쟁에 참전했던 많은 사람이 전쟁 후 장애인이 되자 가족이나 사회는 장애에 대한 수용적 태도를 갖게 되었다. 이러한 분위기 안에서 특수교육은 회생하기 시작했고 장애인을 위한 교육과 보호를 향상할 준비가 되었다. 이후 근대에 이르기까지 특수교육 분야에는 많은 긍정적 변화가 있었는데, 이러한 변화의 동기는 다음의 몇 가지로 분류될 수 있다.

첫째, 부모 집단의 활동을 들 수 있다. 전쟁 후 부모 집단은 점차 자녀의 권리 및 교육을 위해 단체를 형성하기 시작했다. 대표적인 부모 집단으로는 정신지체아동전국협회(National Association for Retarded Children, 후에 Association for Retarded Children으로 변경), 뇌성마비장애아협회(United Cerebral Palsy Association)를 들 수 있다. 이러한 단체는 연수회를 통하여 발달지체영 · 유아를 위한 조기교육 프로그램을 조직했고, 중도 및 중등도 장애아동을 위한 지역사회중심의 프로그램을 시도했으며, 공립학교의 외적 시설을 개선하여 사회적 환경 변화에 중점적 역할을 했다.

둘째, 1960년대와 1970년대에 걸친 시민권리운동의 영향이었다. 시민권리운동은 운동의 중심이었던 흑인뿐 아니라 장애인을 포함한 소수집단의 동등한 권리 주장으로 흑인에 대한 공립학교의 무차별 교육 원칙은 장애인 및 다른 소수집단의 교육적 권리로 연결되었다. 장애인을 위한 무차별 공교육 원칙은 학교 내에서의 건축적 장애를 제거함으로써 지체장애아가 동등하게 출입할 수 있도록 했다. 동시에 부모 그룹 및 개인은 여러 법적 활동을 통해 강하게 그들의 권리를 주장했고, 변화된 사회적 흐름은 이러한 법적 활동을 승리로 이끌었다. 여러 법적 소송 가운데, 특히 PARC(Pennsylvania Association for Retarded Children: Common Wealth of Pennsylvania, 1971)는 법 아래에서 동등하게 교육받을 권리와 안전하게 교육받을 권리, 수업을 진행받을 권리에 대한 대표적 소송으로 볼 수 있다. 이 법적 사건은 공립학교가 학생이 지적장애인이라는 이유로 무상교육을 위한 공립학교의 입학을 취하하거나, 연기하거나, 거절할 수 없도록 판결했다. 또한 법정은 이 사건 이후에 6~21세 사이의 모든 지적장애인이 1972년까지 무차별의 공교육을 받을 수 있도록 판결했다(Abeson & Zettel, 1977). 이 법적 사건이 갖는 의의는 미국 역사상 처음으로 학령기 아동을 대상으로 그 장애 정도를 상관하지 않고 무상의 공교육을 가능하게 한 사건이었다는 것이다(Bricker, 1989). 또한 컬럼비아 지역의 부모 7명은 당시 공립학교에 등록되지 않은 모든 학령기 아동의 권리를 위해 집단으로 소송을 제기하여 장애 정도를 상관하지 않고 모든 아동이 무상의 공교육을 받도록 했다(Bricker, 1989).

셋째, 개인의 행동이(유전뿐 아니라) 사회적 환경으로부터 영향을 받는다는 이론적 흐름의 영향이었다. 먼저 비네(Binet, 1901)는 지능검사를 개발하여 지능의 변화를 측정할 수 있도록 하였고, 이 외에도 전쟁 중 필요한 인구 선별을 위한 지능검사, 성격검사 등이 개발되어 환경의 영향에 대한 관심도를 높였다. 연구 가운데, 특히 심리학 분야에서는 기억의 기능 및 발달 과정에 대한 결과를 행동학적 기법을 이용하여 교육에 적용하는 시도를 하였고, 중도 및 중등도의 장애인의 학습이 가능할 수 있다는 임상적 결과를 가져왔다. 이 연구결과는 환경의 영향에 대한 올바른 인식을 가져옴으로써 장애인 교육에 대한 기존의 개념을 변화하게 했고, 학습 저해 요인을 파악하고, 적절한 중재 프로그램 개발의 중요성을 강조하게 함으로써 행동학적 기법의 기본을 현실화했다(Bricker, 1989).

요약하여 보면 근대의 특수교육 분야에서는 부모 집단이 활성화되어 장애 및 발달지체 자녀의 교육적 권리를 위한 활동이 활발했고, 이는 시민권리운동으로 힘이 더해졌으며, 동시에 다양한 연구결과 및 성과에 따라 환경의 영향에 대한 재인식이 형성되어 그 가치가 인정됨에 따라 장애아동 및 발달지체아동을 위한 구체적인 교육적 방안이 시도되었다. 이와 같은 변화의 반영은 1975년의 공법 94-142(The Education for All Handicapped Children Act, 1975)를 통하여 살펴볼 수 있다.

표 1-1 공법 94-142의 주요 사항

배제금지 (zero reject modeling)	모든 아동이 무상으로 교육을 받을 수 있도록 한 항목으로 어떠한 아동도 교육받을 권리가 있음을 나타낸다.
비차별적 판별 및 평가의 원칙 (nondiscriminary identification and evaluation)	편견 없는 평가, 분류, 장소 배치를 요구한 항목으로 아동의 수행을 평가하기 위해 더 새롭고 다양한 방법을 찾는 데 중점을 두게 했다. 준거참조검사를 더 많이 사용하였고 기존 규준참조검사의 규준 집단에 포함되어 있지 않던 소수집단 대상이 포함되었다. 또한 규준참조검사에서 낮은 점수를 보이는 그룹의 결과 해석에도 좀 더 주의를 가지고 해석하는 노력이 여기에 해당한다.
무상의 적절한 공교육 (free appropriate public education)	모든 장애아동이 장애의 유형과 정도에 상관없이 무상의 적절한 공교육을 받을 권리에 대한 항목이다. 적절한 개별화 교육계획(IEP)이 요구되어 특수교육의 어떠한 부분이 각 유아에게 제공되어야 하며 어떻게 수행되고 누가 수행하며 누구에게 책임이 있는가에 대한 신중한 계획을 제시하여 특수교육의 질적 변화에 큰 영향을 주었다. 또한 IEP는 아동에게 더 의미 있고 구조적인 교육계획 작성을 위해 부모참여를 보증하는 수단이 되었다.

(계속)

최소 제한적 환경 (LRE, Least Restrictive Environment)	탈시설화의 한 부분으로 장애아동에게 최소 제한적인 환경을 제공하여 사회로부터 불필요한 분리를 막기 위한 시도다. 이에 대한 개념은 교육가로 하여금 장애아동을 위한 최종적 교육환경을 결정하기 전 그 장소 및 환경의 장점과 관련된 과제를 포함한 모든 교육 가능한 장소를 주의 깊게 고려하도록 한다.
적절한 절차에 따른 과정 (procedural due process)	장애아동의 교육 프로그램과 환경 배치와 관련하여 분리된 결정을 방지한다. 적절한 평가와 관련 자료가 결정에 대한 기초 자료로서 사용되어야 하고, 아동은 정규 수업에서 단순히 수업 진행이 어렵다거나 문제 행동을 한다는 이유로 이동 배치되지 않는다. 즉, 학교의 편리에 따라 부모와 아동의 권리가 소외되거나 회피되지 못하게 하는 항목이다.
부모참여 및 공동의 의사 결정권 (shared decision making)	프로그램 계획과 교육환경의 배치, 개별화 교육 프로그램의 목표 및 관련 서비스 등에 대해 의사를 표현할 수 있고 공동으로 의사결정해야 한다.

(4) 행동주의 원칙의 시작과 유아특수교육 분야에 끼친 영향

근대 특수교육의 변화 및 발전 동기 가운데 하나는 환경의 영향에 대한 재인식이었다. 환경, 즉 교육과 양육을 통해 인간의 가능성이 변화할 수 있다는 긍정적 믿음에 의거한 대표적 이론은 왓슨(Watson)으로부터 시작한 행동주의 이론이다. 그는 로크(Locke)처럼 영아를 경험을 기록하는 백지(tubula rasa)와 같은 존재로 보고, 아동이 장차 무엇이 될 것인지는 전적으로 경험(양육환경, 교육)에 따라 조정 가능하다고 하였다(Shaffer & Kipp, 2007).

이러한 왓슨의 행동주의적 접근을 구체화하기 위해서 여러 이론들이 제안되었는데, 그중 스키너(Skinner)는 행동적 접근을 진보시킨 대표적 이론가였다. 그는 동물 연구를 통하여 모든 습관의 기초가 된다고 믿는 매우 중요한 학습 형태를 이해했고 이를 인간의 학습 원리에 적용했다. 그는 동물과 인간 모두 좋은 결과를 가져오는 행동은 반복하고 좋아하지 않는 결과를 가져오는 행동을 억제한다는 믿음에서 강화와 처벌을 이용한 조작적 조건형성을 이론화하였다(Shaffer& Kipp, 2007).

스키너는 이 원리를 이용하여 1950년대 후반부터 1960년대 초까지 지적장애인과 정신분열환자를 대상으로 임상 연구를 수행했다. 임상 실험은 환경의 영향에 대한 대상의 반응을 알아보기 위하여 실험가가 준비한 선행조건(예: 언어적 지시)–대상의 예상 반응(수행 혹은 미수행)–대상의 행동 반응에 대한 준비된 결과(예: 수행의 강화로 스티커를 제공, 미수행의 결과로 처벌)가 계획에 따라서 수행되는 매우 엄격하게 통제된 실험이었다. 이 원칙은 당시 교육과 행동의 통제가 불가능하다고 간주되었던 중도 성인들에게 적용되었고 주된 훈련은 옷 입기, 음식 섭취하기와 같은 기능적 행동의 획득이었다. 이 원칙에 의거하여 많은 연구가 다양하게 수행되었고 성공적인 연구결과를 나타냈다(Bricker, 1998; Staats, 1964).

여러 행동주의 학자 가운데에서도 비주와 베어(Bijou & Bear)를 위주로 한 연구가들은 발달지체유아 및 장애유아를 대상으로, 사회적으로 받아들일 수 없는 습관이나 특정 행동을 제거하는 데 연구의 중점을 두고 행동주의 원리를 적용하기 시작했다(Bricker, 1998). 그들이 발달지체유아 및 장애유아를 대상으로 사용했던 방법은 스키너와 관련 학자들이 성인을 대상으로 사용했던 방법과 차이가 없었다. 즉, 목적된 행동을 이끌어 내기 위해 선행조건의 준비와 예정된 결과를 적용했고, 목표된 행동의 습득을 위해 주로 중재인이 주도하는 성인 주도 학습이 이루어졌다. 교육의 목표 설정에서는 유아의 흥미나 기능성을 고려하기보다는 중재인이 설정된 목표의 달성을 위해 실험실 상황의 반복학습을 실시하였다. 예를 들면, 특정 유아에게 '의자에서 앉고 서기'를 학습시키기 위하여 앉고 서는 동작을 계속적으로 반복시켜 목표를 달성하려 했으며, 적절한 수행이 있었을 경우 스티커나 토큰 등 환경과는 동떨어진 강화물을 반복적으로 제공했다. 마치 기계가 가르치는 것을 연상케 할 만큼 매우 구조적인 프로그램이었다(Bricker, 1998).

이러한 행동주의 원칙은 발달지체유아와 장애유아를 대상으로 반복적으로 적절한 반응을 이끌어 내는 데 성공적이었다. 즉, 교육목표를 정의하고, 적절한 학습 상황을 설정하고, 후속적인 결과를 이용하는 행동주의 원칙의 구성 요소는 개별화된 목표 수행(예: 행동 문제를 제거하거나 특정 기술을 습득)을 하는 데 핵심적인 요소를 제공했다.

그럼에도 불구하고 이 시기에 사용되었던 행동분석법은 다음과 같은 결점을 갖는다. 첫째, 중재자 및 성인 중심의 교육으로 유아의 흥미를 고려하지 않았으며, 둘째, 유아의 일상생활과는 동떨어진 실험실 상황에서의 교육으로 실생활에 적응하기 위한 기능적이고 기술적인 과제에는 관심을 기울이지 않았다. 셋째, 치료 환경이 아닌 곳에서의 적절한 반응(일반화)을 고려하지 않았다는 점이다. 브리커는 이러한 문제점의 원인으로 행동분석법의 시작이 중도의 성인 장애인을 대상으로 한 매우 통제된 실험실 상황의 연구였다는 점과 이들을 연구했던 학자들이 대상을 유아로 변경하면서도 대상의 특성을 고려하지 않고 교육방법의 변화 없이, 성인을 대상으로 사용했던 방법을 사용한 점을 꼽았다(Bricker, 1998).

(5) 유아특수교육 경향의 변화와 자연적 교수접근법

1970년대 후반 발달지체유아 및 장애유아를 대상으로 한 행동분석 원칙에 변화가 일어났다. 기존의 실험실 상황과 같은 분리된 치료실보다는 좀 더 자연스러운 환경(예: 교실, 가정)의 중요성에 대한 부각과 함께 유아의 흥미와 유아중심적 교육의 필요성이 강조된 것이다. 이러한 현상은 정상발달유아의 환경(교실, 가정)에서 발달지체유아 교육이 함께 이루어져야 한다는 통합교육의 사회적 · 교육적 활성화가 힘을 더해 준 것으로 볼 수 있다. 변화된 경향을 반영한 대표적인 중재법은 언어중재를 중심으로 시작된 '자연적 교수접근법' 이다.

대부분의 자연적 교수방법은 하트와 로저스워런(Hart & Rogers-Warren, 1978)이 환경주의 언어교수법(milieu teaching)으로 처음 발표하였고, 우발적 교수법(incidental teaching; Hart & Risely, 1980), 시간 지연(time delay; Halle, Marshall, & Sparadin, 1979), 요구 모델법(mand model technique; Warren, McQuarter & Rosers-Warren, 1984) 등 좀 더 구체적이고 다양한 기술로 확장되었다. 이후 언어뿐 아니라 좀 더 다양한 영역(예: 사회성)으로 그 효과가 입증됨에 따라 모든 영역을 포함하는 포괄적인 하나의 접근방법(예: 활동중심 중재접근법, Bricker & Cripe, 1992; Bricker, 1998; 허계형, 이영철 역, 2004)으로 제시되기도 했다.

자연적 교수방법의 특징은 발달론적 관점과 행동분석적 관점을 포함한다. 발달론적 관점에서는 유아의 발달을 보는 관점과 구성주의적 환경의 필요성을 인식하여 발달상의 모든 유아가 성공적인 학습을 하기 위해서는 자연스러운 환경(예: 가정, 유치원)에서의 학습이 필요함을 강조한다. 즉, 자연적 교수법에서의 언어를 촉진하는 환경이란 유아가 평소에 생활하는 환경에서 중재자가 유아의 주도를 따르고 흥미와 동기를 이용하는 것이다. 유아의 감각기능을 촉진하기 위해서는 유아가 활발히 환경을 탐색하고 유아가 행동하도록 요구될 수 있는 포괄적인 환경을 제공하여야 함을 강조한다. 유아의 흥미 및 탐색 욕구를 불러일으키는 것이 정상발달유아에게 중요하다면, 이는 발달지체유아에게도 마찬가지라는 것이다.

자연적 교수법의 다른 한 관점은 행동주의 관점으로, 구체적인 중재 전략 및 교수방법을 제공한다. 자연적 교수법은 발달지체유아의 발달에 개별화 교육의 중요성을 강조하고 발달지체유아의 교육목적과 목표를 내포한 중재를 필수적 요소로 간주하여 가능한 다수의 다양한 기회 제공을 위해 그 효과가 입증된 행동분석 전략과 환경 배치를 이용한다. 발달지체유아 교육에서 행동분석 원칙은 유아특수교육의 바람직한 프로그램 개발에 새로운 목표를 획득하고 유지하게 하는 데 근본적이고 기초적인 역할을 한다(Bricker, 1989).

요약하여 보면, 자연적 교수방법은 기존의 행동분석 접근방법이 유아에게 의미 있는 자연스러운 환경을 고려하지 못한다는 취약점을 가지고 있다는 것을 감안하여, 구성주의 관점으로부터 자연스러운 환경과 유아 주도적 활동의 중요성을 채택한다. 동시에 발달지체유아의 개별적인 교육 요구 달성을 위해 중재자가 환경을 구조적으로 배치하고 적절한 행동분석전략을 사용한다.

3. 정상발달유아와 발달지체유아 교육의 상호작용 및 유아특수교육의 추천 실제

장애아 통합교육은 발달지체유아의 다양한 교육적 요구에 부응하기 위한 여러 패러다임의 교육환경 가운데 많은 과제와 발전을 동반한 교육환경으로 부각되었다. 성공적인 통합을 위해 기존의 비교적 독립적이었던 정상발달유아 교육과 발달지체유아 교육은 교육과정, 교육내용, 교사 교육의 전반적인 교육 측면에서 상호교류와 이해가 요구된다. 통합교육 아래서 정상발달유아 교육의 대표적 단체인 NAEYC(National Association for the Education of Young Children)가 제시한 『발달에 적합한 실제(*Developmentally Appropriate Practices*)』의 출간은 그러한 상호작용을 불러일으킨 대표적인 예로 들 수 있다.

1) 발달에 적합한 실제

『발달에 적합한 실제』는 정상발달유아 교육에서 1980년대 초기에 학령기 아동 위주의 교육방법(교사중심, 높은 구조의 학습 환경)과 교육내용(읽기, 쓰기)을 중심으로 교육하는 분위기를 우려하여 유아교육교사, 원장, 교육과정 컨설턴트와 같은 정상발달유아 전문가들이 자료를 수집하여 유아교육의 정체성과 투명성을 밝히기 위해 출판한 지침서다(Bredekamp, 1987; Bredekamp & Copple, 1997). 이는 주로 피아제(piaget), 비고츠키(vigotsky)와 같은 철학자의 이론을 배경으로 하고 있어, 유아는 본질적으로 능동적인 존재이며 놀이를 통하여 스스로 탐구하고 지식을 구축해 나갈 수 있다고 본다. 이때 교사는 유아의 흥미와 요구에 맞는 교육을 촉진할 수 있도록 환경을 제공해 주는 촉진자의 역할을 한다.

『발달에 적합한 실제』는 유아교육 현장에 신속히 배포되었고 널리 사용되기 시작했다. 이에 따라 유아특수교육 학계에서는 이 지침서가 그 자체로서 통합교육 환경에 배치되어 있는 수많은 발달지체유아에게 적용 가능한가에 대하여 논하였고, 많은 유아특수교육학계의 학자들은 이 지침이 발달지체유아의 요구(예: 교사의 중점적 개입, 행동주의 접근방식)를 충족하기 위해 고려할 점이 있음을 지적했다. 양쪽 분야는 토론을 통하여 각 분야의 실제와 방향에 대한 이해를 촉진했고 서로의 분야에 대하여 가지고 있었던 오해를 바로잡았으며, 모든 유아에게 적용할 수 있는 해결 방안 및 전략의 활성화를 위한 노력이 필요함에 동의했다. 뒤이어 출판된 장애유아협의회(Council for Exceptional Children, CEC)의 유아교육분과(Division for Early Childhood, DEC)의 『추천 실제(*DEC Recommended Practice; DEC Task Force*)』(1993) 또한 유아특수교육 분야에서의 추천 실제를 밝힘으로써 상호 이해를 촉진했다. 두 분야의 공통점과 차이점은 〈표 1-2〉와 같다.

결론적으로 정상발달유아 교육과 발달지체유아 교육의 역사와 철학은 서로 다른 관점에서 출발하여 상이한 교사의 역할, 교육과정을 구성하여 시작하였으나 사회적 · 철학적 변화에 따라 서로에게 영향을 주면서 많은 변화와 발전을 가져왔다. 두 분야는 모두 유아의 흥미를 중요시 여겨 유아가 주도하는 활동과 유아에게 의미 있는 자연적 환경을 강조한다.

표 1-2 정상발달유아 교육과 발달지체유아 교육 분야 추천실제의 공통점과 차이점

구분	내용
공통점	• 유아의 적극적 참여, 사회적 상호작용 촉진, 유아시도 활동의 중요성 강조 • 문화적 다양성 인정 • 유아가 활발하게 탐색하고 상호작용할 수 있는 환경을 추구 • 유아와 가족의 개별성을 인정하고, 교육계획과 수행에서의 가족 역할의 중요성 강조 • 근거 있는 평가를 사용하도록 하며 유아의 자연적 환경에서의 평가 권장
차이점	• 개별화 교육 개념의 차이 -정상발달유아 교육: 피아제 비고츠키 철학을 중심으로 유아가 자신의 적절한 시기에 피어날 수 있도록 하는, 주로 소집단 위주의 개별화 -발달지체유아 교육: 행동주의 관점을 토대로 개인 유아의 현 수준에 의거한 개별화(예: 개별화 교육 계획안) • 평가의 역할에서의 차이 -정상발달유아 교육: 전반적인 활동과 집단으로서의 평가 위주 -발달지체유아 교육: 정상발달유아 교육에서의 평가와 비교하여 더 구체적이며 구조적인 평가 체제가 요구됨. 즉, 발달지체유아의 교육목표 파악과 결과의 모니터를 위한 정규적이고 지속적인 평가의 수행 • 가족역할에서의 차이 -정상발달유아 교육: 비교적 교사로부터 부모를 향한 한쪽 방향으로의 상호작용 체제라고 할 수 있음 -발달지체유아 교육: 전문가와 동등한 입장에서 자녀의 교육목표 계획, 중재 과정, 성과의 모니터 과정에 적극적으로 참여하도록 기대됨 • 다학문적 팀 접근 정도의 차이 -정상발달유아 교육: 다학문적 팀 접근의 필요성은 인식하나 발달지체유아 교육에 비교하여 그 정도가 제한적임 -발달지체유아 교육: 장애유아와 가족의 다양한 교육적 요구를 충족시킬 수 있는 여러 학문 분야의 전문가와 적극적 협력 체제 구성

2) 유아특수교육의 추천 실제

어떠한 것이 최상인지, 어떠한 서비스가 가장 적절한 서비스인지에 대한 질문은 남아 있으나, 유아특수교육은 과거의 다양한 분야와 역사를 거치면서 발달지체유아와 그 가족에게 오늘날에 해당되는 추천 실제를 제시한다. 이에 해당되는 실제를 보면 유아와 그 가족을 위한 개별화 교육 프로그램, 가족중심 접근법, 유아의 교육에서 발달적이고 기능적인 접근을 강조하는 교육과정 접근법, 초학문적 모델 접근법, 다학문적 협력 및 협조를 들 수 있다.

(1) 개별화 교육 프로그램

조기 중재 대상의 다양성에 입각하여 어떤 한 종류의 교육과정 및 목적이 모든 대상에게 적절할 수는 없다. 오히려 대상과 그 대상의 가족의 욕구 및 필요성은 무엇인지 개별적으로 평가되어야 하며, 이렇게 개별화된 평가로부터 나온 결과에 따라 유아와 가족에 맞는 개별화된 프로그램이 제공되어야 하는 것이다. 가족의 신념과 가치가 반영된 상태에서의 가족참여는 매우 중요하다. 각각의 특성(의료적 요구, 교육적 · 사회적 요구, 기본적 보살핌)에 맞추어 그들의 상황과 요구에 따라 적절한 프로그램 제공을 위해서 개별화된 접근법은 필수적이다.

(2) 가족중심 접근법

영 · 유아의 전반적인 삶과 요구는 그 가족 밖에서 생각할 수 없다. 대상 유아를 서비스의 전부로 생각하기보다는 유아와 가족을 하나의 체계로 볼 때 효과적인 교육이 제공될 수 있다. 가족의 요구와 참여를 제한하고 유아에게만 교육 및 서비스를 제공한다면 효과 또한 매우 제한적일 뿐 아니라 오히려 유아와 부모관계 형성에 해로운 영향을 줄 수도 있다(Hanson & Lynch, 1995). 유아기는 부모와의 관계 형성에서 매우 중요한 시기이며, 이러한 역할을 알고 부모의 역할 및 참여에 노력을 기울이는 전문가의 양성이 필요하다.

(3) 발달에 적합하고 기능적인 교육과정 접근법

영 · 유아기는 빠른 성장과 발달을 하는 시기이며 유아 발달의 변화는 미리 예측된다는 점에서 영 · 유아 교육에 발달론적 접근의 적용은 적절하다고 볼 수 있다. 그러나 중복장애 및 중도장애 영 · 유아에게는 그러한 발달에 따른 순서가 정상발달 유아와 같지 않을 수 있다. 그러므로 발달지체유아의 교육목표와 목적 설정은 발달에 적합해야 할 뿐 아니라 유아와 그 가족에게 기능적이어야 하며 가족의 요구를 지향하여야 한다.

(4) 초학문적 모델

급격한 발달과 변화로 영 · 유아기는 다른 시기와 비교해 볼 때 특히 다양한 의학적 · 교육적 요구를 지니고 있어 다양한 전문인의 참여를 요구한다. 더욱이 발달지체유아와 그 가족은 그 요구가 매우 개별화되어 효율적인 교육을 위해서는 많은 분야의 전문인과의 접촉이 필수적이다. 초학문적 모델이란 여러 분야의 전문가가 한 팀을 형성하여 가족과 함께 계획서를 작성하고 평가하며 프로그램을 수행하는 것이다. 동시에 지속적인 직원의 능력 개발, 역할 분담, 협력이 요구되어 전문인의 실력을 신장시켜 주는 동시에 가족을 위해서는 진정으로 조정된 체계를 제공하므로 효율적인 서비스를 제공하는 방식이다.

(5) 각 기관과의 협력

가족은 그들 자녀의 최대의 교육적 효과를 위해 많은 분야의 전문인과 상호작용한다. 이러한 상황은 때로 여러 종류의 평가와 많은 약속을 해야만 하고 부모는 이러한 상황 안에서 혼란을 일으키기 쉽다. 그러나 한 지역사회에서의 학문 간의 조절된 협력은 혼란이 야기되는 부분을 줄여 가족에게 적절하고 수용 가능한 체계를 확립하는 데 도움이 된다. 유아의 보육 및 교육이 가족에게 커다란 스트레스의 요인으로 다가올 때 이러한 전문인 간의 협력은 효율적이고 비용에서도 경제적이다.

참고문헌

심성경, 조순옥, 이정숙, 이춘자, 이선경, 이효숙(1999). 유아교육개론. 서울: 창지사.

이상복(1988). 유아특수교육. 대구: 대구대학교출판부.

허계형, 이영철 역(2004). 통합 및 특수환경의 장애 영 · 유아를 위한 교육방법. 서울: 교육과학사

Abeson, A., & Zettel, J. (1977). *The end of the quiet revolution: The Education for All Handicapped Children Act of 1975. Exceptional Children, 44*, 115–128.

Atwater, J., Carta, J., Schwartz, I., & McConnell, S. (1994). Blending developmentally appropriate practice and early childhood special education: Redefining best practice to meet the needs of all children. In B. Mallory & R. New (Eds.), *Diversity and developmentally appropriate practices* (pp. 185–201). New York: Teachers College Press.

Bowe, F. (2000). *Birth to five early childhood special education* (2nd ed.). Delmar Publishers.

Bredekamp (1993). The relationship between early childhood education and early childhood special education: Healthy marriage or family feud? *Topics in Early Childhood Special Education, 13*(3), 258–273.

Bredekamp, S. (1987). *Developmentally Appropriate Practice in early childhood programs serving children from birth through age 8.* Washington, DC: National Association for the Education of Young Children.

Bredekamp, S., & Copple, C. (Eds.) (1997). *Developmentally appropriate practice in early childhood programs.* Washington, DC: National Association for the Education of Young Children.

Bricker, D. (1989). *Early intervention for at-risk and handicapped infants, toddlers, and preschool children.* Paro Alto, CA: VORT Corp.

Bricker, D. (1998). *An activity-based approach to early intervention* (2nd ed.). Baltimore: Paul H. Brookees Publishing Co.

Bricker, D., & Cripe, J. (1992). *An activity-based approach to early intervention.*

Baltimore: Paul H. Brookees Publishing Co.

Bricker, W., & Bricker, D. (1974). An early language training strategy. In R. Schiefelbusch & L. Lioyd (Eds.), *Language perspectives: Acquisition, retardation, and intervention* (pp. 431-468). Baltimore: University Park Press.

Bronfenbrenner, U. (1975). Is early intervention effective? In B. Z. Friedlander, G. M. Sterritt, & G. E. Kirk (Eds.), *Exceptional infant: Assessment and intervention* (Vol. 3, pp. 449-475). New York: Brunner/Mazel.

Carta, J. (1995). *Developmentally appropriate practice: A critical analysis as applied to young.*

Cicchetti, D., & Cohen, D. (1995). Perspectives on developmental psychopathology. In D. Cicchetti & D. Cohen (Eds.), *Developmental psychopathology: Theory and mind* (pp.v3-20). New York: John Wiley & Sons.

Cook, R., Tessier, A., & Klein, M. (1992). *Adapting Early childhood curricular for Children with Special needs.* Canada: Maxwell Macmillan company.

Dewey, J., (1959). *Dewey on education.* New York: Columbia University, Bureau of publications, Teachers College.

Division for Early Childhood Tack Force (1993). *DEC recommended practicesL Indicators of quality in programs for infnats and young children with special needs and their families.* Pittsburgh, PA: Council for Exceptional Children, Division for Early Childhood.

Garshelis, J., & McConnell, S. (1993). Comparison of family needs assessed by mothers, individual professionals, and interdisiplinary teams. *Journal of Early Intervention, 17*(1), 36-49.

Garwood, S., Fewell, R., & Neithworth, J. (1988). *Topics in Early Childhood Special Education, 8*(1), 1-11.

Hanson, M., & Lynch, E. (1996). *Early Intervention* (2nd ed.). Austin, TX: Pro-ed.

Hanson, M., & Lynch, E. (1995). Early intervention. *Implementing child and family services for infants and toddlers who are at risk or disabled* (2nd ed.). Texas: Pro-ed.

Hart, B., & Rogers-Warren, A. (1978). A milieu approach to teaching language. In R. Schiefebusch (Ed.), *Language intervention strategies* (pp. 193-235). Baltimore: University Park Press.

Hart, B., & Risley, T. (1980). In vivo language intervention: Unanticipated general effects. *Journal of Applied Behavior Analysis, 13*(3), 407–432.

Hart, B., (1985). Naturalistic language traning techniques. In s. Warren & A. Rogers-Warren (Eds.), *Teaching functional language* (pp. 63–88). Baltimore: University Park Press.

Lazerson, M., (1972). *The historical antecedents of early childhood education. Education Digest, 38*, 20–23.

Odom, S., & McEvoy, M. (1990). Mainstreaming at the preschool level: Potential barriers and tasks for the fields. *Topics in Early Childhood Special Education, 10*(2), 48–61.

Piaget, J. (1952). *The origins of intelligence in children.* New York: W. W. Norton.

Piaget, J. (1952). *The origins of intelligence in children.* New York: Norton.

Saats, A.(1964). *Human learning.* New York: Holt, Rinehart & Winston.

Sameroff, (1993). Models of development and developmental risk. In C. Zeanah (Ed.), *Handbook of infant mental health* (pp. 3–13). New York: Guilford Press.

Sameroff, A., & Chandler, M. (1975). Reproductive risk and the continuum of caretaking casualty. In F. Horowitz, E. Hetherington, S. Scarr-Salapatek, & G. Siegel (Eds.). *Review of child development research* (Vol. 4, pp. 187–244). Chicago: University of Chicago Press.

Shaffer, D. & Kipp, K. (2007). *Developmental psychology: Childhood and adolescence.* (6th ed.). Belmont, CA: Wadsworth.

Staats, A. (1964). *Human learning.* New York: Holt, Rinehart & Winton.

Vygotsky, L. (1978). *Mind in society.* Cambridge, MA: Harvard University Press.

Wolerly, M., & Bredekamp, S. (1994). Developmentally appropriate practice and young children with disabilities: Contextual issues in the discussion. *Journal of Early Intervention, 18*(4), 331–341.

Zigler, E., & Styfco, S. (1993). *Head Start and beyond: A national plan for extended childhood intervention.* New Haven, CT: Yale University Press.

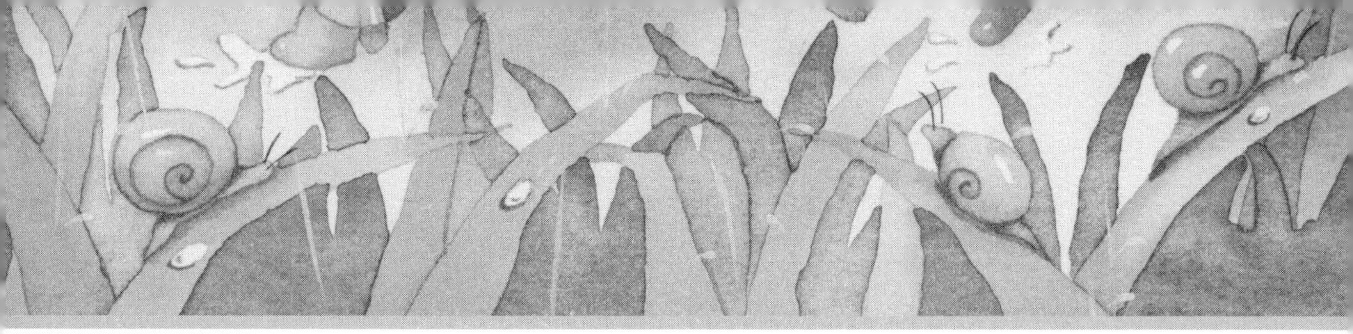

chapter

02 유아특수교육 과정의 개발과 운영

1. 유아특수교육 과정의 특성 및 개발방향

우리나라의 유아특수교육이 유치원을 통해서 체계적으로 학교교육의 성격을 띠기 시작한 것은 1994년 특수교육진흥법에서 유아특수교육을 무상으로 보장하고 이에 따라 대학에서 유아특수교사를 배출하기 시작하면서부터다. 일반유아교육이 특수층의 교육으로 소외되어 오다가 1980년대 이후부터 국가적인 차원에서 그 중요성이 인식되면서 활성화되기 시작한 것보다는 훨씬 후에 이루어진 서비스라고 할 수 있다. 그러나 유아교육이 그 학문적인 특성이나 대상 연령과 기관 유형의 다양성에 비추어 볼 때 애매하고 복잡한 성격을 가지고 있고 다른 교육 분야에 비해 열악한 것처럼, 유아특수교육 또한 발달지체 또는 장애영 · 유아들의 서비스를 담당하고 있는 기관 유형의 다양성에 따라 무척이나 복잡한 성격을 띠고 있다. 유아교육이 각종 기능 중심의 학원에서도 만연되고 있는 현상처럼, 조기교육실 또는 치료실과 같은 환경에서도 장애영 · 유아들을 위한 교육과 치료 서비스가 제공되고 있다. 이러한 유아특수교육 기관의 다양성은 유아특수교육의 개념 정립을 요구하고 있다. 초기에 학교체계에서 무상으로 유아특수교육 서비스를 제공하지 않아서 여러 사설 조기교육 기관이나 치료실이 난립하게 되었다면, 유아특수교육 대상을 만 3세 이후의 유아로 제한하였던 것은 조기 중재를 필요로 하는 영아들을 공교육 체계에서 제외시킴으로써 여러 사설 기관에서 교육 및 치료 서비스를 제공하게 한 하나의 원인으로 작용했다고 볼 수 있다. 다행히 2007년 '장애인 등에 대한 특수교육법' 이 제정되면서 유아특수교육이 의무교육으로 제공되고, 3세 미만 발달지체 또는 장애영아들을 위한 교육은 무상으로 제공되어 앞으로 유아특수교육의 기회가 확대될 것이라는 점에서 많은 기대가 된다.

(영)유아특수교육이 공교육 체계에서 모든 특수요구가 있는 영 · 유아들이 반드시 받아야 하는 교육으로 인식되도록 하기 위해서는 국가적 차원의 노력이 있어야 한다. 그렇지 않을 때는 치료실이나 조기교육실과 같은 사설 기관에서 유아특수교육을 대행하는 현재의 상황은 해결되지 않을 것이다. 아직 공교육을 통한 유아특수교육 서비스가 활성화되지 않은 것은 통합교육을 기초 수준 단계에 머무르게 하는 원인이 되어서 국내 유아특수교육의 질적 향상에 많은 장애가 되고 있다.

많은 부모들이 사설 치료실 또는 조기교육실과 같은 장애영・유아들만을 위한 분리된 공간에서의 치료 및 교육 서비스에 익숙해져 있으므로 유아특수교육의 효과를 많이 알리기 위해서는 학교체계 내의 교육 프로그램의 질적 향상에 대한 노력이 많이 요구된다. 이러한 맥락에서 볼 때 교육과정의 개발은 교육 프로그램의 질을 향상시키는 데 가장 핵심적인 과제 중 하나다.

치료실이나 조기교육실과 같은 곳에서의 프로그램은 직접적 교수방법을 이용하여 영・유아들에게 필요한 기술의 습득 촉진에 많은 초점을 두고 있다. 이에 따라 그동안 학교체계 내의 유아특수교육 또한 구조화된 상황에서의 교사의 직접적 교수방법을 이용한 교육활동이 주가 되었던 점이 없지 않아 있다. 그러다 보니 교사들은 특수요구가 있는 영・유아들을 위한 의미 있는 교육과정을 개발하여 적용하기보다는 중재가 필요한 학습(발달) 영역의 교수전략에만 많은 관심을 둔 것이 현실이다. 그러나 현재 그 어느 때보다도 분리된 교육환경보다는 일반영・유아들이 있는 자연적 환경에서의 통합교육을 통한 유아특수교육의 중요성이 강조되고 있어 학급 일과 상황에서 적용할 수 있는 교육과정의 개발・운영을 통한 교육실제의 질적 향상이 중요한 과제가 되고 있다.

따라서 발달지체 또는 장애영・유아들을 위한 교육과정의 개발과 편성・운영에서의 조기중재 또는 유아특수교육의 철학적 배경과 이에 따른 이론 및 실제의 변화에 대한 이해가 아주 중요하다. 유아특수교육의 이론 및 실제에 대한 이해는 현 일반유아교육의 변화 과정에 대한 이해를 바탕으로 접근할 필요가 있다. 그동안 국내외 유아특수교육과 유아교육 두 분야의 변화 과정은 우리에게 시사하는 점이 많다. 전통적으로 유아교육 전문가들은 놀이중심의 교육을 중요시하면서 교사지시적인 교육방법을 강하게 반대하여 특정 기술을 교수하고 평가하는 것은 바람직하지 않다는 입장이었다. 반면에 유아특수교육 전문가들은 특정의 기대되는 교육의 결과(교육목표)를 강조하고 직접적 교수 및 개별화 교수를 통해 그 기대되는 결과를 성취시키는 것을 중요시 여겼다. 그러나 이러한 이론적・철학적 배경의 차이점을 극복하여 최근 유아교육과 유아특수교육의 최상의 실제는 두 학문 분야의 차이점보다는 공통적인 면을 강조하고 장애의 유무를 막론하고 모든 영・유아들에게 최상의 교육 서비스를 제공해야 한다는 철학을 반영하고 있다.

이 장에서는 이와 같은 유아특수교육 실제의 변화 배경에 대해 제시하고, 이어

특수요구가 있는 영·유아들을 위한 교육과정의 이론적 접근, 교육과정의 개발 및 수정, 교육과정의 운영 방법에 대해 제시하고자 한다.

특별한 요구가 있는 영·유아의 교육과정을 개발하기 위해서는 영·유아가 처해 있는 환경적 요구가 반영되어야 한다. 단순한 학문적 기술이나 정상적 발달을 근거로 개발된 발달 척도 또는 기술의 습득만을 교육과정에서 요구한다면 그것은 아동이 환경에서 독립적으로 기능할 수 있도록 돕지 못하게 되고 조기 중재에서 중요시되는 가족 요구에 대한 지원은 할 수 없게 된다. 기존의 교육과정 모형들은 단순히 그 모형의 단편적인 이론적 배경의 이해만을 가지고서는 우리 교육 현실에 올바르게 또는 효과적으로 적용하기가 불가능하다. 실제가 이론의 영향을 받듯, 이론은 늘 실제를 중심으로 변화해 가기 마련이다. 각 이론이 적용되는 현장은 시대의 요구에 따라 변화하면서 융통성 있는 이론을 요구한다. 영·유아의 통합교육 또는 자연적 환경에서의 중재 효과가 계속적으로 연구를 통해 밝혀지고 있는 현 상황을 고려해 볼 때, 자연적 환경에 있는 발달지체 또는 장애영·유아들의 중재는 결과적으로 그동안 우리 유아특수교육에서 적용해 왔던 교육과정 모형들이 새롭게 변화해 가도록 요구하고 있다고 할 수 있다. 특히 자연적 환경에서 기능적 목표를 중심으로 교육과정의 개발과 편성·운영을 하는 기능적 교육과정 모형은 기존의 행동주의에 입각한 고립된 환경에서의 과제분석 접근보다는 자연적인 일상 일과 속에서의 자연적 교수전략의 사용을 강조하게 되면서 이전의 접근과 많은 차이점를 보이고 있다.

영·유아가 어떤 환경에 있든지 발달지체 또는 장애영·유아를 위한 교육과정 개발 또는 편성·운영에서 중요한 것은 적절한 진단·평가 방법을 이용하여 아동 및 가족의 요구를 알아내어 올바른 개별화 교육계획의 장·단기 목표를 찾아내는 것과 일반유아교육과정의 수정을 통해 어떻게 아동의 참여를 유도할 것인지를 고려하는 것이다. 영·유아의 발달적 요구 외에 아동의 환경에서 요구하고 있는 기능적 요구를 교육과정에 포함시켜 교육활동을 계획할 수 있어야 하고, 다양한 활동에 아동이 참여했을 때 발달적·기능적 목표를 통합하여 교육과정의 목표를 달성할 수 있도록 교육과정을 운영할 수 있어한다. 기능적 목표는 현재 아동의 환경뿐만 아니라 앞으로의 환경에서 요구하는 기능적 기술들도 포함시켜 아동의 독립적 기능을 최대한 도울 수 있도록 하여야 한다. 발달지체 또는 장애영·유아의 중재는 고립된 상황에서의 교사 지시적인 교수활동만으로는 불가능하다. 아동이 참여하는 하루 일과 및 활동에서 발생하는 다양한 상황을 적극적으로 교수의 기회로 활용하도록 교육과정을 운영하고 이러한 상황에서 적용해 볼 수 있는 여러 자연적 교수방법을 이용한 중재를 하도록 하여 아동의 발달과 학습에서의 변화가 올 수 있도록 해야 할 것이다.

교육과정의 개발과 편성 · 운영에 따른 유아특수교사들의 노력은 현재 발달지체 또는 장애영 · 유아의 진단 · 평가 및 교육과 관련된 우리 유아특수교육이 안고 있는 여러 정책적 과제(이미선, 조광순, 황복선, 2005)를 해결할 수 있게 해 주는 촉진제가 될 것이다. 다양한 연구를 통한 모형 프로그램의 개발 · 효과 검증이 이루어진 증거중심의 실제를 보급한다면 우리 사회가 요구하는 유아특수교육 최상의 실제를 구현할 수 있는 기초가 될 것이다. 유아특수교육 서비스는 그 사회 및 가족의 가치를 반영해야 하고 연구를 기반으로 제공되어야 한다는 주장(DEC, 1993)은 그만큼 발달지체 또는 장애영 · 유아들을 위한 교육과정의 개발과 편성 · 운영에 시사해 주는 점이 많다고 하겠다.

2. 유아특수교육 이론과 실제

교육의 이론과 실제에서 가장 많은 영향을 미치는 것은 교육의 이념을 뒷받침하고 있는 이론적 · 철학적 배경이다. 영 · 유아와 그 가족이 갖고 있는 독특한 특성 및 요구가 단일 교육과정이나 서비스의 적용을 불가능하게 한다는 점 때문에 유아특수교육에서는 교육 프로그램 계획과 운영에서의 개별적 접근을 중요시한다. 영 · 유아와 가족의 요구를 진단하고 프로그램을 계획 · 실시하고 평가하는 데 개별적 접근이 없이는 양질의 서비스 제공이 불가능하고, 결국은 영 · 유아와 가족의 변화를 기대할 수 없기 때문이다. 이 개별적 접근을 통한 서비스 지원은 유아특수교육 과정 개발과 운영에서 핵심적 기반이 되고 있다.

유아특수교육의 주요 경향 중 하나는 환경의 영향을 받고 환경에 영향을 주기도 하는, 사회적 체계의 일부분으로 영 · 유아를 보고자 하는 것이다. 환경 내에서 개개인의 상호작용과 관계성은 생태학적 관점에서 이해되고 있으며, 영 · 유아가 고립된 객체가 아닌 사회적 체계의 일부분으로 인식되기 때문에 가정과 학교 및 영·유아가 속해 있는 모든 환경과 그 환경 내에서 상호작용하는 사람들을 고려하여 중재하는 것을 강조하고 있다. 이러한 관점에서 아동에게 영향을 미치는 학급 환경은 가족의 영향에서 분리할 수 없는 것으로, 가정과 학교, 지역사회는 서로 연결되어 있음이 강조된다. 이런 경우 아동의 변화는 단순히 전문가의 기술이나 아동의 장애 조건에 달려 있는 것이 아니고 가족의 가치관과 가족의 지원, 서비스의 제공 범위, 가족의 요구 충족 사이의 복잡한 상호관계에 달려 있다고 할 수 있다. 이러한 유아특수교육 이론의 배경은 유아특수교육 실제가 가족을 중심으로 제공되도록 하고 있고, 가족들이 단순히 서비스의 수혜자가 아닌 교육 프로그램 철학의 중심이 되도록 하고 있다. 따라서 교육과정의 개발과 운영에서 가족의 참여와 지원은 반드시 고려되어야 한다.

유아특수교육에서는 다른 학문 분야의 전문 지식과 기능이 통합되었을 때 영·유아 및 가족들에게 필요한 서비스를 제공할 수 있다는 점에서 타학문과의 공동 협력을 강조한다. 서비스를 제공하는 팀 구성원들이 함께 기능하는, 구성원들 간의 역할 및 책임의 공유가 중요시되기 때문에 의사 결정에서 학문적 지식 및 기능의 공유와 공동의 노력은 반드시 필요한 것으로 여겨진다. 정상화된 환경에서 아동의 사회적 능력을 향상시키고 다양한 환경에서 아동의 발달적·기능적 목표의 습득과 일반화에 초점을 두는 유아특수교육의 목적을 성취하기 위해서는 다른 학문 분야와의 공동 협력이 상당히 중요할 수밖에 없다. 따라서 통합된 환경에서 일반유아교육 교사와의 협력, 기타 치료, 진단·평가, 가족 지원 서비스를 제공하고 있는 여러 전문 요원들과의 협력은 교육과정의 개발과 운영 시 유아특수교사들에게 기대되는 중요한 기술이다.

일반적으로 특수교육은 특수아동들에게 정상적인 생활 경험을 제공해 주는 정상화의 원리를 강조한다. 결과적으로 장애가 있는 아동들은 가능한 한 장애가 없는 아동들과 함께 교육을 받아야 한다는 점이 강조된다. 유아특수교육 또한 발달지체 또는 장애영·유아들이 지역사회를 기반으로 일반영·유아가 참여하는 환경이나 활동에서 고립되지 않는 자연적 환경이나 통합환경에서의 교육을 중요시 여긴다. 영·유아들을 장애로 분류하지 않고 발달지체라는 통일된 명칭을 통해 서비스를 제공하고자 하는 것(DEC, 2001)도 이러한 정상화에 대한 의지를 반영하고 있는 것이라고 하겠다. 이와 관련하여 정상적인 발달을 보이는 영 · 유아들과의 상호작용의 기회 제공 또는 최소한의 교사 개입을 통한 아동의 사회적 능력 향상 등은 교육과정의 개발과 운영 시 강조되어야 할 부분이다.

유아특수교육에서 강조하는 것 중 하나는 영 · 유아에게 계속적인 서비스 제공, 가족체계 방해의 최소화, 지원적 환경 제공, 서비스 간의 연계 차원에서 강조하는 전환기 서비스의 계획 및 제공이다. 전환기는 한 기관 내 및 기관들 간에 생기는 변화 과정으로 볼 수 있으며 아동, 가족, 교사 및 기타 전문 요원, 행정가 등 모두가 관여하는 것으로 계획과 준비, 실행, 평가 과정을 필요로 하는 것이다(DEC, 1993). 전환기는 단순히 하나의 과정을 끝내고 다음 과정으로 넘어가는, 예를 들어 영아 프로그램에서 유아 프로그램으로 또는 유치원 과정이 끝나고 초등학교 과정으로 전이되는 시기에만 발생하는 것은 아니고 교육기관이 바뀌거나 서비스의 유형, 전문 요원, 프로그램의 철학, 규정 등이 바뀔 때도 발생된다고 보며 모든 가능한 상황에서 틈이 없는 서비스의 제공을 강조하고 있다. 가족의 지원 및 참여, 정상화된 환경에서의 참여와 같은 유아특수교육의 목적은 이러한 전이 서비스 제공과 상당히 관련이 있다고 할 수 있다.

현재 유아특수교육의 이론과 실제에는 일반유아교육 이론과 실제가 많이 반영되어 있다. 일반유아교육과정은 아동 발달의 특성에 맞추어 개별 아동의 요구와 흥미를 고려하여 아동의 사회 · 문화적 맥락에서 교육과정을 개발 또는 편성 · 운영하는 데 초점을 두고 있다. 따라서 교사는 경험의 직접적 전달자보다는 아동의 경험을 극대화시킬 수 있는 환경을 창조하고 아동이 놀이를 통하여 환경과 상호작용할 때 질문과 제안을 하면서 안내해 주는 촉진자 역할을 해야 한다. 유아교육에서 추천하고 있는 '발달에 적합한 실제' 는 세 가지 차원에서 적합성을 고려하여 교육과정의 개발이 이루어지도록 제안하고 있다. 첫째, '연령 적합성(age appropriateness)' 으로 유아의 연령에 따라 정상적 아동 발달 순서를 기초로 한 교육과정의 내용 및 활동의 계획, 둘째, '개별적 적합성(individual appropriateness)' 으로 아동의 개별적 차이, 즉 흥미, 적성 등을 고려한 교육과정의 개발, 셋째, '문화적 적합성(cultural appropriateness)' 으로 아동의 사회 · 문화적 상황에 따른 교육과정의 개발을 강조한다. 따라서 교육과정의 내용과 활동은 아동의 흥미를 고려한 것과 의미 있으면서도 아동의 일상 경험과 관련 있는 것, 아동의 사전 지식을 근거로 계획된 활동 및 사회적 상호 작용의 촉진을 강조하고 있다. 또한 다양한 활동의 참여를 통해 기술과 지식의 습득이 이루어지도록 하는 점도 강조한다.

유아특수교육에서 강조하고 있는 추천 실제의 교육과정 및 교수전략의 질적 기준에서는 ① 가족중심 중재, ② 영 · 유아의 개별 특성(관심, 선호성, 동기, 활동 양식, 발달 상태, 학습 역사, 문화적 변인, 참여의 수준)에 맞는 개별화 교육, ③ 다학문적 접근, ④ 다양한 환경 속에서의 교수활동 제공, ⑤ 아동중심 활동과 교사중심 활동 간의 균형, ⑥ 고립된 환경 내의 고립된 기술의 교수보다는 일상규칙적 일과 내의 발달 영역 간 기술 통합을 통한 교수, ⑦ 목표 행동 및 기술, 상호작용의 습득, 숙달, 유지, 일반화의 신장, ⑧ 자연적 환경에서의 경험 등을 중요시한다(DEC, 2001). 유아특수교육 추천 실제에서 제시하고 있는 이와 같은 유아특수교육의 질적 기준은 통합교육 환경에 있는 발달지체 또는 장애영 · 유아들에게 초점을 두고 있다. 그동안 수많은 연구를 통해 통합교육의 효과가 입증된 시점에서 유아특수교육의 효과는 유아교육과의 협력을 기반으로 했을 때 가능함을 알 수 있다. 이러한 맥락에서 유아특수교육 전문가들은 일반유아교육 실제의 긍정적 측면을 검토(McLean & Odom, 1993; Wolery & Bredekamp, 1994)하면서 유아교육의 기반을 통한 유아특수교육 최상의 실제를 모색하고 있다. 유아특수교육 추천 실제에서 자연적 환경, 특히 놀이상황에서의 교수, 아동 주도적 활동, 자연적으로 발생하는 하루 일과와 활동에 대한 아동의 참여, 사회적 상호작용의 강조 등은 일반유아교육의 이론과 실제에서 강조하고 있는 접근 방법을 받아들인 것이라고 할 수 있다. 이러한 유아특수교육의 이론 및 실제의 변화에 맞추어 현재 유아교육 또한 유아특수교육에서 강조하고 있는 ① 가족과 여러 전문 요원들의 협력, ② 개별 아동의 특별 요구에 대한 지원, ③ 0~2세 신생아 및 영아들을 위한 교육, ④ 특정 상황에서 교사 지시적 전략의 사용, ⑤ 전이 계획의 중요성을 받아들이고 있다.

결국 장애의 유무를 막론하고 교육 서비스를 제공하고 있는 유아교육 기관은 유아교육과 유아특수교육 두 분야의 실제를 혼합한 접근 방법을 가지고 프로그램의 계획과 운영을 할 때 최상의 실제를 구현한다고 볼 수 있다(Wolery & Sainato, 1996). 미국의 유아특수교사와 유아교육 협회는 유아특수교육 일반유아교육 교사들의 자질에 대한 기준을 공동으로 제시하고 있다(DEC, NAEYC, & ATE, 1995). 두 분야의 교사들은 공통된 지식과 자질을 가지고 장애의 유무를 막론하고 모든 영·유아들에게 질적인 서비스를 제공할 수 있어야 한다는 점이 강조되고 있다. 이 두 협회에서 공통적으로 강조하고 있는 것은 모든 영·유아의 요구에 맞는 교육을 하기 위해서는, 특히 발달지체나 장애영·유아들이 통합된 환경에서 모든 지식과 접근 방법을 이용하여야 한다는 점이다.

우리나라 특수교육의 경우 특별히 유아특수교육에 한정된 것은 아니지만 그동안 특수교육에서 강조하지 못했던 학습자중심 교육을 강조하는 열린교육의 개념이 도입되었고(교육부, 1999), 사회적 상호작용을 강조하는 비고츠키(Vygotsky) 이론이 도입되는 등 기존의 일반유아교육 이론에서 추구하고 있는 것과 상당히 일치하는 견해를 보이고 있다. 유아특수교육 전문가들 또한 활동중심 통합유치원 교육과정(이소현, 박은혜, 2001)에서 볼 수 있듯이, 일반유아교육 이론 및 실제를 기반으로 하여 발달지체 및 장애영·유아들을 위한 교육과정의 개발을 시도하고 있는 것을 볼 수 있다. 이는 특수요구를 지니고 있는 영·유아들이 놀이중심의 활동에 참여할 때 각자의 교육목표를 달성할 수 있도록 유도해 주고 있다는 점에서 유아교육과 유아특수교육의 실제를 혼합한 접근 방법을 통해 특수교육 요구가 있는 아동들을 위한 교육을 시도한다고 할 수 있다.

3. 교육과정의 이론적 접근

교육 실제에서 중요한 분야 중의 하나는 교육과정이다. 특히 교육과정을 어떻게 이해하고 어떤 이론적·철학적 입장에서 보느냐에 따라 교육과정 개발 및 편성·운영에 영향을 주기 때문에, 교육과정의 이론적 배경에 대한 검토는 발달지체 또는 장애영·유아교육에서 중요한 과정이다. 특수교육이 개별화 교육이나 교수전략을 지나치게 강조하다 보니 그동안 전문가 및 연구자들이 교육과정 연구에 신경을 쓰지 못한 면이 있고(Sands et al., 1995; Pugach & Warger, 1996), 교육과정에 대한 접근 방법 또한 여러 가지여서 특수교육 교육과정에 대한 논의는 쉽지 않다(Gargiulo & Kilgo, 2000).

특수교육과정에 대한 견해를 보면, 일반교육과정은 특수아동의 요구를 지원해 줄 수 없기 때문에 특수아동의 교육에 일반교육과정을 사용할 필요가 없으며, 따라서 개별화 교육 프로그램에 기록된 아동의 요구에 따라 각 아동을 위한 교육과정을 개발해야 한다는 견해가 있다(Lieberman, 1985). 또 다른 견해는 개별화 교육 프로그램은 기존의 일반교육 프로그램 안에 특수아동이 배치되었을 때 갖게 되는 교육적 요구를 바탕으로 하기 때문에 일반교육과정 및 교수의 수정과 개선에 초점을 두어야 한다고 보는 입장이다(Adelman & Taylor, 1993). 이 견해는 학교교육의 목적은 장애 유무에 상관없이 자율적인 성인으로서의 역할과 책임을 다할 수 있는 사람이 되도록 준비시키는 데 있다고 보기 때문에 일반아동이 갖게 되는 모든 경험에 특수아동이 참여하도록 하여 사회적 독립에 필요한 모든 지식과 기능을 습득하도록 돕는 데 중점을 둔다. 이러한 교육과정에 대한 견해 차이로 특수교사 교육 시 교육과정의 개발에 초점을 둘 것인지, 아니면 교육과정의 수정이나 개선에 초점을 둘 것인지가 문제가 된다. 샌즈(Sands, 1995) 등의 연구에서 보면 초·중등 특수교사 대부분이 각 특수아동은 아동의 요구와 적성에 따라 개별화된 교육과정을 가져야 한다고 믿고 있으며, 교육청이 특수학급에서 사용할 수 있는 표준교육과정을 준비해 주어야 한다고 보는 입장을 가진 교사는 1% 정도밖에 되지 않는 것으로 나타났다. 이 경우 교육과정 개발에 따른 특수교사의 자질은 상당히 중요하다. 우리나라의 경우 대부분의 유아특수교사들이 학교중심의 교육과정이나 시판되고 있는 교육과정을 사용하고 있으나 각 장애 영역과 연령별로 출판된 교육과정을 원하고 있는 것으로 조사되었다(백은희 외, 1995). 어떻게 보면 발달지체 또는 장애영·유아들만을 위한 표준교육과정을 원하고 있는 것으로 보인다. 이 점은 일반유아교육과정에 대한 수정이라든가 영·유아의 특수 요구에 따른 교육과정의 개발에 초점을 두고 있는 현 유아특수교육 실제와는 차이가 있고, 개별 아동의 특성에 따른 적절한 교육과정의 개발과 운영에서 교사들이 어려움을 갖고 있는 것으로 볼 수 있다.

발달지체 또는 장애영·유아교육은 학령기 특수아동 교육에 비해 더욱더 자연적 환경에서의 중재 및 교육을 강조하기 때문에 교사들은 특수요구가 있는 영·유아들이 정상발달유아들과 함께 일상적 일과 및 활동에 참여하여 교육목표를 수행할 수 있도록 돕는 데 초점을 두어야 한다. 따라서 일반유아교육과정의 수정을 강조하면서도 동시에 개별 영·유아 및 가족의 요구에 따른 교육과정의 개발 및 편성·운영에 관심을 두어야 할 필요가 있다(Gargiulo & Kilgo, 2000; Johnson &

Carr, 1996).

특수교육과정에 대한 견해 차이 외에도 이론적 배경에 따른 교육과정 모형에서의 차이점은 교육과정 개발과 운영에 영향을 미친다. 각 모형의 이론적 배경에 대한 충분한 검토나 이해 없이 교육현장에 적용된다면 교육의 효과를 기대하기는 어렵다. 발달지체 또는 장애영·유아들을 위한 교육과정 개발에서 그동안 일반적으로 적용되어 온 이론적 접근에는 발달적(developmental), 발달적-인지(developmental-cognitive), 학문기술(academic skills)중심, 행동주의(behavioral), 기능적(functional) 교육과정 모형 등이 포함된다(Noonan & McCormick, 1993; Gargiulo & Kilgo, 2000). 각 교육과정 모형은 나름대로의 특성을 지니고 있고 교육기관에 따라서는 그중 하나의 이론에 치우쳐 교육과정을 개발하는 경우도 있다. 그러나 어느 모형을 따르든 각 영·유아의 장애 특성과 발달적·기능적 요구에 맞는 교육과정의 개발에 초점을 맞출 경우, 교육의 실제는 이들 모형들을 혼합하여 교육 프로그램을 개발하는 경우가 많다. 유아특수교육 프로그램에 대한 평가 연구에서 핸슨과 린치(Hanson & Lynch, 1995)는 유아특수교육 프로그램에서 교육과정 내용은 주로 세 가지 이론, 즉 발달적, 인지적, 기능적 이론에 입각하여 개발되고 있지만 반면에 교수전략은 행동주의적 접근을 많이 하고 있는 것으로 보고하고 있다. 각 모형에 대한 배경과 특성 및 변화 동향, 그동안 연구에서 논의된 점을 고찰해 보면 다음과 같다.

1) 발달적 교육과정 모형

발달적 교육과정 모형은 유아특수교육 교육과정 모형 중에서 가장 전통적인 교육과정 모형이다. 이 교육과정 모형은 정상적 아동 발달이론에 근거하고 있으며 발달진단 및 평가 결과를 중심으로 교육과정을 개발하는 데 초점을 둔다. 일반적으로 교육과정 활동을 통해 인지발달, 적응행동발달(자조 및 일상생활 기술), 신체발달(큰 운동 및 작은 운동), 사회·정서 발달, 의사소통 발달(표현 및 이해 언어)과 같은 5개 영역의 발달을 신장시키는 데 초점을 두고 있고, 교육활동은 영·유아가 각 발달 영역에서 목표된 기술을 나타내 보일 수 있는 기회의 촉진에 강조를 두고 있다. 영·유아의 발달은 예견된 순서에 따라 이루어진다고 보기 때문에 정상적 발달을 하고 있는 같은 연령의 영 · 유아들에 비해 아직 습득하지 못한 발달기술들을 가르치면 아동의 장애 및 발달지체를 극복할 수 있을 것이라고 본다. 따라서 교육과정은 영 · 유아에게서 기대되는 발달기술, 즉 발달척도를 중심으로 내용이 구성된다. 교육활동은 일반적으로 물리적 · 사회적 환경과 아동의 상호작용을 강조하여 활동에서 영 · 유아의 참여를 신장시켜 발달기술의 습득이 이루어지도록 한다. 따라서 교수전략은 주로 정상적으로 발달하고 있는 영 · 유아들이 참여하는 활동들을 자극하여 참여를 유도하는 것에 원칙을 두고는 있지만, 영 · 유아의 활발한 사회적 상호작용이 무시되고 고립된 환경에서 이 발달적 교육과정 모형을 적용하여 직접적 교수에 따른 교육과정 운영이 시도되는 등 잘못 적용되는 경우도 있다(Cook et al., 2000).

유아특수교육에서 교육과정의 개발에 발달적 접근을 하게 된 이유는 무엇보다도 발달진단을 통해 나타난 결과를 중심으로 유아특수교육 대상 영 · 유아의 적격성 판정을 했기 때문이라고 볼 수 있다. 영 · 유아의 생활연령에 비해 발달기능이 많이 뒤떨어져 있을 때 장애나 발달지체로 판별하여 특수교육 서비스를 받게 하기 때문에 이 영 · 유아들의 교육은 문제가 있는 발달 영역의 중재가 초점이 되었다고 할 수 있다. 교육과정 내용의 개발에서 발달적 접근과 관련하여 그동안 연구에서 지적된 것을 보면, 발달적 교육과정은 정상발달영 · 유아들의 발달기술 순서에 초점을 맞추기 때문에 아직 발달적으로 나타나지 않은, 앞으로 습득해야 할 기술들이 교육과정 내용의 중심이 된다. 이 때문에 자연적 교육환경 또는 그 환경에서 요구되는 기능적 기술에 초점을 두지 못한다는 지적을 받고 있다(Rainforth, York, & MacDonald, 1992). 교육활동 및 일상 일과에 영 · 유아들이 참여할 때 필요한 기술은 환경에서 요구되는 중요한 기능적 목표가 되기 때문에 교육과정에 포함되어야 한다. 그러나 교육과정의 개발이나 운영에서 발달적 접근을 할 경우는 이 기능적 기술들은 교육과정에 포함이 되지 않는 제한점이 있다. 또한 발달진단 · 평가에 따른 교육과정의 개발은 중증장애나 중복장애가 있는 영 · 유아들에게는 적합하지 않는 문제도 야기된다(Noonan & McCormick, 1993). 중증장애가 있을 경우는 발달척도의 성취를 통해 아동의 발달변화를 유도하는 것이 의미가 없음을 고려해 볼 때 발달기술의 순서를 교수하는 것은 효과적이지 못하다는 것을 의미한다. 오히려 이들 영 · 유아 교육은 목표 기술의 수정을 통해 좀 더 실제적이고 기능적인 목표를 선정하는 것이 필요하다.

우리나라 유아특수교육 현황을 보면 많은 유아특수교사들이 발달진단 및 평가 시 발달교육과정중심 도구를 활용하고 있기 때문에 주로 발달적 접근을 기반으로 한 유아특수교육 실제가 적용되고 있는 것으로 볼 수 있다. 그러나 통합된 상황에서의 교육이 제한적으로 이루어지고 있다면 정상발달영 · 유아들이 참여하는 활동에서의 자극을 통한 기술 교수 및 습득한 기술의 유지 또는 일반화의 효과를 돕는 노력은 제한적으로 이루어지게 된다. 이 경우 자연적 환경에서 독립적으로 기능할 수 있는 데 필요한 기술을 아동이 습득하도록 돕지 못하는 문제를 초래하게 된다.

2) 발달적-인지 교육과정 모형

발달적-인지 교육과정 모형 또한 유아특수교육 교육과정 개발에 많은 영향을 준 이론적 접근 방법이다. 이 모형은 피아제(Piaget)의 인지발달이론에 근거를 두고 있다. 영 · 유아의 인지발달은 아동의 심리적 성장과 환경과의 상호작용에 따라 이루어진다고 보고, 교육과정의 내용은 피아제의 인지발달 단계에 맞추어 구성하며 아동의 탐구 활동을 촉진하는 교수방법을 중요하게 여긴다(Noonan & McCormick, 1993). 따라서 발달적-인지 교육과정의 내용은 발달적 교육과정과 비슷한 점이 많으나 인지발달 영역의 기술이 주로 강조된다고 할 수 있다. 이 모형을 따를 때 교육과정의 운영은 아동이 환경과의 활발한 상호작용을 통해 인지발달을 촉진할 수 있도록 자극을 주는 구조화된 환경의 구성을 강조한다. 저소득층의 영 · 유아 및 발달지체 또는 장애영 · 유아들의 교육과 보육 서비스를 제공하고 있는 미국의 헤드스타트(Head Start)와 얼리 헤드스타트(Early Head Start) 프로그램은 이 발달적-인지 모형으로 교육과정 활동을 제공하고 있는 대표적인 예라고 할 수 있다. 발달적-인지 모형이 갖는 제한점은 발달적 모형과 비슷한 것으로 보고 있다. 가장 큰 문제점은 영 · 유아의 환경에서 요구되는 기능적 기술들이 교육과정의 내용 및 교육의 목표로 고려되지 않는다는 점에서 발달지체 또는 장애영 · 유아들의 교육에 적용하기에는 문제가 있는 것으로 보고 있다(Gargiulo & Kilgo, 2000). 영 · 유아가 장애 때문에 환경과 활발히 상호작용할 수 있는 능력이

준비되어 있지 않을 때 인지적 목표를 달성하기란 쉽지 않기 때문이다.

3) 학문기술중심 교육과정 모형

학문(전학문)기술중심 교육과정 모형의 특성은 정상발달영 · 유아의 발달이 유아원이나 유치원 또는 초등학교 이전 교육에서 가르치는 일반적인 전학문적 · 학문적 기술들을 중심으로 이루어진다는 가정하에 읽기, 쓰기, 셈하기 등과 같은 분야에서 요구하고 있는 기초 학문 기술을 세분화하여 영 · 유아들에게 가르치는 것이다(Gargiulo & Kilgo, 2000). 자연히 아동의 활동에 대한 선택이라든가 능동적 참여가 무시되는 경향이 있어서 영 · 유아의 발달적 특성에 적합한 교육환경을 구성해 주지 못하는 제한점을 갖는다.

그동안 여러 전문가들은 유아특수교사들이 학령기 장애아동의 교육에 익숙해져 있어서 영 · 유아의 발달적 요구를 무시한 채 이러한 학문적 기술 습득을 발달지체 또는 장애영 · 유아들에게 강요하는 경향이 있다는 점을 지적해 왔다(DEC, 1993; Garrett & Kelley, 2000; Wolery & Gast, 2000). 이 교육과정 모형을 특수요구가 있는 영 · 유아들에게 적용할 때의 문제점은 이 아동들에게 필요한—사회적 기술과 적응 기술 같은—중요한 발달적 기술의 습득이 강조되지 못한다는 점이다. 이러한 전학문 기술들을 강조할 때 교사들은 정상발달영 · 유아들의 일과에서 벗어난 특정의 고립된 시간에 특정 교수자료를 가지고 교수하는 것이 일반적이기 때문에 여러 학문적 또는 발달기술들을 통합하여 자연적 활동 속에서 교수하지 못하는 문제를 초래하게 된다. 이러한 고립된 환경에서 교수된 기술들은 일상생활의 기능적 상황 속에 일반화될 수 없음이 그동안 많은 연구에서 밝혀졌다.

아직은 우리나라 유아특수교육 기관 중에서 이 학문적 기술 교육과정을 중심으로 프로그램을 운영하고 있는 학급이 어느 정도인지 구체적으로 밝혀진 것은 없지만, 학령기 아동들을 위한 직접적인 교수활동에 익숙해져 있는 교사들이 영 · 유아 학급을 맡고 있는 경우나 발달지체 또는 장애영 · 유아들에게 부족한 학습 준비 기술을 집중적으로 지도하는 사설 조기교육실에서는 이 학문적 기술중심 교육과정 모형을 많이 적용하고 있는 것으로 추정할 수 있다. 사실 많은 유치원들이 학부모들의 성급한 조기교육 요구를 잘못 수용하여 과외교육이라 할 수 있는 학원식의 교육 프로그램을 운영하고 있는 점을 볼 때(정금자, 2000), 우리나라의 유아들은 이 학문적 기술중심의 교육과정에 익숙해 있다고 할 수 있겠다.

4) 행동주의 교육과정 모형

행동주의 교육과정 모형에서는 아동이 참여하는 활동과 그 활동에서 요구되는 기술을 강조하며 사전에 계획된, 일련의 직접적 교수활동을 통해 교수될 수 있는 기술들 위주로 교육과정의 내용을 구성한다(Hanson & Lynch, 1995). 어떻게 보면 행동주의 교육과정 모형은 교육과정의 내용보다는 조작적 학습 원리에 근거한 교수활동에 초점을 맞추는 모형이라고 할 수 있다. 또한 각 발달 영역의 발달 순서가 교육과정의 내용이 되기보다는 학습 또는 교정되어야 하는 기술들 위주로 구성되기 때문에 목표 기술은 오히려 발달적 교육과정 모형에 비해 생활연령에 적합하고 아동에게 의미 있는, 직접적 환경에서 유용한 것이라고 할 수 있어 보다 기능적 교육과정 모형에 가깝다고 보는 경향도 있다(Noonan & McCormick, 1993).

행동주의 교육과정 모형이 갖는 문제점은 교육과정의 내용 선정에서 정리된 체계가 없다는 것과 교육과정 운영에서 구조화의 정도가 지나치기 때문에 영·유아의 학습 동기가 무시될 가능성이 많다는 점이다. 그러나 최근 이 모형을 따르고 있는 전문가나 연구자들이 교수목표 선정 시 환경에서 요구하는 것 또는 기대되는 것에 초점을 맞추면서 직접적 기술의 교수보다는 자연적 환경에서 발생하는 기술 위주의 교수, 자연적 선행자극과 후속결과 자극을 사용하는 교수전략을 도입하고 있어 현재 이 행동주의 모형은 좀 더 자연적인 쪽으로 변화하고 있음을 보여 준다(Noonan & McCormick, 1993). 이 행동주의 모형에서 추구하고 있는 최근 경향이 무시되고, 영·유아에게 의미 있는 교육목표의 개발이 교육과정의 개발과 운영 시 고려되지 않는다면 기존에 이 모형을 적용하여 발달지체 또는 장애영·유아의 중재 또는 교육을 하려 했던 여러 시행착오나 비판(Wolery & Gast, 2000)에서 벗어날 수 없고 이 모형을 좀 더 발전적 형태로 적용할 수 없는 오류를 범할 가능성이 많다.

5) 기능적 교육과정 모형

일반적으로 기능적 교육과정 모형은 유아특수교육 분야뿐만 아니라 초·중등 특수교육 분야에서 중증장애가 있는 학생들을 위한 교육과정에 많이 적용되고 있다. 현재 유아특수교육의 이론적·실제적 변화 동향을 보면, 영·유아의 자연적 환경에서 요구하고 있는, 아동에게 직접 관련된 기능적 기술 또는 행동을 교육과정 목표에 포함시켜야 한다는 점이 강조되고 있다(Hemmeter, 2000; Noonan & McCormick, 1993). 보통 기능적 교육과정 모형을 따르는 프로그램에서는 과제분석 접근으로 습득되어야 하는 기술들이 일련의 순서대로 관찰과 측정을 할 수 있도록 세분화되어 교육과정 활동의 목표가 된다. 이 기능적 교육과정 모형에 과제분석 접근 방법을 적용하게 될 경우는 행동주의에 입각한 교수적 접근을 하므로 행동적 교육과정 모형과 흡사한 점이 많다고 할 수 있다. 또한 이 경우 기능적 교육과정은 영·유아의 결함을 강조하여 그 결함을 교정하고자 하는 데 초점을 맞추기 때문에 아주 제한적 의미의 기능적 교육과정이 되어 버린다. 그러나 기능적 측면이 아동의 환경을 구성하고 있는 교육과정과 생태학적 구조 내에서 아동의 능력을 극대화하는 데 초점을 맞추면 아동의 결함을 교정하기보다는 성공의 촉진을 강조하기 때문에 기능적 교육과정의 특성은 다르게 나타날 수 있다(Gargiulo & Kilgo, 2000). 일반적으로 발달연령보다는 생활연령에 적합한 기술 습득을 중요시하여 전학문 기술이나 발달척도보다는 일상생활 기술의 습득에 비중을 두는 것이 기능적 교육과정의 특징이다. 그러나 이 기능적 교육과정을 통합환경에서 또는 통합교육을 목적으로 적용할 때는 아동들의 성공적인 통합교육을 지원하고자 통합된 환경에서 요구하고 있는 기능적 기술의 습득이 강조되며 개별 아동에 적합한 기능적 교육과정 개발에 초점을 두게 된다. 이는 교육과정을 아동이 현재 또는 앞으로의 통합된 환경에서 좀 더 성공적으로 교육과정 활동에 참여할 수 있도록, 환경에서 요구되고 있는 기술을 촉진시킬 수 있는 도구로 보기 때문이다(Bailey & Wolery, 1984; Cook et al., 2000).

기능적 접근 방법은 발달적 접근 방법 및 기타 다른 교육과정 접근 방법에 비해 영·유아의 교육환경 내에서 요구하고 있는 생활연령에 적합한 기능적 기술이 강조되기 때문에 발달지체 또는 장애영·유아들에게 주는 이점이 많은 것으로 여겨진다. 환경에서 요구하고 있는 기능적 기술의 성취는 아동으로 하여금 환경 내에서 좀 더 독립적으로 기능할 수 있도록 돕기 때문이다. 특히 정상발달아동이 통합되어 있는 자연적 교육환경 내에서의 기능적 교육과정의 교육내용은 이 아동들이 수행하고 있는 것들 위주로 구성되기 때문에 통합환경에서 발달지체 또는 장애영 · 유아들이 독립적으로 기능할 수 있도록 촉진시켜 줄 수 있다. 따라서 이 모형이 통합교육 환경에 적용될 경우는 고립된 환경 내에서의 직접적인 기술 교수보다는 환경 내에서 요구되는 기술의 자연적 교수를 적용하기 때문에 보통 행동주의에 입각한 기능적 교육과정 접근과는 차이가 있다.

눈안과 맥코믹(Noonan & McCormick, 1993)은 이 자연적 환경에서 적용되는 기능적 교육과정 모형을 '자연적 교육과정 모형(naturalistic curriculum model)' 이라고 하면서 자연적 교육과정 모형의 주요 목적은 자연적인 사회적 · 물리적 환경에 대한 영 · 유아의 통제와 참여, 상호작용임을 강조하고 있다. 따라서 발달지체 또는 장애영 · 유아들을 위한 자연적 교육과정 모형에 따른 교육과정 내용은 아동의 통합을 지원하기 위해 자연적 환경 내의 규칙적 일과와 활동을 알아내고 분석하여 그 환경에서 유아의 통제 및 참여, 상호작용에 필요한 기능적 기술들 위주로 구성된다. 따라서 현재의 기능적 기술뿐만 아니라 미래의 기능적 기술 또한 강조된다. 행동주의 모형에서 기능적 기술의 습득이 강조되기는 하지만 현재의 직접적 환경에서 바로 요구되는 기능적 기술의 습득을 강조하기 때문에 이 점에서 미래의 기능적 기술을 강조하는 기능적 교육과정과 차이가 있다. 또한 기능적 교육과정은 비록 행동주의 교수전략이 교육과정 활동에 적용되기는 하지만, 인위적인 고립된 환경보다는 자연적인 일상 일과 속에서의 자연적 교수전략을 사용하고자 한다는 점에서 차이가 있다.

기능적 교육과정 모형의 제한점은 각 아동의 특성에 맞는 교육과정 내용의 개발에 따른 교사의 자질에서 찾아볼 수 있다. 아동들에게 필요한, 일반적으로 사용될 수 있는 기능적 기술의 선정에 대한 기준 없이, 개별 영 · 유아의 요구에 적합한 교육과정 개발이 요구되기 때문에 교사가 관련 자질이 없을 경우는 각 아동의 독특한 요구에 맞는 교육과정 개발 시 부담을 갖게 된다는 점이다(Rainforth et al., 1992). 국내의 경우 유아특수교육에서 기능적 교육과정의 개념이 강조되면서도 아직 행동주의에 입각한 기능적 교육과정 수준에 머물러 있고, 유아특수교사들이 여전히 각 장애 영역에 맞는 교육과정을 요구하고 있는 것이 현실인 것을 볼 때, 앞으로 유아특수교사들은 개별 아동에 적합한 기능적 교육과정의 개발과 관련한 기능 향상에 초점을 두어야 하겠다.

4. 교육과정의 개발 및 편성

현재 2008 개정 특수학교 유치부 교육과정(교육인적자원부, 2007)에는 일반유아 교육과정 외에 특수학교 기본교육과정을 고려하여 교육내용을 편성하되 영 · 유아의 특성과 지역 특성, 교육기관의 특성을 고려해 교육과정을 편성 · 운영할 것을 제안하고 있다. 일반유치원 교육과정의 내용을 고려해 개별 아동에게 적합한 교육과정을 편성 · 운영한다는 것은 아동의 개별 특성에 맞게 교육과정 내용을 수정할 것을 요구하는 것이다. 그러나 이는 동시에 정상발달영 · 유아들이 참여하는 교육활동에 발달지체 또는 장애영 · 유아가 참여할 때 통합환경에서 필요로 하는 기술이 교육과정에 반영되어야 한다는 것을 의미한다. 이는 또한 교육과정을 운영할 때는 아동의 개별 목표를 어떻게 학습하도록 자극할 것인지에 대한 적합한 교수방법을 고려해야 한다는 점을 요구한다고 볼 수 있다. 이 점은 현재 발달지체 또는 장애영 · 유아가 특수학교의 유치원과 같은 고립된 환경에서 교육 서비스를 받고 있다 하더라도 앞으로의 통합교육에 필요한 기술들을 반드시 교육과정 내용에 포함시켜야 한다는 것을 의미한다. 위에서 언급한 유아특수교육 교육과정과 관련된 이론적 · 철학적 배경 및 현재 실제의 동향을 토대로 발달지체 또는 장애영 · 유아들을 위한 교육과정 개발 및 편성 시 고려해야 할 점을 살펴보면 다음과 같다.

1) 개별화 교육계획의 목표 수립

발달지체 또는 장애영 · 유아들을 위한 교육과정의 개발과 관련된 과제로는 진단 · 평가를 통한 개별화 교육계획의 목표를 개발하는 데 필요한 교사의 자질 향상이다. 유아특수교육에서 개별화 교육계획(프로그램)에 포함된 장 · 단기 목표는 개별화 교육의 핵심이다. 그러나 유아특수교사들은 아동의 요구에 맞게 목표를 수립하지 못하는, 아동의 요구를 중심으로 개별화 교육계획을 개발 · 운영하지 못하는 문제점을 나타내고 있다(조광순, 전병운, 박혜준, 강미라, 이준석, 2005; 박혜준, 조광순, 전병운, 홍은숙, 2005; Reiher, 1992). 결국 이러한 문제점은 발달지체 또는 장애영 · 유아교육의 효과를 극대화시키지 못하는 원인이 되고(Goodman & Bond, 1993), 이러한 이유로 교사들이 개별화 교육계획의 개발과 운영을 활용도가 없는 불필요한 잡무로 여기는 결과를 초래하고 있다(Pretti-Frontczak & Bricker, 2000). 발달적 기술 외에 환경에서 요구되는 기능적 기술 요구를 측정하여 일상적 일과 속에서 교수할 수 있는 개별화된 요구를 알아내는 것이 각 아동을 위한 교육과정의 개발 및 편성 · 운영에 기초가 되어야 한다.

(1) 교육계획의 목표 수립을 위한 진단

유아특수교육에서 강조되고 있는 진단 · 평가(assessment) 자료는 유아특수교육의 적격성 판정 외에도 인지, 의사소통, 사회 · 정서, 운동, 자조기술 발달 영역의 현재 수행 수준 및 시각, 청각, 건강 상태를 알아내어 개별화 교육계획(프로그램)의 장 · 단기 목표를 결정하는 데 기초가 된다. 따라서 진단 · 평가 결과는 유아특수교육의 적격성 여부에 대한 결정 외에도 추가적으로 개별화 교육계획의 개발(구안)을 목적으로 한 교육적 진단 · 평가가 이루어지도록 해야 한다.

개별화 교육계획의 개발 및 편성을 목적으로 한 교육적 진단 · 평가는 형식적인 준거참조형 도구나 교육과정중심 진단 · 평가 도구를 사용하는 것이 바람직하다. 일반적으로 이러한 도구들은 일련의 발달적 단계에 따라 발달기술이 제시되고 있으면서도 가족과 진단 · 평가 또는 개별화교육위원회의 위원들이 아동의 발달상 필요하다고 보는, 아동의 일상 환경에서 요구되는 기능적 기술들도 포함되어 있기 때문에 개별화 교육계획의 개발에 도움이 된다. 그러나 비형식적 아동 관찰, 부모(가족) 면담, 교사의 자작 도구의 활용, 아동의 포트폴리오 검토와 같은 진단 · 평가 절차도 보완 · 사용하여 충분한 자료의 수집을 통해 아동의 강점과 약점을 알아내고 이에 따른 장 · 단기 목표가 개발되도록 해야 한다. 교육계획의 수립을 위한 진단 · 평가는 영 · 유아의 자연적 환경에서 이루어질 때 아동에게 요구되는 장 · 단기 목표를 알아낼 수 있도록 돕는다. 특히 학교나 학급 단위의 교육과정을 개발할 때는 개발된 교육과정의 목표 및 내용과 관련된 진단 · 평가 도구를 교사가 제작해 사용해 보는 것도 바람직하다. 도구의 타당도나 신뢰도 검증을 거쳐 사용할 수 있다면 훌륭한 교육과정중심의 진단 · 평가 도구가 될 수 있다.

(2) 아동의 발달적 · 기능적 요구 및 가족의 요구 반영

교실상황에서의 효과적인 발달지체 또는 장애영 · 유아 중재는 아동의 발달적 · 기능적 목표의 선정이 선행되어야 한다(Hull et al., 1996). 보통 교육과정 개발 또는 편성 · 운영 시 각 발달 영역의 기술과 발달 영역 간의 관련성에 비추어 교육과정의 내용이 결정되겠지만, 일반아동이 있는 자연적 환경에서 독립적으로 기능하도록 해 주는 기술은 교육과정 내용 선정에 초점을 두어야 할 필요가 있다. 아동의 교육목적과 목표가 발달적이지 못하고 기능적이지 못할 때는 일상적 교육과정 활동과 일과에서 아동의 교육목적 및 목표를 달성할 수 없기 때문에 자연적으로 다른 아동들과의 활동 및 일과에서 제외되기 쉽고, 따라서 고립된 환경에서 교수적 조정이 이루어지고 마는 부정적인 결과를 초래하게 된다(Grisham-Brown & Hemmeter, 1998). 아동의 현 발달적 · 교육적 수행 수준은 아동 주도하의 놀이중심 교육활동의 참여에서 발달지체 및 장애로 문제가 있는 발달 영역을 중심으로 측정하도록 해야 한다. 마찬가지로 장 · 단기 목표는 이러한 문제 영역의 여러 발달적 · 기능적 요구를 충족시킬 수 있으면서 일반교육과정에 참여할 수 있도록 하는 목표 선정에 초점을 두어야 할 것이다.

교육활동과 관련이 없는 목표는 의미가 없으며 적절한 교육이 제공되지 않았음을 의미한다. 그러므로 개별화 교육계획의 장 · 단기 목표는 우선적으로 특수교육에 대한 아동의 요구를 충족시킬 수 있도록 아동의 발달과 교육적 수행을 방해하는 발달지체나 장애로 생기는 문제를 감소시키는 데 초점을 두어야 한다. 그러나 아동이 일반학급에 배치되어 통합교육을 받고 있는 경우는 일반학급에서의 교육목표도 포함시키도록 교육적 진단 · 평가가 이루어져야 한다. 영 · 유아의 모든 발달 또는 교육 영역을 개별화 교육계획에 포함시키지 않아도 되지만, 발달지체 및 장애에 따른 아동의 요구를 충족시키며, 아동이 놀이중심의 교육활동에 참여하여 기술을 습득하도록 돕는 전략은 포함되도록 해야 한다. 또한 발달지체 및 장애에 따른 아동의 기타 요구, 즉 행동 지원과 치료 같은 서비스 계획이 개별화 교육계획에 포함되도록 다양한 분야의 진단·평가가 이루어져야 한다.

장기 목표는 영·유아의 현재 교육적 수준과 직접적으로 관련이 있어야 하며, 너무 포괄적이거나 막연하게 기술되어서는 안 되고 단기 목표처럼 구체적이어야 한다. 장기 목표를 개발할 때는 아동의 강점에 초점을 두는 것이 중요하며 아동의 과거 및 현재의 교육적 수행 수준, 선호성, 요구의 우선순위, 각 목표 성취에 필요한 시간 등이 고려되어 아동의 강점을 촉진시키면서 요구 영역을 극복하거나 최소화할 수 있도록 하는 데 초점을 두어야 한다. 장기 목표의 적절한 수는 아동의 요구에 따라 결정되도록 하며, 이에 대한 결정은 개별화교육운영위원회에서 결정하겠지만 적어도 한 요구 영역에 대한 하나의 장기 목표가 개발되도록 하며, 발달 또는 교과 영역 외에 가정 및 지역사회에서의 요구도 반영될 수 있도록 하고, 행동 또는 정서 문제도 고려하여 목표에 첨가시킬 수 있도록 한다.

단기 목표는 장기 목표의 주요 요소를 논리적으로 단계별로 나누어 개발되는 것으로, 장기 목표에 대한 아동의 수행 진도를 측정할 수 있는 척도의 역할을 한다. 따라서 단기 목표는 장기 목표의 하위 기술들을 설명해 줄 수 있어야 하며 장기 목표의 성취에 필요한 여러 기술들의 진도 점검(수행평가)이 가능한 일련의 순서로 기술되어야 한다. 단기 목표는 또한 수행평가 주기에 맞추어 아동이 진도해 나갈 수 있을 만큼의 학습 목표량을 나열해 기술할 수 있다.

개별 영·유아에게 적합한 교육과정의 개발 또는 편성은 아동의 발달 수준 및 장애 조건에 대한 지속적인 진단·평가 과정 없이는 불가능하다. 각 진단·평가 결과의 분석을 통해서 아동의 발달적 요구 외에 환경에서 요구하고 있는 기능적 요구를 알아내어 교육목적 및 목표를 선정하도록 하고 교육과정의 내용 및 활동을 개발할 수 있어야 한다. 특히 통합환경에서 요구되는 발달적으로 적합한, 기능적인 교육목표를 알아내는 것이 진단 및 평가 과정에서 필요하다(Hull et al., 1996; Wolery & Sainato, 1996). 유아특수교육은 발달지체 또는 장애영·유아의 중재에만 초점을 맞추어서는 교육의 효과를 극대화시킬 수 없다. 교육과정 개발 또는 편성·운영에는 가족의 요구 진단도 필요하다. 물론 교실 내의 교육과정 활동에는 가족의 변화를 유도하는 가족지원에 대한 고려가 불가능하기는 하지만 교육과정의 개발에 가족을 참여시켜 가족의 요구를 반영하고 가족이 최종적 의사결정자로서의 역할을 할 수 있도록 유도하여야 할 것이다(Bailey et al., 1998). 아동의 발달적 · 기능적 요구와 가족의 요구를 알아내는 진단 · 평가와 관련된 교사의 자질도 필요하지만 중요한 것은 관련 전문요원과 가족과 협력하여 아동 및 가족의 요구를 알아낼 수 있는 교사의 공동협력기술이다. 통합교육에서 특수교사들이 갖고 있는 근본적인 문제점 중의 하나는 일반교사 및 부모와 공동협력하여 최상의 실제를 모색하는 자질이 부족하다는 것이다(Johnson et al., 1998).

2) 교육과정중심 도구의 활용

발달지체 또는 장애영 · 유아교육기관에서는 교육과정중심 진단 · 평가 도구를 교육과정으로 사용하고 있는 곳이 많다. 이 교육과정중심 도구들이 교육과정으로 사용되고 있는 이유는 진단 및 평가 목적 외에 교육과정으로도 쓸 수 있도록 개발되었기 때문이고 교사들이 쉽게 교육과정 활동을 계획할 수 있기 때문이다. 그동안 미국에서 개발되어 국내에서 번역되어 많이 사용되어 온 것으로는 포테이지(Potage Guide to Early Education; Bluma et al., 1976)가 있고, 그 외 캐롤라이나 교육과정(Carolina Curriculum for Preschoolers; Johnson-Martin et al., 1990), 아바쿠스(The Arizona Basic Assessment and Curriculum Utilization System, ABACUS; McCarthy et al., 1984) 등이 있다.

이들 시판되는 교육과정은 활동과 필요한 활동자료 및 교수방법까지 친절하게 제시해 주고 있어서 교사들이 많은 준비 없이 사용할 수 있는 장점이 있지만 대부분의 교육과정중심 도구는 고립된 환경에서의 교수목표와 방법을 제안하고 있기 때문에 다양한 요구를 갖고 있는 모든 발달지체 또는 장애영 · 유아들에게 사용하기에는 문제점이 있다(Cook et al., 2000). 따라서 상품화된 교육과정을 사용할 경우는 그 교육과정의 질적인 면과 적합성을 평가하여 가장 적절한 것을 선정해야 할 필요가 있고, 전적으로 그것에만 의존해서 교육과정 내용의 선정과 활동을 계획하는 것은 문제가 될 수 있음을 고려해 보아야 한다. 이들 교육과정의 기술 목록들은 각 아동의 개별 환경에서 요구하고 있는 기술들을 제대로 반영하고 있지 못하기 때문이다. 결국 이들 상품화된 교육과정은 각자의 독특한 환경에 있는 개별 아동의 요구에 맞게 수정하고 개선하여 사용하여야 할 것이다.

핸슨과 린치(Hanson & Lynch, 1995)가 제시하고 있듯이 어떤 특정의 상품화된 교육과정을 사용하고자 할 경우는 그 교육과정의 이론적 · 철학적 접근과 기관의 철학과의 일치성 여부, 기관에 있는 아동들에 대한 적합성 및 교육과정 문항의 포괄성, 발달적 순서의 정확성, 교육과정 문항의 수정 가능성 및 방법 제시 여부, 발달적 · 기능적 목표의 포함 여부, 평가의 용이성, 교육과정 운영에 요구되는 교사의 교수기술 및 전문성 여부 등을 중심으로 그 교육과정에 대한 질적 평가를 한 후 사용해야 한다. 시판되고 있는 교육과정에 대한 이러한 평가 없이 교사가 임의로 어떤 한 교육과정을 선정하여 모든 영 · 유아들에게 사용할 경우는 국내 유아특수교사들에게서 나타나고 있는 것처럼 사용하고 있는 교육과정이 적절하지 못해 불만이 발생한다. 특히 교육과정 문항들이 우리 문화의 실정과 맞지 않는다면 더욱더 문제가 아닐 수 없다. 우리 문화의 영 · 유아들을 상대로 타당도 검사가 되었을 경우, 특히 다양한 발달지체 또는 장애영 · 유아들을 대상으로 타당도 검사가 이루어진 후 적합하다고 판정된 교육과정을 사용하도록 해야 한다.

3) 특수학교 유치원 교육과정의 적용

2008년 제정되어 2009년부터 시행될 제8차 특수학교 유치원 교육과정은 일반유치원 교육과정을 근간으로 하되 개별화 교육을 통하여 유아들의 발달을 최대한 촉진할 수 있도록 편성, 운영하도록 권장하고 있다. 또한 장애 영역을 탈피한 비범주적 특수성에 기초한 교육과정을 운영하도록 하고 있는 특성을 지니고 있다. 일반유치원 교육과정의 건강생활, 사회생활, 표현생활, 언어생활, 탐구생활의 5개 영역으로 구성하여 교육과정을 운영하되, 아동에 따라서는 특수학교 기본 교육과정을 유치원 교육과정의 5개 영역으로 편성 · 운영할 수 있도록 하고 있다. 그러나 구체적인 교육과정의 내용이 제시되어 있지 않아 우선적으로 유치부 교육과정은 일반유아교육과정을 근간으로 하여 유치원의 특성을 고려하고 개별화 교육을 통하여 영 · 유아들의 발달을 최대한 촉진할 수 있도록 편성, 운영하되 교육과정의 각 영역이 통합적으로 운영되도록 하는 특성을 지니고 있다.

제8차 특수학교 유치원 교육과정에서는 학교교육과정 편성 · 운영 계획을 바탕으로 집단 및 개별화 교육과정을 편성할 수 있도록 제안하고 있다고 할 수 있다. 이는 학교교육과정의 전체 틀 속에서 이루어지는 학년, 학급 또는 교과별 연간 교수 · 학습 계획의 수립을 의미하는 것이며, 실제로 학교교육과정의 유용성, 활용성 등을 고려하여 학년, 학급, 교과별로 분책하거나 통합하는 방식, 체제와 구조 등은 학교의 자율 · 재량의 권한이 부여되는 것으로 볼 수 있다. 이 제8차 특수학교 유치원 교육과정은 첫째, 국가 수준의 공통성과 지역, 학교, 개인 수준의 다양성을 동시에 추구하는 교육과정의 성격을 지니고 있으며, 둘째, 학습자의 자율성, 창의성 및 사회적응력을 신장하기 위한 학생중심의 교육과정이고, 셋째, 교육청과 학교, 교원 · 학생 · 학부모가 함께 실현해 가는 교육과정이며, 넷째, 학교교육체제를 교육과정중심으로 개선하기 위한 교육과정이고, 다섯째, 교육의 과정과 결과의 질적 수준을 유지, 관리하기 위한 교육과정이며, 여섯째, 특수교육 대상자의 특수성을 고려한 교육과정의 성격을 지니고 있는 것으로 이해되고 있다.

제8차 특수학교 유치원 교육과정은 국가 공통 교육과정을 채택하면서도 장애별 특수성에 따른 수정 보완을 제안하고 있다. 이 교육과정은 특수학교 교육과정으로서 제한적 배치 장면에 한정되는 것을 탈피하여 특수학급이나 학습 도움실, 가정, 병원, 시설 등 모든 환경에 있는 특수교육 요구를 지니고 있는 아동들을 위한 교육과정의 성격을 지닌다. 따라서 발달지체 또는 장애영 · 유아의 교육은 우선 일반유아들을 위한 유치원 교육과정을 적용할 수 있고, 장애의 정도가 심한 영 · 유아들의 경우는 일상생활 속에서 요구되는 기능적 기술을 중심으로 교육 내용이 구성되어 있는 특수학교 기본교육과정을 활용할 수 있다. 교육과정 편성과 운영은 현장의 자율성을 최대한 확대하고 특수교육 대상자의 다양한 교육적 요구를 지원해 줄 수 있도록 하는 것이 특수학교 교육과정의 기본 방침이다. 시 · 도 교육청은 유치원 교육과정의 교육 일수와 시간, 학급 편성, 교육활동 및 운영, 환경 구성, 교육과정 편성 · 운영에 관한 평가와 질 관리, 부모 교육 및 참여, 개별화 교육 및 개별화 가족 지원 계획, 일반 유치원에 배치된 특수교육 대상 유아의 (통합교육)교육과정 편성 · 운영, 초등학교 교육과정과 연계 등에 관한 사항에 관한 교육과정 편성 · 운영 지침을 작성하고, 이를 관내의 지역 교육청과 유치원 및 각급 학교에 제시하도록 하였다.

제7차 특수학교 유치원 교육과정과는 달리 제8차 특수학교 유치원 교육과정에서는 영아들을 위한 교육과정 편성 · 운영에 대한 지침이 포함되어 있다. 영아를 위한 교육과정은 교육감의 승인을 받아 학교장이 학교 실정에 알맞게 편성, 운영하도록 규정되어 있으나 시 · 도 교육청은 영아교육과정 편성 · 운영에 관한 일반적 지침을 제시해야 한다.

4) 유아교육과정의 도입 및 수정

정상적으로 발달하고 있는 유아들을 위한 유치원 교육과정은 1969년 2월 19일 문교부령 제207호로 최초 제정된 이래 2009년에 시행되는 제7차 교육과정에까지 이르고 있다. 교육내용의 수준을 Ⅰ · Ⅱ 수준 및 공통 수준으로 다양화시켜 3, 4, 5세 유아들의 발달 수준에 적합한 개별화 교육이 이루어질 수 있도록 한 특성을 지닌다. 연령별 내용(만 3, 4, 5세) 수준 제시는 교사용 '교육활동 지도자료'에 구체화하도록 되어 있다. Ⅰ · Ⅱ 수준의 구분은 초 · 중등학교와 같은 학년 개념과는 다르며, 초 · 중등학교 교육과정의 수준별 교육과 성과도 다른 차원의 것이다. 교육 대상인 3, 4, 5세 유아들은 발달적 차이가 있는 유아들이면서도 발달은 통합적 · 연속적으로 이루어져 학습 속도가 점진적으로 이루어진다는 점에서 나온 개념이다. 일반적으로 Ⅰ 수준은 3, 4세의 발달 특성을 나타내는 유아들에게, Ⅱ 수준은 4, 5세의 발달 특성을 나타내는 유아들에게 적합한 교육내용이라고 보며, 공통 수준은 3, 4, 5세에 걸쳐 지속적으로 경험하고 경험되어야 할 내용을 의미하고 있다.

유치원 교육과정은 유아의 발달 영역을 바탕으로 5개 생활(건강생활, 사회생활, 표현생활, 언어생활, 탐구생활) 영역별로 편성하고 각 영역별로 수준별 내용을 구체적으로 제시하고 있다. 각 유치원은 국가 수준의 교육과정과 시 · 도 교육청의 편성 · 운영 지침을 기초로 유치원 교육과정을 편성하고 있으며, 시 · 도 교육청 외에 지역 교육청도 편성 · 운영에 관한 실천 중심의 장학 자료를 제시함으로써 각 유치원으로 하여금 유치원과 지역사회 실정, 학부모 요구, 유아의 발달적 요구 등에 알맞은 교육과정을 편성 · 운영할 수 있도록 하고 있다. 특히 2009년에 시행되는 새로운 교육과정에는 시 · 도 교육청 및 지역 교육청 편성 운영 지침에 귀국자 및 다문화 가정의 자녀 교육에 관한 사항이 추가되어 다양한 특성을 지니고 있는 유아에 맞는 교육과정의 편성 운영에 국가의 관심이 더 증가되고 있음을 알 수 있다.

발달지체 또는 장애영·유아가 통합환경에 있든 아니면 분리된 환경에 있든 중요한 것은 이러한 일반유아교육과정에 아동이 참여했을 때 어떻게 발달적·기능적 목표를 통합하여 교육과정 목표를 달성할 수 있게 할 것인가다. 아동의 독특한 요구를 일반유아교육의 목표와 내용의 흐름 속에서 조화롭게 다루어질 수 있도록 하면서 교육과정의 수정을 시도해야 할 것이다. 개별화 교육계획에 따른 교육과정 내용을 정규 일과 활동의 주제 및 내용과 가능한 한 일치되도록 하여 일반유아교육과정에 자연스럽게 특수교육 대상 영·유아가 참여할 수 있도록 해야 할 필요가 있다. 특히 일반유아교육과정은 아동의 일상생활과 놀이 속에서 통합적으로 실현해 가는 교육과정인 것으로 이해되고 있는 점을 감안해 볼 때, 놀이 상황에서 아동의 학습과 발달을 촉진할 수 있는 교육방법이 고안되어야 할 것이다.

일반유아교육과정의 도입과 수정은 발달지체 또는 장애영·유아들을 위한 교육과정 개발의 기본 방향이 되어야 한다. 아동에 따라서는 일반 유치원 교육과정의 많은 수정 없이도 부분적으로 교육과정의 목표를 수행할 수도 있다. 그러나 아동의 장애나 발달지체가 심할 경우는 목표 수정을 요구하게 된다. 특히 통합교육환경에서는 아동에게 요구되는 기술들이 많기 때문에 앞에서 언급했듯이 통합 환경에서 요구되는 기능적 목표를 중심으로 교육과정을 수정하여 일반유아교육과정 활동에 아동의 참여를 유도해야 한다.

그동안의 연구에서 보면, 통합환경 내의 발달지체 또는 장애유아들은 정상발달 유아들로부터 배척당할 가능성이 많고(Odom et al., 1998), 프로그램의 질적 수준 미달로 유아의 요구에 맞는 교육 서비스를 제공하지 못하고 있는 것으로 나타나고 있다(Bailey et al., 1998). 이는 통합교육 시 교육과정의 수정이 제대로 고려되지 못하고 있다는 것을 의미한다. 발달지체 또는 장애영·유아 교육의 목적 중의 하나를 사회적 능력의 향상(Bailey & Wolery, 1992)으로 보는 것과, 통합교육 목적을 아동의 사회적 관계 발달로 보고자 하는 것은(Odom, 2000), 발달지체 또는 장애영·유아의 교육과정이 또래와의 사회적 관계 발달을 중심으로 개발되고 운영되어야 함을 의미한다. 아동의 개별적 요구는 환경에 따라 변화하고 가족의 요구 또한 변화하기 때문에 이 변화하는 요구를 충족시킬 수 있는 교육과정의 수정은 매우 중요하다.

일반교육 프로그램 자체는 특별히 고안된 교수나 서비스로 여기지 않는다. 따라서 영·유아가 일반학급에 배치되어 통합교육 서비스를 받을 경우는 배치에 필요한 환경적 수정이나 서비스가 요구된다. 최소 제한적 통합교육 환경에서 정상적으로 발달하고 있는 아동들과의 교육활동 참여를 극대화시키기 위해 일반교육 프로그램의 수정이 요구되는 경우는 개별화 교육 프로그램에 수정과 관련한 내용이 반드시 언급되어야 할 필요가 있다. 이 점은 아동의 요구에 적합한 효과 있는 교육 서비스를 제공할 수 있다는 점에서, 또 통합교육의 질적 수준을 향상시킬 수 있다는 점에서 중요하다. 다양한 아동들이 한 공간에서 교육과정 활동에 참여할 경우는 프로그램의 수정이나 교수적 수정이 필요한 것이 당연하다. 물론 아동이 발달지체나 장애를 갖고 있다고 해서 특별한 교수 절차나 서비스가 모든 부분에서 필요하다는 것은 아니다. 일반학급의 프로그램 자체가 질적으로 우수한 경우는 프로그램이나 교수적 수정 없이 통합되어 교육을 받을 수 있는 아동이 있고, 수정 자체가 별 도움이 없어 전적으로 교사에 의존하여 항상 직접적 개별 교수가 요구되는 아동도 있다(Sandall, Schwartz, & Joseph, 2001). 그러나 발달지체 또는 장애영·유아가 일반 교육환경에 성공적으로 통합이 되도록 돕기 위해서는 부분적으로 프로그램의 수정 및 조정이 요구되는 것이 일반적이다. 프로그램 또는 교수적 수정은 일반교육과정 활동에 아동이 부분적으로 참여하도록 하거나 학습 목표, 교육과정 내용, 과제, 물리적 환경, 교수 절차, 교수자료, 평가에서 어떤 수정 또는 조정이 이루어지는 것을 의미한다(Udvari-Solner, 1992).

일반적으로 교수적 수정은 일반학급의 수업을 특수교육적 요구가 있는 학생에게―수업참여의 양과 질을―최적의 수준으로 성취시키기 위해서 교수 환경, 교수적 집단화, 교수방법(교수활동, 교수전략, 교수자료), 교수 내용 혹은 평가 방법에서 수정 및 보완을 하는 것으로 정의되고 있다(박승희, 1999). 교수 환경 수정은 주로 교실의 물리적·사회적 환경을 아동의 요구에 맞게 수정하는 것으로 조명이나 소음 정도, 시각적·청각적 정보 입력의 정도 및 강도, 물리적 정돈 또는 가구의 배치, 자리의 배치, 자료의 접근성 등의 수정을 의미한다. 예를 들면, 칸막이 책상을 사용하여 아동의 주의집중을 유도한다거나 아동이 선호하는 자리를 배치하여 학습 활동의 참여를 유도해 볼 수 있다. 사회적 환경의 경우 아동이 좋아하는 짝을 이용하는 방법, 필요 시 협동 학습 전략의 활용, 지시 사항을 이해했는지의 확인 및 또래 보조자 지정, 긍정적 행동 중재 등과 같은 아동의 사회·정서적 요구에 부응하는 지원적인 교실 환경을 조성하는 것이라고 할 수 있다. 그 외 교수적 집단화의 다양성을 통해 교수적 수정이 이루어질 수 있으나 본 장에서는 다음의 교육과정 운영 부분에서 교수활동, 교수전략, 교수자료의 수정과 같은 교수방법과 교육과정 내용의 수정에 초점을 둔 교육과정의 운영 방법에 대해 제시해 보고자 한다.

5) 활동중심 통합교육과정의 개발

전통적으로 우리나라 유아교육에서는 통합적 유아교육 과정을 개발 · 운영해오고 있다. 교육부의 연간교육활동자료집, 이화여대 부속 유치원의 이화교육과정, 중앙대학교 부속 유치원의 활동중심 교육과정, 덕성여대 부속 유치원의 상호작용에 기초한 교육과정, 연세대학교의 개방주의 유아교육과정 등과 같은 유아교육과정은 교육과정 운영에서 차이가 있을 수 있으나 유아의 흥미를 중심으로 전개된다는 점에서 프로젝트 접근법의 철학을 바탕으로 하고 있다(이기숙, 1998). 단원이나 학습 주제를 통해 교육과정의 각 교과가 통합적으로 놀이중심 또는 활동중심으로 운영되고 있는 것이 특징이다. 교육과정의 통합은 시간적 · 공간적으로 또한 내용에서 각각의 다른 학습 경험들이 상호 관련되고, 의미 있게 모아져서 학습이 전체적으로 이루어지는 것이다. 교과 간의 울타리를 고려하지 않고 각 교과의 지식이나 경험을 재구성하여 아동의 흥미, 사회적 의미, 특정 주제 중심으로 구성하는 것이 통합적 교육과정의 특징이다. 이러한 통합적 활동중심의 교육과정은 교사가 미리 정하여 아동의 흥미와 관계없이 단원이나 주제를 고정시켜 융통성을 주지 않고 운영하는 것이 아니며, 놀이가 중심이 된다고 하여 교육과정을 전적으로 유아에게 일임하는 방임적인 교육 형태를 띠고 있는 것은 아니다.

활동중심 교육과정을 적용하는 프로그램은 또래와의 상호작용이나 아동의 주도성을 도와줄 수 있도록 여러 다양한 활동을 선택할 수 있는 자유 선택 활동시간의 구성, 이야기 나누기와 평가하기 등과 같은 일과를 구성하여 운영하고 있다. 교과를 분리하여 교과중심으로 활동을 나열하기보다는 유아의 활동 유형과 관련하여 시간이 구성 · 조직되는 특성을 지니고 있다. 이러한 활동중심 교육과정의 가장 중요한 특징은 아동중심의 교육과정 성격을 띠고 있다는 것이다. 직접적 교수를 하는 지식의 전달자가 아닌, 아동과 대화를 나누고 개방식 질문을 통하여 사고를 촉진하고 또래와의 의견교환을 격려하는 조정자의 역할이 교사에게 요구되고 있다.

그동안 특수학교인 경진학교 유치부에서 개발된 교육과정(경진학교, 1999)이나 이소현과 박은혜(2001)의 통합교육과정은 일반유아교육과정의 목표와 내용을 기반으로 하여 활동중심의 통합적 교육과정을 운영하는 특성을 지니고 있다. 이러한 활동중심 교육과정은 분리된 교육환경에서 적용될 때 발달지체 또는 장애영·유아가 일반교육과정에 자연스럽게 노출될 수 있도록 하여 향후 통합교육을 지원할 수 있는 장점이 있다. 또한 구조화된 직접적 교수 상황에서 목표로 하지 못한 기술들이라 할지라도 일반아동들과의 상호작용 속에서 자연스럽게 학습되도록 도울 수 있다. 따라서 앞으로 학교별·학급별 교육과정을 개발할 때는 활동중심 교육과정에서 추구하고 있는 이론적·철학적 배경에 입각한 교육과정의 개발이 이루어지도록 해야 할 것이다.

5. 교육과정의 운영방법

1) 교수방법의 수정

교수방법의 수정은 주로 교수가 제시되고 전달되는 방식에서의 수정을 의미하는 것으로 교수활동과 전략, 자료 면에서의 수정이 포함된다. 교수활동은 교과의 단원이나 주제를 구체적 활동으로 구조화하여 교수-학습 활동을 하는 것으로 이 부분에서의 수정은 학습자중심 및 지역사회중심 활동 제공, 정적·동적 활동의 교대 제공, 세분화된 과제의 제시, 구체적인 예를 사용한 활동, 아동의 경험을 근거로 학습 정보 제시, 한 번에 제시할 개념의 수 감소 등과 같은 활동상에서의 수정을 고려해 볼 수 있다. 교수활동 수정은 교수전략과 자료의 수정을 필요로 하기 때문에 이들 영역과의 복합적 고려가 이루어진다고 할 수 있다.

교수전략의 수정에서는 교육과정, 교수 내용을 활동의 맥락에서 효과적으로 교수하기 위해 요구되는 여러 전략들이 포함된다. 교수-학습 활동의 다양화를 통해서 또는 직접적 교수 시 반복, 단순 설명, 예와 시범을 증가시키기와 같은 여러 방법을 사용하여 학습 자료 제시 및 행동 관리 전략의 사용, 아동의 특성에 맞는 학습 반응의 허용, 아동의 수준에 맞는 활동 및 과제 제시, 과제의 중요 순위 또는 과제 완성 단계 제공, 일관성 있는 규칙적 일과의 지속 등을 통한 수정이 주로 고려된다. 교수자료의 수정은 교수-학습 활동의 수단이 되어 주는 것으로 활동 자료 또는 교구 등의 부분에서 수정이나 대체 자료들을 요구하게 된다. 아동의 학습 특성 및 발달수준, 선호도 및 흥미, 강점 등을 고려하여 수정해야 하며 아동의 다양한 요구에 맞게 자료가 개발되어야 할 것이다. 따라서 감각운동적 요구에 맞게 수정한 놀이 활동 자료의 제공이나 컴퓨터 및 보조공학기구의 사용, 목표 반응의 수정, 지시 사항의 단순화, 시각적 보조 자료의 사용 등과 같은 여러 부분에서 수정을 고려해 볼 수 있다.

2) 교육과정 내용의 수정

통합 환경에서의 교육과정 내용 또는 교육내용의 수정은 아동의 독특한 교육적 요구와 발달수준에 적합하게 다양한 수준으로 내용을 수정 또는 보완하는 것을 의미한다. 따라서 교육과정의 내용이 수정되기 전 반드시 각 영·유아의 개별화 교육계획에 있는 장·단기 목표를 고려하여 교수-학습 계획안의 목표가 수정되어야 할 필요가 있다. 교육과정의 내용을 수정하는 방법은 크게 교육과정의 내용을 보충하는 것, 교육과정의 내용을 단순화하는 것, 교육과정의 내용을 변화시키는 것으로 구분하는 것이 일반적이다. 박승희(1999)가 제안하고 있는 통합환경에서 장애아동교육 시 고려해 볼 수 있는 교육과정 내용의 수정 단계를 중심으로 제시해 보면 다음과 같다.

첫째, 일반교육과정의 내용과 목표를 아동이 무난히 따라갈 수 있는 경우나 일반교육과정의 내용 및 목표가 아동의 개별화 교육계획 장·단기 목표 성취와 연계될 수 있어 수정이 필요 없는 아동들에 대해 고려하는 단계로, 단순히 교수자료나 교수전략의 수정만을 통해서 교육과정 활동 참여를 유도해 볼 수 있다.

둘째, 아동이 일반교육과정 활동에 참여하여 또래와 비슷한 교육목표를 성취할 수 있기는 하나 교육과정의 내용과 목표가 아동의 수준에 맞지 않거나 아동의 개별화 교육계획의 목표 성취를 충분히 지원해 주지 못해 일반교육과정 내용이나 목표의 부분적 수정을 고려해 볼 수 있는 단계다. 또래에 비해 선수 단계의 교수-학습 목표에 초점을 두어 학습하는 내용을 다른 아동들과는 차이를 두어 제공해 볼 수 있다. 내용의 단순화나 내용변화를 시도해 볼 수 있지만 우선은 교수방법이나 교수자료의 수정을 통해 아동이 일반아동들과 함께 모든 교육과정 활동에 참여할 수 있도록 고려되어야 할 필요가 있다.

셋째, 또래들과 함께 같은 교육과정 활동에 아동이 참여할 수는 있지만, 일반교육과정의 목표보다는 아동의 개별 목표 성취가 한층 더 강조되는 단계를 고려해 볼 수 있다. 교육과정의 내용과 아동의 개별화 교육계획 목표가 거의 일치되지 않는 경우도 있어 이 단계의 아동은 개별화 교육계획 목표가 활동 중에 의도적으로 교수될 수 있도록 도와줄 필요가 있다. 따라서 아동의 목표 성취와 관련이 있는 특정 교과 활동에 아동을 참여시키는 것을 먼저 고려해야 하며, 개별화 교육계획의 목표 성취를 지원할 수 있는 활동이나 일반교육과정 내용에 삽입이 될 수 있는 목표의 개발을 고려해 보는 것도 바람직하다.

넷째, 장애가 심해 일반교육과정 활동에 참여하는 것보다는 사회적 적응에 초점을 두는 아동들을 위한 단계를 고려해 볼 수 있다. 교과 활동에의 통합은 전혀 기대를 할 수가 없어 개별화 교육계획 목표가 일반교육과정 내용 및 목표와 직접적 연관이 없고, 아동의 개별화 교육계획은 일상생활의 적응 또는 통합환경에의 적응에 초점을 둔다. 따라서 비교과 활동의 상황에서 통합이 되어 일반아동들과의 상호작용 기술 증진이나 생활 기술에 초점을 두고 목표 기술의 교수가 개별적으로 이루어지는 경우가 대부분이다.

3) 교육과정의 수정 절차

교육과정의 수정 절차는 통합교육 계획의 일환으로 사용될 수 있으며, 일반학급에 아동을 통합시키기 전 여러 단계를 통하여 체계적으로 준비하는 것이 필요하다. 우선은 ① 아동의 개별화 교육계획 목표를 검토하여, ② 그와 연계된 일반교육과정의 참여를 도울 수 있는 일반 교과 영역을 선정하고, ③ 교육과정의 내용, 교사의 교수방법, 교사의 태도와 같은 일반학급 환경에 대한 정보를 수집하며, ④ 아동에게 일반학급을 관찰할 수 있는 기회를 주어 그 환경에서 아동의 행동을 관찰하여 행동 평가를 한 후, ⑤ 선택된 일반 교과의 학습 목표를 사전에 특수학급에서 교수하여 아동으로 하여금 일반교육과정의 내용에 익숙해지도록 하고, ⑥ 통합교육 지원을 위한 교수적 수정의 유형을 알아내어 일반유아교육 교사의 도움을 받아 아동을 통합하여, ⑦ 개별화 교육계획 목표 수행에 대한 점검(평가)을 주기적으로 하면서 통합교육의 효과 및 질적 측면을 평가하는 단계를 따르는 것이 좋은 방법이라고 본다(Bos & Vaughn, 1997).

위에서 제시된 것처럼 일반학급에 발달지체 또는 장애아동을 통합시키기 위해서는 일반유아교육 교사와 유아특수교사가 협력하여 일반학급(교과)의 학습 및 사회적 요구를 알아내는 것이 중요하고, 일반학급의 학습 및 사회적 요구를 특수학급에서 자극하는 것이 필요하다. 각 교과 영역의 요구에 초점을 맞추어 교과 내용과 주제 활동을 아동에게 제시하도록 하여 처음 학습 진도는 아동의 학습 진도에 맞추어 나가다 아동이 일반학급에서 요구되는 일과를 성공적으로 수행하면, 일반학급과 일치할 때까지 진도를 늘리기 시작해야 한다. 이러한 절차를 계속하면서 아동이 일반학급의 자료와 학습 진도에 따라갈 때까지 기다렸다가 일반학급 통합을 시작해 볼 수 있다. 그렇게 되면 아동이 일반학급으로 옮겨 가서 새로운 교사와 환경에만 적응하면 되고, 새로운 교육내용이나 일과에 적응하지 않아도 된다. 그리고 아동의 진도를 유아특수교사가 점검하고, 유아교육 교사가 아동의 통합을 위해 요구되는 자료, 방법, 교수-학습 환경을 수정하고 개선시킬 수 있도록 계속해서 함께 협력하는 것이다. 이러한 절차를 적용하지 못하면, 아동은 일반학급에 적응하지 못하고 특수학급에 되돌아오게 되고 만다.

4) 아동중심 활동과 교사중심 활동 간의 균형

현재 우리나라 발달지체 또는 장애영 · 유아들을 위한 분리된 교육 프로그램의 환경은 발달 영역의 기술 습득을 위한 기술의 교수를 강조하는 교사 지시적 형태인 경우가 일반적이라고 할 수 있다. 일반유아교육 프로그램 내의 발달지체 또는 장애아동들을 위한 교육은 자연적 환경에서의 교육이라는 면에서는 장점을 지니고 있지만 단순히 물리적 통합의 차원에 머물고 있는 통합교육 현실을 보면, 특수

요구가 있는 영 · 유아들의 발달적 · 기능적 요구가 무시될 가능성이 많다. 따라서 아동 지시적인 놀이중심의 자유 선택 활동과 교사 지시적인 이야기 나누기 활동과 같은 일반유아교육과정 운영 방식을 적용하여 아동중심 활동과 교사중심 활동 간의 균형이 이루어진 교육과정 운영이 바람직하다고 본다(Bailey & Wolery, 1992).

앞의 교육과정 개발과 관련된 내용에서 언급되었듯이, 일반유아교육에서 교육과정 운영은 주제를 중심으로 한 통합 교과를 운영한다. 주로 아동들의 흥미에 따라 주제가 개발되고 다양한 주제와 관련된 영역 활동을 구성하여 교육과정이 운영된다. 이러한 주제중심 또는 활동중심 교육과정이 많이 이루어지고 있지 않는 발달지체 또는 장애영 · 유아가 있는 분리된 학급에서는 주제 활동 속에서 아동의 시작 행동을 촉진시키고 아동의 시작 행동에 체계적으로 반응하는 반응성 있는 환경을 구성하여 아동의 교육목표 달성을 고려해 봄직도 하다. 아동의 놀이를 중요한 교수 상황으로 이용하고 놀이를 통한 주제 활동을 구조화시킬 수 있다면 아동 개별 목표의 달성이 쉽기 때문이다.

발달지체 또는 장애영 · 유아들에게 주제 활동을 중심으로 통합 교과를 운영할 경우에 주제는 다양한 아동들의 능력을 반영할 수 있어야 하며, 아동의 개별화 교육계획의 목표가 반영될 수 있는 것, 아동의 흥미와 경험 및 필요한 자원과 자료의 유용성을 고려한 것, 교사와 팀 구성원의 흥미를 고려한 것이 되었을 때 적합하다고 할 수 있다. 아동이 주도해 나가는 이러한 주제중심 활동은 교사중심의 교수-학습 활동에서 미처 고려하지 못했던 부분들을 아동이 학습해 나갈 수 있도록 돕는다. 일반유아교육과정의 목표와 개별적 요구와 관련된 목표를 달성할 수 있도록 활동 주제를 중심으로 발달지체 또는 장애영 · 유아들을 위한 교육과정을 운영할 수 있도록 하는 것이 바람직하다. 특히 아동이 전체 일과 활동에 참여하도록 하면서 개별적 교육목표 성취를 도울 수 있는 중재가 이루어지도록 하고, 개별 교수 시간을 자유 놀이 시간에 짧게 갖는 등 가능한 한 교사 지시적인 교수활동을 최소화하면서 교육과정의 운영을 시도한다면 분리된 교육환경에서 교육을 받고 있는 아동들을 위한 교육과정 운영에 많은 도움을 줄 수 있을 것이다. 그동안의 많은 연구자들이 강조하고 있듯이 아동을 개별적으로 교수해야 할 경우는 가능한 짧은 시간에 이루어지도록 하고, 집중된 특정 시간대에만 교수활동이 이루어지도록 하는 것은 피하며, 하루 일과 속에 고루 분산시켜 필요한 기술의 교수가 이루어지도록 하는 것이 바람직하다(Bricker & Cripe, 1992; Cook, Tessier, & Klein, 2000).

5) 발달적 · 기능적 목표의 복합적 성취 유도

학급의 일상적 일과 속에 발달 영역 및 기능적 기술들을 통합하여 여러 목표 학습을 할 수 있도록 자극을 주고 반응을 유도하는 교육과정의 운영은 고립된 기술의 교수보다 효과가 있고 자연스럽게 목표행동의 수행을 도울 수 있는 장점이 있다(DEC, 1993; Noonan & McCormick, 1993). 활동 속에서 자연스럽게 여러 목표 기술을 수행할 수 있도록 하려면 활동을 구조화시키는 것이 중요하며, 활동 속에서 아동이 목표 기술을 나타내 보이도록 하려면 자극의 제시 및 반응의 유도를 할 수 있는 교사의 상호작용 기술이 중요하다. 따라서 활동에 대한 교사의 선택보다는 아동의 흥미와 선호가 고려된 활동의 구조화를 통해 아동의 시작 행동을 유발할 수 있는 환경을 구성한다. 활동중심 교육과정을 운영할 경우에 교사는 아동을 관찰함으로써 아동의 시작과 참여를 촉진시키는 환경의 구성 외에도 사회적 · 비사회적 상황 속에서 나타나는 아동의 시작 행동에 최대한 반응을 보이며 아동이 목표 학습을 할 수 있도록 해야 한다. 교육과정 활동에 필요한 자료 또한 여러 복합적 목적 달성을 해 주며 수정이 가능하고 다양성 및 기능적 기술을 반영할 수 있는 것으로 준비하는 것이 필요하다.

일반유아교육과정 기반으로 활동중심의 교육과정을 운영하면 각 장애별 교육과정의 개발은 설득력을 잃게 된다. 어떻게 일반 유치원 및 특수학교 유치원 교육과정을 통합할 것인지, 통합교육을 목표로 개별 아동에 맞게 어떻게 교육과정을 수정해야 할 것인지가 과제로 남는 것 같다. 지나치게 행동주의 및 치료 모형을 따르고 있는 학급의 경우는 그 모형 자체가 자연적으로 통합교육의 장애가 될 수 있다. 교실의 물리적 환경에서조차 자연스럽게 아동들의 놀이를 유발할 수 있는 환경이 구성되어 있지 못하고 교육과정이 통합적으로 운영되지 않은 채 각 발달 영역을 분리하여 교육활동을 계획하면 아동의 통합적 발달을 유도하기가 힘들고 조기 중재의 주요한 독립적 · 사회적 기능의 목적을 달성하기가 힘들다.

6) 다양한 상황에서의 중재 및 자연적 교수전략의 사용

아동중심 활동과 교사중심 활동을 균형 있게 운영하면서 아동의 발달적 · 기능적 목표를 성취하도록 유도하기 위해서는, 아동과의 개별적 상호작용이 이루어지는 고립된 시간에 고립된 기술을 교수하는 것보다는 자연적으로 발생하는 여러 학급의 일과나 활동 속에서 목표의 학습이 이루어지도록 교수하는 것이 좋다. 자연적 일과 속에서 발생하는 활동의 상호작용 속에서 교수 기회를 갖는 자연적 교수는 여러 시간대에 교수활동이 짧게 분산되어 이루어지도록 하는 특성이 있다. 자연적 교수는 또한 아동의 시작 행동에 교사가 반응을 보이며, 인위적인 강화 자극을 제공하기보다는 자연적으로 발생하는 후속 결과 자극을 최대한 활용하여 아동의 목표 기술 또는 행동을 강화시킬 수 있는 장점이 있다. 따라서 자연적 교수는 활동 참여에 어려움이 있고 여러 문제 행동을 많이 나타내는 아동들에게 적용하기에 적합한 교수방법이다(Malmskog & McDonnell, 1999).

언제, 어떤 상황에서 교수활동이 가능한지 알아내고 어떤 환경이 아동의 시작 행동을 야기할 수 있는지 세심한 관찰을 통하여 알아내는 것은 자연적 교수를 적용할 때 필요한 중요한 과정 중의 하나이며, 아동의 올바른 반응에 대한 후속 결과가 어떤 상황에서 자연스럽게 발생할 수 있는지를 알아내고 지속적으로 아동의 변화에 대해 측정을 하는 것도 교수 과정 속에 포함되어야 한다. 자연적 교수가 가능한 상황은 아동의 놀이, 간식, 화장실 가기, 이야기 나누기 시간과 같은 예견 가능한 일과 활동, 활동과 활동 사이의 전이기, 일상적 그룹 활동 등 여러 상황이 많이 있기 때문에 직접적 교수활동 이외의 다양한 상황을 적극적으로 교수의 기회로 활용해야 한다.

5. 요 약

이 장에서는 유아특수교육의 이론적 · 철학적 변화 과정 및 동향, 이론적 배경에 따른 교육과정의 모형을 고찰하여 현 유아특수교육 최상의 실제의 이해를 바탕으로 발달지체 또는 장애영 · 유아들을 위한 교육과정 개발 및 편성 · 운영 방법을 제시하였다. 이전의 유아특수교육은 영·유아의 환경적 요구를 무시하고 의미 있는 교육과정 없이, 고립된 환경에서 응용행동분석이론을 적용하여 직접적 기술 교수가 이루어지는 중재 활동을 최상의 실제로 보았다고 할 수 있다. 그러나 변화하고 있는 최근의 이론과 실제는 아동의 상호작용이 이루어지는 주요 환경적 특성이 강조되고 일반영·유아들이 있는 자연적 통합환경에서 일반유아교육과정 및 자연적 교수의 적용을 통한 중재를 최상의 실제 기반으로 삼고자 한다.

참고문헌

교육부(2007). **유치원교육과정**. 교육인적자원부.

교육부(2007). **특수학교 교육과정**. 교육인적자원부.

박승희(1999). 일반학급에 통합된 장애학생의 수업의 질 향상을 위한 교수적 수정의 개념과 실행 방안. **특수교육학연구**, 34(2), 29-71.

박혜준, 조광순, 전병운, 홍은숙(2005). 유아특수교육기관의 개별화교육프로그램 운영 실태 및 개선 방안. **특수교육연구**, 12(1), 339-370.

백은희, 김상진, 이석진(1995). 특수아 조기교육과정의 방향설정을 위한 기초 연구. **특수교육학회지**. 16(1), 5-33.

이미선, 조광순, 황복선(2005). **한국의 장애아동 배치 실제 향상을 위한 정책 과제 고찰**. 안산: 국립특수교육원.

이소현, 박은혜(2001). **장애유아 통합유치원교육과정 – 사회적 통합 촉진을 위한 활동중심의 교육과정**. 서울: 학지사.

이연승(1995). 발달에 적합한 유아교육의 실제에 관한 연구. **경성대학교 논문집**, 16(3), 91-124.

정금자(2000). 최근 한국 유아교육에 관한 동향과 과제. **인문예술논집**, 21, 211-233.

정계숙, 김진희, 심미경, 문성숙(1998). 통합학급의 유아간 사회적 상호작용 증진 프로그램 효과 연구. **특수교육학연구**, 33(1), 51-76.

조광순, 전병운, 박혜준, 강미라, 이준석(2005). 유아특수교육기관의 개별화교육프로그램 개발과 운영을 위한 진단평가의 현황. **특수교육학연구**, 39(4), 87-125.

Adelman, J. S., & Taylor, L. (1993). *Learning problems and learning disabilities: Moving forward*. Pacific Grove, CA: Brooks/Cole.

Bailey, D. B., McWilliam, R. A., Buysse, V., & Wesley, P. W. (1998). Inclusion in the context of competing values in early childhood education. *Early Childhood Research Quarterly, 13*, 27–48.

Bailey, D., & Wolery, M. (1984). *Teaching infants and preschoolers with handicaps*. Columbus, OH: Merrill.

Bailey, D., & Wolery, M. (1992). *Teaching infants and preschoolers with Disabilities* (2nd ed.). Columbus, OH: Merrill.

Bluma, S., Shearer, M., Frohman, A., & Hilliard, J. (1976). *Potage Guide to Early Education*. Portage, WI: Cooperative Educational Services Agency.

Bos, C. S., & Vaughn, S. (1997). *Teaching students with learning and behavior problems* (4th ed.). MD: Boston.

Bredekamp, S. (1987). *Developmentally appropriate practice in early childhood programs serving children from birth through age 8*. Washington, DC: National Association for the Education of young Children.

Bredekamp, S. (1993). The relationship between early childhood education and early childhood special education: Healthy marriage or family feud? *Topics in Early Childhood Special Education, 13*, 258–273.

Bredekamp, S., & Copple, C. (Eds.) (1997). *Developmentally appropriate practice in early childhood programs*. Washington, DC: National Association for the Education of young Children.

Bredekamp, S., & Rosegrant, T. (Eds.) (1992). *Reaching potentials: Appropriate curriculum and assessment for young children* (Vol. 1, pp. 92–112). Washington, DC: National Association for the Education of Young Children.

Bricker, D., & Cripe, J. W. (1992). *An activity-based approach to early intervention*. Baltimore, MD: Brookes.

Cook, R. E., Tessier, A., & Klein, M. D. (2000). *Adapting early childhood curricula for children with special needs* (5th ed.). New York: Macmillan.

Carta, J. J., Schwartz, I. S., Atwater, J. B., & McConnell, S. R. (1991). Developmentally appropriate practices: Appraising its usefulness for young children with disabilities. *Topics in Early childhood Special Education, 11*(1), 1–20.

Division for Early Childhood (DEC) (1993). *DEC recommended practices: Indictors of quality in programs for infants and young children with special needs and their families.* Reston, VA: Division for Early Childhood, Council for Exceptional Children.

Division for Early Childhood (DEC). (2001). *DEC Concept paper on developmental delay as an eligibility category.* Washington, DC: Division for Early Childhood, Council for Exceptional Children.

Division for Early Childhood (DEC), National association for the Education of Young Children (NAEYC), & Association of Teacher Educators (ATE). (1995). *Personnel standards for early education and early intervention: Guidelines for licensure in early childhood special education.* Reston, VA: Division for Early Childhood, Council for Exceptional Children.

Gargiulo, R. M., & Kilgo, J. (2000). *Young children with special needs: An introduction to early childhood special education.* Albany: New York: Delmar.

Garrett, J. N., & Kelley, M. F. (2000). Early childhood special education. *Childhood Education, 76*(5), 267–276.

Goodman, J. F., & Bond, L. (1993). The individualized education program: A retrospective critique. *Journal of Special Education, 26* (4), 408–422.

Grisham–Brown, J., & Hemmeter, M. L. (1998). Writing IEP goals and objectives: Reflecting an activity–based approach to instruction for children with disabilities. *Young Exceptional Children, 1*(3), 2–10.

Hanson, J., & Lynch, E. (1995). *Early intervention: Implementing child and family services for infants and toddlers who are at–risk or disabled* (2nd ed). Austin, TX: PRO–ED.

Hemmeter, M. L. (2000). Classroom–based interventions: evaluation the past and looking toward the future. *Topics in Early Childhood Special Education, 20*(1), 56–61.

Hull, K., Capone, A., Giangreco, M. F., & Ross–Allen, J. (1996). Through their eyes: Creating functional child–sensitive individualized education programs, In R. A. McWilliam (Ed.), *Rethinking pull–out services in early intervention* (pp. 103–119). Baltimore: Brookes.

Johnson, L. J., & Carr, V. (1996). Curriculum in early childhood education: Moving toward an inclusive specialization. In M. C. Pugach & C. L. Warger (Eds.), *Curriculum trends, special education, and reform: Refocusing the conversation* (pp. 216–226). Danvers, MA: Teachers College, Columbia University.

Lieberman, L. M. (1985). Special education and regular education: A merger made in heaven? *Exceptional Children, 51*, 513–516.

Malmskog, S., & McDonnell, A. (1999). Teacher mediated facilitation of engagement by children with developmental delays in inclusive preschools. *Topics in Early Childhood Special Education, 19*(4), 203–216.

Noonan, M. J., & McCormick, L. (1993). *Early intervention in natural environments: Methods & Procedures.* Belmont, CA: Brooks/Cole.

Odom, S. (2000). Preschool inclusion: What we know and where we go from there. *Topics in Early Childhood Special Education, 20*(1), 20–27.

Odom, S., McLean, M. E., Johnson, L. J., & LaMontagne, M. J. (1995). Recommended practices in early childhood special education: Validation and current use. *Journal of Early Intervention, 19*(1), 1–17.

Odom, S., Zercher, C., Li, S., Marquart, J., & Sandall, S. (1998). *Social relationships of preschool children with disabilities in inclusive settings.* Paper presented at the Conference on Research Innovations in Early Intervention. Charleston, SC.

Pretti–Frontczak, K., & Bricker, D. (2000). Enhancing the quality of individualized education Plan (IEP) goals and objectives. *Journal of Early Intervention, 23*(2), 92–105.

Pugach, M. C., & Warger, C. L. (1996). Challenges for the special education–curriculum reform partnership. In M. C. Pugach & C. L. Warger (Eds.), *Curriculum trends, special education, and reform: Refocusing the conversation* (pp. 227–252). Danvers, MA: Teachers College, Columbia University.

Rainforth, B., York, J., & MacDonald, C. (1992). *Collaborative teams for students with severe disabilities.* Baltimore: Paul H. Brookes.

Reiher, T. C. (1992). Identified deficits and their congruence to the IEP for behaviorally disordered students. *Behavioral Disorders, 17*(3), 167–177.

Sands, D. J., Adams, L., & Stout, D. M. (1995). A statewide exploration of the nature and use of curriculum in special education. *Exceptional Children, 62*(1), 68–84.

Vincent, L. J., Salisbury, C., Walter, G., Brown, P., Gruenwald, L. J., & Powers, M. (1980). Program evaluation and curriculum development in early childhood programs for handicapped children: criteria for the next environment. In W. Sailor, B. Wilcox, & L. Brown (Eds.), *Methods of instruction for severely handicapped students* (pp. 303–328). Baltimore: Paul H. Brookes.

Wolery, M., & Bredekamp, S. (1994). Developmentally appropriate practices and young children with disabilities. Contextual issues in the discussion. *Journal of Early Intervention, 18*, 331–341.

Wolery, M., & Gast, D. L. (2000). Classroom research for young children with disabilities: assumptions that guided the conduct of research. *Topics in Early Childhood Special Education, 20*(1), 49–55.

Wolery, M. R., & Sainato, D. (1996). General intervenion and curriculum strategies. In S. Odom & M. McLean (Eds.), Early intervention/early childhood education: Recommended practice (pp. 125–158). Austin, TX: PRO–ED.

Wolery, M., R. Strain, P. S., & Bailey, D. (1992). Reaching potentials of children with special needs. In S. Bredekamp & T. Rosegrant (Eds.), *Reaching potentials: Appropriate curriculum and assessment for young children* (pp. 92–109). Washington, DC: NAEYC.

chapter

03 장애영 · 유아를 위한 진단 및 평가

1. 선별, 의료진단, 교육진단, 평가와의 관계
2. 평가의 종류 및 특징
3. 가족중심 실제를 위한 평가
4. 평가원칙

장애영·유아를 위한 교육에서 평가는 필요한 정보를 수집하기 위한 필수적인 과정이다. 필요한 정보들이란 진단 및 평가를 통해 얻고자 하는 목적에 따라 다르며, 이들은 일반적으로 대상 유아를 선별하고, 서비스의 적격성을 파악하며, 교육과정이나 중재를 위한 내용을 제공하거나, 유아의 현 수준과 이에 따른 향상을 재평가하는 것들로 구분될 수 있다. 특히 도구들은 복합적인 목적(예: 의료진단과 교육내용의 파악)을 달성할 수 있도록 개발된 것이 아닌 경우가 대부분으로, 사용자들은 도구의 개발된 목적과 자신이 사용하고자 하는 목적에 부합하도록 도구를 선택하여 사용하는 것이 반드시 필요하다. 본 장에서는 먼저 장애영·유아교육과정과 연계되어 사용되는 도구들의 전체적 프레임을 제시하고, 이후 선별, 의료진단, 교육진단, 평가로 구분하여 이에 대한 정의, 특성, 도구의 예를 제시한다.

1. 선별, 의료진단, 교육진단, 평가와의 관계

장애영·유아교육을 위한 진단 및 평가는 선별(screening), 의료진단(diagnostic), 교육진단(educational assessment), 평가(evaluation)로 구분할 수 있다. [그림 3-1]에서 볼 수 있듯이 진단 및 평가의 절차 가운데 가장 먼저 수행되는 부분은 선별이다. 선별 이전에 선별이 필요한지 여부를 결정짓는 대상자 발견의 과정을 포함할 수도 있으나, 이 장에서는 선별에서부터 절차를 구분하고자 한다. 선별 과정을 통하여 유아에게 문제의 위험이 있는가를 파악한 후, 선별의 특성상 갖는 모호함을 보다 정확히 하고, 실제적 문제의 여부 및 문제 성격을 파악하고, 서비스의 적격성을 결정하는 의료적 진단을 수행하도록 한다. 의료적 진단을 통하여 서비스의 적격이 결정된 후에는 대상 유아에게 가장 적절한 교육환경(예: 유치원)으로 배치하고, 그곳에서 팀이 교육진단을 수행한다. 교육진단의 결과로서 유아의 개별화된 교육계획안이 작성되며, 이에 따른 중재활동이 수행된다. 마지막으로 평가는 개별화 교육계획의 장·단기 목표의 타당성, 중재활동의 효율성, 더 나아가 프로그램의 효율성을 진단할 수 있다.

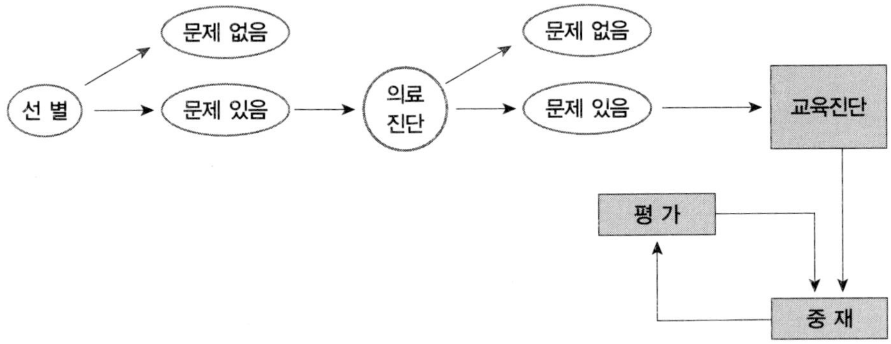

◎◎ [그림 3-1] 도구와 중재의 연결 체제(Bricker, 1989)

표 3-1 영 · 유아를 위해 필요한 평가 도구의 종류 및 기준

종 류	목 적	기 준	각 도구의 결과 역할
선 별 (screening)	• 더 세부적인 진단이 필요한 유아를 발견하기 위해	• 표준화 • 규준참조검사 • 평가가 쉽고 빠르다. • 경제적이다.	• 앞으로 평가가 더 필요한지를 안다.
의료진단 (diagnostic)	• 규준집단과 비교하여 문제 및 지체를 발견하기 위해 • 특수교육에 대한 적격성 구축을 위해	• 표준화 • 규준참조검사 • 훈련된 검사자	• 특수교육 서비스에 대한 적격성을 파악한다.
교육진단 평가 (programming assessment)	• IEP/IFSP의 목적 및 목표를 작성하기 위해 • 중재 내용을 개발하기 위해	• 준거참조검사 • 교육과정중심 평가 • 포괄적(주된 발달 영역을 모두 다루어야 함)	• 아동의 현 수행 수준을 파악하고 중재 목적 선택, 중재활동 및 내용을 계획한다.
평 가 (evaluation)	• 중재의 효과 측정을 위해	• 준거참조 • 교육과정중심	• 중재의 효과 파악 • 프로그램 효과 평가

2. 평가의 종류 및 특징

장애 위험, 발달지체 혹은 장애를 지닌 영유아를 위한 평가 도구들은 매우 다양하다. 대부분의 평가 도구들은 도구 하나하나가 어떠한 특정 목적을 달성하도록 개발되어 있으며, 그 목적 외의 다른 목적으로 사용할 경우 평가의 목적을 정확하게 달성할 수 없게 된다. 예를 들어, 선별을 목적으로 개발된 도구를 교육진단을 위해 사용한 경우는 대상 유아에게 필요한 결과를 주지 못하게 된다. 이에 따라 중재자가 평가 도구의 목적을 정확히 구별하고, 적절히 사용할 수 있는 능력은 효과적인 중재 제공에 매우 중요하다. 다음은 선별, 의료진단, 교육진단, 평가 도구의 종류에 따라 이의 특징과 예를 제시한다.

1) 선 별

선별이란 비교적 빠르고 간단한 과정으로 잠재적 문제성을 가지고 있는 대상을 찾는 것이다. 효과적인 선별 과정은 명확히 한 그룹의 아동을 두 그룹(장애의 위험 집단과 그렇지 않은 집단)으로 나누는 목적을 갖고 있다(Bricker, 1998). 선별검사는 각각의 기술이나 발달 정도를 철저하게 자세히 평가한 것이 아니라 몇 가지 대표적인 기술만을 포함하고 있기 때문에 자세한 유아의 발달 상태를 나타내지 않는다. 즉, 선별은 앞으로 심도 있는 평가가 요구되는 대상을 파악하는 목적으로 특수교육 여부를 판단하거나 교육목표 선정의 목적으로는 사용하지 말아야 한다.

(1) 선별의 필요성

발달지체유아의 조기 선별은 중재를 필요로 하는 영 · 유아를 찾아내어 서비스를 제공하는 체계적 과정의 초기 단계로서, 장애 발생 위험 요소의 예방적 측면으로부터 장애의 발생률을 감소시킬 수 있으므로 유아특수교육의 필수 요건이다. 이는 조기 선별을 통한 문제 파악 기능이 합리적으로 선행되었을 때 중재 서비스로서의 효과를 극대화할 수 있기 때문이다. 특히 영 · 유아기는 발달지체유아나 정상발달유아 모두에게 매우 중요한 시기로 빠른 발달과 시기에 적절한 발달과업을 성취해 가야 한다.

여러 선진국에서는 정책적으로 조기 선별을 추진하고 있다. 예를 들어, 미국은 효율적인 대상 발견 체제를 위하여 각 주는 주요한 의뢰 근원지를(sources) 마련하고 의뢰를 위한 계획을 세우도록 한다. 연구 결과에 따르면, 영·유아기의 성격상 가족이 정규적으로 자녀를 데리고 병원을 방문하고 더 자세한 진단을 위한 평가로 쉽게 의뢰할 수 있기 때문에 가족이나 소아과 의사 등이 대상 발견 체제에 포함됨이 효과적으로 나타났다(Kenny & Culbertson, 1993).

국내에서도 장애인 복지법, 장애인 등에 대한 특수교육법(이하 특수교육법) 등 에서 이의 중요성과 실시의 근거를 제시하고 있다. 특히 2007년 5월 공포된 특수교육법에서는 제14조(장애의 조기 발견 등) 항목에서 "교육장·교육감이 영·유아의 장애 및 장애 가능성을 조기에 발견하기 위해 지역 주민과 관련 기관을 대상으로 홍보를 실시하고 해당 지역 내 보건소와 병의원에서 선별검사를 무상으로 실시" 하여야 함을 구체적으로 명시하고 있다. 이를 위해 2007년 국민건강보험공단에서는 국내의 가능한 선별 평가 도구들을 검토하여 국내 실정에 맞는 선별 평가 도구를 파악·지정한 후(K-ASQ 혹은 한국형 Denver II), 지역 예산에 적절히 선별의 노력을 시행하도록 지원하고 있으며, 이후 지속적으로 사업을 확정할 예정이다.

(2) 선별 도구의 특징

선별 도구는 다음과 같은 특성 혹은 조건을 고려하여 선택해야 한다.

- 비용과 시간의 경제성　선별은 정상적으로 보이는 대상을 중심으로 장애 위험 대상(예: 저체중아)을 포함하는 많은 수를 대상으로 하기 때문에 비용과 시간적인 면에서 경제적이지 않으면 이용하기가 어려울 것이다. 일반적으로 선별검사 시행 시 10~15분 정도의 시간 소요가 적절하며, 30분 이상일 경우는 선별 도구로서 부적절할 수 있다.

- 이용 절차의 간편성　선별은 특별히 전문적 훈련이 없이도 다양한 분야의 전문인이 이용 가능할 수 있도록 이용 절차가 단순해야 한다. 이는 복잡하지 않은 훈련을 통해 전문인 혹은 비전문인이 선별을 시행할 수 있도록 도와주어서

선별 과정의 효율성을 촉진할 수 있다.

- **정확성** 선별 도구는 정확한 결과를 나타낼 수 있어야 한다. 선별 검사는 4가지의 결과를 나타낼 수 있는데 이는 민감도(문제가 있는 대상을 문제 있음으로 정확히 파악한 결과), 특이도(문제가 없는 대상을 문제 없음으로 정확히 파악한 결과), 긍정적 오류(과잉 의뢰), 부정적 오류(과소 의뢰)다. 바람직한 선별 도구는 가능한 한 민감도와 특이도가 높고 긍정적 오류와 부정적 오류가 적어야 한다. 정확성을 위해서는 특히 이용해야 될 대상과의 적절한 연구가 필수적이다. 국내의 많은 도구의 경우 외국의 것을 그대로 번안하여 사용하는 경우가 빈번하나, 어떠한 도구가 표준화 혹은 문화적 적용에 대해 적절한 연구 절차 없이 사용될 때 잘못된 결론이나 결정이 이루어지므로 적절하게 연구된 도구를 사용하는 것이 정확한 대상을 적기에 발견하는 데 결정적 역할을 한다 (Sexton, Thompson, Perez, & Rheams, 1990).

- **모니터링 가능성** 선별 도구는 정기적인 검사를 수행하여 역동적으로 잠재적 문제성을 발견할 수 있을 때 더욱 효과적이다. 장애의 문제성은 장애의 종류, 특성, 유아의 나이, 사회계층, 장애 분류의 기준 및 각 개인의 독특성에 따라 그 증상이나 시기가 다르게 나타나므로 선별의 체계가 역동적으로 변화를 감지할 때 더욱 효과적일 수 있다(Squires & Bricker, 1998). 예를 들어, 발생률에서 저체중과 같은 장애의 위험에 있는 대상은 문제성이 출산 중이나 출산 후 즉시 발견되는 경우도 있으나 그 시기가 8개월, 16개월 혹은 30개월이 될 수도 있다. 또한 발달에서도 출생 시의 가벼운 신경근육 이상이나 사회적 성취를 방해하는 가벼운 무능력으로 그치거나, 혹은 더 심각한 장애로 귀착할지 모르기 때문에 모니터 차원의 정규적 선별이 적기의 문제성 발견에 효과적이다(허계형, 2001).

(3) 영 · 유아기 선별평가 도구의 예

〈표 3-2〉는 영 · 유아를 대상으로 한 선별 도구의 종류와 그 특성이다. 이들은 바텔발달선별검사, 한국판 Ages and Stages Questionnaires(K-ASQ), 한국형 덴버

II, K-DIAL 3을 들 수 있다. 이 가운데 K-ASQ는 부모 작성 선별 도구이며, 이외 도구들은 전문인 주도 작성 선별 도구다.

표 3-2 영 · 유아기 선별 평가 도구(전반적 발달 영역)의 종류 및 특성

평가 도구명	출판사	연 령	비 고
바텔발달선별용 (Newborg, Stock, Wnek, Guidubaldi, & Svinicki, 1984)	DLM Teaching Resources	6개월~만 8세	• 개인-사회성, 대근육 운동, 소근육 운동. 적응, 표현 언어, 수용 언어, 인지 영역 • 직접 검사, 면접, 관찰을 이용하여 전문인이 수행 • 30분 소요
K-ASQ 부모 작성형 유아모니터링 체계 (허계형, Squires, 이소영, 이준석, 2007)	서울 장애인 종합 복지관	연령별 모니터링 체계 (3개월~65개월)	• 미국의 ASQ(2판)을 한국의 영 · 유아 3,000명 이상을 대상으로 표준화한 도구 • 소근육, 대근육, 문제해결, 의사소통, 개인-사회성으로 구성 • 부모 작성 • 10여 분 소요
한국형 Denver II (K-DDST) (신희선, 한경자, 오가실, 오진주, 하미나, 2002)	현문사	1개월~만 6세	• 미국의 DDST(Denver Developmental Screening Test II)를 국내 실정에 맞게 적용한 도구 • 개인성 및 사회성, 미세 운동 및 적응성, 언어, 전체 운동으로 영역 구성 • 전문가 작성 도구 • 20~30분 소요
K-DIAL 3 유아 발달 선별 검사 (전병운, 조광순, 이기현, 이은상, 임재택, 2004)	도서출판 특수교육	2.5~5.5세	• 미국 DIAL-3을 한국 실정에 맞게 표준화한 도구 • 운동발달, 인지발달, 언어발달, 사회성 발달, 심리사회적행동, 자조영역으로 구성 • 전문가 작성 도구 • 20~30분 소요

2) 의료진단

의료진단(diagnostic)은 유아특수교육 및 조기 중재 서비스의 적격성 여부를 판단하고 장애의 성격이 무엇인지를 파악한다. 의료진단평가는 대상 유아에 대한 면밀한 연구를 하도록 계획되고 대체적으로 선별 평가 결과에 따라 나타난 의문에 답할 수 있다. 진단평가는 의료 전문인 혹은 심리학자가 평가하고 의학적 상태를 자세히 설명하기 위해 자주 사용된다. 예를 들어, 다운증후군, 뇌성마비, 자폐증과 같은 진단명이 이에 해당된다. 유아특수교육에서 많은 전문인은 여전히 청각, 시각, 신체 장애 등의 장애명을 이용하기도 하나 생의 초기에 그러한 표찰을 붙이는 것을 선호하지 않는다. 초기 장애의 예견 정도가 부정확하고 자기 암시적 예언의 부정적 표찰 영향을 고려하기 때문이다.

(1) 진단평가의 특징

진단평가는 규준참조평가로, 개인의 수행 정도를 같은 연령의 대상과 비교한다(Salvia & Ysseldyke, 2001). 이러한 평가 종류는 개인과 규준(norm) 그룹과 비교한 결과를 중시 여기며, 개인의 수행 정도가 비슷한 또래보다 잘하는지 못하는지 혹은 비슷한지를 '상대적으로 비교' 함으로써 구별하는 데 목적을 둔다(Kubitzyn & Borich, 1996).

규준참조평가는 여러 특정한 항목 및 전반적인 기술을 한 번에 측정함으로써(준거참조검사에 비교하여) 대체적으로 짧은 시간 안에 여러 단계의 수준을 평가한다. 즉, 평가의 난이도가 다양하여 그 연령의 모든 대상이 수행 가능한 항목이 있는가 하면, 거의 모든 대상이 달성하기 어려운 항목을 골고루 분포한다. 평가의 결과는 대략적인 발달 순서를 제공하나 항목구조의 퍼짐(spread)을 증진하기 위해 듬성듬성한 발달 순서로 구성되어 있어 유아의 현 수준을 알아내는 데는 부적합하다. 〈표 3-3〉은 진단평가 도구의 종류 및 특성이다.

(2) 규준참조평가의 이용 및 관련 현안

많은 규준참조평가는 표준화된 검사이며 표준화란 검사 재료, 실시 과정, 채점 방법, 결과 해석이 구조화되어 있다는 것을 의미한다. 검사자의 주관성이 개입될 여지가 거의 없어 검사 및 해석 과정에 나타날 수 있는 과실이 감소될 수 있는 장점이 있으나, 표준화된 평가의 과정 및 해석이 간단하지 않아 표준화된 평가는 훈련된 전문인의 사려 깊고 신중한 사용이 요구되는 경우가 대부분이다(Kubitzyn & Borich, 1996). 표준화된 평가를 적절히 사용하기 위해 필요한 요인을 살펴보면 아래와 같다.

- 심리측정학적 자료의 적절성　표준화된 평가 도구는 허용 가능한 신뢰도와 타당도를 가졌는가를 보아야 한다. 이때 신뢰도란 평가 도구가 평가하고자 하는 것을 일관성 있게 정확하게 측정해 주는 정도를 말하며, 신뢰도의 종류에는 내적 신뢰도, 재검사 신뢰도, 반분 신뢰도 등이 있다. 타당도란 도구가 평가하고자 하는 것을 얼마나 충실하게 의도한 것을 평가하는가를 본다. 일반적으로 쓰이는 타당도에는 내용 타당도, 구인 타당도, 예언 타당도 및 공인 타당도 등이 있다.

- 규준 집단 구성의 적절성　규준 집단(비교 대상)은 특정 연령의 유아를 대표하는 많은 수의 대상 집단을 의미하며, 규준 집단에서 결정적으로 살펴보아야 할 부분은 규준 집단의 크기와 그 대표성이라고 볼 수 있다(Nuttall, Romero, & Kalesnik, 1992). 규준 집단의 대표성은 검사 도구의 유용성을 평가하므로 매우 중요한 역할을 한다. 바람직한 표준화 과정에서의 규준 집단은 검사가 계획된 특정 집단을 대표하기 위하여 여러 다양한 조건(예: 지역, 학력, 부모 학력, 경제적 수준, 성별, 연령, 사회·경제적 조건, 장애 조건 등)의 대상이 포함되어야 한다. 다음과 같은 질문으로 대표성은 평가될 수 있다.

  - 선택된 규준 집단은 평가될 대상을 전체적으로 포함하는가?
  - 규준 대상의 성별이 전체 인구(그 나이의) 남녀 성별 비율과 비슷한가?
  - 규준 대상의 저소득층은 전체 인구의 저소득층과 비슷한 비율인가?

모든 대상에게 평가가 수행된다면 그 규준 집단은 인구의 주를 이루는 대상뿐 아니라 장애유아나 장애 위험이 있는 소수집단도 포함해야 한다. 어떠한 도구의 표준화 노력에서 그 평가 도구가 이용할 대상을 대표하지 못한다면 모든 심리측정학적 결과(기준점, 타당도, 신뢰도)는 부정확하고 가치가 없는 것이므로 평가할 대상의 대표 정도를 고려하여 재연구되어야 한다(Snyder, Lawson, Stricklin, & Sexton, 1993; Salvia & Ysseldyke, 2001). 도구 검토 연구들을 통해 밝혀진 사실은 기존의 많은 도구가 심리학적 평가 및 표준화 과정에서 장애유아를 포함시키지 않았기 때문에 유아특수교육 대상에게 그 도구를 사용했을 때 신뢰도 및 타당도는 제한된 의미를 가질 수밖에 없다는 것이다.

- **검사 실시의 정확성** 정확한 결과를 위해서 진단 검사의 표준화된 절차는 지침서에서 제시한 실시 과정을 정확히 따라야 한다. 이때 지침서에서 표준적으로 제시한 필수적인 과정이 위배되었을 때(예: 단어가 생략되었거나 변경, 너무 많은 시간을 소요하거나 혹은 서두르지는 않았는지, 너무 많은 도움이 제공되지는 않았는지) 평가의 신뢰도에 영향을 줄 뿐 아니라 명확히 평가 결과에 대한 유용성을 감소시킨다(Nuttall, Romero, & Kalesnik, 1992).

  그러나 유아 대상 평가 도구 중 규준 집단에 발달지체유아나 장애유아를 포함하지 않은 경우는 간단하게 제시된 규준 표나 그림으로 평가할 수 없는 경우가 많다. 많은 경우 적절한 결과 해석을 위해 심도 있는 평가자의 판단이 요구된다. 평가자는 대상자가 정확한 답을 할 수 있는 능력이 있는데, 장애 때문에 오답 처리되지는 않았는지 알아볼 수 있어야 한다. 예를 들어, 뇌성마비를 지닌 유아에게 대상 영속성 항목을 평가할 때 유아는 그 목적물을 가서 찾는 대신 숨겨진 곳을 눈으로 쳐다보기만 할 수도 있다. 물체를 마지막으로 본 곳에 유아가 지속적으로 시선을 두는 것은 비록 유아가 직접 그곳으로 움직여서 찾지 않았다 할지라도 물체에 대한 대상 영속성을 획득했다고 보아야 한다. 또 다른 예로, 청각장애를 가진 유아에게 평가 지침을 말할 때 읽어 주는 것 대신 수화를 통해서 설명할 수 있다.

- **가족중심적 평가에 대한 접근성** 유아특수교육에서는 가족의 관심과 흥미, 장점을 감안하고 다학문적 팀 접근에서 가족의 중추적 역할을 촉진하는 평가가 수행되어야 하고, 유아의 요구 및 약점, 장점에 대한 평가가 수행되어야 하며, 또한 일상 환경 안에서의 정보 획득의 중요성을 강조한 가족중심적 평가가

권장된다. 그러나 규준참조평가는 실험실 상황의 표준화된 검사 과정이기 때문에 가족으로부터 획득한 정보를 반영하는 비율(그 표준화된 평가 과정에 포함되어 있지 않을 경우)이 매우 제한적이며, 아동의 능력 가운데 할 수 있는 것에 대한 정보보다는 부족한 부분을 찾아내게 되어 결과적으로 교육계획을 세울 때 약점 위주의 교육목표로 영향을 미칠 수 있다(Bailey & Wolery, 1992). 또한 도구의 항목이 기능성과 일반성을 신장할 수 없는 항목으로 구성된 경우가 많고, 항목과 항목의 발달 간 차이가 커서 중재자가 발달 순서에 대해 완전히 알지 않는 한 규준 지향 도구를 이용하여 체계적인 프로그램을 제공하기는 어렵다.

(3) 영 · 유아기 의료진단평가 도구의 예

〈표 3-3〉은 영 · 유아를 위한 의료진단평가 도구의 예다. 이들은 표에서 제시한 것과 같이 한국 베일리 영 · 유아발달 검사, 게젤 발달 검사도구, 한국판 카우프만 아동용 개별지능검사(K-ABC), 한국 웩슬러 유아지능검사(K-WPPSI)를 들 수 있다.

표 3-3 영 · 유아기 의료진단평가 도구의 종류 및 특성

평가 도구명	출판사	연 령	비 고
한국 베일리 영유아 발달 검사 (박혜원, 조복희, 최호정, 2003)		1~42개월	• 미국의 BSID II(Bayley Scale of Infant Development II)를 국내에 맞게 표준화함 • 정신척도(25~30분 소요), 운동척도(20~30분 소요), 행동평가척도로 구성 • 행동평정척도는 정신척도와 운동척도로부터 얻은 정보를 보충하는 데 사용 • 전문가가 표준화된 절차를 이용
게젤 발달 검사 (개정) (Gesell Developmental Schedules (Revised, 1987)	Developmental Test Materials	4주~36개월	• 적응, 대근육, 소근육, 언어, 개인-사회 영역으로 구성 • 위 영역과 비례한 부모 질문지 포함 • 45분 소요 • 전문가가 수행

(계속)

한국판 카우프만 아동용 개별지능검사 (K-ABC, Kaufman Assessment Battery for Children) (문수백, 변창진, 1997)	학지사	2세 6개월~12세 5개월	• 종합적 지능검사 목적 • 인지처리척도와 습득도척도로 구성 • 45~90분 소요 • 전문가가 수행
한국 웩슬러 유아지능검사 (K-WPPSI) (박혜원, 곽금주, 박광배, 1996)	도서출판 특수교육	만 3세~7세 3개월	• Wechsler Preschool and Primary Scale of Intelligence-Revised를 표준화한 도구 • 종합적 지능검사 목적 • 언어성 검사(상식, 이해, 산수, 어휘, 공통성, 문장)와 동작성 검사(모양 맞추기, 도형, 토막짜기, 미로, 빠진 곳 찾기, 동물 짝짓기)로 구성 • 약 60~70분 소요 • 전문가가 수행

3) 교육진단

세 번째 종류의 평가 도구는 교육진단을 위한 도구다. 이는 프로그램을 위한 도구로 교육과정중심(curriculum based) 혹은 준거참조(criterion-referenced)평가로도 불린다. 교육진단평가는 서술적이고 설명적이며 교육과정중심이고 지속적으로 평가된다. 규준참조평가가 갖고 있는 단점을 보완하고 교육계획을 하는 데 적합하도록 개발되었다. 이 도구의 목적은 일상생활의 프로그램 작성을 위한 대상의 장점 및 요구를 포함한 현 수준을 파악하고 일상 환경에서 유아와 많은 상호작용이 있는 전문가 및 가족구성원이 협동하여 정보를 수집하고 수집한 정보를 바탕으로 교수목표, 전략을 개선하여 서비스에 적용하도록 한다.

(1) 특징 및 역할

교육진단을 위한 평가 도구는 서비스가 제공됨에 따라 유아의 요구가 달성되는 것과 교육이 제공됨에 따라 변화하는 것을 인지할 수 있어야 한다. 교육진단 도구가 준거참조평가라 불리는 것은 규준참조 도구와 같이 대상의 위치나 순서 등의 비교우위에 따른 평가가 아니고 준거(criterion)라는 절대적 기준에 따른 평가이기 때문이다. 이는 각 개별 기술을 생산하기 위해서 사용 가능하며 비교적 상세하여 평가 영역에 대한 현 수준을 알 수 있다. 또한 많은 일상생활(예: 교실 환경)에서 사용하는 기술에 대한 항목들로 구성되어 있다(Kubiszyn & Borich, 1996).

(2) 교육진단 도구의 조건

교육진단 도구는 준거참조 도구가 적절하며, 유용한 준거참조검사의 조건은 다음과 같다.

- 심리측정학적 충실도　준거참조 도구는 규준참조 도구와 마찬가지로 심리측정학적인 면에서 충실해야 한다. 그럼에도 불구하고 국내의 많은 준거참조검사들은 제한적이거나 전무한 심리측정학적 연구결과로 적절한 사용을 제한하고 있다.

- 준거참조 도구 항목의 적절성　준거참조 도구의 항목들은 사용할 프로그램에서 중요하게 여기는 내용들을 포함하고 있어야 한다(Bricker, 1989). 장애유아가 교수목표로 정하여 중재가 시행되었으나 평가하는 준거참조 도구에 이를 평가할 항목들이 없다면, 이는 실제적인 유아의 수행 능력을 평가하지 못한다고 볼 수 있기 때문이다(즉, 실제적으로 교수목표는 달성되었으나 잘못된 도구의 사용으로 진보를 파악할 수 없는 경우). 이러한 문제점 때문에 많은 중재자 및 프로그램이 직접 제작한 도구를 사용하기도 하나, 개인이 직접 제작한 도구 또한 제한점이 있다. 예를 들어, 자체 제작 도구들은 프로그램의 내용과 요구를 충족할 수 있을지는 모르나 충분한 대상을 통한 심리측정학적 연구가 시행되지 않은 경우가 대부분으로 그 결과에 대한 신뢰도 및 타당도 제한점에 따른 근시안적 대안이라고 볼 수 있다.

(3) 적절한 교육진단평가/준거참조 도구의 유용성

위에 언급한 교육진단평가/준거참조 도구의 조건을 충족한 도구들은 다음과 같은 유용성을 갖는다.

- 가족의 참여 촉진 대부분의 준거참조평가 도구는 가족이 제공하는 의견을 반영하고 가치를 둔다. 가족참여는 유아특수교육 분야에서 특히 권장되는데, 준거참조검사는 이러한 가족참여 활성화를 위하여 가족의 관심도를 조사하고 우선순위 및 자원을 평가할 수 있는 평가지를 포함하기도 한다(예: 평가, 측정, 프로그램을 위한 평가).

- 팀 간 협력의 촉진 준거참조검사의 절차는 표준화되어 있지 않다. 대상 유아에 대한 신뢰성 있고 전체적인 유아의 수준을 파악하기 위하여 부모를 포함한 다방면의 전문인의 의견을 수렴할 것을 권장한다.

- 평가 항목의 기능성 촉진 유아특수교육에서 요구되는 실제 가운데 특히 중도장애유아에게 고려되는 사항은 중재 내용의 유용성, 실용적인 측면의 강화와 함께 기능적 측면의 강조다. 예를 들어, 퍼즐을 맞추거나 탑 쌓기와 같은 기술에 초점을 두기보다는 스위치 혹은 수도꼭지를 돌리거나 필수적인 물건이나 사건을 명명하는 것, 실제적인 상황을 이용하여 의사소통을 발전시키는 것과 같은 기능적인 기술에 강조를 둔다. 적절한 준거참조검사는 이러한 실제 교육과정에 적절한 항목으로 구성되어 유아의 교육목표를 계획하는 데 적절하다.

- 유아 중재와 연결을 촉진 준거참조평가는 그 내용에서 수행영역 및 항목이 명확하여 검사의 결과는 즉각적으로 실질적 적용으로 연결 가능하며, 적절한 중재 내용을 계획하고 유아의 향상을 점검할 수 있도록 구성되므로 평가와 중재와의 직접적 연결을 촉진하여 그 유용성을 더한다. 그러나 이러한 적절한 교육목표를 작성하고 선택하는 것은 준거참조검사의 항목이 포괄적이고 적절한 정보를 제공할 때다(준거참조검사의 조건 참고).

(4) 영 · 유아기 교육진단/준거참조평가 도구의 예

〈표 3-4〉는 영 · 유아를 위한 교육진단평가/준거참조 도구의 예다. 표에서 제시한 것과 같이 이들은 유아를 위한 캐롤라이나 교육과정, 포테이지 아동발달검사, 교육진단검사(PEP-R), AEPS, KEDAS(공주 영 · 유아 발달진단 시스템)이다.

표 3-4 영 · 유아기 프로그램 교육진단 및 평가의 종류 및 특성

평가 도구명	출판사	연 령	비 고
장애아동을 위한 캐롤라이나 교육과정 (최진희, 김은경, 윤현숙, 이인순, 이정숙역, 1996)	대한사회복지개발원	2~5세	• Carolina Curriculum for Preschoolers with Special Needs(2세 미만을 위한 내용은 제외함)의 번역본 • 인지, 의사소통, 사회 적응, 소근육 운동, 대근육 운동으로 구성 • 시각, 청각, 운동 장애 대상과의 변형을 포함
포테이지 아동발달검사 (강순구, 조윤경 역, 1998)	도서출판 특수교육	0~6세	• Portage Checklist (Bluma, Shearer, Froham & Hilliard)의 번역본 • 유아 자극, 신변처리, 운동성, 사회성, 인지, 언어 영역으로 구성
교육진단검사 (PEP-R) (김태련, 박랑규, 1987)	도서출판 특수교육	1세 ~7세 5개월	• 국내 아동의 발달 규준 제공 • 자폐아동과 의사소통 장애아동의 개별 평가와 중재 • 발달척도(모방, 지각, 소근육 운동, 대근육 운동, 눈 · 손 협응, 동작성 인지, 언어성 인지)와 행동척도(대인관계 및 감정, 사람 사귀기, 물건 다루기, 감각 반응, 언어 순서)로 구성
AEPS 시리즈 평가, 측정, 프로그램을 위한 체계 Ⅰ,Ⅱ,Ⅲ,Ⅳ (허계형, 이영철 외 역, 2008)	도서출판 특수교육	0~3세 3~6세	• AEPS(Assessment, Evaluation, Programing System) (2nd ed.)의 번역본 • 총 4권으로 1권은 검사 지침서, 2권은 검사 도구, 3권은 3세 미만 영아를 위한 교육과정, 4권은 3~6세 유아를 위한 교육과정으로 평가 항목과 연계된 교육과정이 있음 • 소근육, 대근육, 적응, 인지, 사회-언어, 사회성 영역으로 구성
KEDAS 공주 영 · 유아 발달 진단 시스템 (전병운, 조광순 외, 2005)		0~71개월	• 국내 영 · 유아 2,050명을 대상으로 표준화되어 있음 • 웹기반 평가 진단 도구로 유아의 개별화 교육 프로그램을 지원함 • 평가 결과와 연계된 중재 프로그램을 제시함

4) 평 가

네 번째 평가 도구는 평가(evaluation) 기능을 담당한다. 평가는 프로그램 평가와 구분되는데, 프로그램 평가(programmatic assessment)가 유아의 발달과 관련된 가족의 관심사, 우선순위, 자원을 평가하여 유아특수교육 서비스가 유아와 가족에게 필요한 정도 및 유아특수교육의 성격을 파악하여 기초선을 제공하는 단계라면, 평가는 유아의 수행 능력을 평가하여 목적을 겨냥한 진보가 어느 정도인지를 비교하는 과정이다. 즉, 프로그램 평가는 서비스 제공을 위한 기초선을 제공하는 반면, 평가는 중재 전후의 가족 및 유아의 수행 능력을 비교함으로써 전반적인 유아의 현 수준에서 중재의 성과를 파악할 수 있고 나아가 전반적 프로그램의 목표 달성 정도를 알 수 있다.

중재자나 전문인은 유아의 향상 정도를 평가하고 가족의 결과를 검토하여 유아에게 적용되었던 전략 및 접근 방법의 효과성을 점검한다. 이러한 점검은 각 프로그램이나 유아, 가족 결과의 전반적 프로그램 효과에 대한 정보를 제공하는데, 전반적 프로그램에 대한 평가는 한 시기 동안에 프로그램의 목표와 수행 정도가 어느 정도 달성되었는지, 어떠한 현상이 일어났는지를 재검토하고 분석하고 리포트하는 것으로 다음과 같은 질문에 답한다.

- 계획한 것이 수행되었는가?
- 효율적으로 수행했는가?
- 이용 가능한 자원은 효과적으로 이용하였는가?
- 제공한 서비스는 유아 및 가족의 요구와 필요성을 충족하였는가?

프로그램 평가의 효과성을 보기 위해서는 프로그램이 강조하는 것과 각 대상 유아의 목적과 가족이 지향하는 결과를 반영하여야 한다. 평가에 적절한 도구는 평가의 목적에 따라 개인 유아의 교수목표에 대한 중재 효과를 파악하기 위해서는 프로그램 평가 도구를 사용하고, 전체적인 프로그램의 효과를 위해서는 프로그램 평가 및 규준참조 도구를 모두 사용하는 것이 적절하다(〈표 3-3〉, 〈표 3-4〉 참고).

3. 가족중심 실제를 위한 평가

유아특수교육의 이론, 연구, 실제는 근대에 들어 확장되었고, 그 서비스의 대상과 관련하여 유아중심적 평가 및 중재로부터 유아를 포함한 가족중심적 평가 및 실제로 변환되었다. 영 · 유아를 대상으로 하는 평가에서 가장 중시되는 부분은 유아의 진실성 있는 기능적 기술을 파악하는 것인데, 기존의 규준지향적이고 표준화된 평가는 그러한 평가의 필수적 요소를 감당하지 못하는 경우가 대부분이다.

미국의 경우 가족지향적 평가 및 중재를 위해서 전국적으로 유아특수교육 및 조기 중재를 목적으로 하는 대학에서 관련된 과목을 개설하고 실습의 필수적 요인으로 자리 잡고 있다. 유아특수교육 프로그램은 대상 유아의 장점과 단점을 포함한 현 수준뿐 아니라 가족의 관심 및 우선순위가 무엇인지를 파악하고 전문가는 가족과 협력 동의함으로써 평가할 책임이 있다.

가족체계 이론의 핵심은 가족은 하나의 체계로 구성되어 이 체계 안에서의 모든 구성원은 서로 연결되어 있으며, 이러한 상호 연결된 관계의 결과로서 그 어느 하나 가족의 체계에 영향을 주는 것은 모든 가족구성원에게 영향을 준다는 것이다. 가족구성원 가운데 한 명에게 나타난 일은 모든 다른 구성원에게도 영향을 준다. 예를 들어, 한 가정의 아기 탄생은 모든 가족구성원의 삶에 변화(예: 관심의 분배, 아기에게 필요한 물품 및 환경 제공을 위한 경제적 · 시간적 분배)를 가져온다. 발달지체영아의 경우도 예외는 아닌데, 정상발달영아가 태어났을 때 동반한 변화 외에도 발달지체와 관련된 요소로 더 많은 가족체계의 조정을 가져온다.

유아기는 더 많은 시간을 가족과 함께하고, 발달지체유아는 대부분 가정에서 가족과 머무르는 시간이 더 많으므로 가족체계 안에서의 유아를 위한 평가가 수행될 때 더 적절하다. 즉, 이러한 법과 철학 및 실제는 유아기에 가족구성원이 갖는 중요성에 대한 옹호라고 볼 수 있다.

장애영 · 유아를 위한 프로그램은 가족중심 중재 개발을 위해 가족의 장점, 요구, 우선순위 및 자원이 무엇인지를 파악하여야 한다. 가족구성원과 그들의 장점, 요구, 관심을 파악하기 위해서 평가자로서의 기본적 능력 외에도 능동적이고 우호적인 자세로 경청하며 관찰에 중립성을 유지하여 비편견적으로 의견을 수렴하고, 가족을 전문가와 동등한 입장으로 대하는 진지한 자세가 이러한 가족중심적 실제를 활성화하는 데 필요하다. 예를 들어, 부모와 자녀의 상호작용은 유아의 성장과 발달에 중요한 요인이다. 이러한 부모-자녀 상호작용의 역할은 부모 기술을 평가(판단)하기 위한 것이 아니고 부모와 자녀가 서로에게 만족하는 방식을 알아내는 데 강조점을 두어야 한다. 가족의 관심, 우선순위, 자원을 파악하는 목적은 유아와 가족의 요구에 더 민감하게 반응하기 위한 것으로 힘 더해 주기(empowering)와 중재로의 연결이 좋은 예다.

4. 평가원칙

유아특수교육 분야의 평가에서는 다음과 같은 고려해야 될 사항을 제시한다.

- **프로그램에 적용 가능한 평가 결과 도출** 평가의 결과는 유동성 있고 연계적인 평가 과정을 통하여 프로그램에 적용되어 보육과 교육, 조기 중재의 복합적이고 관련성 있는 목적을 달성할 수 있어야 한다. 평가와 중재는 상호 보완적이어야 하는데, 서로 관계없이 단독으로 발생하거나 잘못된 목적의 도구를 사용하여 평가하였을 때는 오히려 역효과를 가져올 수 있다. 모든 중재는 긍정적이든 부정적이든 어떠한 변화를 동반하는데, 그러한 변화를 반영한 효과적인 중재를 위해서는 지속적인 평가가 수행되어야 하며 그 결과는 유아의 교육목표 및 중재에 반영되어야 한다. 평가와 중재의 연계는 유아가 환경에서 무의미하게 방치되어 있는 것을 방지하고 유아의 목표에 적절한 중재로 연결하여 효율적인 교육을 제공하는 데 필요한 요소다(Meisels & Atkins-Burnett, 2000). 이러한 체계를 이용했을 때 자원 및 노력의 효율성과 프로그램 효과에 대한 신뢰성이 증진되며, 유아와 가족의 필요에 맞는 특정한 프로그램을 계획하므로 개별화할 수 있는 장점이 있다.

- **자연스러운 환경 및 재료 사용** 평가를 위해서는 유아에게 자연스러운 환경 및 재료를 이용하여 수행하여야 한다. 낯선 사람과 환경, 인위적인 과제와 도구

는 대상 유아가 무엇을 정말 알고 행동하는지에 대한 진실성을 위해 적절하지 않다. 유아의 일상생활과 같은 자연스러운 환경에서 관찰했을 때 유아에 대해 더 자세하고 믿을 만한 정보를 제공한다. 비율척도(rating scales), 직접 관찰, 교육과정을 기반으로 한 체크리스트, 보호자 인터뷰 목록표는 유아의 강점과 중재 우선순위에 대한 실제적인 자료를 제공할 수 있는 방법이다.

- 유용한 정보의 수집　평가는 협력적 과정이며 다양한 근원으로부터의 유용한 정보를 수집하여야 한다. 유아의 현 수준 향상은 매일 일상 환경에서의 유아의 전형적인 행동이 여러 개인으로부터(교사, 다른 전문인, 부모) 기능적이고, 신뢰성 있고, 타당한 정보를 획득했을 때 가능하다. 그러한 자료에서의 다양한 의견은 중요한 정보를 제공하여 효과적으로 어떠한 영역에서의 변화인지를 알게 하고 어떤 특정 프로그램으로의 의뢰에 도움을 주며, 신뢰성 있는 평가의 요소이자 양질의 정보가 된다.

- 가족중심적인 평가 절차 및 도구 사용　평가 절차 및 도구는 가족중심적이어야 한다. 평가 도구 및 자료는 가족이 이해하기 쉽게 쓰이고 가족 우호적이어야 하며, 누구나 쉽게 반응할 수 있도록 전문용어 사용을 제한해야 한다. 가족과 전문가 사이에 팀으로 협동 작업을 증진할 수 있도록 평가 도구, 스타일과 방법은 가족과 전문인이 상호 동의하여야 한다.

- 적합한 평가 도구 및 재료 사용　평가 도구 및 재료는 대상에게 적합해야 하고 심리측정학적 면에서 적절해야 한다. 평가 도구는 평가될 모든 대상(일반유아뿐 아니라 경도 장애에서 중도 장애까지)을 위해 개발되고 그 신뢰성, 타당성, 유용성이 검사되어야 한다. 영 · 유아 시기의 평가 재료와 방법은 반드시 영아와 유아를 대상으로 개발되어야 하고 일반적인 영 · 유아의 흥미와 스타일과 조화되어야 한다. 평가 도구 및 재료와 적합성에 따르면, 보통 시력의 유아 기준인 글자 크기는 시력장애유아의 요구에 맞게 조절되어야 하며, 평가 재료는 유아가 능력을 보여 줄 수 있도록 융통성 있게 여러 종류의 다른 반응을 통하여 선택될 수 있어야 한다. 평가 재료 및 과정은 유아의 감각, 반응, 정서적 · 문화

적 특징을 수용할 수 있을 때 공평성이 있다고 할 수 있다. 현재의 많은 표준화된 자료는 정상발달유아를 대상으로 표준화되어 있는데, 이러한 도구를 발달지체유아에게 적용하는 것은 공평성 및 발달의 적합성에서 벗어난다고 볼 수 있다.

참고문헌

강순구, 조윤경 역(1998). 포테이지 아동발달 지침서. 서울: 도서출판 특수교육.

국립 특수교육원(1998). 한국의 특수교육지표. 국립특수교육원.

김태련, 박랑규(1987). 교육진단검사(PEP-R). 서울: 도서출판 특수교육.

문수백, 변창진(1997). K-ABC 해석요강. 서울: 학지사.

박혜원, 곽금주, 박광배(1996). 한국 웩슬러 유아지능검사 지침서. 서울: 도서출판 특수교육.

박혜원, 조복희, 최호정(2003). 한국 베일리 영·유아 발달 거나(K-BSID-II) 표준화 연구: 예비 연구. 한국 심리학회지: 발달, 16(4), 121-134.

서경희, 윤점룡, 윤치연, 이상복, 이상훈, 이효신(1999). 발달장애의 진단과 평가. 대구: 대구대학교출판부.

신희선, 한경자, 오가실, 오진주, 하미나(2002). 한국형 Denver II 검사지침서. 서울: 현문사.

이 근(1990). 한국판 덴버발달검사. 서울: 이화여자대학교출판부.

전병운, 조광순, 이기현, 이은상, 임재택(2004). K-DIAL3 유아발달 선별검사 지침서. 서울: 도서출판 특수교육.

전병운, 조광순, 이준석, 강미라(2005). 발달장애아동을 위한 진단.평가 도구의 개발 및 웹기반 시스텝 구축. 특수교육학 연구, 40(1), 113-151.

조광순(2000). 현장특수교육, 9, 10월호. 국립특수교육원.

최진희, 김은경, 윤현숙, 이인순, 이정숙 역(1996). 장애아동을 위한 캐롤라이나 교육과정. 서울: 대한사회복지개발원.

허계형(2001). 부모작성 영유아선별도구 ASQ의 표준화를 위한 예비연구, 특수교육학연구, 36(1), 275-296.

허계형, 이영철, 정갑순, 이상복 역(2008). 영유아를 위한 사정, 평가 및 프로그램 체계

AEPS. 서울: 도서출판 특수교육.

허계형, Squires, J., 이소영, 이준석(2007). K-ASQ 부모작성형 유아 모니터링 체계. 서울: 서울 장애인 종합복지관.

Bailey, D., & Wolery, M. (1992). *Teaching Infants and Preschoolers with Disabilities* (2nd ed.). New Jersey: Prentice-Hall. Inc.

Bowe, F. (2000). Birth to Five. *Early Childhood Special Education* (2nd ed.). Delmar Publishers.

Bricker, D. (1989). *Early intervention for at-risk and handicapped infants, toddlers, and preschool children.* Paro Alto, CA: VORT Corp.

Bricker, D. (1998). *An activity-based approach to early intervention* (2nd ed.). Baltimore: Paul H. Brookes Publishing Co.

Bricker, D., & Squires, J. (1989). Low cost system using parents to monitor the development at-risk infants. *Journal of Early Intervention, 13*, 50-60.

Frankenburg, W., Emde, R., & Sullivan, J. (1985). Preface. In W. Frankenburg. R. Emde & J. Sullivan (Eds.), *Early identification of children at risk.* New York: Plenum Press.

Hanson, M., & Lynch, E. (1996). *Early Intervention* (2nd ed.). Austin, TX: PRO: ED

Kenny, T., & Culbertson, J. (1993). Developmental screening for preschoolers. In J.L. Culbertson & D. J. Willis. (Eds.), *Testing young children: A reference guide for developmental, psychoeducational, and psychosocial assessment.* Austin, TX: PRO-ED.

Kubitzyn, T., & Borich, G. (1996). *Educational testing and measurement* (5th ed.). HarperCollins Publishers Inc.

Meisels, S., & Atkins-Burnett, S. (2000). The elements of early childhood assessment. In J. P. Shonkoff & S. J. Meisels (2000), *Handbook of Early Childhood Intervention* (2nd ed.). Cambridge University Press.

Nuttall, E., Romero, I., & Kalesnik, J. (1992). *Assessing and screening preschoolers.* MA: Allen and Bacon.

Salvia, J., & Ysseldyke, J. (2001). *Assessment* (7th ed.). Boston: Houghton-Mifflin.

Sexton, D., Thompson, B., Perez, J., & Rheams, T. (1990). Materials versus profesional estimates of developmental status for young children with handicaps: An ecological approach. *Topic in Early Childhood Special Education, 10*(3), 80–95.

Snyder, P., Lawson, S., Stricklin, S., & Sexton, D. (1993). Evaluating the psychometric integrity of instruments used in early intervention research: The Battelle Developmental Inventory. *Topics in Early Childhood Special Education, 13*(2), 216–232.

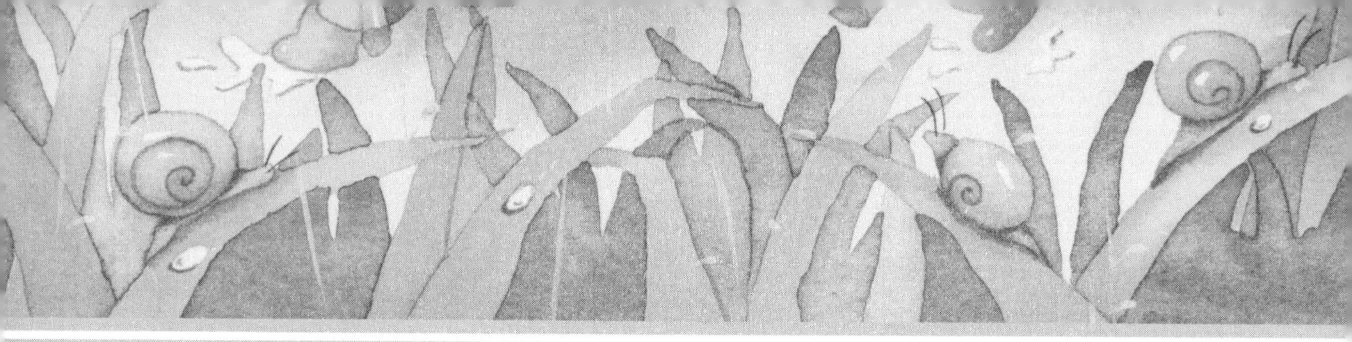

chapter

04 가족참여

1. 가족참여의 이론적 배경
2. 발달지체유아가 가족생활에 미치는 영향
3. 가족참여 방법

1. 가족참여의 이론적 배경

발달지체유아의 교육은 전문가와 가족이 협력하여 함께할 때 가장 효과적이다. 이와 같이 가족참여를 강조하는 이유는 첫째, 발달지체유아의 거주환경이 시설에서 가정으로 변화하였고, 둘째, 가족이 보조교사나 협력교사로 활동하게 되었으며, 셋째, 생태학의 이론에 의해서 가정환경이 유아의 발달에 많은 영향을 미치기 때문이다.

1) 시대에 따른 가족의 역할 변화

발달지체유아 교육에서 가족의 역할은 시대에 따라 변화되어 왔다. 그러나 그 어느 시대에도 오늘날과 같이 가족이 유아의 교육에서 중요한 역할을 한 적은 없었다. 가족이 발달지체유아 교육에서 중요한 의미를 갖게 된 것은 1990년대 이후이며, 그 이전에는 가족이라는 포괄적인 개념보다는 유아의 환경을 부모로 한정하였다. 시대별 가족(부모) 역할의 의미를 살펴보면 다음과 같다.

(1) 1880~1930년대

부모는 아동 장애의 원천으로 간주되었다. 우생학의 발달, 고다드(Goddard)의 캘리캑(Kallikak) 가족연구 등은 장애가 사회의 범죄행위와 관련이 있고 유전되는 것으로 간주하여 장애인을 죽이거나 불임시키는 일련의 역사적인 사건들이 감행되었다. 또한 장애인을 사회에서 분리하려는 의도하에 시설 수용이 극대화되었다. 부모는 장애의 모든 책임을 져야 하는 원인 제공자로 많은 비난을 받았다.

(2) 1930~1950년대

부모는 장애인 단체를 결성하는 구심체의 역할을 하였다. 부모나 가족구성원은 국가나 전문가들이 제공하는 자녀에 대한 교육이 부적절하다고 생각하였다(일반 공교육에서 장애아동은 제외되고 소외되었다.). 따라서 이를 개선하고 심리적인 공동체를 형성하기 위해 지역과 국가적인 차원에서 장애인 단체를 결성하여, 그들의 자녀에 대한 정보교환과 자녀의 공교육권 확립을 위하여 많은 기여를 하였다. 이때 결성된 단체들은 후의 각 장애 영역별 단체의 모체가 되었다.

(3) 1950~1960년대

부모는 자녀를 위한 교육 시스템을 개발하는 개발자의 역할을 하였다. 발달지체아동은 일반 공립학교에서 제외되었고, 장애아동을 위한 공교육은 확립되지 않은 상태여서 그들은 사비를 들여 종교단체나 사회단체를 통해 자녀들을 교육시키기 시작하였다. 부모는 장애아동의 교육에 대한 공공의 관심을 불러일으키고, 재정을 충당하고, 교육 시스템을 구축하는 중대한 역할을 하였다. 그러나 이때까지도 전문가들은 가족이 아동의 교육 프로그램 안의 구성원으로서 아동교육을 책임질 수 있는 존재로 의식하지 않았다.

(4) 1970~1980년대

전문가들은 이제까지와는 달리 부모들을 교육의 수동체로 보기보다 전문가들과 함께 프로그램을 개발하고 수정할 수 있는 교육의 능동체로 간주하기 시작하였으며, 부모를 교사로 활용하기 시작하였다.

(5) 1990~현재

부모만을 아동교육의 협력자로 간주하던 시각에서 가족 전체를 아동교육의 협력자로 간주하게 되면서 가족에 대한 관심이 증대되었다. 아동교육의 협조자를 부모에만 한정지을 것이 아니라 가족구성원 전체로 확대하는 것이 더 효율적임을 인식했기 때문이다. 가족을 효율적으로 활용하기 위해서는 가족지원이 필수적이므로 가족에 대한 전문가들의 관심이 증대되었고, 가족을 하나의 시스템으로 간주하고 가족에 대한 체계적인 연구를 하기 시작하였다(Turnbull & Turnbull, 1996).

2) 가족참여에 영향을 미친 이론적 배경

유아특수교육의 패러다임은 의학적 모델에서 생태학적 모델로 변화하였다. 이러한 변화는 가족참여에 대한 중요성을 강조하게 하였다.

이러한 패러다임의 변화에 영향을 주었던 요인들은 아래와 같이 크게 세 가지로 요약해 볼 수 있다.

(1) 장애아동의 거취 변화

1880년대 이후 장애인들은 시설에 수용되기 시작하였다. 초창기의 수용 시설은 작은 규모로, 질적으로 우수한 교육과 치료를 제공하기 위한 수단으로 시작되었다. 그러나 시설 설립에 대한 초기의 의도와는 다르게 시설들은 그 규모가 확대되었고 설립 취지도 왜곡되어 후에는 장애인을 교육하는 대신 보호하면서 사회로부터 격리하는 역할을 하게 되었다(김정휘, 1994). 장애인을 위한 시설의 역할이 이와 같이 왜곡되면서 시설 수용은 여러 가지 비인도적 측면이 나타나게 되었다. 또한 시설 수용이 장애아동의 발달에 부정적으로 작용한다는 연구들이 발표되면서 장애아동의 시설 수용 문제에 대해 다시 생각하게 하는 계기가 되었다. 미 국회는 1975년 공법 94-142인 장애인교육법(Education for All Handicapped Children Act)을 제정하면서 장애아동에 대해 최소제한환경(least restrictive environment)을 제공할 것을 요구하였다(Bailey & Wolery, 1992). 이로써 장애인의 삶에 대한 정상화(nomalization) 운동이 확장되었다.

정상화란 장애인에게 제한적인 삶을 제공하지 않고 일반인에게 제공되는 삶을 균등하게 제공하자는 것이다. 이는 지금까지 장애로 말미암아 다양한 삶의 기회를 제한받아 왔던 장애인에게 다양한 삶의 기회를 제공하여 삶의 질을 향상하자는 것이다. 이러한 정상화의 방향은 크게 교육 부분에서는 분리교육이 통합교육으로 확대되었고, 주거 환경으로는 시설중심의 환경에서 가정중심의 환경으로 지향되었다.

(2) 가족의 보조교사 및 협력교사 모델

의학적 모델에 입각한 아동중심 교육은 아동교육의 효과적인 측면에서 심각한 도전을 받게 되었다. 발달지체유아는 기술의 습득에서 많은 시간을 요하며, 기술의 습득이 이루어졌다고 할지라도 일반화에 어려움이 있다. 발달지체유아 교육의 방법적인 측면에서 볼 때 발달지체유아는 반복 교육이 필요하며 일반화가 어려우므로 많은 시간을 함께하는 가족이 참여해서 협력하여 교육한다면 효과적일 것이라는 구상하에 가족의 보조교사 모델 및 협력교사 모델(Ko-Therapeutenmodell & Kooperationmodell: Speck & Warnke, 1983) 등이 제시되었다.

이러한 가족참여의 효과는 앳킨스(Atkins, 1987), 쿠츠(Coots, 1998), 카이저와 핸콕(Kaiser & Hancock)(Hester, 1998; Mahoney et al., 1999 재인용) 그리고 이영철, 김소라(2001) 등의 연구에서 입증되었다. 쿠츠의 연구는 치료사중심의 중재보다 부모의 중재가 발달지체아동의 언어교육에 더 효과가 있음을 입증하였다. 이 연구는 환경중심 중재 방법을 사용한 언어교육 방법에서, 치료사중심의 언어중재와 부모중심의 언어중재는 통제집단(아무런 교육적 처치를 하지 않은 집단)보다 언어교육에 효과가 있었다. 그러나 6개월 후의 추후 연구에서 부모중심의 언어중재가 치료사중심의 중재보다 그 효과가 더 지속적이었다. 부모뿐만 아니라 비장애 형제자매를 활용했을 때도 역시 교육적인 효과들이 보고되었다(Atkins, 1987; 이영철, 김소라, 2001). 이러한 교육적인 효과 외에도 가족참여를 통해 발달지체유아들이 기관에 버려지기보다 여러 가지 지원을 통해서 부모가 양육(Warnke, 1991)하는 기회가 증가하였다.

이 외에도 부모가 보조교사로 활용될 때 여러 가지 장점들이 있는데, 안선과 스트라이트(Jansen & Streit, 1992)가 요약한 내용을 살펴보면 다음과 같다.

- 부모는 아동에게 긍정적이고 치료적인 관계를 제공할 수 있다.
- 심리치료나 치료교육의 경우 많아야 일주일에 2~3번 전문가와 만날 수 있으나, 부모가 치료사가 되는 경우 더 많은 시간 동안 지속적으로 아동의 치료를 담당할 수 있다.
- 발달지체로 말미암아 야기되는 아동과 부모와의 상호작용의 어려움은 발달지체의 정도를 더 증폭시킬 수 있으나, 부모가 아동과의 상호작용에 대한 지식과 무엇이 잘못됐는가를 앎으로써 이러한 증폭의 가능성을 수정하여 차단하거나 감소시킬 수 있다.
- 발달지체 정도를 경감하기 위해서는 가능한 한 빠른 시기에 매일 교육과 치료가 이루어져야 하며, 부모를 활용함으로써 이것이 가능해진다.
- 아동의 발달지체 정도를 부모가 보조교사로 일하면서 몇 년간에 걸쳐서 완화시킬 수 있다면 부모에게 이러한 가능성들이 긍정적으로 작용할 것이며 지금까지 갖고 있는 죄책감이나 무력감에서 탈피할 수 있는 계기가 될 것이다.

(3) 생태학

가족참여이론은 브론펜브레너(Bronfenbrenner, 1981)의 생태학적 구조주의에 영향을 많이 받았다. '아동의 삶의 장' 에 대한 개념은 1920~1930년대에 레빈(Lewin)이 거론(Oerter, 1989)하였으며, 이를 브론펜브레너가 확장 · 발전시켰다. 그에 따르면, 아동발달이란 환경에 대한 지각과 지각한 것에 대한 상호작용을 통해서 끊임없이 변화해 가는 과정이다. 즉, "개인은 한 관계상황에서 독자적인 존재가 아닌 관계를 이루는 시스템에서 하나의 구성 요소이며, 이러한 시스템을 구성하는 각 요소들은 서로 상호작용을 하면서 시스템을 유지하거나 발전시키는 것이다." (Oerter, 1989, p. 171) 브론펜브레너는 아동을 둘러싸면서 서로 상호작용하는 관계의 시스템을 크게 네 개로 나누었으며, 이러한 네 개의 구조는 각각의 구조 안에서 상호작용할 뿐만 아니라 네 개의 구조들 간에도 상호작용하면서 시스템을 유지 · 확장한다고 하였다. 이러한 네 개의 구조는 다음과 같다.

- 소구조(microsystems): 아동이 많은 시간을 보내는 환경으로 가정이나 교육기관 등을 들 수 있다.
- 중간구조(mesosystems): 소구조들 사이의 관계로 전문가와 가족 관계, 전문가와 전문가 관계, 기관들끼리의 관계다.
- 외부구조(exosystems): 이웃과 지역사회 조직 등과 같은 사회적 구조들을 의미한다.
- 대구조(macrosystems): 소구조, 중간구조, 외부구조가 작용하는 문화적 · 법적 제도를 의미한다.

즉, 구조주의 접근에서의 아동발달은 이런 구조들의 상호작용의 결과를 통해 아동발달을 포괄적으로 해석 · 접근함으로써 아동의 생활환경을 개선하고, 이러한 삶의 질적 향상을 통해 아동교육을 실현하려 하는 것이다. 이러한 구조주의는 유아특수교육을 '아동중심 교육' 에서 '가족중심 교육' 으로 패러다임을 변하게 하는 중요한 역할을 하였다(최민숙, 1999).

2. 발달지체유아가 가족생활에 미치는 영향

발달지체유아의 가족에 대한 연구는 아동이 살아가는 가장 중요한 삶의 장이 원활하게 기능하면서 그 역할을 다하도록 돕기 위해 어떤 문제점이 있는지 파악하고, 그 문제점들을 제거하기 위한 체계적인 연구를 통해서 가정의 기능을 원활히 하여 아동이 보다 질적으로 높은 삶을 살아갈 수 있게 하는 데 의의가 있다.

1) 발달지체유아 가족과 스트레스

발달지체유아가 태어남으로 해서 지금까지 안정적이고 정상적인 기능을 수행했던 가정이 더 이상 정상적인 기능을 할 수 없는가? 따라서 발달지체유아 가정은 문제 가정인가? 라는 질문에 대해서 한마디로 대답하기는 어렵다. 어떤 가정은 문제 가정으로 남을 수도 있고 어떤 가정은 문제 가정이 아닐 수도 있기 때문이다. 여기에는 여러 가지 변인들이 작용하기 때문에 일률적으로 발달지체유아 가정=문제 가정이라는 도식을 성립시킬 수는 없다.

이한우, 강위영(1999) 등의 연구를 살펴보면 장애아동 부모가 일반아동 부모에 비해서 스트레스가 더 높다고 하였다. 장애아동 가족의 스트레스가 일반아동 가족에 비해서 더 높다고 하여 가족 기능에 문제가 있다고 일률적으로 말할 수는 없으나 많은 연구들이 장애인 가족의 스트레스 상황을 보고하고 있다.

발달지체유아가 태어났다고 하는 사실은 가정의 안정된 기능을 저해시킬 수 있는 사건이며, 이 사건은 가정의 기능을 위협하는 여러 가지 스트레스 요인을 증가시킨다고 할 수 있다. 이 스트레스 요인은 크게 두 가지로 대별해 볼 수 있다.

첫째는 발달지체유아를 돌보아야 하는 현실적 문제다. 즉, 매일 매일 수행해야 하는 아동의 식사, 세수, 목욕, 놀이 등의 어려움, 아동의 문제 행동, 밤에 잠을 잘 못자는 것, 잦은 질병 등이다.

둘째는 심리적 문제다. 발달지체아동의 모습을 받아들일 수 없는 문제, 그럼에도 불구하고 매일 매일 마주하고 생활해야 한다는 어려움, "지금 이 모습의 너를 받아들일 수 없다."라고 느끼며 부모들은 참을 수 없는 심리적 갈등을 겪는다. 더욱이 아동이 발달의 진전을 보이면 부모들은 위로를 받을 수 있겠으나, 실제로는 그렇지 않다. "마치 바다 한가운데 물 한 그릇을 붓는 것처럼 우리 아이는 아무런 진전이 없다."라고 말한 어떤 부모의 말처럼 아동의 더딘 발육은 부모를 더 견디기 어렵게 만든다.

이러한 두 가지 측면의 어려움은 지금까지 별 문제가 없던 가정에 문제를 일으킬 수 있다. 즉, 지나친 가사 부담과 양육 부담, 정서적인 문제는 지금까지 큰 문제가 없던 부부 사이에 갈등을 야기시킬 수 있으며, 그 영향은 형제자매에게까지 파급되어 가족 전체가 큰 스트레스에 시달리며 원활한 기능을 수행하기가 어려울 수 있다.

2) 발달지체유아 가족의 유형과 태도

가족은 여러 유형으로 나눌 수 있으며, 가족의 유형에 따라 장애아동에 대한 태도와 반응이 크게 달라진다. 프리드리히(Friedrich et al., 1992)는 가족을 다음과 같이 크게 4가지 유형으로 나누어 설명하였다.

(1) 사회적-정서적으로 안정된 가족

사회적-정서적으로 안정된 가족은 가족들 간에 서로 열린 의사소통과 유연성을 가짐으로써 행복한 가정 분위기를 만든다. 모든 가족구성원은 가족으로서 각자의 위치를 갖고 있으며, 동시에 개인적인 활동 공간이 허용되어 있다. 이러한 가정은 장애를 인생에서 해결하여야 하는 위험으로 인식하고 이에 따른 요구에 대처해 나간다. 그럼에도 불구하고 자기 자신의 한계를 인정해서 남의 도움을 받아들이며 자기 자신을 과신하여 혹사하지 않는다. 이러한 가정은 자기의 가정이 만약 장애아동이 태어나지 않았다 하더라도 똑같이 기능했을 것이라 간주한다. 장애아동이 태어난 것은 불행한 일이지만 장애아동은 자기가 스스로 계획한 대로 자기의 인생을 살아갈 것이라 기대한다.

(2) 성취욕에 사로잡힌 가족

성취욕에 사로잡힌 가족은 그 가족의 긍정적인 자아상에 큰 손상을 받은 가족이다. 이러한 가정의 긍정적인 자아상은 자랑스럽게 생각하는 일을 성취했을 때에만 이루어질 수 있다. 이러한 가족은 발달지체아동이 탄생함으로써 손상된 가족의 위상을 보상하기 위하여 최대의 노력을 한다. 장애를 치료할 수 있다고 믿으며, 장애아동에 대한 치료와 교육에 열중하는 가족이다. 따라서 이러한 가족은 장애아동이 태어나면서부터 자존심이 손상되고 굉장한 쇼크를 받는다. 그러므로 장애아동을 은폐하는 데 많은 정력을 소비하며 장애를 부인한다. 한편으로는 손상된 명예를 회복하려고 애쓰고 한편으로는 슬픔이나 장애아동과 관련된 감정을 부인하려 애쓴다.

(3) 보호와 안전에 치중하는 가족

보호와 안전에 치중하는 가족은 확장적인 사고를 하지 못하고 매일 매일 해결해야 하는 개인적인 부담에 치중해서 생활하는 가족이다. 매일 매일 겪어야 하는 장애아동과 연관된 문제를 해결하기에 급급하며, 가족 간의 밀착을 유지하고 보호하기에 급급하여 이것을 상실할까 봐 극도의 불안감을 갖고 있다. 가족은 자신의 정신적 힘을 생각하고 걱정하며 겁내는 데 소모한다. 일정 기간은 이러한 상황을 견딜 수 있겠으나 얼마나 견딜 수 있는가는 의문이다.

(4) 고통과 슬픔 속에 있는 가족

고통과 슬픔 속에 있는 가족의 어머니는 모든 가족에게 고통과 슬픔을 전달해 준다. 어머니는 장애아동에 대해서 기계처럼 의무를 다한다. 이러한 어머니는 아동에 대해서 적대적이지는 않으나, 그렇다고 따듯한 마음을 갖고 있지도 않다.

3) 발달지체유아가 부모에게 미치는 영향

부모는 여러 가지 문제를 가지고 있다. 그러나 대부분의 연구가 어머니에 관한 것이고 아버지에 관한 연구는 극히 일부에 불과하다. 일반적으로 사회적인 역할분담 때문에 아버지는 어머니보다 아동 양육에 전적으로 참여하지 않으므로 어머니보다는 아버지가 사회적-심리적 어려움에서 타격을 덜 받는 것으로 알려져 있다. 그러나 힌제(Hinze, 1991)의 연구에 따르면, 정신지체아동을 둔 어머니와 아버지는 똑같이 아동의 장애로 말미암아 정신적 타격을 받았으며, 이를 극복하기 위해서 노력하고 있었다. 또한 김일수(2000)의 논문에서도 아버지와 어머니의 스트레스를 비교해 본 결과 아버지와 어머니의 스트레스의 양의 차이는 어머니가 조금 더 높게 나타났으나, 통계적으로는 유의미한 차이가 없었다. 이는 아버지가 어머니보다는 양육에서 덜 관련되었어도 발달지체아동을 둔 부모의 입장에서는 동일한 스트레스를 경험하고 있다고 할 수 있다.

(1) 현실적 문제

연구들을 종합해 보면, 부모들은 여러 가지 사회적-심리적 어려움을 겪고 있으며, 특히 대부분의 경우 이러한 어려움은 어머니가 겪는 것이 보통이다. 이들이 갖는 현실적 · 심리적인 문제를 종합해 보면 다음과 같다.

- 주양육자의 육체적 고통
- 시간 부족
- 주양육자의 고립
- 부부 관계와 전체 가족 관계의 갈등
- 장래에 대한 근심
- 여가 시간의 축소
- 아동과의 상호작용의 어려움
- 경제적 어려움
- 친교 대상(최민숙, 2001)

(2) 심리적 단계

발달지체아동의 탄생은 부모에게 깊은 상처이며 커다란 충격을 줄 수 있다. 이러한 충격은 발달지체아동을 낳았다는 죄의식과 사회로부터 받는 경멸감 등과 어우러져 부모에게 커다란 스트레스 요인으로 작용할 수 있다.

바이스게르버-조이닌넨(Weisgerber-Soininen, et. al., 1984)은 발달지체아동을 둔 94명의 어머니를 조사한 결과, 이러한 어머니의 심리적인 과정을 크게 두 단계로 나눌 수 있다고 했다. 첫 번째는 아동의 지체현상을 부정하는 단계로 부모가 최고의 스트레스 상황에 처한 단계다. 두 번째 단계는 아동을 받아들이고 아동의 교육에 전념하는 단계다.

슈하르트(Schuchardt, 1985)에 따르면, 발달지체아동의 출생으로 말미암아 부모들이 거치는 여러 심리적인 단계들이 있음을 지적했다. 대부분의 부모들은 이러한 단계를 거쳐 궁극적으로는 아동을 수용하고 아동을 위해서 자치단체들을 조직하고 이를 기점으로 적극적인 활동을 하면서 자발적으로 스스로의 문제들을 해결할 수 있게 되는 단계에 이른다. 그러나 모든 부모들이 똑같은 과정을 거쳐서 똑같은 결과들을 산출하는 것은 아니며, 여기에는 여러 가지 변수들, 즉 부모의 문제해결 방식과 성격, 부부 관계, 공식적·비공식적 지원 체계 등 다양한 변수들이 서로 상호작용한다. 또 궁극적으로 아동을 수용하며 적극적인 활동을 하는 중에도 부모들은 다시 전단계로 되돌아가 반복적인 심리적 과정을 되풀이할 수도 있다.

슈하르트가 정리한 일반적인 발달지체아동 부모의 심리 과정은 다음과 같다.

- 의혹: 명확치는 않으나 아동에게 무슨 문제가 있지 않을까 감지하며 의심하는 단계
- 확신: 아동에게 문제가 있다는 것을 인식하는 단계
- 조치: 문제가 있다는 것을 인식하며 해결책을 찾아보려고 이 병원, 저 병원 등을 찾아 헤매는 단계
- 우울증: 여러 곳을 찾아 헤매어 보았지만 만족할 만한 결과를 얻지 못하고 모든 것이 다 소용없고 의미 없음을 깨닫는 단계
- 수용: 내 아이가 장애아동인 것을 전적으로 받아들이는 단계
- 활동: 수용을 전제로 한 적극적 조치 단계
- 공동체 형성: 문제 해결을 위해 모임 결성

(3) 부적절한 부모 반응

아동의 탄생은 부모들에게 다양한 반응을 일으키게 한다. 어떤 부모들은 이에 대해 긍정적인 반응을 보이며, 어떤 부모들은 부정적인 반응을 보임으로써 아동 발달과 원활한 가족 기능을 저해하는 경우도 있다. 부정적인 부모들의 반응은 아래와 같다.

- 부정과 불신이 계속되는 경우: 의사나 전문가를 불신하고 계속적인 진단과 치료 방법을 찾는다.
- 장애의 원인을 계속적으로 찾는 경우: 원인을 찾아 누구의 잘못인지를 밝히거나, 원인을 찾으면 완치할 수 있는 치료 방법 또한 찾을 수 있다고 생각한다.
- 가정불화: 불안한 마음과 죄책감에 계속적인 가정불화를 일으킨다.
- 우울증, 열등감, 무력감
- 아동에 대한 과잉보호: 죄책감과 아동에 대한 분노의 표현으로 자녀를 과보호하거나 헌신적인 태도를 취한다.
- 무관심과 학대
- 지속적인 스트레스(한국장애인부모회, 1999)

이러한 부정적인 반응은 가족의 기능을 저해하고 부모들을 지속적인 스트레스에 시달리게 할 수 있다.

4) 발달지체유아가 비장애 형제자매에게 미치는 영향

비장애 형제자매에 대한 연구는 부모에 대한 연구에 비해서 활발하지 않으며, 일치되는 결과를 나타내고 있지 않다. 지금까지 연구들을 종합해 보면, 크게 세 가지 방향에서 연구가 이루어지고 있다고 볼 수 있다.

- 비장애 형제자매가 성장하면서 어떤 긍정적 · 부정적인 측면이 있는가? (Hackenberg, 1982; 원대영, 1994)
- 비장애 형제자매가 성장하면서 받는 부정적인 영향은 어떤 요소를 통해서 경감될 수 있는가? (Seifert, 1989; 김은주, 1993; 이인숙, 2001)
- 비장애 형제자매를 위한 교육 프로그램의 효과는 어떠한가? (전혜인, 1997; 이승희, 1998; 이영철, 김소라, 2001)

이상의 연구들의 결론은 비장애 형제자매도 부모와 마찬가지로 여러 가지 심리적인 어려움을 겪고 있으며, 이러한 어려움의 극복은 각 가정의 상황에 따라서 최소화될 수도 있고 최대화될 수도 있다는 것이다. 비장애 형제자매가 겪는 어려움과 이를 극복하기 위한 부모의 역할에 대해서 살펴보면 다음과 같다.

(1) 비장애 형제자매의 사회적-정서적 상황

비장애 형제자매의 사회적-정서적 상황은 발달지체아동의 지체 정도에 따라서 크게 영향을 받는다. 특히 중증 장애아동의 형제자매는 특별히 어려움을 가지며, 부모의 사망 후 장애 형제를 돌봐야 한다는 책임 의식을 갖고 있다.

중증 장애아동의 부모는 장애아동을 돌보고 교육시켜야 하며, 이러한 기간이 1년, 2년에 끝나는 것이 아니라 5년, 10년 또는 그 이상일 수 있다(Bach, 1993). 이러한 부모의 아동과 관련된 육체적 고통은 때때로 비장애 형제자매에게 전이되며, 그에 따른 사회적-정서적 상황은 다음과 같이 다양할 수 있다.

- 부모의 방임
- 정서적 문제
- 육체적 고통
- 부모의 교육 방법의 차이
- 놀이 시 발달지체 형제자매를 돌봐야 함
- 가족과 함께 여가 선용을 하기 어려움(최민숙, 2001)

(2) 비장애 형제자매의 태도

발달지체 형제가 있는 비장애 형제자매는 적대감과 당황이 섞인 부정적인 감정을 가질 수도 있고, 수용과 지지의 긍정적인 태도를 보일 수도 있다. 일반적으로는 비장애 형제자매는 발달지체 형제자매에 대해 부정적인 감정과 긍정적인 감정의 양면을 동시에 갖고 있다고 할 수 있다.

이러한 태도에 영향을 주는 변인은 비장애 형제의 나이, 연령 터울, 부모의 발달지체 형제에 대한 태도와 가정의 분위기 등이다. 비장애 형제의 나이가 많으면 많을수록, 연령 터울이 클수록, 부모가 발달지체 형제로 말미암아 스트레스를 적게 받고 가정의 분위기가 긍정적일 때 보다 더 긍정적인 태도를 보이는 것으로 나타났다.

자이페르트(Seifert, 1989)는 비장애 형제자매와의 인터뷰를 통해서 몇 가지 스트레스 경감 요소들을 발견했으며 그 내용은 다음과 같다.

• 가족 간의 상호작용이 원활할 때 문제발생 시 문제를 해결하기가 용이하다.
• 부모님의 인적 사항(직업, 학력, 경제적 수준 등)이 아동의 문제를 해결하는 데 영향을 미친다.
• 가족 내의 대화 방식, 즉 평상시 가족 간의 의사소통 체계가 얼마나 원활하며 얼마만큼 솔직한 대화를 주고 받았느냐가 문제해결을 용이하게 해 준다.
• 비장애 형제자매의 원만한 성장 발달을 위해서는 그만이 갖고 있는 자유 시간과 자유 공간들이 충분히 허용되어야 하며, 그 시간과 공간 안에서 발달지체 형제에 대한 죄책감이나 부모에 대한 미안한 마음 없이 충분히 즐길 수 있어야 한다.
• 가족의 주변 환경들, 예를 들면 비장애 형제자매를 이해하고 수용할 수 있는 이웃과 친구들이 있을 때 또는 발달지체 형제가 기관이나 학교에 다니고 있어서 몇 시간만이라도 다른 가족들에게 자유 공간이 허락될 때 비장애 형제자매들은 자신들의 스트레스를 보다 잘 처리할 수 있다.

발달지체 형제와 생활하는 비장애 형제자매의 원만한 성장발달을 위한 바람직한 부모의 역할은 〈표 4-1〉과 같다.

표 4-1 비장애 형제자매를 위한 바람직한 부모의 역할

• 열린 마음과 정직: 자녀의 장애에 대하여 비장애 자녀와 솔직하게 질문하고 대답할 수 있어야 한다. 장애에 대해서 터부시한다거나 헛된 희망을 갖게 해서는 안 된다.
• 모두가 소중한 아이: 장애 자녀나 비장애 자녀의 장·단점을 수용하며, 각 아동이 다르다는 사실을 지각한다.
• 양육 책임의 한계: 형제자매 중 중증 장애인이 한 사람 있다고 하면 비장애 자녀에게 요구되는 장애 자녀에 대한 보살핌의 책임 정도는 증대될 것이다. 만일 나이가 많은 비장애 자녀인 경우 그들은 자신의 자녀도 양육하여야 하고 장애 형제자매도 보살펴야 하는 과외의 부담이 따르게 된다. 따라서 비장애 자녀와 더불어 이웃, 친구, 친척들이 양육 책임에 따른 부담을 나눈다면 균형 있는 삶이 가능할 것이다.
• 휴식과 기타 지원 서비스의 활용: 휴식은 장애 자녀 때문에 힘들고 지쳐 있는 부모를 위하여 고안된 것이다. 부모의 휴식은 곧 비장애 자녀에게 보다 많은 부모의 시간을 할애할 수 있게 한다.
• 공정성: 부모는 장애 자녀에게 어떤 교수방법, 주의집중 방법을 적용하려고 할 때 항상 공정해야 한다. 장애를 가진 자녀라고 할지라도 가급적 똑같이 취급되어야 하기 때문이다. 비장애 자녀는 부모님의 행동이 공정한지, 그렇지 않은지 곧 쉽게 인식할 수 있다. 따라서 부모는 그 환경이 자녀들 모두에게 공정했는지 검토할 시간적 여유가 필요하다. 한쪽에 치우쳐 생각하는 것은 다른 한쪽에 문제를 일으키게 하는 원인이 되기 때문이다.

(계속)

- 비장애 자녀를 위한 시간 계획: 비장애 자녀는 장애 자녀로 말미암아 부모로부터 소외되기 쉽다. 따라서 비장애 자녀를 위한 시간 계획을 해야 한다.
- 비장애 자녀 나름대로 해결하도록 한다: 장애 자녀와 문제가 발생했을 때 비장애 자녀 스스로 장애 자녀와 해결하도록 한다.
- 비장애 자녀의 친구들을 집으로 자주 놀러 오게 한다.
- 비장애 자녀를 칭찬한다.
- 비장애 자녀의 이야기를 경청한다.
- 가정의 일을 결정할 때 비장애 자녀를 참여시킨다.
- 자녀들 나름대로의 능력과 기여도를 인식한다.
- 비장애 자녀를 지원할 수 있는 프로그램을 마련한다.
- 비장애 자녀의 스트레스를 인식하고 이를 감소시킬 수 있는 방안을 강구한다.
- 전문가를 통하여 비장애 자녀를 돕는다.
- 비장애 자녀에게 대인관계의 기술을 가르킨다.
- 일상적인 가족의 활동이 되도록 계획한다.
- 비장애 자녀의 질문에 이해가 될 수 있도록 대답하며, 잦은 질문에 대해서도 끝까지 대답한다.
- 비장애 자녀에게 장애 형제를 어떻게 도울 수 있는지 먼저 알아보도록 한다.
- 비장애 자녀에게 장애 형제를 도울 수 있도록 다음과 같은 전략을 가르친다.
  - 비장애 자녀로 하여금 자신의 생각을 숨김없이 이야기하도록 한다.
  - 비장애 자녀로 하여금 장애와 관련된 자료를 읽도록 한다.
  - 같은 아픔을 경험했던 다른 비장애 형제를 통하여 배우게 한다.
  - 같은 아픔을 경험하고 있는 사람들의 모임에 참여하도록 한다.
  - 부모님이 모르고 있는 사실에 대하여 자녀가 부모님을 가르칠 수 있도록 한다.
  - 장애 형제도 다른 가정의 형제보다 자기 형제를 더 좋아하고 있음을 인식한다.
  - 장애 자녀에 대하여 비장애 자녀가 복잡한 감정을 갖는 것은 지극히 당연한 일이며 인간화되는 과정임을 인식시킨다.
  - 장애 형제를 둠으로써 갖는 경험은 성숙의 촉매이기에 자부심을 갖도록 한다.
  - 필요할 때 도움을 요청하는 것을 두려워하지 않게 한다.
  - 장애 아동에 대해 친구들을 지도하게 한다.
  - 장애 아동에 대해 옹호자가 되도록 한다.
  - 부모에게 친절하도록 한다.
  - 외롭지 않음을 인식시킨다.
  - 유머를 간직하게 한다.
  - 긍정적으로 사고하게 한다.

(계속)

-나이가 들어가면 유전학에 대하여 상담하게 한다. 장애의 유전 가능성에 대해서 명확히 한다.
-장애 형제도 나름대로의 인생이 있음을 기억하게 한다.
-장애 형제는 비장애 형제가 좋은 형제가 되어 주기를 원하고 또 그렇게 되도록 한다.

출처: 한국장애인부모회(1999), 75-77.

3. 가족참여 방법

모든 가족이 같은 방법으로 동일한 정도의 가족참여를 할 수 있는 것은 아니다. 가족마다 상황이 다르기 때문에 전문가는 가족참여를 저해하는 가족변인을 참고해서 각 가족에게 합당한 가족참여 방법을 개발해야 한다. 일반적 가족참여 방법은 보조교사, 협력교사, 서신과 전화, 부모교육 등이다.

1) 가족참여를 저해하는 변인

가족이 협력자로 아동교육에 참여할 때 아동의 교육에 커다란 효과가 있으며, 이는 카이저(Kaiser, 1998) 등의 연구에서(Mahoney, Kaiser, Girolametto, MacDonald, Robinson, Safford & Spiker, 1999 재인용) 그 효과가 입증되었다.

가족중심으로의 패러다임의 변화는 아동의 교육에 가족이 참여할 것을 전제로 한다. 그러나 모든 가족이 효율적으로 아동의 교육에 참여하는 것은 아니다(Warnke, 1991). 쿠츠(Coots, 1998)의 연구에 따르면, 아래와 같은 경우 학교 활동에 부모가 효율적으로 참여하는 것으로 나타났다.

- 부모가 많은 정보를 가졌을 때
- 부모가 자신의 역할의 중요성을 인식할 때
- 부모의 사회 · 경제적 수준이 높을 때
- 참여의 가치를 알 때
- 교사가 부모의 의견을 중요시할 때

가족들은 각각 다양한 상황에 처해 있으며 협력을 잘할 수 있는 가족이 있는 반면, 여러 가지 저해 요인으로 말미암아 아동교육에 효율적으로 참여할 수 없는 가족도 있다. 효율적인 가족참여를 위해서는 각 가정의 독특한 문제 상황을 이해하여야 하며, 상황에 따른 개별화 가족지원이 실행되어야 한다. 발달지체아동 개인의 상황을 고려하지 않은 획일적이고 일방적인 가족참여는 오히려 아동교육의 효율성을 저해하고, 더 나아가 준비도 되지 않은 가족에게 아동을 떠맡기는 결과를 초래할 것이며, 이에 따라 가족의 부담은 가중될 것이다. 이러한 부담은 가족의 스트레스를 가중시켜 가족의 기능을 저하시키는 결과를 초래할 것이다. 따라서 가족참여는 각 가정의 수준에 따라서 개별적으로 시도되지 않는다면 효과적이지

표 4-2 가족참여를 저해하는 변인

가족 변인	교사 변인
• 부모의 사회 · 경제적 수준 –부모의 나이 –가족의 크기 –부모의 직업의 종류 –부모의 교육 정도 –가족 형태 –가옥의 크기와 위치 • 부모가 아동을 다루는 데 미숙할 때 • 전반적인 가족 관계의 문제 • 부모가 아동의 장애를 주관적으로 해석할 때 • 부모의 비합리적 문제해결 방법	• 과중한 과제 부담으로 부모가 시간적으로 지나치게 구속당할 때 부모는 비협조적일 수 있다. • 아동교육에서 부모의 요구와 목표를 사전에 고려하지 않고 부모에게 과제를 부과했을 때 부모는 비협조적일 수 있다. • 부모에게 부과된 과제가 부모의 능력 이상의 것이어서 그로 말미암아 부모가 아동을 교육할 때 실패를 경험하고 이 때문에 무능력감을 느끼는 부모는 비협조적일 수 있다. • 부모를 비난할 때, 예를 들면 아동과의 상호작용의 문제점을 지나치게 지적하여 부모를 비난할 때 부모는 비협조적일 수 있다. • 교사가 부모와 자주 또는 규칙적으로 상호작용을 해야 하나 그렇지 못했을 때 부모는 비협조적일 수 있다. • 아동의 장애가 심하거나 상호작용이 지나치게 어려운 아동으로 교육의 효과가 적을 때 부모는 비협조적일 수 있다. • 아동의 치료 기관이 너무 멀어서 부모만 매일 아동교육을 담당하고 전문가와의 접촉이 어려울 때 부모는 비협조적일 수 있다.

출처: 최민숙(1999), 가족중심 유아특수교육의 태동과 가족참여의 효율성을 저해시키는 변인, **특수교육연구 제6집**, 3–14.

못하며, 가족참여가 강조될 때는 가족지원도 함께 이루어져야 한다.

발달지체아동 가족을 위한 지원은 크게 공식적 지원과 비공식적 지원으로 나누어 볼 수 있다. 즉, 지역사회가 발달지체아동 가족에 대해 얼마만큼 이해하고 있는가? 친척, 친구, 이웃들이 발달지체아동 가족을 다른 가족과 마찬가지로 편견 없이 얼마나 완전한 가족이라고 생각하는가? 또한 같은 문제를 가진 부모 모임들이 얼마나 활성화되어 심리적인 공동체를 형성하고 있으며, 때때로 필요한 실질적인 지원들을 할 수 있는가? 또 국가는 특수교육에 대해 얼마나 공적 책무성을 자각하며 다양한 공식적 지원을 제공하고 있는가? 이러한 가족에 대한 공식적, 비공식적 지원들이 다양해지고 활성화된다면 가족참여는 효율적으로 운영될 것이다.

2) 가족참여와 유아특수교사의 역할 변화

유아특수교육 패러다임의 변화는 유아특수교육에서 교사의 역할에도 변화를 가져왔다. 효율적인 가족참여를 위해서 전문가는 아동교육에 부가적으로 각 가정에 대한 서비스도 지원해 주어야 한다.

아동중심 접근에서의 교사의 역할은 아동과 관련된 분야에만 교사로서의 전문지식이 필요하였으나, 가족중심 접근은 교사의 역할이 아동과 가족으로 더 확대되었다.

실제로 유아특수교육의 분야에서 일하는 교사는 자신의 업무시간에서 25%를 가족에게 할애하고 있다(Peterander & Speck, 1993). 이와 같은 연구는 주로 외국에서 행해진 것이며, 우리나라의 현실과는 많은 차이가 있을 수 있다. 발달지체아동의 교육에서 가족의 참여가 서구에서는 이미 최상의 실제로 받아들여지고 있으나, 우리나라에서는 아직도 교사들의 시각이 가족중심보다는 아동중심에 맞추어져 있다고 할 수 있다. 가족이 보조교사나 협력교사로 다양하게 활용되기보다는 부모의 역할을 증진시키기 위한 방법으로 교육현장에서는 가족참여가 부분적으로 실행되고 있으며, 그 형태 또한 제한적으로 운영되고 있다(김은주, 1999). 현장에서의 가족참여는 부모 참여로 제한되어 있으며, 형제자매의 참여는 실시되지 못하고 있다. 부모 참여 또한 부모의 역할이나 아동의 이해를 위한 강의나 수업참관(정정진, 1995), 개별 상담이나 강연회(석재은, 1993)를 중심으로 하는 부모 교육이 실시되고 있을 뿐 교사들은 아직까지도 '아동중심' 접근을 교사의 유일한 책무로 간주하며, '가족중심' 적 접근에 대해서는 전문 지식이 부족하고 또 이러한 가족중심의 접근이 교사의 임무의 일부라는 의식이 부족하다.

표 4-3 교사의 역할 변화

아동중심 접근에서의 교사의 역할	가족중심 접근에서의 교사의 역할
• 비장애 아동과 장애아동의 발달 특성에 대한 지식 • 장애아동의 장애 특성에 대한 지식 • 장애아동을 진단할 수 있는 능력 • 진단 결과에 따라서 프로그램을 작성할 수 있는 능력	• 가족중심 서비스의 원리에 관한 지식 • 가족중심 원리를 실제에 적용 • 가족중심 서비스 전달 지원정책과 정책의 수행 실제 확인 • 부모들이 자녀의 강점과 요구를 기술하는 데 필요한 지식, 기술, 자신감의 획득 증진 • 부모들이 자녀와 가족의 목표를 찾아내고 수행하기 위해 필요한 지식, 기술, 자신감 획득 증진 • 부모 및 기타 전문가들로 구성된 팀과 협력하여 다학문적 서비스 전달 조정 • 아동의 특성, 진단적 관심, 가족의 요구 우선순위, 정보 요구 사항 등을 포함한 조기 중재 계획 설계 • 가족이 전문가와 가족구성원 간의 상호작용에 미치는 영향의 이해 • 지원받은 것이 얼마나 실제 상황에 도움이 됐는지 부모가 인식할 수 있는 인식 수준의 향상 • 직계가족과 방계가족 구성원과 친구들의 지각이 가족에 미치는 영향 인식 • 상황에 따라 가족과 함께 활동할 때 전문가의 역할을 규정하거나 재규정 • 상황에 따라 가족이 참여하는 다양한 수준과 역할 인식 • 특별한 요구를 지닌 유아가족이 일반적으로 접하는 교육체계 이상의 체계에 관한 지식 • 부모가 전문가를 어떻게 인식하고 있는지에 대한 지식 • 가족 개개인의 대처 스타일과 상황에 기초한 지원의 규정 및 재규정

출처: Capone & Divenere(1996), 김은주(1999), 18 재인용.

3) 가족참여의 효율적 운영을 위한 유아특수교사의 태도

가족참여가 효율적으로 이루어지기 위해서는 교사의 역할이 중요하다. 교사는 현장에서 여러 유형의 가족을 만나게 되며, 이러한 여러 유형의 가족과 협조하기 위해서 다음과 같은 점에 유의하여야 한다.

- 가족의 참여는 부모의 동의하에 이루어져야 하며, 가족에 대한 교육은 아동 교육의 일부분으로 보아야 한다.
- 가족에 대한 교육은 무능한 가족을 능력 있는 가족으로 변화시키려는 노력이 아니라 가족과 협조한다는 의미다.
- 가족참여의 형태와 내용 그리고 참여 정도는 각각의 가족 상황에 적합한 것이어야 한다.
- 아동의 교육과정에 대해 가족의 동의를 구해야 한다.
- 부모교육과 부모에게 부여되는 과제는 부모의 능력에 맞는 것이어야 하며, 아동교육에 관한 구체적인 내용은 전문적인 용어를 사용한 학문적인 내용보다는 실제적인 지침이 주어져야 할 뿐 아니라 이것을 통해서 부모가 아동교육에 대한 확신을 가질 수 있어야 한다. 특히 부모를 비난하는 것은 삼가야 하며, 부모와의 접촉을 주기적으로 자주 가져야 한다.
- 부모의 개인적인 문제에 관한 상담은 충분한 시간을 할애해야 한다.
- 가족에게 도움을 주고자 할 때는 그 가정의 일상사를 충분히 고려하여 시행한다.
- 가족이 도움을 원할 때는 언제나 도움을 받을 수 있는 지원 체계가 마련되어 있어야 한다(Warnke, 1991).

4) 가족참여 유형

교사는 가족이 아동교육에 효율적으로 참여할 수 있도록 유도하여야 하며, 가족이 참여할 수 있는 가족참여의 형태를 개발하여야 한다. 가족은 아동교육에 여러 가지 다양한 방법으로 참여할 수 있다. 아래의 표는 김경숙, 최민숙, 진현자

(2001)의 연구로 가족참여에 대한 교사와 부모의 요구도를 조사한 것이다. 이 연구에서 부모가 원하는 부모 참여의 유형은 수업 참여나 개별 상담인 것에 비해, 교사가 원하는 부모참여 유형은 가정 통신문이나 집단 상담이었음이 나타났다. 이는 부모는 개별적인 접촉이나 적극적인 수업 참여를 원하고 있는 반면, 교사는 부모와의 개별적인 접촉을 원하고 있지 않다고 볼 수 있다.

표 4-4 가족참여에 대한 교사와 부모의 요구

구 분	양 식	부모(n= 116)	교사(n=97)
		빈도(%)	빈도(%)
수업 활동	수업 참여	66(20.4)	23(8.7)
	참 관	17(5.4)	12(4.5)
	아동 관찰	36(11.1)	7(2.6)
	소 계	119(36.9)	42(15.8)
상 담	개별 상담	44(13.6)	21(7.9)
	집단 상담	15(4.6)	42(15.8)
	소 계	59(18.2)	63(23.7)
강연회	강 의	40(12.4)	39(14.7)
	워크숍	27(8.3)	36(13.5)
	토론회	26(8.0)	11(4.1)
	성공 사례 발표회	35(10.8)	1(0.4)
	소 계	128(39.5)	87(32.7)
기 타	가정 통신문	8(2.5)	60(22.5)
	가정 방문	8(2.5)	14(5.3)
	소 계	16(5.0)	74(27.8)
총 계		324(100)	266(100)

(1) 보조교사

학교 현장에서 가족이 보조교사로 할 수 있는 일은 크게 5가지로 나누어 볼 수 있다(한국행동과학연구소, 1983).

• 간식 준비와 간식 시간의 소집단 지도를 한다.

• 놀이 시간의 놀이 지도다. 특히 자유 놀이 시간에 교사의 시선이 미치지 못하는 곳에서 아동을 보호하거나 아동의 요구를 들어준다.

• 소집단 학습의 보조자로 역할한다. 소집단을 이루어 학습할 때 교사는 주된 활동을 하고 부모는 소집단에서 학습을 돌본다.

• 환경 정리와 교재를 제작한다.

• 부분적으로 프로그램에 참여한다. 동화, 노래 지도, 게임 혹은 학습 활동 등을 돌본다.

(2) 서신 참여

서신을 통한 부모와 교사의 의사소통은 부모나 교사 입장에서 가장 손쉽고 효과적인 참여 방법이다. 서신을 통한 의사소통 방법은 크게 두 가지로 나눌 수 있다.

• 간단한 하루의 전체 평가　매일 매일 간단하게 그날 아동의 하루에 대한 전체 평가나 사전에 부모와 합의된 특별한 행동에 대해서 서신을 통해 보고하는 방법이다. 아동의 하루에 대한 전체 평가를 위해서는 아동의 알림장에 간략하게 웃는 얼굴이나 찡그리는 얼굴로 표시할 수 있고, 부모와 사전에 상의해서 결정할 수 있다.

부모와 의논할 때는 다음과 같은 사항을 참고하여야 한다.

– 무엇이 평가될 것인가?

– 사용하는 평가는 어떠한 기준에 따라서 이루어질 것인가?

– 이러한 서신을 부모에게 어떻게 전달할 것인가? 전달된 서신을 서명하여 되돌려보낼 것인가? 만약에 아동이 서신을 가져오지 않았을 경우 부모가 교사에게 전화를 할 것인가? 아동이 서신을 전달하지 않았다면 아동에게 이에 대한 책임을 어떻게 물을 것인가? 매일 매일의 아동의 수행평가에 따라 아동은 어떠한 보상을 받을 것인가?

- 주기적 수행평가 일년에 3~4차례에 걸쳐서 아동의 수행평가를 할 수 있으며, 첫 번째 부모모임 시 부모에게 수행평가 내용과 수행평가 방법을 자세히 설명해 준다. 수행평가의 형식은 교사가 글로써 아동의 수행 능력을 자세히 쓸 수도 있고 어떠한 형식을 만들어 간략하게 점수화할 수도 있다. 중증의 지적 장애인 경우 수행평가 시 학업과 관련된 내용보다는 자조기술과 관련된 내용을 평가하는 것이 실용적이다.

(3) 전화 참여

부모와의 지속적인 전화 접촉은 아동의 학교 수행 능력에 중요한 영향을 미친다. 그러나 부정적인 전화 접촉은 교사와 학교에 대해 부모와 아동에게 부정적인 영향을 미친다. 부모와 전화 접촉을 할 때 교사는 세심한 주의를 기울여야 한다. 전화 접촉은 부모로 하여금 학교 행사나 모임의 참여율을 높이며 또한 아동에 대해서도 의사소통을 할 수 있는 좋은 수단이기는 하나, 무리한 전화 접촉을 하여 여러 가지 스트레스 상황에 처해 있는 부모에게 더 많은 스트레스를 주어서는 안 된다. 주기적으로 전화 접촉을 하여 접촉한 내용을 기록화한다면 주기적인 아동의 수행평가지에 보충 자료로 사용될 수도 있다.

일부 아동들의 부모들은 학교에 가는 것을 꺼려 하는데, 이러한 부모에게 전화 접촉은 유익한 의사소통 수단이 될 수 있다. 그러나 학교로부터 오는 전화는 부모를 놀라게 할 수 있으므로 전화를 걸 때 교사는 다음과 같은 몇 가지 주의 사항을 준수하여야 한다.

- 부모에게 경어를 사용하며 공손하고 예의 바르게 대화한다.
- 목소리가 지나치게 크지 않아야 하며 차분하게 이야기하여 부모를 안심시킨다.
- 전화를 건 목적이 아동의 문제 행동이었다면 처음부터 문제 행동을 거론하지 말고 우선 아동의 긍정적인 측면부터 이야기한 후, 문제 행동에 대해서 조심스럽게 언급한다. 이러한 방법은 부모의 불안을 감소시킬 수 있다. 대화하는 형태도 교사가 전달하고자 하는 내용을 부모가 이해할 수 있도록 공손하게 이야기한다. 부모들은 보통 자기 자녀에 대해서 긍정적으로 이야기하며 친절한 사람의 말을 좀 더 거부감 없이 받아들일 수 있다.

• 부모의 교육 수준을 고려해서 지나친 전공 용어 사용을 피하고 부모가 이해할 수 있는 내용으로 전달한다. 부모가 익숙하지 못한 교육 용어를 이해하지 못했을 경우 다시 한 번 잘 설명해 준다(Marion, 1979).

(4) 부모 교육에 참여

부모 교육의 목적은 부모로 하여금 올바른 자녀 양육 방법을 익히고, 지금 현재 부모가 행하고 있는 자녀 양육의 방법의 문제점을 수정하여 그들의 역할을 다하게 하기 위해서다. 또한 부모로 하여금 자기 자신의 욕구를 충족시킬 수 있는 가능성을 탐색함으로써 스스로 자신을 도울 수 있는 능력을 함양하는 데 있다.

• **부모 교육의 운영 계획** 부모 교육을 실시하고자 할 때는 몇 가지의 기본 원리와 세부 지침을 수립한 후에 연간 계획을 구상하여 실시하는 것이 바람직하다. 부모 교육의 운영을 위한 기본 원리는 다음과 같다.

- 부모 교육은 교육기관의 전체 프로그램의 운영 계획과 연관하여 계획한다.
- 부모 교육의 내용, 방법, 시기, 일정 등은 교육기관과 지역사회의 제반 사정을 충분히 고려하여 계획한다.
- 부모 교육은 부모들의 직업, 학력, 생활 수준, 시간적 여유 등을 고려하여 실시한다.
- 부모 교육은 부모참여를 증진할 수 있도록 부모의 요구를 기초로 실시한다.
- 부모 교육은 실천 가능한 구체적이고도 쉬운 일부터 시작하여 점차적으로 활동의 폭을 확대해 나가도록 계획한다.
- 부모 교육의 활동을 부모들의 가정생활에 피해를 주거나 경제적인 부담을 주지 않는 범위 내에서 계획한다.
- 부모 교육을 위한 장·단기 목표를 설정하고 그에 따라 구체적인 실천 방안을 항목화하여 단계적으로 추진한다(이은화, 김영옥, 1999).

• **부모 교육의 내용과 운영에 대한 부모의 요구** 부모 교육이 효율적으로 운영되기 위해서는 구체적으로 부모들에게 유용한 교육내용이 무엇이며, 이러한 교육

내용을 어떠한 방법으로 운영할 것인지에 대한 조사가 필요하다. 연구들에 따르면, 부모들은 부모 교육에 대해서 만족하지 못하고 있는 것으로 나타났다(석재은, 1993; 이미자, 2001). 이는 부모 교육이 부모들의 요구를 잘 반영하지 못했기 때문으로 생각된다. 부모 교육을 계획하고 운영하는 것은 전문가들이며, 부모 교육의 내용은 전문가들의 입장에서 부모에게 유용하다고 생각하는 내용을 선택한 것이다. 그러나 이러한 내용들이 부모의 입장에서 정말 유용한 내용이었는지, 부모들이 부모교육을 통해서 얻고 싶었던 내용을 충분히 얻었는지 알 수 없다.

〈표 4-5〉는 김경숙, 최민숙, 진현자(2001)가 연구한 부모가 원하는 부모 교육의 내용이다. 부모가 가장 원하는 부모 교육의 내용은 자녀 지도에 필요한 지식 및 기술 전달로 아동관련 요구가 가장 중요한 부모의 관심사였다.

부모들이 선호하는 부모 교육의 강사는 치료 교사였다. 부모들은 아직도 아동의 장애를 치료의 대상으로 보고 있으며, 이에 대한 결과로 부모 교육의 내용 또한 아동의 교육과 치료에 대한 내용을 선호하고 포괄적 의미에서의 가족 기능이나 부모참여 방법에 대한 교육내용에 대해서는 낮은 선호도를 보이는 것이다.

아직도 우리나라는 부모와 교사 모두 '아동중심 교육'의 접근에서 탈피하고 있지 못한 실정으로 우리나라의 실정에 맞는 가족참여의 유형을 계발하고 그 효용성을 부각시킬 필요성이 절실히 요구된다.

표 4-5 부모가 원하는 부모교육 내용

내 용	부모(n= 116)
	빈도(%)
자녀지도에 필요한 지식 및 기술전달	79(68)
자녀에 대한 정보제공	41(35)
부모들이 느끼는 어려움에 관한 상담 및 자문	39(33)
교육 프로그램에 부모참여 방안에 관한 교육	31(27)
가족기능의 활성화 강화	12(10)
타인에게 자녀에 대하여 설명할 수 있는 도움제공	7(6)

참고문헌

김경숙, 최민숙, 진현자(2001). 유아특수교육기관의 부모참여 프로그램 운영에 대한 부모와 교사의 요구조사. 특수교육학연구, 제36권 제3호, 77-94.

김은주(1993). 일반형제의 장애형제에 대한 태도에 영향을 미치는 변인연구. 미간행석사학위논문, 이화여자대학교 대학원.

김은주(1999). 가족중심 유아특수교육 운영을 위한 특수교사의 역할과 임무. 특수교육연구, 제6집, 15-33.

김일수(2000). 장애유아 부모의 양육 스트레스와 적응에 관한 연구. 미간행석사학위논문, 우석대학교 교육대학원.

김정휘(1994). 정신지체아교육의 원리와 실제. 서울: 교육과학사.

석재은(1993). 장애아동 부모교육프로그램 내용구성을 위한 부모들의 욕구조사. 미간행석사학위논문, 이화여자대학교.

신현기 외(2000). 특수교육의 이해. 서울: 교육과학사.

원대영(1994). 정신지체아에 의한 형제자매의 부담감에 대한 조사연구. 중앙의학, 59(7), 561-568.

이미자(2001). 부모교육 프로그램 운영을 위한 장애유아어머니의 요구. 미간행석사학위논문, 우석대학교 교육대학원.

이영철, 김소라(2001). 형제.자매의 환경중심 언어중재 효과. 특수교육학연구, 제36권 제3호, 55-76.

이은화, 김영옥(1999). 유아를 위한 부모교육. 서울: 동문사.

이인숙(2001). 장애형제에 대한 비장애형제의 태도. 미간행석사학위논문, 우석대학교 교육대학원.

이승희(1998). 비장애형제에 대한 사회적 상호작용 전략중재가 형제간 사회적 상호작용에 미치는 영향. 미간행석사학위논문, 이화여자대학교 대학원.

이한우, 강위영(1999). 발달장애아동과 일반아동부모의 양육태도 및 스트레스 비교연구. 특수교육학회 추계학술대회자료집.

정정진(1995). 조기특수교육기관운영의 활성화방안. 특수교육논총, 12.

전혜인(1997). 장애아동의 비장애형제를 위한 형제지원프로그램이 비장애형제의 장애형제를 대하는 행동과 자아개념에 미치는 영향. 미간행석사학위논문, 이화여자대학교 대학원.

최민숙(1999). 가족중심 유아특수교육의 태동과 가족참여의 효율성을 저해시키는 변인. 특수교육연구, 제6집, 3-14.

최민숙(2001). 장애아동교육을 위한 가족참여와 지원. 서울: 학지사.

한국장애인부모회(1999). 2000년 장애인 부모교육자료집.

한국행동과학연구소 편(1983). 부모교육. 문교부.

홍성희(2000). 사각장애아부모의 부모교육운영실태와 요구. 미간행석사학위논문, 우석대학교 교육대학원.

Atkins, D. (1987). Siblings of the Hearing Impaired: Perspectives for Parents. *Volta Review, 89* (5). 32-45.

Bach, H. (1993). *Geistigbehinderten Paedagogik*. Berlin.

Bailey, D., & Wolery, M. (1992). *Teaching Infants and Preschoolers with Disabilities*. Ohio.

Bronfenbrenner, U. (1981). *Die Oekologie der menschlichen Entwicklung*. Stuttgart.

Coots, J. (1998). Family Resources and Parent Participation in Schooling Activities for their Children with developmental Delays. *The Journal of special Education, 31(4)*, 498-520.

Fridrich, H., Spoerri, O., & Stemann-Acheampong, S. (1992). *Missbildung und Familiendynamik*. Goettingen.

Jansen, F., & Streit, U. (1992). *Eltern als Therapeuten*. Springer.

Hackenberg, W. (1982). Das behinderte Kind als Belastung und Chance fuer seine Geschwister. *Geistige Behinderung 2*, 87-96.

Hinze, D. (1990). *Vaeter und Muetter behinderter Kinder*. Heidelberg.

Mahoney, G., Kaiser, A., & Girolametto, L. (1999). Parent Education in Early Intervention. *Topics in Early Childhood Special Education, 19* (3), 131-140.

Marion, R. (1979). Minority parent involvement in the IEP process: A systematic model approach. *Focus on Exceptional Childre,10* (8), 1-15.

Oerter, R. (1989). Fruekindliche Entwicklung aus Oekologischer Sicht. *Fruefoerderung interdisziplinaere, 8*, 71-82.

Peterander, F., & Speck, O. (1993). Abschlussbericht zum Forschungsprojekt "Strukturelle und inhaltliche Bedingungen der Fruehfoerderung". Ludwig-

Maximilians Universitaet Muenchen.

Seifert, D. (1989). *Geschwister in Familien mit geistig Behinderten Kindern*. Bad Heilbrunn/ obb.

Speck, O., & Warnke, A. (1983). *Fruefoerderung mit den Eltern*. Muenchen und Basel.

Turnbull, A., & Turnbull, H. (1996). *Families, Professionals, and Exceptionality*. New Jersey.

Weisgerber–Soininen, U., Haack, J., Rauh, H. (1984). Eltern mit entwicklungsverzoegerten Kleinkindern. *Geistiger Behinderung, 4*, 254–259.

Warnke, A. (1991). Familien in der Fruefoerderung psychodynamischer Aspekte. *Familien orientierte Fruehfoerderung*. Muenchen und Basel.

chapter

05 통합교육

본 내용에서 저자가 언급하는 통합교육은 일반유아교육 현장에 발달지체 유아가 배치되기만 한 것이나, 일반유아교육 현장에서 특수교육 대상인 발달지체 유아에게 특수교육을 제공하는 것만을 의미하지 않는다. 통합교육은 모든 유아의 발달을 위하여 이루어지며 모든 유아가 그 교육 대상이 된다. 따라서 통합교육을 위한 실제 수업은 발달지체유아와 정상발달유아가 '하나의 교육활동' 속에서 함께 활동하고 배우면서 각자가 가진 교육적 욕구를 해결하고 개별 유아가 가지고 있는 최상의 발달과업을 충실히 달성할 수 있도록 하는 교육내용과 교육 방법의 실행을 담아야 한다.

본 장에서는 통합교육이 왜 유아들에게 중요한가를 21세기 유아교육과 연결시켜 알아보고, 우리나라에서의 통합교육에 관한 법적 근거, 통합교육의 개념과 그 안에 있는 장애의 의미, 통합교육의 실천을 위한 운영 원리, 통합교육을 위한 교수-학습 및 교육과정 운영, 통합교육을 위한 행정 지원, 통합교육의 성공적인 운영을 위한 점검 사항 등을 언급한다.

1. 21세기 유아교육과 통합교육

통합교육의 당위성은 21세기의 시대정신인 포스트모더니즘이 추구하는 창의적이고 협력하는 인간(김정권, 2003)을 키워 내는 측면과 관련이 있다고 하겠다. 즉, 포스트모더니즘이 인본주의에 근거하고 열린사회를 지향함과 아울러 창의력을 강조(김규수, 2001, 167 재인용)하는 것이 교육이 가지는 시대적 이념이라는 것이다(김성애, 2008a, 33). 이 시대는 지식과 정보의 사회요, 세계가 '하나의 생활장'을 이루는 가운데, 사회 구성원들은 저마다 자기 정체성 안에서 개성을 추구하고 개인 간의 다양성을 경험하도록 하는 다문화적 특징을 가진다(김영옥, 2007; 장인실, 2006). 사회 구성원의 개성 추구를 충족시킨다는 차원에서, 전통적으로 내려오는 보편 지향적인 지식은 이제 새로운 내용을 창조하는 지식에게 그 자리를 내어 주게 된다. 즉, 지금의 교육은 저마다의 개성과 경험에서 나오는 지식을 다양하게 재구성하여 모두가 새로운 전문가임을 내세우도록 허용(김성애, 임성민, 2006)해야 하며, 이를 통해 모든 유아는 창의적이고 협력하는 인간으로 성장할 수 있다. "개인이 구성한 사고가 자기와 다른 내용의 사고를 만나서 기존의 사고의 폭을 넓히거나 재해석하게 하거나 새로운 사고로 다시 구성하게 함으로써 사고의 창의성과 융통성이 함양될 것이기 때문이다. 창의성과 상상력이 풍부한 인간, 그것을 위해 타인의 인식을 존중하고 그것을 융통성 있게 수용하는 인간, 서로 다른 인식의 가치를 알고 상호 협력하는 인간을 육성하는 것이 바로 교육이다(김성애, 2007c, 57)."

창의성은 동질의 인식이 아니라 이질적 인식의 공존을 필요로 한다. 즉, 지식의 객관적인 측면보다는 서로 다른 인식이 함께하는 지식의 주관적 측면을 존중하고 고려함으로써 창의적인 인식을 만들어 낸다. 발달지체유아가 만들어 내는 인식은 정상발달유아에 비해 매우 이질적이다. 이들의 인식은 정상발달하는 대다수 유아의 그것과 상당히 다르다. 교육이 발달지체유아가 만들어 낸 인식의 가치를 어떻게 평가하느냐에 따라 유아의 창의적 사고 발달 형성에 작용하는 것이 달라진다(김성애, 2007c). 발달지체유아의 인식은 마투라나와 바렐라(Maturana & Varella, 1987)가 인간을 "스스로 창조하는 자(autopoietische Mensch)"로 칭한 것처럼 '매우 개성적이면서 온전한 것'으로 인정되어야 하며, 교사는 그것을 위해 노력해야 한다.

유아들은 함께 활동하는 가운데 다른 사람과 자기를 구별하여 알아 간다. 그들은 서로 상호작용하면서 각자의 받은 경험을 자신의 세계 속으로 내면화하고 발달해 간다. 통합교육은 개별 유아에게 다양한 인식을 하는 인적 환경과의 보다 긴밀한 상호작용을 할 수 있도록 기회를 제공하여 그들이 가질 경험의 폭을 넓히고 발달을 촉진시킨다는 면에서 매우 중요한 교육 환경적 의미를 가진다.

2. 우리나라 통합교육의 법적 근거

미국에서 1970년대 중반부터 현재까지 이어져 오고 있는 통합교육의 대표적인 법적 근거로는 PL 94-142, IDEA, PL 99-457, PL 102-119, ADA(American Disabilities Act) 등이 있다(Falvy, 1995; Honig, 1997; Diamond et al., 1997). IDEA는 PL 94-142(1975: Education for All Handicapped Children Act)를 모법으로 하여 2004년

(IDEA, PL 108-446) 개정에 이르렀다(Turnbull et al., 2006). IDEA는 PL 94-142의 6대 원리를 그대로 가져오면서 모든 장애아들에게 교육 기회를 부여하며(Zero Reject) 무상의 적절한 공교육(FAPE: Free Appropriate Public Education)을 제공하기 위해 정당한 평가(Non-Discriminatory Evaluation)를 실시하고 장애인들이 최대한 비제한적인 환경(Least Restrictive Environment)에서 교육을 받고 부모의 적극적인 참여(Parent Participation)와 정당한 절차에 따른 권리(Procedural Due Process)를 보장하는 법적 근거를 만들었다(Turnbull et al., 2006). 이러한 법적 근거들은 발달지체유아들에게 가장 자연스러운 일반 교육환경에서 무상으로 개별적인 욕구에 맞게 적절한 공교육을 제공하도록 하고 있다.

우리나라의 통합교육에 관한 근거는 헌법, 교육기본법 제4조(교육의 기회균등), 초 · 중등교육법 제59조(통합교육), 장애인 · 노인 · 임산부 등의 편의증진보장에 관한 법률 제3조(편의시설 설치의 기본원칙), 장애인차별금지 및 권리구제 등에 관한 법률 제14조(정당한 편의제공 의무), 유아교육법 제15조(특수학교 등), 2007년 5월에 제정 · 공포된 장애인 등에 대한 특수교육법(이하 '특수교육법' 이라 칭함) 관련조항 등에서 찾을 수 있다.

새로 제정된 특수교육법은 통합교육과 관련하여 많은 조항을 가지고 있으나 본 절에서는 가장 직접적으로 언급된 조항만을 다루기로 한다(김성애, 2007a, 2007b, 2007d).

첫째, 특수교육법의 목적에 담긴 통합교육 내용이다. 특수교육법 제1조에 언급된 법의 목적을 보면… "교육기본법 제18조에 따라 국가 및 지방자치단체가 장애인 및 특별한 교육적 요구가 있는 사람에게 통합된 교육환경을 제공하고 (중략) 이들이 자아실현과 사회 통합을 하는 데 기여함을 목적으로 한다(제1조)." 로 명시되어 있어 특수교육 대상자의 통합교육이 강조된다.

둘째, 특수교육법 제2조 제6항에서는 통합교육을 "특수교육 대상자가 일반학교에서 장애 유형 · 장애 정도에 따라 차별을 받지 아니하고 또래와 함께 개개인의 교육적 요구에 적합한 교육을 받는 것을 말한다." 고 정의하고 있다. 본 정의에 따르면, 통합교육을 받는 발달지체유아는 일반 유치원에서 동일한 생활연령의 정상발달유아들과 함께 장애 유형이나 장애 정도가 어떠하든지 차별 없이 개별적인 교육 욕구에 적합한 지원을 받아야 할 것을 의미한다.

셋째, 제2조 제11항인 특수학급의 정의가 "특수교육 대상자의 통합교육을 실시하기 위하여 일반학교에 설치된 학급"으로 규정되고 있어, 일반 유치원에 설치된 특수학급은 분리된 특수교육이 아닌 일반학급과의 통합교육을 위한 방안을 마련해야 한다.

넷째, 제2조 제12항에 「유아교육법」 제2조 제2호에 따른 유치원과 「초·중등교육법」 제2조에 따른 학교를 "각급학교"로 명시하여, 특수교육 대상자가 통합교육 환경에서 교육받을 수 있도록 법적 조치를 마련하고 있다.

다섯째, 특수교육법 제4조 제1항에 각급학교의 장은 특수교육 대상자가 그 학교에 입학을 원할 경우 장애를 이유로 입학을 거부하여 그의 교육 기회를 차별하면 안 된다는 내용을 명시하고 있다. 또한 제4조 제2항에는 특수교육 대상자가 각급학교에 입학한 경우라 해도 필요한 특수교육 관련 서비스의 제공에서 차별을 받거나 수업 참여 및 교내외 활동에서의 참여를 배제당하지 않도록 강제하고 있다. 이러한 차별 금지 조항으로 발달지체유아가 일반 유치원에 입학하여 교육적으로 방치되지 않고 적절한 지원을 제공받을 수 있는 권리를 부여받게 되었다.

여섯째, 제8조 제1항과 제2항에는 특수교육 교원의 자질 향상은 물론 일반학교 교원의 자질 향상을 위해 교육과 연수를 받도록 규정하고 있다. 이로써 유아특수교사는 물론 일반유아교육 교사도 특수교육 관련 교육과 연수를 정기적으로 받게 되어 통합교육 환경에 있는 모든 유아들이 보다 높은 질의 교육을 보장받을 수 있는 법적 기초가 마련되었다.

일곱째, 제17조 제1항에는 특수교육 대상자의 배치에서 가장 우선적인 장소가 일반학교의 일반학급 내지는 특수학급으로 명시되어 있어 특수교육법이 가지고 있는 통합교육의 실천 의지를 재확인할 수 있다.

여덟째, 제21조에는 통합교육의 실천에 관한 구체적인 사항이 다음과 같이 제시되어 있다. ① 각급학교의 장은 교육에 관한 각종 시책을 시행함에 있어서 통합교육의 이념을 실현하기 위하여 노력하여야 한다. ② 제17조에 따라 특수교육 대상자를 배치받은 일반학교의 장은 교육과정의 조정, 보조 인력의 지원, 학습보조 기기의 지원, 교원 연수 등을 포함한 통합교육 계획을 수립·시행하여야 한다. ③ 일반학교의 장은 제2항에 따라 통합교육을 실시하는 경우에는 제27조의 기준에 따라 특수학급을 설치·운영하고, 대통령령으로 정하는 시설·설비 및 교재 · 교구를 갖추어야 한다.

제21조(통합교육) 제1항에서 보는 것과 같이, 각급학교의 장은 각종 교육 시책을 시행할 때 통합교육의 이념과 정신을 실천할 수 있는 방안을 적극적으로 고려해야 된다는 것으로, 일반 유치원의 모든 교육 시책이나 활동에는 통합교육의 철학과 이념이 적용되도록 해야 한다. 또한 같은 조 제2항은 특수교육 대상자가 있는 일반학교장은 특수교육 대상자가 일반학생과 함께 교육활동을 할 수 있도록 적합하게 교육과정을 조정하고, 필요한 경우 학습 보조 기기나 보조 인력을 지원하는 부분, 아울러 통합교육을 수행할 교사의 능력 제고를 위한 교원 연수를 할 수 있도록 통합교육 계획을 반드시 수립해야 한다는 내용이다. 따라서 일반 유치원장은 발달지체유아가 정상발달유아와 함께 어울려 최상의 교육활동을 할 수 있도록 유아교육과정을 조정하고, 필요한 경우 개별 발달지체유아에게 적합한 학습 보조기기를 제공하거나 보조 인력을 배치해야 한다. 아울러 일반유아교육 교사와 유아특수교사의 통합교육 수행 능력을 향상시킬 수 있도록 각종 장학을 실시하고 연수 기회도 제공해야 한다. 제3항은 제2항에서 언급된 내용으로 통합교육계획을 수립하고 통합교육을 시행할 경우에 제27조 '특수학교의 학급 및 각급학교의 특수학급 설치 기준'에 따라 특수학급을 설치하여 운영하고 대통령령이 정하는 교재 · 교구 및 시설 · 설비를 갖추어야 한다는 내용이다. 이에 따라 일반 유치원장은 특수학급을 설치하고 대통령령이 정하는 기준에 따른 시설 · 설비 및 교재 · 교구를 구비해야 한다.

아홉째, 통합교육은 제25조 제1항에 명시된 대로, 순회 교육을 실시하여 일반학교에서 통합교육을 받고 있는 특수교육 대상자를 지원하도록 하고 있다. 그러나 이러한 순회 교육은 유치원 통합교육에는 바람직하지 않다. 그것은 유치원의 모든 활동이 생활중심 교육과정으로 이루어져 있고 일과 중 모든 활동 영역이 발달에 매우 중요한 교육적 자극을 포함하고 있어서 모든 활동이 발달지체유아와 일반유아의 의미 있는 상호작용을 요구하기 때문이다. 여기서는 유아특수교사와 일반유아교육 교사가 하루 종일 협력함으로써 일과가 운영되는 것이 바람직하다.

3. 통합교육의 개념

본 절에서는 미국에서의 인클루전의 성격과 유사한 실제를 강조하는 독일의 대표적인 통합교육 연구팀들의 이론을 간단히 소개하면서 통합교육의 개념을 살펴보기로 한다. 이들의 이론은 저마다 독특한 양상을 띠고 있는데, 하나는 통합교육을 일반교육 차원에서의 완전 통합으로 말하고 있고, 또 다른 하나는 통합교육이 아동중심의 최적의 환경이라고 강조하며, 나머지 하나는 통합교육을 인간 내면의 심리적 통합을 가능하게 하는 하나의 환경으로 언급하고 있다.

1) 미국의 인클루전

미국에서는 1990년 초부터 인클루전(inclusion)이라는 용어를 가지고 기존의 메인스트림(mainstream)을 비판한 새로운 통합교육의 실천을 시작하였다(Odom, Diamond, 1998). 미국 메릴랜드 주 교육부에서 추천한 인클루전의 특성을 몇 가지만 살펴보면(Kochhar, West, & Taymans, 2000, 8 재인용), 첫째, 인클루전은 모든 아동들이 성공적인 학교생활을 영위하기 위해 같은 학교와 교실에서 저마다의 독특한 지원과 서비스를 받으며 함께 학습하는 것을 말한다. 둘째, 인클루전은 모든 아동들이 학교에서 일어나는 모든 활동에 참여하는 것이다. 셋째, 일반교육과 특수교육이 합쳐지는 가운데 모든 교사와 교육자원 등이 협력체계를 이룬다. 넷째, 인클루전 현장에서 일반교사는 자기 학급에 있는 장애아동을 지원한다. 다섯째, 인클루전은 아동들은 함께 학습하지만 저마다 개인적인 학습 목표를 가지고 있는 것을 말한다. 여섯째, 인클루전이 이루어지는 일반학급에서 특수교육 관련 서비스가 제공된다. 일곱째, 인클루전 현장에 있는 장애아동과 일반아동 간의 우정과 관계 형성이 강조된다.

이러한 인클루전의 성격은 특수교육 대상자가 일반 학습자와 같은 공간에서 서로 상호작용하며 하나의 활동을 하는 가운데 모든 개별 학습자의 교육적 욕구를 달성하는 것으로 요약할 수 있다.

2) 게오르그 포이저 등의 브레멘통합교육연구팀의 '공통학습제재이론'

구소련의 심리학 및 물질주의적인 교육에 기초한 포이저(Feuser, 1982)가 주축이 된 브레멘(Bremen)통합교육연구팀은 통합교육 수업 현장에서는 모든 학생이 하나의 교육과정에 근거한 활동을 해야 한다는 '공통학습제재(Die Theorie des Gemeinsamen Gegenstandes)' 이론을 구축하였다. 이 연구팀은 통합교육을 위한 수업에서는 아동 간의 차이에 따라 수준별로 (동질 집단으로) 나누는 교육을 하지 말고 개별 아동이 가지는 내부의 차이를 고려하는 (이질 집단의) 교육이어야 한다고 주장한다. 또한 학습될 모든 과목들은 하나의 프로젝트 안에서 통합적으로 다루어져야 한다고 강조한다.

(1) 장애의 개념적 의미

포이저(1982, 1988)에 따르면, 장애는 하나의 사회적인 현상으로 의미 지을 수 있다. 즉, 장애란 (의학적인 손상을 입은) 한 인간이 (일반인이 가지는) 편견 때문에 발달에 필요한 도움을 충분히 받지 못하고 (발달 가능성이) 억류되어, 학습을 통해 자신의 발달을 온전히 이루지 못함은 물론, 사회적 관계를 배우지 못한 결과적인 현상이라는 것이다. 그렇기 때문에 장애인은 그 사람이 가지고 있는 심리적-사회적, 생물학적-기관학적인 손상 때문에 일반인으로부터 특별하게 취급을 받아, 자신이 속한 사회 및 경제적인 분야에서 자신의 발달, 능력, 영향력 등을 최대로 발휘하지 못하는 사람을 가리킨다(김성애, 1996).

이것은 장애에 대한(일반적인 학습이 어려울 거라는) 왜곡된 시각이 장애인에게 다양한 학습 기회와 내용을 제공해 주지 못하게 하여 장애인의 발달과업을 최대한으로 달성할 수 없게 만드는 결과를 가져온다는 것을 의미한다. 그러므로 장애는 인간이 가진 발달 가능성을 최대한 계발하지 못함에서 오는 결과적인 상태로 해석할 수 있다. 교육적인 의미에서 장애는 의학적이고 생물학적인 손상이 가지는 의미를 그대로 가져올 것이 아니라, 한 인간이 가진 보편적이지 않은 생물학적인 상태를 인정하면서도 그가 가진 가능성과 능력을 가장 온전히 계발할 수 있도록 지원하는 방법과 내용을 고민하는 차원에 있어야 할 것이다. 인간은 전체성으로 파악되는 존재요, 자기의 모든 삶을 표현하는 존재(Feuser, 1986, 127)이기 때문에 인간이 가지는 생물적, 기관적, 심리적 손상은 그의 '존재' 자체가 아니라, 그의 발달 과정에서 정의(Feuser, 1986, 127; 김성애, 2008b, 3 재인용)되어야 한다.

(2) 통합교육의 개념적 의미

포이저(1982)는 자기가 주장하는 장애의 개념적 논리를 바탕으로 통합교육을 강조하고 있다. 즉, 장애인에게 최대한의 발달을 위한 교육적 자극을 제공하면 그가 가진 모든 능력을 계발 · 발휘하게 할 수 있으며, 그것을 가장 잘 이룰 수 있는 교육환경이 통합교육이라고 강조한다. 그에게 통합교육이란, 교육학적으로 어떤 장애의 종류와 정도에 관계없이 모든 아동이 상호 협동하고 저마다의 발달 정도에 따라 그의 현재의 발달이나 학습 성취의 시점에서 지각하고 생각하고 행동하는 척도에 근거하여 공통의 학습 제재, 수업 내용 혹은 테마 등을 가지고 놀고 배우고 활동하는 것이다(Feuser, 1982, 1988). 그것은 학습 수준과 목표는 개별 아동의 상태에 따라 다르게 하면서도 수업 활동은 공통의 학습 주제나 활동 테마를 가짐으로써 서로 협동하는 환경을 조성해야 한다는 의미다. 아울러 통합교육 안에서 모든 학습자는 개인적으로 자신에게 필요한 교육적인 서비스와 지원을 받을 수 있도록 해야 한다. 자연히 통합교육은 공동체 안에서 협동하고 대화하며 상호교류적인 의사소통을 촉진하며, 장애를 가지거나 심리적으로 손상을 입은 아동이 그렇지 않은 일반아동과 동등한 교육적 입장을 가지는 것이다.

위의 내용을 통해 포이저식 통합교육은 다음과 같은 개념을 가지고 있다고 하겠다.

첫째, 통합교육은 발달지체유아와 정상발달유아가 자신들의 의지를 계속적으로 계발할 수 있도록 만드는 공통의 생활 터전이요, 교육의 터전이다. 통합교육의 실천은 장애에 대한 편견과 왜곡된 시각에서 생겨난 특수한 분리 교육을 원래 인간의 가장 자연스러운 교육환경과 발달과업을 최대한 달성하기 위해 제공된 가장 다양한 자극의 공급처인 일반교육으로 되돌아가는 '교육내용의 회복'인 동시에 다양한 인간이 모여서 가장 자연스런 사회 환경을 이룩하는 인간 회복이라고 할 수 있다.

둘째, 통합교육은 일반유아교육 기관에서 모든 아동을 대상으로 해야 한다. 그것은 어느 누구에게나 어떤 사회적인 배제도 두지 않고, 어떤 개인에게도 '결손'

이나 '약함' 또는 '장애'와 같은 명칭을 붙이지 않고 개인의 조건에 합당한 교육을 실현하게 한다. 즉, 통합교육은 발달지체유아를 자기 또래와 분리시키지 않고 함께 활동하게 하는 교육 현장에서 각자의 발달과 특성에 맞는 개별화 교육과 서로 간의 의미 있는 협력을 동시에 강조한다는 것이다. 아울러 그곳은 발달지체유아의 발달을 위해서 그에게 필요한 모든 특수한 도움을 받을 수 있는 장소이어야 한다.

셋째, 통합교육은 발달지체유아가 지역사회의 모든 분야에 완전히 참여하고 자기가 사는 곳에서 일반 또래, 이웃, 친구와 함께 지내도록 하는 완전한 참여를 강조한다.

넷째, 포이저는 통합교육을 유아의 '근접발달지대'에 맞추는 유아중심의 교육이라고 강조한다. 즉, 교육은 주관적인 것이며 동시에 유아 개개인의 발달에 따라 개별적이고도 다양한 발달의 욕구가 충족되어야 하므로 구성주의 차원의 열린교육을 중심한 교수-학습 자료가 제공되어야 하는 것을 의미한다.

3) 알프레드 잔더 등의 자아브뤼크통합교육연구팀의 '아동-환경 시스템'

(1) 장애의 개념적 의미

브론펜브레너(Bronfenbrenner)의 환경시스템 이론에 기초한 자아브뤼크(Saarbruek) 통합교육연구팀의 잔더(Sander, 1988)는 통합교육을 '아동의 (최적) 환경 시스템(Kind-Umfeld System)'이라고 강조한다. 잔더(1988)에게 장애의 개념은 한 사람의 특성적인 것이 아니라 사람과 사람 사이, 그리고 물리적이고 사회적인 환경에서 다양하게 일어날 수 있는 현상이라고 강조한다. 즉, 장애란 신체적으로나 정신적으로 손상을 입은 사람이 일반적인 환경에서 생활하면서 불편하고 행복하지 않은 상태를 말한다.

잔더가 가진 장애의 개념을 보면, 장애는 의학적인 손상 그 자체에 있지 않다는 것을 알 수 있다. 즉, 손상을 입은 사람이 우리가 생활하는 인적 및 물적인 일반적 환경에서 잘 적응하여 아무런 불편이 없고 행복할 수 있다면 그 사람에게 장애는 없다고 할 수 있다. 하지만 그 사람이 우리의 보편적인 문화나 문명의 산물을 손

쉽게 접할 수 없고 그것 때문에 그 사람의 정신적 · 물리적 삶이 불편하다면 그는 장애를 가진 것이 된다고 해석할 수 있다.

(2) 통합교육의 개념적 의미

잔더(1988)의 이러한 장애관 속의 통합교육에 대한 개념은 손상을 입은 자가 일반적이고 자연적인 교육환경에서 교육을 받고 생활하기에 불편함이 없는 적합한 교육환경으로 규정할 수 있다. 즉, 그들에 따르면 통합교육은 손상을 입은 자가 발달에서 가장 풍요롭고 다양한 자극이 많고 정상발달유아와 발달지체유아가 함께 어울릴 수 있는 환경이어야 한다는 것이다.

발달기에 있는 유아는 제한적인 환경에서보다는 자연스럽고 다양한 물리적 · 인적 환경에서 세계를 경험하는 것이 훨씬 더 자신의 발달을 촉진시킨다. 그러므로 이 환경은 발달지체유아 개개인의 생물학적 상황을 극복하게 하고 다른 유아들처럼 풍족한 교육적 서비스를 누리도록 하는 풍요롭고 적절한 교육환경의 조정을 필요로 한다. 그러한 조정은 발달지체유아가 다양한 교육환경에 마음대로 접근할 수 있도록 물리적인 편의시설로 주어져야 함은 물론, 교사의 교육내용 면에서, 교수적인 면에서, 학습 자료 면에서, 유아의 학습 활동에서 다양하게 나타나야 한다.

아울러 잔더가 의미하는 통합교육이 제대로 효과를 보려면 제도적인 뒷받침이 있어야 한다. 통합교육 환경 속에서 교육을 받는 모든 학습자가 자신의 상황에 적절한 교육적 혜택을 받을 수 있으려면 일반교육과 특수교육으로 나뉘어 실행되는 현재의 이원화된 교육행정 지원이 아닌, 통합교육을 지원하는 행정지원이 이루어지도록 제도적인 환경이 구축되어야 한다.

4) 헬무트 라이저 등의 프랑크푸르트통합교육연구팀의 '과정으로서의 통합'

프랑크푸르트통합교육연구팀의 라이저 등(Reiser, Klein, & Kron, 1986)은 통합교육이 교육에서 이루어져야 할 궁극적인 목표이자 그것을 가능하게 하는 최적의 수단이라고 주장한다. 그 말은 통합교육은 방법적인 면에서 보면, 인간 내부에서 타인의 이질성을 수용할, 소위 통합 능력을 배양하게 하는 환경으로 작용하고, 교육의 목표 면에서 볼 때는 인간으로 하여금 이질적인 타인과의 조화로운 공존을 하도록 역할한다는 의미일 것이다.

(1) 과정으로서의 통합

라이저 등(1986)은 통합을 이질성과 동질성에 따른 '하나의 심리적인 과정(Integration als Prozesss)' 으로 정의한다. 이러한 통합은 개인의 내부 심리 면, 상호작용 면, 교육 면, 제도 면, 사회 면에서 다르게 규정된다고 한다. 통합이 사회적인 면에서는 불이익이 없는 것으로 나타나고, 제도적으로는 주류 사회에로의 통합으로, 교육에서는 통합교육으로, 인간 간의 관계적인 면에서는 의미 있는 상호작용으로, 인간 내부의 심리적인 면에서는 타인의 이질성을 인정하고 받아들이는 것으로 이해된다고 한다. 라이저는 여기서 타인의 이질성을 인정하고 받아들이는 내부 심리적인 통합이 다른 모든 통합을 가능하게 하는 일차적인 에너지로 규정하고 있다(김성애, 1996). 즉, 개인의 내부에서 자신과 다른 타인에 대한 이해와 용납이 있어야 개인 간의 상호교류도 가능해질 뿐 아니라 학교에서의 통합교육과 제도적 차원의 사회통합, 그리고 사회에서의 평등도 자연스럽게 이루어진다는 이론이다. 본 절에서는 개인의 내면적 차원에서의 통합에 대해서만 좀 더 자세하게 알아보기로 한다.

(2) 내면적 차원에서의 통합

라이저 등(1986)은 인간 내부의 심리에는 본래 두 사람 혹은 두 집단 사이에 자기와의 동질성에 대해서는 '가까이' 하고 싶은 마음이 생기고, 이질성이 보이면 그 상대나 집단에서 '멀어지고 싶은' '경계하고 싶은' 심리가 일어난다고 한다. 동일한 상대방과 여러 번 만나는 동안 그러한 '가까이함' 과 '멀어짐' 의 심리적인 변화가 변증적이고 역동적으로 일어나다가 자신의 내부 세계 속으로 들어가 균형 있게 자리를 잡게 되어 상대를 인정하고 이해하게 된다고 한다. 통합은 인간 밖에서 구조적으로 만들어지는 통합의 환경에 인간이 처함과 동시에 이루어지는 것이 아니라, 그 안에 있는 인간 간의 의사소통이나 상호 간의 공통적인 행함이 시간의 흐름에 따라 여러 번 일어나는 가운데 일어나는 것이다(김성애, 1996). 이 부분의 내용을 필자 나름대로 좀 더 설명하면 다음과 같다(김성애, 2003, 36-39 참조).

가령 한 개인이 어떤 타인을 처음 대면하였을 때, 그로부터 자신과 다른 점을 발견하면 그로부터 멀어지고자 하는 마음이 생긴다. 반대로 그로부터 자신과 같은 것을 발견하면 가까이하고자 하는 마음이 생긴다. 그런데 그 개인이 이전에 만난 그 사람과 또다시 만날 계기가 생겨 이질감을 느끼던 그 동일인에게서 동질감을 느끼면 이전에 가진 멀어진 마음이 가까움으로 바뀌고, 반대로 동질감을 느끼던 개인에게서 이질감을 발견하면 가까움의 심리가 그 사람으로부터 멀어지거나 경계하려 하는 마음이 들게 된다. 그 동일인과 계속적인 만남이 있을 경우, 여러 가지 이유로 그로부터 동질감과 이질감이 상황에 따라 계속해서 생겨나서 그 개인의 내면에는 상대에 대한 이질감과 동질감이 역동적이면서도 변증적으로 일어난다. 그러한 동질감과 이질감의 역동적인 변증적 발생을 통해서 개인은 상대의 세계를 점점 알아가게 된다. 이러한 상대를 알아 나가는 탐색 과정은 자기의 내면세계로 돌아와서 자기의 이질성과 동질성을 알게 되는 경지에까지 이른다. 결국 그 개인은 타인과 자신에게서 발견된 여러 번의 동질성과 이질성의 교차된 심리적 상태로 타인의 이질성은 물론 자신의 이질성까지 수용하게 되는 상태에까지 도달한다. 이것이 바로 개인의 내면적 차원의 통합 상태다. "통합은 물리적이거나 정지된 어떠한 상태가 아닌 인간 내면의 심리적인 과정이요, 그것은 거듭되는 만남의 상황과 '너'로 대면할 수 있는 의미 있는 상호작용의 현장에서 가능한 것이다. 내면적인 통합은 상대의 세계와 존재에 대한 이해뿐 아니라 자기 자신에 대한 통찰과 이해 또한 가능하게 하며, 타인과 자신의 이질성에 대한 수용이 이루어지게 되어 궁극에 가서는 모든 인간이 저마다의 인간관과 세계관이 있음을 알고 그 다양함을 받아들일 것이다."(김성애, 2003, 39)

라이저는 이렇게 인간이 이질적인 타인에 대하여 내부 심리적으로 받아들이거나 용납하게 되는 것을 통합이라고 하고, 그것이 인간의 심리과정 속에서 일어난다고 하여 '과정으로서의 통합'이라고 칭하였다(김성애, 1996). 힌즈(Hinz, 1993)의 인용에 따르면, 인간의 내면에는 다른 사람과의 공통성, 즉 동질성을 갖고자 하는 '사회적인 동일성 욕구'가 있으며, 동시에 자신만의 유일성과 개성을 가지고자 하는 '개인적인 동일성 욕구'가 있다. 이 두 가지 욕구는 균형을 이루어야 하고 그래야 자아-동일성이 발달한다. 개인적인 동일성 욕구가 없는 인간은 오로지 다른 사람에게 적응하게 되고, 반면에 사회적인 동일성 욕구의 발달이 없이는 자기중심적이고 비사회적인 인간이 된다(Hinz, 1993, 43 재인용).

한 인간의 내면에서 타인의 이질적인 부분을 받아들이는 능력은 개인 간의 대화와 상호작용을 촉진한다. 통합교육은 바로 이질적인 학습자들에게 내면적인 심리적 통합의 능력을 길러 주고 상호 교류하며 협력하게 하는 교육환경이어야 한다.

이상에서 볼 때 발달기에 있는 유아에게 통합교육이 중요한 것은, 한 유아가 타인에 대한 이러한 내면에서의 가까이함과 멀어짐의 심리적 과정을 통하여 자신과 타인의 존재를 구별하게 되고 자신이 타인과 무엇이 다르고 같은가를 내면적으로 알게 될 환경을 제공하기 때문일 것이다. 결국 그 유아는 이러한 균형 있고 조화로운 이해를 통하여 자신을 포함한 모든 인간은 하나의 유일하고 독특한 개체로 존재한다는 결론을 가질 것이다.

5) 통합교육의 개념적 의미

상기의 통합교육 연구팀의 이론들을 이용해 통합교육의 개념적 의미를 요약해 보면 다음과 같다.

첫째, 통합교육은 모든 이질적인 개인들이 공통의 학습 제재를 가지고 하나의 교육활동 속에서 협력하여 학습함과 동시에 개별적인 학습 욕구를 충족할 수 있어야 한다(Feuser).

둘째, 통합교육은 손상을 입은 학습자가 아무 불편함이 없이 교육에 참여하여 자신의 학습 욕구를 충족할 수 있도록 교육과정 및 교수-학습의 조정이 일어나야 하고 필요에 따라서 학습 보조기기 등의 지원이 가능해야 한다(Sander).

셋째, 통합교육은 구성원 간의 만남과 상호작용이 언제나 이루어질 수 있도록 운영되어야 한다. 그래야 개인 내부의 심리적인 면에서 다른 사람의 이질적인 부분을 인정하고 수용하며, 상호 간의 의미 있는 교류를 통해 자신의 발견 및 재발견과 발전이 가능할 것이다. 교육환경은 개인의 통합능력을 최대로 키울 수 있는 최적의 환경이어야 한다(Reiser et al.).

이상의 요약들을 통해 통합교육이 가지는 강조로는, 첫째, 통합교육은 인간 발달을 위한 최상의 교육환경으로 작용한다. 그것은 그 현장에 인간의 발달에 영향을 주는 가장 다양한 교육적 자극들(인적, 물적, 교육과정 등의 자극)이 존재하는 자연스러운 교육환경이다. 둘째, 통합교육은 개인이 가지는 의학적인 손상을 결코 장애로 삼지 않는다. 손상이 가지는 교육적 의미는 자기가 가진 생물학적 조건을 최대한 발휘시킬 수 있는 발달에 있다. 셋째, 통합교육은 모든 구성원으로 하여금 개인의 내면에서 자신은 물론 이질적인 타인을 수용할 수 있고, 상호작용할 수 있으며, 모든 개인이 있는 그대로 인정받을 수 있는 능력을 기르게 하는 교육환경이다.

이는 이질적인 유아들이 같은 교육과정을 가지고 협동적인 교수-학습 활동을 하도록 하는 수업 현장에서 서로 의미 있는 상호작용을 할 수 있을 때, 저마다 가지고 있는 발달과업을 충실히 달성할 수 있다고 하겠다.

4. 통합교육의 방향 및 운영 원리

본 절에서는 이상에서 본 통합교육의 개념적 내용들에 근거하여 통합교육의 방향과 운영원리를 기술한다.

1) 통합교육의 방향

우리나라 유아 통합교육이 나아가야 할 방향을 기술해 보면 다음과 같다(김성애, 2008b, 6-7).

- 통합교육은 특수교육 차원에서 머물지 않고 일반교육 속에서 자리 잡되, 또 다른 '하나의 교육'으로 다루어져야 한다.
- 통합교육은 일반교육의 재구조화 속에서 실천되어야 한다.
- 통합교육의 대상은 발달지체유아, 일반유아, 다문화적 배경을 가진 유아를 포함한 이질적인 구성원으로 이루어져야 한다.
- 교육활동은 모든 이질적인 유아의 상호작용 구조 안에서 실행되도록 한다. 그것은 이질적인 인식을 창출하는 유아들의 내면적인 세계를 열게 하고, 동

시에 자신의 인식 세계를 스스로 인식하고 확장할 기회를 만들 수 있게 한다.

- 유아특수교사와 일반유아교육 교사는 자신의 전문적 지식을 모든 유아에게 적용하도록 하는 '팀 협력' 이어야 한다.
- 어느 유아도 모든 교육활동에서 제외되거나 배제되지 않아야 한다.
- 발달지체유아와 일반유아의 교육활동은 하나의 활동 속에서 개별적인 교육적 성과를 거둘 수 있도록 교육과정, 교수-학습 방안, 학습 자료를 적절하게 재구성하여야 한다.
- 발달지체유아 관련 서비스는 통합교육의 교육과정 운영 속에 접목되도록 한다.

2) 통합교육의 운영 원리

통합교육은 다양하고 풍부하며 가장 자연스러운 교육환경이어야 한다. 가장 자연스러운 교육환경은 바로 정상발달유아와 발달지체유아가 함께하는 통합학급을 말한다. 발달지체유아와 정상발달유아는 통합교육 환경에서 자신의 성공적인 활동과 학습을 지원받아야 한다. 특히 발달지체유아가 생활연령에 적절한 교육을 받을 수 있도록 통합학급에 배치하는 것 역시 그들에게 자연스럽고 풍부한 교육환경을 제공해 주는 한 방안이다. 앞 절에서 기술된 통합교육 방향에 근거하여 유아 통합교육 현장에 적용할 보다 구체적인 운영 원리는 다음과 같다.

- 발달지체유아는 특수학급이 아닌 일반유아와 함께하는 통합학급에 배치되어야 한다. 통합교육을 위해 맨 처음 고려해야 하는 것은 모든 유아들이 자기가 사는 곳에서 가까운 교육기관에 정상발달유아와 함께 통합학급에 배치되는 것이다. 그래야만 모든 유아들이 서로 만나 상호교류하는 가운데 자기와 타인을 발견하고, 자기 동일성과 타인이해를 발달시킬 수 있다. 발달지체 정도와 부모나 가족의 요구에 따라 발달지체유아에게 한정적으로 요구되는 일부 교육 프로그램이 별도의 공간에서 집중적으로 이루어질 수 있지만, 그것을 제외한 대부분의 시간에는 모든 아동이 공통의 프로젝트 혹은 협력중심의 활동이 위주가 된 교수-학습을 운영할 수 있다.

• 통합교육은 교사의 팀 활동을 비롯하여 유아들의 협동학습을 강조한다. 교사들은 장애의 유무에 관계없이 모든 유아가 서로 상호작용하고 우정을 나눌 수 있도록 구조화된 환경을 조성해야 한다. 유아들의 상호작용은 협동학습, 또래지도, 짝활동, 소집단 활동 등을 통해서 이루어질 수 있다. 또한 일반유아교사와 유아특수교사는 '하나의 팀' 을 이루어 모든 유아들을 대상으로 협력 교수해야 한다. 유아특수교사는 발달지체유아뿐 아니라 정상발달유아를 위한 수업 활동도 함께 수행하여야 하고 그들의 행동도 관리해야 한다. 발달지체유아와 정상발달유아가 활동 도중 갈등을 일으키는 상황이 발생하면 일반유아교사와 유아특수교사 모두 그들을 중재하여 문제를 해결해 주어야 한다. 교사들은 궁극적으로 이질적인 학습 집단을 환영하며 학습자들끼리의 상호작용을 촉진할 기회를 제공할 때, 유아들은 서로의 세계를 통해 자신의 내면세계를 넓혀 가게 된다.

• 통합교육의 교육과정 내용은 정상발달유아와 발달지체유아 모두에게 공통의 교육경험을 하도록 구성한다. 그것을 위하여 발달지체유아에게 맞게 교육과정 내용과 교수-학습 자료를 조정한다. 통합교육 현장에서는 발달지체유아와 정상발달유아가 함께 활동하는 만큼 그들에게 공통된 교육내용을 제공하는 것이 바람직하다. 유아들이 서로 다른 교육목표를 가지고 있다 하더라도 같은 교실에서 함께 교육을 받을 수 있어야 한다. 일반유아교사는 자기 학급에 있는 발달지체유아에게도 다른 유아와 같은 수준의 관심과 교육적인 노력을 기울여야 한다.

5. 통합교육 교수-학습

통합교육은 모든 유아가 다양한 활동을 함께하는 가운데 서로가 만든 인식을 의미 있게 나누고, 심리적인 동질성과 이질성을 경험하면서 다양한 발달을 꾀할 수 있도록 구조화하는 것을 전제로 해야 한다. 본 절에서는 통합교육을 위한 교수-학습에 관한 내용을 보다 구체적으로 다룬다.

1) 교수-학습 방향

통합교육이 이루어지도록 구조화된 수업은 이질적인 유아들이 서로 만나서 탐색하고 활동하는 가운데 자신과 타인을 발견하며, 서로의 경험을 공유하여 자기를 발전시킬 수 있다. 그러므로 교사들은 이질적인 학습 집단으로 구성된 '하나의 수업'을 위해 서로 긴밀하게 협력하여야 하며 유아 간에는 협동 위주의 활동이 일어나도록 한다. 아울러, 발달지체유아의 개별적인 교육, 특히 특수교육에 대한 고려가 간과되어서는 안 되며 발달지체유아에 대한 정상발달유아의 이해 교육도 아울러 이루어져야 한다.

진정한 통합교육은 하나의 교육활동을 위하여 주제와 상황을 모든 유아가 공동으로 할 수 있도록 계획하되, 유아의 개별적인 능력과 가능성에 따라 서로 다른 목표를 가지고 함께 활동하며, 공통된 학습 주제 안에서 서로의 경험을 공유하며 진행하는 것이다(Reiser, 1991). 포이저(1985)는 개별화는 수업 내에서 공통된 교육과정과 학습 제재 속에서 개인차를 고려하는 것을 의미하는 것이지, 개개인의 능력별로 별도의 교육과정을 구성하는 것을 말하는 것이 아니라고 강조한다. 능력에 따른 별도의 교육과정 적용 속에는 협력이나 협동 위주의 활동이 일어날 가능성이 희박하고 학습활동 중에 서로의 만남과 교류를 기대하기 어렵게 되어, 결국 통합교육의 원천적인 에너지인 인간 내부의 심리적인 통합 능력이나 타인의 인식을 통한 자신의 인식의 확장과 같은 창의적이고 협력적인 현상이 조성되기 어렵기 때문이다.

2) 인적 자원

우리나라 유아통합교육 현장에서 통합교육을 가장 효율적으로 운영할 수 있는 중요한 지원으로 교육 지원, 특수교육 관련 서비스 지원, 의료 지원, 통합교육 행정 지원 등을 들 수 있다. 본 절에서는 그러한 지원을 제공할 인적 자원 중에서 가장 기본이 되는 일반유아교사, 유아특수교사, 특수교육 보조원, 교육 행정가의 개괄적인 역할에 대해 간략하게 제안한다.

• 일반유아교사　일반유아교사는 통합교육 현장에서 가장 중요한 인적 요인이 될 수 있다. 무엇보다도 일반유아교사는 통합교육이 정상발달유아에게도 중요한 교육환경이라는 사실을 인식하는 것이 중요하다. 일반유아교사의 통합교육에 관한 기본 태도, 특히 발달지체유아에 대한 이해와 태도는 발달지체유아를 받아들이고 그들을 학급 내의 모든 활동에 참여하도록 하는 데 직접적인 영향을 미친다. 일반적으로 유아들의 생각이나 행동은 학급 담임교사의 영향을 절대적으로 받는다고 할 수 있다. 일반유아교사가 가지는 장애유아에 대한 태도가 어떠하냐에 따라 정상발달유아들의 발달지체유아에 대한 생각과 행동이 결정된다. 일반유아교사는 자기 학급에 있는 모든 유아의 교육과 활동에 관한 책임을 맡고 있다. 따라서 교사는 발달지체유아가 소외됨이 없이 학급의 모든 활동에 적극적으로 참여하도록 격려할 수 있다. 그뿐만이 아니라 학습 목표, 내용 및 방법을 유아의 필요와 요구에 맞게 조절하여 그 유아가 수업 활동에서 낙오되지 않고 학습을 성공적으로 수행할 수 있도록 역할할 수 있다.

• 유아특수교사　유아특수교사는 통합수업 현장에서 발달지체유아가 정상발달유아와 같은 공간에서 같은 내용으로 원만한 수업을 받을 수 있도록 모든 필요한 조치를 취할 수 있다. 우선, 유아특수교사는 통합교육을 수행할 기본적인 능력, 즉 일반유아교육과정 수행 능력과 정상발달유아의 이해에 대한 부분과 유아교육과정을 발달지체유아의 특성과 교육적 요구에 맞게 조정할 수 있는 능력을 갖추어야 한다. 그러한 능력을 바탕으로 유아특수교사는 발달지체유아를 위해 수업 목표, 내용 그리고 방법을 상황에 맞게 적절하게 수정하고 조절하는 책임을 진다. 그리고 발달지체유아가 문제 행동을 일으킬 때 적절하게 관리하고 대처해야 하며 발달지체유아에게 적절한 특수교육 서비스를 계획하고 그것을 관리해야 한다. 유아특수교사 역시 정상발달유아의 지도를 발달지체유아에게 하듯이 열의와 관심을 갖고 수행한다. 교사는 모든 유아들이 원활한 통합수업을 받을 수 있도록 일반유아교사와 함께 그들의 수업과 행동을 모니터한다. 유아특수교사가 정상발달유아들에게 새로운 차원의 질 좋은 수업을 제공하는 것 외에도, 그들로 하여금 수업에서 발달지체유아만을 위한 교사가 아니라 자기들을 위해서도 존재한다는 인식을 하게 하여 발달지체

유아가 자기들의 집단에 당연히 소속되어야 하는 것으로 생각하게 하는 것이 필요하다.

아울러 유아특수교사는 발달지체유아에게 필요한 특수교육 관련 서비스 중 치료 지원을 제공하도록 해당 서비스 담당자와 연계하는 업무와 특수교육 보조원을 관리하거나 가족 지원이나 각종 학습 보조기기를 활용하도록 조치할 임무도 있다. 일반적으로 통합교육에 배치된 발달지체유아에게는 치료 지원이 소홀히 취급되기 쉽다. 이는 치료 지원이 전적으로 발달지체유아를 위하여 제공되는 지원이어서 통합교육 현장에서 발달지체유아와 정상발달유아가 함께 활동을 하는 것만 강조하기 때문에 나타나는 현상이다. 그렇지만 치료 지원은 발달지체유아에게는 없어서는 안 될 중요한 서비스다. 발달지체유아에게 요구되는 치료 지원을 손쉽게 지원받을 수 있도록 유치원은 치료 지원이 가능한 지역사회 자원과의 긴밀한 연계 속에서 이동 지원을 제공하여 발달지체유아의 치료 지원과 교육활동이 균형적이고 유기적으로 이루어지도록 노력한다. 아울러 특수교육 보조원의 활용을 위해 일반유아교사와 긴밀한 협의를 하여 특수교육 보조원의 지원으로 통합교육이 효과적으로 이루어지도록 주도할 수 있어야 한다.

그 밖에도 통합교육을 위한 학교 재구조화 방안을 가지고 통합학급 경영을 분석하고 자문할 수 있어야 하며, 다양한 전문가, 기관, 자원의 협력과 활용 방안을 강구하고, 교육통합을 사회통합으로 전환하는 방안을 마련하고 그 실천을 주도한다(김성애, 2008b).

• **특수교육 보조원** 통합교육 현장에 배치된 특수교육 보조원은 특수교육 현장에 배치된 경우와는 다른 역할을 해야 한다. 다시 말하면, 특수교육 보조원은 통합교육을 지원해야 하므로 일반유아교사와 유아특수교사의 협력 교수를 지원하고, 정상발달유아와 발달지체유아가 상호교류할 수 있도록 기회를 제공하는 일을 하며, 경우에 따라 유아특수교사의 지시에 따라 발달지체유아의 행동 관리를 보조 지원한다. 특수교육 보조원이 발달지체유아의 학습과 행동 관리만 지원하면 특수교육 보조원 때문에 정상발달유아와 발달지체유아 간의 상호작용이 오히려 방해를 받게 되어 통합교육을 역행하는 경우가 생기기

쉬우니 지원에 신중을 기해야 한다.

• 학교 행정가 학교 행정가는 통합교육을 효율적으로 운영하도록 하는 소위 '통합교육 행정'을 지원해야 한다. 이것은 유아통합교육을 실천하는 교육기관에서 특수교육이나 일반교육을 위한 행정이 아닌 통합교육을 위한 행정이어야 한다는 의미다. 수업 차원에서의 통합교육이 잘 이루어 지도록 하려면, 학교 행정가의 적극적인 행정 지원이 필수적이라고 하겠다. 학교 행정가의 지원은 통합교육에 관한 이념과 철학에 따라 물리적인 지원과 심리 · 정신적인 지원을 동시에 제공할 수 있다. 학교 행정가의 통합교육을 위한 구체적인 행정 지원은 다음과 같다(김성애, 2005, 51-52).

첫째, 학교 행정가는 학교 조직을 재구조화하여 장애아동과 비장애 아동이 교류하고 접촉할 수 있는 교육환경을 마련할 수 있다. 즉, 교수-학습이 원활하게 이루어지도록 협력 교수를 가능하게 하고 학교 시간표와 교사 일인 당 수업 시수를 조정하는 등의 교육환경을 조성한다. 둘째, 학교 행정가는 통합교육의 운영에 가장 절실하게 요구되는 '협력'과 다학문적 팀 구성을 가능하게 하고, 이질적인 학습 집단의 성공적인 교육활동을 위한 프로그램 개발 수행과 평가를 가능하도록 지원한다. 셋째, 학교 행정가는 통합교육을 위한 교사의 자질 향상이나 교수-학습은 물론, 교재 교구의 구입이나 물리적인 환경 개선에도 큰 영향을 주어 발달지체유아가 모든 학습 활동에 마음껏 참여할 수 있도록 한다. 또한 교육기관 건물을 마음껏 다니고 각종 시설물을 잘 이용할 수 있도록 지원할 수 있다. 넷째, 학교 행정가는 발달지체유아를 위한 적절한 특수교육 관련 서비스를 가능하게 한다. 다섯째, 학교 행정가는 통합수업을 위한 연수와 장학을 제공하여 교사의 질 제고에 힘쓸 수 있다.

이와 같이 학교 행정가는 유치원의 모든 물리적이고 교수-학습적인 환경을 통합교육을 위한 최적의 조건으로 구조화할 수 있다. 실제로 교실 현장에서 교사가 아무리 노력한다고 하더라도 통합교육을 실행할 구조를 만들지 못하면 효율적인 교육을 할 수 없다.

3) 협력 교수

(1) 협력 교수의 개념과 목표

통합교육을 위한 학급의 구성원이 이질적인 학습자로 이루어져 있다면, 일반유아교사 한 사람이 교육을 전적으로 담당한다는 것은 위험한 일이다. 게다가 발달지체유아의 경우는 정상발달유아와 함께 활동하고 학습하는 것만이 교육의 전부가 될 수 없다. 집단에서의 협동학습과는 별도로 발달지체유아에게는 유아특수교육 관련 서비스가 개별적으로 주어져야 한다. 따라서 통합교육을 지원하는 교사는 '하나의 팀'으로 구성되어야 하고, 그 팀은 서로의 전문성을 존중하고 신뢰하여 '하나의 교육대상'을 위한 교육목표를 성공적으로 달성시킬 수 있어야 한다.

수업에서 완전 통합의 초석 중 하나가 협력 교수라는 것은 의심할 여지가 없다. 다만 교사들에게는 이에 관한 지식과 팀 구성원 간의 의사소통에 필요한 특별한 기술과 훈련이 필요하다. 최근에 와서 관련 전문가들 사이에서 협력 교수와 협동교수의 의미를 굳이 구분하려는 의견이 나오고 있으나, 본 절에서는 의미의 구별 없이 기술되었다.

협력 교수에 대하여 스위트릭(Switlick & Bredley, 1996)은 교육 현장에서 다양한 교육적인 욕구를 가진 아동을 성공적으로 가르칠 수 있는 중요한 사항은 교육기관 내에 있는 교사진이 서로 협력적인 관계를 발전시켜 그들의 전문성을 나누는 것이라 했다. 또한 프렌드와 쿡(Friend & Cook, 1996)은 효과적인 협력이 이루어지려면 공통의 목표로 함께 일하기 위하여 책임을 지는 둘 이상의 교사(전문가)가 지속적으로 참여하는 것에 근거한다고 하면서, 이러한 팀원들은 그러한 관계를 창출하고 강화하고 유지하기 위해서 서로 다른 능력(개인이 가지고 있는)과 독특한 기여를 발휘한다(Walther-Thomas et al., 2000, 5 재인용)고 강조한다. 이것은 통합교육을 위하여 서로 다른 전문성을 가진 팀이 동등한 자격으로 서로의 재능을 발휘함과 동시에 교육에 대한 책임을 함께하여 이질적인 학습자의 개별적인 성취목표를 이루게 하는 통합교육의 가장 중요한 요인이며 조건이라고 하겠다. 다음의 내용은 가든과 바우어(Garden & Bauer, 1992)가 제안한 협력교수의 운영 원리를 유아통합교육 현장에 적용하여 기술한 것이다.

- 통합교육을 하는 학급에서는 유아특수교사와 일반유아교사의 협력이 절대적이다. 그것은 수업에서 발달지체유아의 학습문제 해결을 유아특수교사나 치료 교사 등의 자문에 따르는 것보다 훨씬 효과적인 교육을 가능하게 한다.
- 그들은 함께 모든 유아에게 학습의 기회를 제공하는 동등한 질의 파트너로 일해야 한다.
- 양 교사는 학급에 속한 모든 유아를 구별 없이 그들의 교육 대상으로 삼는다.
- 양 교사가 개별적으로 가지고 있는 전문성과 능력을 '하나의 교육'을 위하여 서로 교환하고 공유한다.
- 양 교사는 공동체 개념 속에서 모든 유아의 개별적인 학습 욕구를 충분히 고려하고 촉진한다.
- 협력체제는 자발적으로 구성되어야 한다.
- 교사끼리 신뢰하고 긍정적인 관계를 구축하는 것은 성공적인 협력체제의 기초다. 서로에게 '충고자'로 존재하면 협력 교수에서 잘못을 범할 수 있다.
- 협력 교수를 실패하게 하는 요인으로는 협력 교수 팀을 강제로 만들 때, 한 교사가 많은 교사를 지원해야 한다는 압박감을 느낄 때, 구성원들이 주의를 기울이지 않거나 협력할 준비가 되어 있지 않을 때 등이다.

(2) 일곱 가지 협력 교수 모델

본 절에서는 통합수업에서 유아특수교사와 일반유아교사가 함께 가르칠 수 있도록 프렌드와 쿡(1996), 그리고 해리스(Harris, 1998)가 언급한 협력 교수 모델을 설명하고자 한다.

- 교수-지원형태(one teaching, one supporting)　한 교사가 주로 활동을 진행하고 나머지 교사가 보조한다. 진행하는 교사가 그 시간에 진행될 모든 활동을 고안하고 모든 유아들에게 그 내용을 전달한다. 지원 역할을 맡은 교사는 적재적소에서 주교사와 유아들의 활동을 지원한다. 이 모델에서 조심할 것은, 언제나 주교사가 일반유아교사가 되고 보조 역할을 맡은 교사가 유아특수교사가 되어서는 안 된다는 점이다. 또한 보조 역할을 맡은 교사는 '보조교사'가 아니기 때문에 두 교사는 '완전한 동질의 파트너'가 되어서 일할 수 있어야 한

다. 수업 활동의 내용과 주제 상황에 따라서 서로의 역할을 달리할 수 있어야 하며, 특히 주교사의 역할은 그 날의 활동에 보다 더 많은 기능과 능력을 가지고 있는 사람이 누구냐에 따라서 정해질 수 있어야 한다.

• **스테이션 교수**(station teaching) 두 교사는 모든 유아의 활동과 학습을 위하여 2개 이상(교사의 수와 활동내용에 따라 스테이션의 수가 달라질 수 있음)의 독립된 고정 스테이션을 만들어 놓는다. 각각의 스테이션에는 모든 유아들이 다른 경험의 학습을 할 수 있는 내용이 구성되어 있다. 두 교사는 독립된 스테이션을 하나 혹은 둘씩 맡아서 운영하고 모든 유아들은 소그룹을 만들어 각 스테이션을 돌며 활동한다. 예를 들어, 두 명의 교사가 세 개의 스테이션을 만들고 세 그룹의 유아 집단을 구성하였다고 가정할 때, 한 스테이션은 일반유아교사가 맡고, 다른 스테이션은 유아특수교사가 운영하고, 나머지 한 스테이션은 자율적인 활동이나 또래 지도를 이용한다. 세 집단의 유아들은 각각의 스테이션을 돌면서 일정 시간 활동을 한 후에 각 스테이션에서 스탬프를 받아 세 개의 스탬프를 다 받으면 활동을 끝낸다. 주의할 것은, 이 모델에서 교사들이 유아에게 다양한 학습을 제공할 수 있는 이점이 있으나 스테이션 사이를 움직일 때 유아들이 스스로를 통제하지 못한다면 많은 혼란과 시끄러움이 생길 수 있다.

• **평행 교수**(parallel teaching) 이 모델에서는 두 교사가 같은 활동을 고안하지만 활동을 시작하면 한 교실 내에서 서로 상이한 집단을 책임진다. 즉, 스테이션 교수에서와는 달리 두 교사가 두 개의 학습 집단으로 나눈 다음 주어진 활동이 끝날 때까지 특정한 집단만 책임을 진다. 가르치는 내용과 지식은 동등한 질의 것으로 하는 것이 좋다. 이 모델은 한 교사에게 주어진 학습 집단의 비율을 낮추는 것이지만 두 교사가 서로 긴밀하게 협조하는 것이 바람직하다.

• **대안 교수**(alternative teaching) 학습 집단을 대집단과 소집단으로 나눈다. 주로 대집단은 교육수준이 거의 비슷한 동질의 학습 집단이 되고, 소집단은 그 시간의 활동에서 매우 뛰어나거나 매우 저조한 유아들로 구성된 이질 집단이

되기 쉽다. 대집단에서는 그날 진행되어야 할 새로운 학습이 이루어지고 소집단에서는 수행이 저조한 유아에게는 복습이 이루어지고 우수한 유아에게는 예습이 이루어질 수 있다. 또는 소집단에서 수행이 저조한 유아에게는 그 시간에 대집단에서 진행되는 내용보다 수준이 낮게 조정된 내용의 학습이 이루어지며, 우수한 유아에게는 훨씬 높은 난이도의 활동이 부여되기도 한다. 이런 수업 형태의 경우 유아특수교사가 소집단을 맡고 일반유아교사가 대집단을 맡아서 운영하는 것이 무난하나 반드시 그렇게 할 필요는 없을 것이다.

- **팀 티칭**(team teaching) 이 모델은 두 교사가 수업내용을 공동으로 구안하여 같은 유아 학습 집단을 동등하게 맡아서 가르치는 것을 말한다. 두 교사는 학습활동이 전개되는 과정 속에서 동등하게 책임과 역할을 분담하여 하나의 팀이 되어 유아들의 활동을 관리하고 중재한다.

- **보충 교수**(complementary teaching) 일반유아교사가 특정 활동을 진행하면 유아특수교사는 유아의 요구를 충족시키기 위해 내용을 조절하거나 적절한 학습자료를 제공하는 등의 활동을 말한다.

- **지원학습활동**(supportive learning activities) 이 모델은 유아특수교사가 보충적인 수업을 진행하는 것을 말하는데, 일반 수업을 강화하고 확장하기 위해 이루어진다. 이것은 대안 수업과 매우 유사한 점이 있지만 모든 유아를 대상으로 한다는 것과 두 교사가 일련의 모든 활동에 함께 참여한다는 점에서 차이가 있다.

(3) 협력 교수 적용의 실제

상기의 협력 교수 모델은 유아들의 하루 일과 중에 일어날 교육활동 영역별로 그 특징적인 것에 따라 적용될 수도 있고, 하나의 활동 영역 속에서 활동 전개의 내용, 전개 방법, 및 활동 시간에 따라 하나 이상의 협력 교수 모델을 병행하거나 혼합하여 활용될 수도 있다. 교사는 이처럼 위에 제시된 예시적인 협력 교수 모델을 응용하여 현장 활동에 적합한 또 다른 협력 교수 모델을 얼마든지 개발할 수 있다.

다음에 소개된 유치원 일과표를 가지고 협력 교수의 적용 사례를 간단하게 설명하기로 한다. 제시된 사례는 협력 교수 활용에 대한 하나의 아이디어이며, 다른 형태의 협력 교수가 얼마든지 적용될 수 있다.

- **놀이 계획 및 자유 선택 활동** 자유 선택 활동의 모든 선택 활동 내용을 두 교사가 함께 공동으로 구안하여 실시하는 것이 바람직하므로 유아로 하여금 놀이 계획을 구상하게 할 때도 교수-지원보다는 두 교사가 팀 티칭으로 협력하는 것이 나을 수 있다. 자유 선택 활동을 위해, 위에 제시된 협력 교수형태를 응용할 수 있다. 가령 두 교사가 전체 집단을 대상으로 모든 선택 활동 영역에 자유롭게 참여하면서 유아들의 활동을 지원할 수 있다. 그 가운데 필요한 경우 두 교사 모두 발달지체유아의 장애 유형과 정도에 따라 보충 교수할 수 있다.

  또 다른 방안으로, 스테이션 교수와 평행 교수를 합쳐서 응용할 수 있다. 두

표 5-1 유치원 일과 프로그램(반일제)

시 간	활 동	협력 교수 형태
8:45-9:00	등원	
9:00-9:50	놀이 계획 및 자유 선택 활동	놀이 계획 및 활동은 팀 티칭, 스테이션, 보충 교수 등을 변형하여 적용
9:50-10:00	정리 정돈	
10:00-10:30	대집단 활동	교수-지원, 팀 티칭, 대안 교수, 보충 교수 등을 활용
10:30-10:50	간식	
10:50-11:20	대 · 중 · 소집단 활동	평행 교수, 스테이션, 팀 티칭 등을 적용
11:20-11:50	실외 놀이	팀 티칭, 스테이션의 병행
11:50-12:00	평가 및 귀가	

출처: 교육부, **유치원 교육활동 지도자료**(2000), 총론, p. 96.

교사가 각각 자기의 장점을 살릴 수 있는 영역들을 정하여 그 영역에 들어오는 유아들의 활동을 지원하는 것이다. 이것은 교사의 입장에서는 교수할 구역을 나눈 것이지만 모든 유아들이 모든 활동 영역에 골고루 참여하는 것은 아니기 때문이다. 여기서도 보충 교수가 병행될 수 있다.

- 대집단 활동(이야기 나누기, 평가 등) 대집단 활동을 위한 협력 교수로는 교수-지원과 팀 티칭이 있으므로 이것을 활용한다. 여기서도 발달지체유아를 위한 보충 교수가 병행될 수 있다. 아니면 그날의 이야기 나누기 주제에 따라 대안 교수를 병행하여 적용할 수도 있다. 가령 한 교사는 전체를 대상으로 활동을 진행하고 다른 교사는 그 주제에 대해 많은 지식과 체험을 한 유아와 많은 설명이나 간단한 정보 전달이 필요한 유아를 상대로 필요한 내용을 지원하는 방식이다.

- 대 · 중 · 소집단 활동(게임, 동화, 음악 활동 등) 게임이나 음악 활동을 소집단으로 할 경우 평행 교수나 스테이션을 활용할 수 있다. 게임을 대집단으로 할 경우 팀 티칭이나 교수-지원 형태를 활용할 수 있다. 동화의 경우 활동의 내용과 시간에 따라 대 · 소집단 활동을 병행할 수 있다. 가령 대집단에서 전체를 대상으로 동화 듣기를 할 때는 팀 티칭 형태를 적용하고, 들은 동화 내용을 가지고 극 놀이와 그림 그리기 활동으로 전개할 때는 평행 교수를 활용할 수 있다.

4) 협동학습

협동학습은 학습자 간의 상호작용을 촉진시키도록 구조화하는 하나의 교수 방안이다. 따라서 이것은 교육 현장에서 학습자들이 서로 협력하여 활동하는 가운데 개별적인 학습 활동에서 얻는 것보다 더 풍부한 지식을 습득하는 것 외에도, 이질적인 개인들이 서로의 내면세계를 경험하고 서로를 인정하며 받아들이는 태도를 기를 수 있다는 장점을 가지고 있다.

협동학습 집단 내에서 활동하는 학생의 성취 수준은 혼자 혹은 서로 경쟁하면서 활동하는 학생의 성취 수준보다 더 높은 경향이 있다(Hendrickson & Frank,

1993). 협동학습은 전통적인 집단 학습과는 구별되어야 한다. 다음은 전통적인 집단 활동과 협동학습의 특성을 비교한 것이다(Male, 1997). 이 비교를 통하여 교사는 협동학습의 원리를 이해하고 그것을 어떻게 구조화할 수 있는가를 알게 된다.

- 협동학습은 구성원 간에 긍정적으로 상호 의존하도록 한다. 그러나 전통적인 집단 학습에서는 상호 의존성을 중요시하지 않는다.
- 협동학습은 개별 구성원이 가지는 책임성이 있다. 전통적인 집단 학습에서는 개별적인 책임이 꼭 필요하지 않다.
- 협동학습에서는 집단 구성원의 이질성을 강조하지만 전통적인 집단 학습에서는 구성원의 동질성을 강조할 수 있다.
- 협동학습에서는 집단의 리더십이 개별 구성원에게 나누어져서 주어지지만 전통적인 집단 학습에서는 리더십이 특정인에게 주어지기 쉽다.
- 협동학습에서는 구성원끼리 서로에 대한 책임성을 공유하지만 전통적인 집단에서는 자신에 대한 책임성만 두드러진다.
- 협동학습 내에서는 사회성을 직접적으로 배우나 전통적인 집단 학습에서는 사회성 발달이 일어나지 않을 수 있다.
- 협동학습에서는 교사의 관찰과 중재가 필수적이나 전통적인 집단 학습에서는 그렇지 않을 수 있다.

위에서 언급된 협동학습의 원리적인 이해 속에서 다음과 같은 중요점을 간추릴 수 있다.

첫째, 협동학습과 전통적인 집단활동을 혼돈할 수 있다. 협동학습에서는 집단에게 주어진 공통의 과제 속에 개인이 책임져야 할 과제가 분명히 있다. 따라서 개인은 그 부분에 대한 리더십을 발휘할 뿐 아니라 집단 구성원 중 다른 사람의 활동에 자신의 과제를 '편승' 하는 현상은 일어나지 않는다. 협력 집단 내에 있는 개별 구성원은 학습에 대하여 책임을 가진다.

둘째, 협동학습 현장에서는 집단 내의 다른 구성원의 활동을 철저히 관심 있게 살피고 도움이 필요하면 도와주는 현상이 나타난다. 즉, 다른 구성원들의 형편을 고려하고 지켜보는 것이다. 개별적인 학습자는 각각의 진행에 대해 구성원들로부터 피드백을 받고, 집단은 다른 집단의 구성원이 누구를 도와주고 격려하며 그 집단의 개인은 어떻게 활동하는가에 대한 피드백을 받는다.

셋째, 협동학습 속에는 개인적인 성취와 집단의 성취가 동시에 보장된다고 할 수 있다. 그러나 그 개인적인 성취는 집단 공통의 과제에 대한 성취와 무관하지 않으며 오히려 밀접한 관계성을 가지고 있다고 할 수 있다.

넷째, 교사는 교사의 일방적인 교수 현장보다는 협동학습 현장에서 학습자의 활동을 훨씬 더 잘 관찰할 수 있다. 또한 협동학습 속에서 교사는 자신보다는 학습자중심의 활동을 강화하고 학습자의 학습 참여 의욕을 더 고취시킬 수 있다.

다섯째, 협동학습 속에서 개인의 책임에 더하여 집단 구성원 간의 협력과 관계 형성이 발전될 수 있다.

여섯째, 협동학습은 집단 구성원 사이의 긍정적인 상호 의존에 기초를 둔다. 협력 상황을 위하여 학습자는 그들이 다른 집단 구성원과 긍정적으로 상호 의존하는 것을 알아야 한다. 협동학습 속에서 집단 구성원은 자신이 속한 집단이 성공적이어야 그들 개인이 성공적이라는 것을 터득한다. 따라서 학습 목표는 구성원 개인과 마찬가지로 집단의 모든 구성원의 수행에도 관심을 가질 필요가 있도록 구성되어야 한다. 이것은 공통의 목표를 가짐으로써, 활동 과제를 나눔으로써, 집단 구성원 간에 학습 자료나 정보를 나눔으로써, 다양한 역할을 분담함으로써 그리고 공동의 보상을 받음으로써 성취될 수 있다.

일곱째, 따라서 학습 과정 속에서 상호작용을 통해 서로를 잘 이해할 수 있는 경험들이 축적되어 자신의 발전은 물론, 더불어 살아가야 할 이유를 터득하게 된다.

협동학습은 능력이 다양한 학습자들로 구성된 학습 집단에서 그 집단의 공동 목표를 달성하기 위해 구성원 개인이 공동의 목표 과제와 연결된 자신의 과제를 구성원과의 긴밀한 협조와 교류를 가지고 해결하고자 활동하는 것을 말한다. 협동학습 집단이 효율적이 되기 위해서 교사는 집단을 이질적인 구성원들로 만들고 수업을 협동학습할 수 있도록 구조화해야 한다. 또한 협동학습 집단을 구조화하는 교사의 역할은 정보의 제공자에서 학습의 촉진자로 그 역할이 바뀌어야 한다(김성애, 정대영, 박희찬, 1997).

교사가 협동학습을 실행할 수 있도록, 빌라와 사우전드(Villa & Thousand, 1994)가 제안한 협동학습 집단 수업 계획서의 내용을 소개하면 다음과 같다(본 양식에서 일부 용어는 우리의 유치원 상황에 맞추어 다른 적절한 용어로 기술되었다.).

표 5-2 협동학습 집단 수업 계획서

수업명:	수업자:	대상 연령:
활동 주제:	활동 시간:	

- 교육목표
  - 유아들이(지금의 수업을 위해) 필요한 기술은 무엇인가?
  - 학습 목표는 무엇인가?
  - 유아들은 수업목표 달성을 어떻게 보이는가?
  - 교육목표 달성 범위는 무엇인가?
  - 특수교육 대상자를 위한 교육 수정은 무엇인가?
  - 특수교육 대상자는 수업목표 달성을 어떻게 보이는가?
  - 특수교육 대상자의 교육목표 달성 범위는 무엇인가?
- face-to-face 상호작용 결정
  - 크기는?
  - 유아들은 집단에 어떻게 배치되는가?
  - 공간 배치는 어떠한가?
- 긍정적 상호 의존을 위한 구조
  - 집단의 구조– 단일 결과물, 한 집단의 목표 혹은 공유할 결과는?
  - 집단 보상이 구조화되었는가?
  - 유아들의 역할이 분배되었는가?
  - 역할 외에 다른 작업 영역은 무엇인가?
  - 자료는 어떻게 분배되었는가?
  - (추가사항) 긍정적 상호 의존을 촉진할 또 다른 방안은 무엇인가–집단 간의 협동, 집단 간의 경쟁, 긍정적인 신비스러운 미션 과제, 혹은 상호 의존의 동일성 방안(집단명 등)?
- 사회성 기술 수행 확립
  - 사회성 기술의 목표는 무엇인가?
  - 개별적 사회성 기술 욕구는 어떻게 전달(알게)되는가?
  - 사회성 기술은 어떻게 설명되고, 보이고, 역할되고 혹은 실시되는가?
  - 사회성 기술은 집단 구성원에게 어떻게 배분되는가?
- 사회성 기술 수행: 교사의 모니터링과 중재
  - 집단 모니터링을 위한 과정(어떻게, 누가)은 무엇인가?
  - 사회성 기술이 사용될 경우, 집단에 대한 피드백(어떻게, 누가) 과정은 무엇인가?
  - 사회성 기술이 활용되지 않을 경우, 집단에 대한 피드백(어떻게, 누가) 과정은 무엇인가?

(계속)

–어떤 협력상의 문제가 예상되는가?

–예상되는 문제를 예방하거나 개선할 중재는 무엇인가?

• 사회성 기술 수행: 유아 모니터링

–유아 관찰자를 선정하고 훈련할(무엇을, 누가) 과정은 무엇인가?

–사회성 기술은 모니터되는가?

–유아들은 한 집단 이상 관찰하는가?

–유아들은 전체 수업을 관찰하는가?

–유아들은 자기들의 관찰을 어떻게 언제 공유하는가?

• 개별 책임성의 구조화

–개별 퀴즈들이 배당되는가?

–질문에 대답할 집단 구성원이 무작위로 선정되는가?

• 과제 설정

–(학업적인)과제의 설명과 목표달성 범위(언제, 누가)에 대한 과정은 무엇인가?

–사회성 기술과 목표달성 범위는 어떻게 설명되는가(언제, 누가)?

• 끝내기 단계

–끝내기를 위한 과정은 무엇인가(그들이 학습한 것을 요약하기)?

–(학업적인)과제 수행에 대한 피드백 과정은 무엇인가(어떻게, 누가, 언제)?

–교사가 관찰한 것은 어떻게 공유되는가?

–사회적 기술을 활용하여 개인 및 집단 학업 목표 성취의 평가(assessment)과정은 무엇인가(어떻게, 언제)?

• 수업이 끝나고

–교사는 수업의 성공에 대해 어떻게 평가(evaluate)하는가?

출처: Villa & Thousand(1994), 88–91; 134–141.

6. 교육과정의 조정

발달지체유아와 정상발달유아의 통합교육을 성공적으로 이루기 위해 교육과정을 어떻게 적용하느냐 하는 것은 매우 중요한 문제다. 조정(교수적 조정)의 목적은 다양할 수 있으나 중요한 몇 가지만 언급하면 다음과 같다. 우선, 발달지체유아들이 가지고 있는 지적, 신체적, 행동에서의 어려움을 덜어 주고 보상하여 다른 유아들과 같은 활동에 참여하도록 지원하는 것이다(Keating, 1999 참조). 둘째, 유아들 간의 의미 있는 상호작용을 통해 타인과 자기와의 사회적 동일성 욕구와 개인적 동일성 욕구를 동시에 충족할 수 있는 기회를 제공하는 것이다(김성애, 2003). 셋째, 다양한 인식을 하는 유아들 간의 상호작용을 통하여 자신의 인식을 더 풍부하게 확장할 수 있는 자극을 제공받는 것이다(김성애, 2007c).

이상과 같은 교육과정 조정의 목적에 근거하여 통합교육을 위한 교육과정의 조정 방안에 대해서 기술하고자 한다. 통합교육이 실시되면, 대부분의 학급에서 사용되고 있는 많은 활동과 자료들은 모든 유아의 개별적인 욕구에 맞게 조정되어야 한다. 다음의 내용은 통합교육을 위해 유아교육과정을 조정하는 원리(Vaughn et al., 2000, 23)와 구체적인 교육과정 조정 예시로서 의사결정 모델(Udvari-Solner, 1994, 67)에 관해 기술한 것이다.

1) 본 등(2000)의 통합교육을 위한 교육과정 조정원리

- 모든 유아들이 자기의 능력이나 문제점 그리고 활동에서 기대하는 것이 다른 친구와 다를 때 그것을 존중하도록 가르친다. 특히 발달지체유아를 존중하도록 관심 있게 지도한다.
- 일상 스케줄을 유아들에게 적절하게 정해 놓는다. 그래서 발달지체유아를 포함한 모든 유아들이 그날의 활동에서 언제 무엇을 하는지 알 수 있게 한다.
- 발달지체유아의 교육을 위해 효과적인 교수방안을 마련한다. 예를 들어, 그 유아가 문제를 일으킬 때 타임아웃을 적용할 것인지, 아니면 무시할 것인지를 정하고 적절한 보상 스케줄을 결정한다.
- 유아들의 개인별 장점 및 흥미 등을 파악하여 개인적인 친분 관계를 형성한다.
- 유아들이 자신의 감정을 적절하게 표현하는 방법을 찾도록 돕는다. 예를 들어, 자신의 감정을 그림으로 나타내기, 화가 났을 경우 교실 밖에 잠시 나갔다 오기 등이 그것이다.
- 발달지체유아와 정상발달유아가 자주 의사소통한다.
- 유아특수교사와 일반유아교사가 자주 의사소통한다.
- 모든 유아의 개별적인 기대 수준을 정한다.

- 장기 목표를 개별 유아에 맞게 조절한다.
- 일일 생활 내용을 개별유아에 맞게 조정한다.
- 발달지체유아에게 활동을 어떻게 할 것인지에 관한 방안을 가르친다.
- 발달지체유아의 욕구에 맞게 학급 내에 있는 물리적인 환경을 조절한다.
- 학급 내에 있는 정상발달유아용 학습 자료를 발달지체유아가 사용할 수 있도록 수정한다.
- 발달지체유아의 활동을 위하여 발달지체유아용 학습 자료를 예비로 준비한다.
- 발달지체유아가 활동 내용이나 지시 내용을 이해하는지 살펴본다.
- 발달지체유아에게 개별 교수를 제공한다.
- 짝 활동이나 또래 지도 방안을 준비한다.
- 발달지체유아를 소집단 활동과 학급 전체 활동에 참여시킨다.
- 수업 속도나 수준을 유아의 상황에 맞게 조정한다.
- 유아의 발달 상황을 기록한다.
- 평가 방법을 개별 유아의 상황에 맞게 조정한다.

상기된 버운의 의견을 통해 볼 때, 교육과정 조정 계획은 일일 활동 스케줄 알기, 교사와의 친분 쌓기, 화가 났을 때의 해결 방법, 의사소통, 유아의 발달, 물리적 환경, 학습 자료 조정, 수업 관련 내용의 이해, 학습 태도 및 속도, 평가 방법, 또래 지원 등의 활용, 수업 형태 조정 등 교육활동에서 일어날 수 있는 매우 광범위한 면에서 구체적으로 세워져야 함을 알 수 있다.

2) 우드바리-솔너(1994)의 교육과정 조정을 위한 의사 결정 모델

다음에 기술된 교육과정 조정 방안은 수업의 구조, 과제의 요구 수준, 학습 환경, 과제 끝내기, 지원 방안 등의 차원에서 고려하도록 구안되었다.

(1) 수업의 구조 바꾸기

- 유아의 수업 참여를 높이기 위해서 어떤 학습 형태가 좋은가?

- 협력 집단과 짝 활동, 또래 지도

• 유아의 수업 참여를 높이기 위해서 어떤 활동이 좋은가?
  - 활동중심 게임 · 모의 학습 · 역할극, 실험중심 학습, 지역사회중심 활동
• 유아의 수업 참여를 높이기 위해 수업 전달 방법이나 교수형태를 어떻게 바꿀 것인가?

(2) 과제 및 과제범위의 요구 수준 바꾸기

• 유아에게 필요한 교육과정의 목표를 어떻게 바꿀 것인가?
  - 수행 표준을 조절, 학습 속도를 조절, 같은 내용의 학습을 간단하게 조절, 실생활에 직접 적용할 수 있는 비슷한 내용으로 조절
• 평가 체제를 어떻게 바꿀 것인가?
  - 준거 지향적인 평가, 개별적인 평가

(3) 학습 환경의 요소 바꾸기

• 유아의 활동 참여를 높일 수 있도록 교실이나 수업 환경을 어떻게 바꿀 것인가?
  -물리적 환경, 사회적 환경, 수업 환경 · 장소

(4) 과제를 끝내는 방법 바꾸기

• 유아의 수업 참여를 확실하게 하기 위하여 학습 자료를 어떻게 조절할 것인가?
  - 같은 내용을 하되 크기 · 수 · 형태를 다르게, 첨가적인 자료 혹은 다른 자료의 제공

(5) 인적 자원의 지원 구조 형태 바꾸기

• 유아의 수업 참여를 위하여 인적 지원을 어떻게 바꿀 것인가?
  - 또래 혹은 유아교사의 지원, 그 외의 인적 자원의 지원

3) 교육과정 조정 시 유의할 점

상기된 교육과정 조정 방안을 적용하여 발달지체유아가 정상발달유아와 함께

하나의 교육활동을 하는 것은 통합교육의 궁극적인 목적을 달성하게 하는 매우 중요한 부분이라 하겠다. 그렇지만 교육과정을 조정함에 있어서 정상발달유아로 하여금 발달지체유아의 이질성을 두드러지게 느끼도록 하는 것은 통합을 역행할 소지가 있다. 다시 말하면, 발달지체유아에게만 적용되는 교육과정의 조정이 교육자료, 교육내용, 및 활동 방법 등에서 정상발달유아의 그것들과 뚜렷한 차별성을 가져오게 함으로써 그들 간의 의미 있는 상호작용과 사회적 동일성 욕구 등을 발달시키지 못하게 될 가능성이 커지기 때문이다. 다음의 내용은 교육과정 조정 시 고려해야 할 유의점이다.

- 통합수업에서 교육과정을 적용할 경우　교사는 발달지체유아에게 어떤 조정을 해 줄 것인지를 먼저 생각하지 말아야 한다. 그것보다는 그 유아가 정상발달유아와 같이 할 수 있는 것이나 장점, 흥미 등이 무엇인가에 대한 정보를 수집해 두고 그것을 활용할 생각을 먼저 해야 한다.

- 발달지체유아의 장애 유형에 적합한 교재 · 교구를 조정할 경우　그 조정 내용을 다른 다양한 활동 방법 중의 하나로 선택적으로 제시하여, 해당 유아뿐 아니라 다른 유아들도 그것을 가지고 활용할 기회를 제안한다. 이것을 통하여 정상발달유아도 발달지체유아가 가지는 조정된 교재 · 교구를 활용할 기회를 가질 수 있어 정상발달유아와 발달지체유아가 공통된 학습 제재를 공유하게 되고 발달지체유아에게 시선이 집중되지 않는 자연스러운 활동을 할 수 있다.

- 발달지체유아의 활동 수준의 난이도를 조정해야 하는 경우　같은 주제 안에서 활동의 난이도를 조정하여 발달지체유아의 활동을 지원함과 동시에 어떤 정상발달유아에게도 같은 활동을 할 수 있다고 제안하여 유아들로 하여금 활동을 선택하게 한다. 정상발달유아 중에서도 언제나 정상발달유아 수준의 난이도를 다 소화할 수 있는 것은 아닐 것이다.

- 발달지체유아의 지원을 조정해야 하는 경우　대부분의 유아가 활동 속에서 크고 작은 지원을 필요로 한다고 볼 때, 발달지체유아에게 지원하는 부분이 다른

유아에게 그렇듯이 자연스럽게 지원될 수 있을 것이다. 다만, 또래 지원일 경우 교사는 수시로 또래가 지원하는 상황을 살피어 지원하는 유아로 하여금 많은 심적 및 물리적 부담을 받지 않도록 방안을 마련해야 한다.

- 계획된 교육과정 조정이 상황이나 유아에게 적합하지 않을 경우　그럴 경우에 유아의 교육적 욕구와 발달, 및 성취에 관해 수집한 정보를 활용해 그것을 바꿀 수 있는 융통성이 있어야 한다. 아울러 적용된 상황, 결과, 및 수정 내용 등을 수업 계획서에 메모해 두어 다음 교육과정 조정에 참고할 수 있도록 한다.

7. 통합교육 지원

수업 현장에서 상기된 협력 교수 및 협동학습 등을 활용하여 통합교육이 그 이념을 달성하기 위해서는 지원이 필요하다.

통합교육 지원을 내면적 지원과 외면적 지원으로 나누어 보면, 대표적인 내면적 지원은 바로 통합교육의 일차적인 주체인 교사의 통합교육에 대한 올바른 인식과 태도라고 본다. 외면적 지원은 수업 현장에서 통합교육이 효율적으로 이루어지도록 교사의 수행 능력 제고인 교사 자질 지원, 수업 현장에서 협력 교수 및 협동학습 등이 일어나도록 통합교육을 운영할 수 있는 학교 재구조화를 통한 학교 차원의 지원, 학교에서 통합교육을 운영할 수 있도록 하는 교육청 차원의 지원, 통합교육을 위한 법과 제도적 뒷받침을 하는 제도적 지원, 부모 지원 등으로 구별할 수 있다. 다음의 내용은 김성애(2005)가 설명한 통합교육의 지원 내용 중 대표적인 요인을 골라서 내면적 지원과 외면적 지원으로 나누어 요약 · 소개한 것이다.

1) 내면적 지원

상기한 대로, 통합교육을 위한 내면적 지원은 교사 내면의 통합교육에 대한 긍정적 인식 및 태도라고 볼 수 있다. 통합교육에 대한 교사의 의지와 태도는 비록 교육 현장에서 통합교육의 물리적이고 행정적인 지원이 미약하다 하더라도 그것의 이념을 세워 나갈 방도를 수업 차원에서 기획할 수 있는 동기를 가지게 한다. 구체적인 예로써, 일반유아교사가 발달지체유아에 대한 이해와 관심을 가지는 것은 물론 그 유아가 정상발달유아와 함께 교육받아야 하는 필요성을 느낄 경우, 일반유아교사는 발달지체유아의 교육에 대한 책임성을 가지게 된다. 유아특수교사의 경우도 마찬가지로 영향을 미치는데, 그 교사가 통합교육에 대한 인식이 부족하고, 발달지체유아는 정상발달유아의 교육과 크게 다르기 때문에 특정한 기능적인 촉진을 중심으로 분리교육을 해야 한다고 주장한다면, 유아특수교사는 자신이 몸담고 있는 특수학급에서 특수교육에만 온 힘을 쏟을 것이다. 이러한 유아특수교사의 태도로 인해 통합학급에서 모든 유아가 하나의 교육 안에서 협력하고 상호작용할 기회를 갖지 못하고 발달지체유아에게 적절한 교육을 제공하지 못하는 이중의 실패가 야기될 수 있다.

교사의 통합교육에 대한 긍정적이고 적극적인 태도는 교사 간의 협력, 유아들이 상호작용할 수 있는 협동학습 구조, 모든 유아가 같은 활동을 할 수 있는 하나의 교육과정 운영 등 다양한 교수-학습 방안을 마련하는 데 교사의 자발적이고 역동적인 움직임을 보장한다.

2) 외면적 지원

첫째, 통합교육 수행 능력 제고를 위한 교사 자질 지원이다. 교사의 통합교육을 위한 수행 능력은 철학적 및 사회학적 등에 근거한 통합교육의 당위성 및 이념에 대한 지식과 이해를 포함하여 통합교육 교수-학습 및 교육과정에 대한 운영 능력이다. 통합교육은 모든 유아들의 발달을 최상의 효율성으로 보장하는 것이라고 볼 때, 일반유아교사와 유아특수교사는 말 그대로 '모든' 유아를 위한 통합교육 수행 자질이 필요하다.

둘째, 교사들의 통합교육 현장을 위한 학교 차원의 행정 지원이다. 수업에서 통합교육이 온전히 성공적으로 이루어지려면 학교 행정이 통합교육의 실제를 위한 행정 지원을 해 주어야 한다. 즉, 학교 행정가는 교사의 배치, 담임 배정, 교수 협력을 위한 시간표 조정 등에서 1학급 1담임제 등의 전통적인 학교 운영 방식을 탈피하여 통합교육을 위한 운영 방안 마련 개혁을 하여야 한다. 예컨대, 교사 간의

'협력'과 다학문적 팀 구성, 이질적인 학습 집단의 교육활동을 위한 교수-학습 및 교육과정 운영, 수업 외의 다양한 활동에서의 이질적 유아들의 상호작용 촉진 방안, 수행평가 등의 내용을 담아 학교를 운영한다. 아울러 학교 지원에는 물리적 공간 및 환경을 개선하고 통합교육을 지원할 보조 공학 기기, 특수교육 보조원 등의 특수교육 관련 서비스 지원의 방안도 포함한다.

셋째, 학교에서의 통합교육 행정이 이루어지려면 지역 및 중앙 행정 차원의 제도적 지원이 필요하다. 학교 행정가의 지원은 통합교육의 성공을 위한 직접적이며 중요한 요인이 될 수 있고 그러한 학교 행정의 지원은 제도적인 지원이 받쳐 줄 때 가능하다고 할 것이다. 라이저 등(1986)에 따르면, 통합교육 현장에서 가장 중요한 에너지는 개인의 통합하고자 하는 의지를 포함한 인간 내면적 통합 능력일 것이다. 그렇지만 그러한 통합의 능력은 통합교육을 가능하게 하는 환경 속에서 가능하다. 따라서 통합교육이 이루어지도록 할 가장 토대가 되는 행정 지원이 바로 제도적 차원의 지원이다. 여기서의 역할은 실제 교육현장에서의 통합교육을 효율적으로 운영할 수 있는 환경, 즉 통합교육의 운영 지침, 평가 지침, 장학 지침, 운영을 위한 예산, 교사 배치 및 교사 훈련 등에 관한 지원을 조성하는 것이다.

넷째, 학교에서의 통합교육이 활성화되도록 하는 부모 지원이다. 특히 정상발달유아의 부모가 가지는 통합교육에 대한 올바른 인식은 통합교육을 성공적으로 이끄는 중요한 동력으로 작용할 수 있다. 즉, 부모는 자신의 자녀에게 발달지체유아에 대한 긍정적인 인식을 심어 주어 잘 어울리도록 독려할 수 있으며, 통합교육이 보다 효율적이고 성공적으로 이루어지도록 학교를 격려하며 행정 및 제도적인 지원을 촉구할 수 있다. 실제로 독일의 경우 정상발달유아의 부모가 초등학교에서의 통합교육이 이루어지도록 하는 중요한 계기를 마련하게 된 역사적 사례가 있었으며(김성애, 1996), 이를 통해 봤을 때 통합교육을 위한 부모의 지원은 매우 중요하다는 것을 알 수 있다.

8. 통합교육을 위한 점검 사항

본 장의 결론을 대신하여 본 절에서는 유아교육 현장에서 효율적인 통합교육을 실시할 수 있는 방안을 계획하기 위하여 점검해야 할 사항을 모아 놓았다(김성애, 정대영, 박희찬, 1997; Thompson, B. et al., 1993b, Circle of Inclusion Project, 1999 재인용).

(1) 기본 교수전략

- 교사들은 다양한 협력 교수를 사용하는가?
- 모든 유아가 같은 교육활동을 하고 있는가?
- 발달지체유아가 모든 활동에 적극적으로 참여하도록 교육과정 조정이 일어나는가?
- 유아들의 활동에 협동학습, 짝 활동 혹은 또래 지도가 일어나는가?
- 발달지체유아를 위한 특수교육 활동이 계획 · 실시되는가?
- 학습 과제가 연령에 맞는가?
- 발달지체유아를 위한 학습 보조 기기가 적절하게 제공되는가?
- 개별 유아의 교수목표에 적절한 활동을 제공하는가?
- 집단 활동 내에서 개별 유아의 교육적 욕구에 적합한 학습이 이루어지도록 계획하는가?

(2) 상호교류 촉진

- 교사와 유아 간에 잦은 상호작용이 일어날 기회가 주어지는가?
- 유아와 유아 간의 상호작용이 일어날 기회가 주어지는가?
- 발달지체유아가 활동하는 곳에 또래들을 참여하게 하는가?
- 발달지체유아에 관한 질문에 차별성을 강화하지 않도록 적절하게 대답하는가?
- 유아에게 교사의 친밀성과 존중감을 전달하는가?
- 유아 간의 유사성을 강조하는가?
- 정상발달유아에게 발달지체유아의 비언어성 의사소통을 해석하도록 지원하는가?
- 발달지체유아에게 적절한 의사소통 방안을 하도록 지원하는가?
- 정상발달유아에게 발달지체유아와 활동하는 방법에 대해 지원하는가?
- 발달지체유아가 자신의 의사와 활동을 스스로 선택하도록 정상발달유아를

가르치는가?

(3) 교육과정 조정 및 수업 내용

- 발달지체유아가 정상발달유아와 같은 활동을 하도록 교육과정이 조정되는가?
- 교육활동에서 발달지체유아를 포함한 모든 유아에게 맞는 개별 학습 목표가 고려되는가?
- 발달지체유아에게 발표할 기회가 정상발달유아와 같은 비율로 주어지는가?
- 발달지체유아가 자기가 학습한 것을 표현하는 방법이 장애 유형이나 정도에 맞게 조정되는가?

(4) 물리적 환경

- 발달지체유아가 실내외 교육환경 어디나 자유롭고 안전하게 다닐 수 있는 편의 시설이 되어 있는가?
- 교실에서 발달지체유아를 포함한 모든 유아가 자유롭게 자료를 사용할 수 있도록 학습 자료의 배치가 적절하게 되어 있는가?
- 모든 유아의 개별적인 특성을 고려하여 흥미 영역이 구성되어 있는가?
- 발달지체유아의 장애 특성이 고려된 교구장 및 설비 배치가 되어 있는가?

(5) 통합교육 행정 지원

- 통합교육을 수행할 교사의 질적 제고를 위한 교육과 연수가 이루어지는가?
- 통합교육을 위한 학교 재구조화 방안이 실천되는가?
- 통합교육을 위한 교내외 장학 활동이 일어나는가?
- 통합교육을 위한 교육과정연구회가 지원되는가?
- 통합교육을 위한 제도적 지원 장치가 마련되는가?
- 발달지체유아를 위한 특수교육 관련 서비스 지원 방안이 마련·운영되는가?

참고문헌

교육부(2000). 유치원 교육활동지도자료 1. 대한교과서주식회사.

교육인적자원부(2001). 2001 특수교육실태조사서.

교육인적자원부(2001). 특수교육연차보고서.

김규수(2001). 포스트모더니즘적 유아교육관 고찰. 유아교육연구, 21(1), 161-176.

김성애(2001). 통합교육이 장애아와 비장애아의 심리적 통합에 미치는 작용에 관한 일 추론: 과정으로서의 통합. 제19차 춘계학술심포지움 논문집(pp. 1-14). 대구대학교 특수교육재활과학연구소.

김성애(2002). 통합교육. 김경숙, 김미숙, 김성애, 김수진, 박숙영, 백유순, 이성봉, 조광순, 조윤경, 최민숙, 허계형 공저(2002), 유아특수교육개론(pp. 129-160). 서울: 학지사.

김성애(2003). 통합교육 환경에서의 비장애아동 태도 변화 관련 프랑크푸르트연구팀 이론 탐색. 정서행동장애 연구, 19(1), 29-52.

김성애(2005). 통합교육 지원체계. 강영심, 강경숙, 김동일, 김성애, 김용욱, 김윤옥, 김종현, 박재국, 신종호, 신현기, 이대식, 이신동, 전병운, 정대영, 정정진, 조용태 공저, 한국통합교육학회 편(2005), 통합교육(pp. 47-76). 서울: 학지사.

김성애(2007a). 한국 유아특수교육의 새로운 과제 및 해결방향 -"장애인 등에 대한 특수교육법" 제정에 따른 제도적 측면-. 2007 한국유아특수교육학회 춘계학술대회 "장애유아 통합교육 현장에서의 부모와 교사를 대상으로 하는 연구 발표회" 자료집, 1-27.

김성애(2007b). "장애인 등에 대한 특수교육법" 시행령 및 시행규칙 방향: 2006년 UN "장애인 권리협약"과 관련하여(주제발표). 2007년 한국특수교육학회 추계학술대회 자료집, 1-25.

김성애(2007c). 21세기 유아교육의 과제에 따른 통합교육의 중요성과 역할. 한국유아교육보육행정학회 추계전국학술대회 "유아교육과 보육의 협력과 발전방향" 자료집, 53-75.

김성애(2007d). 새로운 특수교육법에 따른 통합교육의 가능성과 한계성. 2007 한국통합교육학회 동계학술대회: 장애인 특수교육법 제정 · 시행에 따른 한국 통합교육의 방향" 자료집, 1-22.

김성애(2008a). 우리나라 신규 특수교사의 자질과 교사양성 과제. 2008 한국특수교육학회 춘계학술대회 자료집, 29-69.

김성애(2008b). (발달지체) 영유아를 위한 통합교육의 방향 수립 및 실천과제. 2008 한국유아특수교육학회 춘계학술대회 자료집, 1-20.

김성애, 임성민(2006). 통합교육 환경에서의 과학교육: 인식론적-인성학적 이론을 중심으로. 2006 INTERNATIONAL SEMINAR ON SCIENCE EDUCATION FOR THE LESS REPRESENTED STUDENTS(pp. 40-56). 한국과학교육학회.

김성애, 정대영, 박희찬(1997). 통합교육의 효율적인 운영방안. 국립특수교육원.

김영옥(2007). 다문화 사회의 유아교육과정 방향 탐색. 미래유아교육학회지, 제14권 제3호, 45-68.

김정권(2003). 탈산업사회와 학교교육의 재구조화. 탈산업사회와 특수교육(pp. 9-38). 서울: 도서출판 특수교육.

장애인 등에 대한 특수교육법.

장인실(2006). 미국 다문화 교육과 교육과정. 교육과정연구, 제24권 제4호, 27-53.

Bradley, D. F., King-Sears, M. E., & Tessier-Switlick, D. M. (1996). *Teaching students in inclusive settings: from theory to practice.* Boston: Allyn & Bacon.

Circle of Inclusion Project (1999). *Circle of Inclusion Guideline.* University of Kansas.

Diamond, K. E., Hestenes, L. L., Carpenter, E. S., & Innes, F. K. (1997). Relationships Between Enrollment in an Inclusive Class and Preschool Children's Ideas About People with Disabilities. *TECSE, 17*(4), 520-536.

Falvy, M. A. (1995). *Inclusive and Heterogeneous Schooling: Assessment, Curriculum, and Instruction.* Baltimore, Maryland: Paul H. Brooks Publishing Co.

Feuser, G. (1982). Integration: Die Gemeinsame Taetigkeit am gemeinsamen Gegenstand/Produkt in Kooperation der behinderten und nichtbehinderten Menschen. *Behindertenpaedagogik, Zeitschrift 21, Jg., 2,* 86-105.

Feuser, G. (1985). Gemeinsame Erziehung behinderter und nichtbehinderter Kinder als Regelfall?! *Behindertenpaedagogik, Zeitschrift 24, Jg., 4,* 354-391.

Feuser, G. (1986). Unverzichtbare Grundlagen und Formen der gemeinsamen Erziehung behinderter und nichtbehinderter Kinder in Kindergarten und Schule. *Behindertenpaedagogik, Zeitschrift 25, Jg., 2,* 122-139.

Feuser, G. (1993). Intergration und/oder Kooperation? Wohin mit der Sonder Padagogik? *Behindertenpaedagogik, Zeitschrift 32, Jg., Heft 1/1993,* 2-22.

Feuser, G. (1988). Veraenderung der Schulischer-und Lehrrolle im Rahmen integrativer Paedagogik. In H. Eberwein (Hrsg.), *Behinderte und Nichtbehinderte lernen gemeinsam*, 170–178.

Feuser, G.(1989). Allgemeine integrative Paedagogik und entwicklungslogische Didaktik. *BEHINDERTENPAEDAGOGIK, 28, Jg., Heft 1/1989*, 4–48.

Friend, M., & Cook, L. (1996). *Interactions: Collaboration skills for school professionals* (2nd ed.). White Plains, NY: Longman.

Gable, R. A., & Warren, S. F. (1993). *Strategies for Teaching Students with Mild to Severe Mental Retardation*. London: Jessica Kingsley.

Graden, J. L., & Bauer, A. M. (1992). Using a collaborative approach to support students and teachers in inclusive classroom. In Stainback & Stainback, *Curriculum Consideration in Inclusive Classroom* (pp. 85–100). Baltimore: Paul H. Brookes Publishing Co.

Harris, K. C. (1998). *Collaborative elementary teaching: A casebook for elementary special and general educators*. Austin, TX: Pro–Ed.

Hendrickson, J. M., & Frank, A. R. (1993). Engagement and performance feedback. In Robert A. Gable & Steven F. Warren, *Strategies for Teaching Students with Mild to Severe Mental Retardation* (pp. 11–47). London: Jessica Kingsley.

Hinz, A. (1993). *Heterogenitaet in der Schule*. Hamburg.

Honig, A. S. (1997). Creating Integrated Environmets for Young Children with Special Needs. *Early Childhood Education Journal, Vol. 25*, No. 2. 93–100.

Jenson, R. (1994). *Engagement checklist*. Unpublished manuscript, Unversity of Kansas, Lawrence.

Keating, J. (1999). Supporting Children in Inclusive Programs. In Tompson, B., Stroup, V., Cripe, J. W., Bates, J., & Keating, J. (1999), *Circle of Inclusion Manual*. Circle of Inclusion Project, University of Kansas.

Kim, Sung Ae (1996). *Im Spannungsfeld der Sonderpaedagogik und integrativer Paedagogik*. Aachen: Mainz Verlag.

Kochhar, C. A., West, L. L., & Taymans, J. M. (2000). *Successful Inclusion*. Prentice–Hall, New Jersey.

Male, M. (1997). *Technology for inclusion* (3rd ed.). Boston: Allyn & Bacon.

Maturana, H. R., & Varela, F. J. (1987). *The Tree of Knowledge*. Boston: Shambhala Publications.

Odom, S. L., & Diamond, K. E. (1998). Inclusion of Young Children with Special Needs In Early Childhood Education: The Research Base. *Early Childhood Research Quarterly, 13,* No. 1, 3-25.

Reiser, H. (1991). Wege und Irrwege zur Integration. In A. Sander/P. Raid (Hrsg.), *Integration und Sonderpaedagogik* (pp. 13-33). St. Ingbert.

Reiser, H., Klein, G., & Kron, M. (1986). Integration als Prozess. *Sonderpaedagogik, Zeitschrift 37, Jg., 16,* 115-160.

Rotatori, A. F., Schwenn, J. O., & Litton, F. W. (1994). *Advances in special education, Vol. 8.* London: JAI.

Sander, A. (1988). Behinderungsbegriff und ihre Konsequenzen fuer die Integration. In H. Eberwein (Hrsg.), *Behinderte und Nichtbehinderte lernen gemeinsam* (pp. 75-82). Weinheim, Basel.

Santarsiero, W. A., & Rotatori, A. F. (1994). Cooperative learning, peer tutoring, peer collaboration, and peer support in the REI. In Perspectives on the regular education initiative and transitional programs, *Advances in special education, Vol. 8,* 75-107.

Schenk, John O. (1994). Serving culturally and linguistically diverse exceptional students in the REI. In Perspectives on the regular education initiative and transitional programs, *Advances in special education, Vol. 8,* 53-73. London: JAI.

Snellman, M. D., Smith, T., & Rotatori, A. F. (1994). *Perspectives on the regular education initiative and transitional programs.*

Stainback, & Stainback. (1992). *Curriculum Consideration in Inclusive Classroom.* Baltimore: Paul H. Brookes Publishing Co.

Switlick, Diane M., & Bredley, Dianne F. (1996). Collaborative Teambilding, In Dianne F. Bradley, Margarete E. King-Sears, Diane M., & Tessier-Switlick, *Teaching students in inclusive settings: from theory to practice* (pp. 83-108). Boston: Allyn & Bacon.

Thompson, B., Wickham, D., Wehner, J., Ault, M. M., Shanks P., & Reinertson, B. (1993a). *The Process of Communication: Facilitating the Inclusion of Young Children with Severe Disabilities in Mainstream Early Childhood Education Programs.* Lawrence, KS. Lerner Managed Designs.

Thompson, B., Wickham, D., Wehner, J., Ault, M. M., Shanks, P., & Reinertson, B.

(1993b). *Handbook for the Inclusion of Young Children with Severe Disabilities*. Lawrence, KS: Learned Managed Designs. Inc.

Thousand, J. S., Villa, R. A., & Nevin, A. I. (1994). *Creativity and Collaborative Learning: A Practical Guide to Empowering Students and Teachers*. Baltimore: Paul H Brookes Publishing Co.

Tompson, B., Stroup, V., Cripe, J. W., Bates, J., & Keating, J. (1999). *Circle of Inclusion Manual*. Circle of Inclusion Project, University of Kansas.

Turnbull, R., Huerta, N., & Stowe, M. (2006). *The Individuals with Disabilities Act as Amended in 2004*. Pearson Prentice Hall.

Udvari-Solner, A. (1994). A Decision-Making Model for Curricular Adaptations in Cooperative Groups. In Thousand, J. S., Villa, R. A., & Nevin, A. I. (1994), *Creativity and Collaborative Learning: A Practical Guide to Empowering Students and Teachers*. Baltimore: Paul H Brookes Publishing Co.

Vaughn, S., Bos, C. S., & Schumm, J. S. (2000). *Teaching Exceptional, Diverse, and At-Risk Students in the General Education Classroom* (2nd ed.). Boston: Allyn & Bacon.

Villa, R. A., & Thousand, J. S. (1992). Student collaboration. In Stainback & Stainback (1992), *Curriculum Consideration in Inclusive Classroom* (pp. 117-142). Baltimore: Paul H. Brookes Publishing Co.

Villa, R. A., & Thousand, J. S. (1994). One Devided by Two or More. In Thousand, J. S., Villa, R. A., & Nevin, A. I. (1994), *Creativity and Collaborative Learning: A Practical Guide to Empowering Students and Teachers*. Baltimore: Paul H Brookes Publishing Co.

Walther-Thomas, C., Korinek, L., McLaughlin, V. L., & Williams, B. T. (2000). *Collaboration for INCLUSIVE EDUCATION: Developing Successful Program*. Boston: Allyn & Bacon.

Wesley, P. (1992). *Mainstreaming young children: A training series for child care providers*. Chapel Hill, NC: Frank Porter Graham Child Development Center, University of North Carolina.

Wolery, M., & Wilbers, J. (Eds.) (1994). *Including children with special needs in early childhood programs*. Washington, DC: National Association for the Education of Young Children.

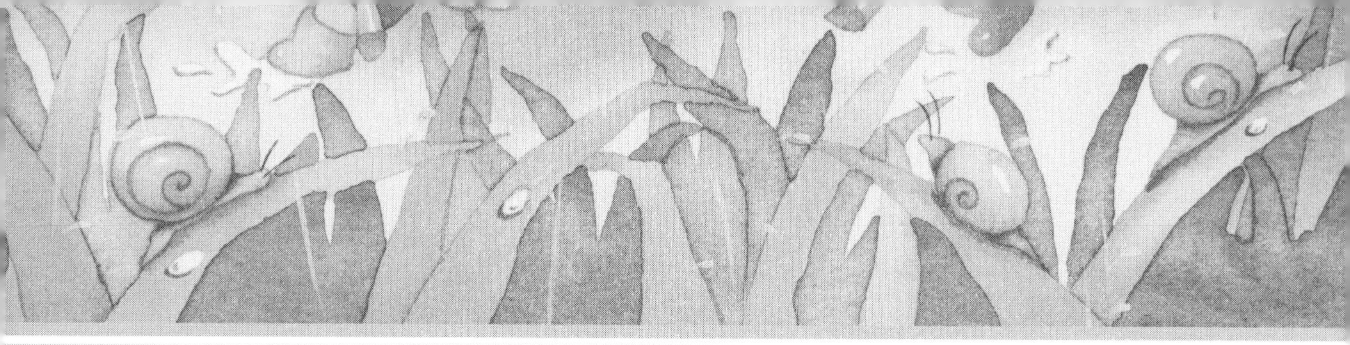

chapter

06 유아특수교육과 전이

1. 유아기 전이계획 수립의 필요성
2. 전이계획과 실시 과정의 주요 참여자
3. 유아기 전이 과정
4. 가족과 전이
5. 전이 과정의 효율성을 증진하는 실제

유아가 한 유형의 학습 환경에서 다른 유형의 학습 환경으로 이동하는 과정을 전이라고 한다. 발달지체나 장애를 가진 유아들은 특수한 교육적 필요와 치료적 필요로 인하여 다양한 교육기관이나 프로그램에서 연속적으로 혹은 동시에 두 가지 이상의 서비스를 받는 경우가 많으므로 짧은 기간 동안 여러 번의 전이를 경험하게 된다(김경숙, 2001). 본 장에서는 발달지체유아와 가족이 원만한 전이를 이룰 수 있도록 지원하기 위해 유아기 전이계획 수립의 필요성, 전이계획과 실시 과정에서 주요 참여자, 유아기 전이계획의 단계, 가족과 전이 그리고 전이 과정의 효율성을 증진하는 실제에 대해 알아보고자 한다.

1. 유아기 전이계획 수립의 필요성

전이는 변화를 수반하는 과정으로 바라던 목적을 달성하였음을 의미하는 긍정적 전이에서조차도 유아와 가족은 긴장하게 되고 평소보다 더 큰 어려움을 경험하게 된다. 전이가 일어나는 동안 유아와 가족은 평상시보다 더 취약하며 변화로 인해 야기되는 여러 문제에 직면하여 심한 스트레스를 받을 수 있다.

발달지체나 장애를 가진 유아들은 친숙하지 않은 활동, 장소, 사람, 또는 일과를 가진 새로운 프로그램으로 전이할 때, 이전에 학습한 것을 일반화시키는 데 상당한 어려움을 겪을 수 있으며 이미 습득한 것을 전이 과정에서 잃어버리기도 한다. 이러한 어려움을 겪는 유아들은 새로운 학습 환경에서 보다 상위의 기술을 배우고 새로운 교사나 또래와 긍정적인 관계를 형성하며 활동에 유의미하게 참여하는 데 심각한 문제를 가질 수 있다. 발달지체유아의 부모들은 자녀가 전이하는 시기가 가족에게 특히 힘든 시기라고 말한다. 가족들은 유아가 변화에 적응하도록 도와야 할 뿐 아니라 전이에 관련된 사항들에 대한 책임을 지고 결정을 내리며 필요할 때 조정해야 하는 등 많은 과제를 해결해야 한다.

유아와 가족은 전이 과정에 내재된 고통과 어려움을 완벽하게 피해 갈 수는 없다. 그러나 그 정도를 경감시킬 수는 있다. 이를 위해 교사 및 서비스 제공자는 발달지체유아와 가족이 전이 과정에서 부딪히는 문제들을 잘 다루고 새로운 교육

기회를 활용하여 최대한의 이득을 얻도록 지원해야 한다(Atwater, Orth-Lopes, Elliot, Carta, & Schwartz, 1994). 프로그램 제공자들이 유아와 가족의 전이를 계획하고 이행하는 절차를 사전에 충실히 계획하여 실행함으로써 유아와 가족이 새 프로그램에서 잘 적응하도록 준비시킨다면, 유아가 다른 교육기관으로 전이할 때 유아와 가족이 변화에 적응하는 과정에서 겪는 혼란을 최소화할 수 있을 것이다(Bredekamp & Copple, 1997; Bruder & Chandler, 1996). 즉, 유아기 전이계획을 수립하고 이를 토대로 전이 서비스를 제공한다면 참여하는 교육기관이나 프로그램에 변화가 발생한다고 할지라도 유아와 가족들은 최적의 교육 서비스를 지속적으로 받을 수 있을 것이다(Noonan & McCormick, 2006).

2. 전이계획과 실시 과정의 주요 참여자

유아와 가장 밀접히 관련되는 주요 환경은 유아의 가족과 유치원, 어린이집, 초등학교 등의 교육기관이나 보육기관이다. 전이가 시작됨에 따라 이전에 상호관련성이 없었던 환경들이 서로 관련성을 갖게 되고 전이 과정의 초점이 된다(Diamond, Spiegel-MaGill, & Hanrahan, 1988). 따라서 이들 환경의 관련자인 유아, 가족 그리고 교육프로그램이 유아와 가족을 위한 전이계획을 세우고 이행하는 과정에서 중요한 참여자가 된다. 유아와 가족의 전이 과정이 성공적으로 완수될 수 있도록 주요 참여자들의 특성을 이해하고 이들이 전이 과정 동안 준비해야 할 내용을 살펴보자.

1) 유 아

유아는 발달수준의 변화나 다른 환경적 요인으로 교육기관이나 학습 환경을 바꾸기도 하고, 연령의 증가로 인해 다음 단계의 프로그램으로 전이하기도 한다. 유아가 참여하는 기관이나 프로그램이 바뀜에 따라 유아가 대처하고 적응해야 할 환경의 요구도 달라진다. 유아는 새로운 친구를 사귀고 새로운 환경에 이미 습득한 기술을 일반화시키며 새로운 환경의 일과에 익숙해질 필요가 있다. 유아들은 종종 새로운 상황에서 이미 잘 습득한 기술을 일반화하는 데 어려움을 보이기도 한다. 예를 들어, 엄격하게 구조화된 개별 교수 환경을 특성으로 하는 교수 유형에 익숙해 있는 유아들은 덜 구조화된 프로그램에서는 어려움을 겪을 수도 있다.

새 교육기관이나 프로그램에 적응하는 유아의 능력은 전이 과정의 성공을 예측하는 주요 변인이다. 다른 프로그램으로 전이하기 위해 유아는 전이를 촉진하는 행동과 기술, 즉 전이 기술을 발달시키고 그러한 기술을 현재의 프로그램에서 새 프로그램으로 일반화할 수 있어야 한다. 대표적 전이 기술로는 사회적 행동, 자조 기술, 동기, 문제해결 기술, 전학문적 기술, 학문적 지원 기술, 과제 관련 행동, 의사소통 기술 등을 들 수 있다(Diamond, Spiegel-MaGill, & Hanrahan, 1988; Meisels, 1999).

전이 과정의 수월성은 전이기 동안 유아가 실행하는 기술과 행동, 그리고 받는 프로그램의 기대와 요구 조건 간의 조화 정도에 영향을 받는다. 이러한 조화의 정도는 보내는 프로그램과 받는 프로그램의 교사 및 서비스 제공자와 가족 등 주요 양육자의 전이에 대비한 준비도, 그리고 받는 프로그램에서 제공하는 환경적 지원에 부분적으로 달려 있다. 다음은 교사 및 서비스 제공자와 부모가 유아의 전이를 준비할 때 고려해야 할 점들이다(Noonan & McCormick, 1993).

- 새 프로그램에서 유아가 적응하기 위해 필요한 기술은 무엇인가?
- 유아가 이미 습득하고 있는 기술들 중 새 프로그램에 적응하는 데 유용한 기술은 무엇이며, 그러한 기술을 어떻게 새 프로그램으로 일반화시킬 것인가?
- 유아가 전이에 필요한 새로운 기술을 습득하고 적용하도록 돕는 방법은 무엇인가?
- 새 프로그램에서 유아를 받기 위해 어떤 환경적 준비와 지원을 해야 하며, 어려움이 발생하면 어려움을 해결할 방법은 무엇인가?

2) 가 족

유아가 가정에서 유치원으로, 그리고 유치원에서 초등학교로 전이하는 수직적 전이를 할 때, 가족들은 유아가 성장하고 있음을 기뻐하고 유아가 경험할 새로운 상황들에 기대감을 갖는다. 그러나 동시에 부모는 유아가 새 환경에서 성공적으로 기능할 수 있을지에 대해 걱정하고 전이가 성공적으로 이행되지 못할 때 괴로워하고 고민하게 된다(Hains, Rosenkoetter, & Fowler, 1991).

가족은 전이계획 과정의 주요 참여자이므로 전이계획 수립 전에 가족을 위한 준비가 선행되어야 한다(Lazzari & Kilgo, 1989). 유아가 현재 다니고 있는 프로그램과 옮겨 갈 새로운 프로그램은 위치, 교직원, 통학 수단, 교육과정과 일정, 가족 지원 체제, 학교와 가정 간의 의사소통 방법 등 다양한 면에서 차이가 날 수 있다. 따라서 가족에게 개별화 교육계획서, 유아의 발달 상황, 유아가 참여할 수 있는 지역사회의 교육기관이나 서비스 체제 등에 관한 정보 등을 제공해야 한다(Hanline, 1988).

또한 새로운 환경에 적응하기 위해 유아에게 필요한 기술을 결정하는 과정에 가족이 참여하여 다른 전문가들과 정보를 교환하는 것은 중요한 일이다. 전이를 촉진하기 위하여 부모는 유아가 습득하고 있는 기술과 효과적으로 유아의 필요에 부응하는 방법 등 유아에 대한 다양한 정보를 전문가에게 제공할 수 있다. 유아에 대한 부모의 통찰은 학교와 전문가가 입수한 정보를 보완할 수 있으며 전이 과정 동안 유아의 능력과 교육적 요구에 대한 보다 폭넓은 관점을 형성하는데 도움이 된다(Diamond, Spiegel-MaGill, & Hanrahan, 1988). 유아의 전이 과정에 가족의 참여를 촉진하고 지원하는 방안에 대해 뒷부분에서 보다 상세히 다룰 것이다.

3) 프로그램

매년 학급의 유아를 다른 프로그램으로 보내고 다른 프로그램으로부터 새로운 유아들을 받아들이는 것은 교사나 다른 전문가들에게 도전이 될 수 있다. 따라서 전이 과정을 촉진하기 위해 유아가 현재 참여하고 있는 프로그램과 새로운 프로그램의 교직원들이 유아와 가족을 지원하기 위해 준비되어 있어야 한다.

보내는 프로그램과 받는 프로그램 교직원들 간에 원활한 협력과 의사소통이 필요하며 교직원들은 전이하는 유아와 가족의 관심, 선호도, 전이 과정에 대한 기대 등에 대해 파악해야 한다. 전이계획을 세우고 실행하는 과정에 관련 프로그램의 교직원들은 각 유아가 새로운 프로그램에 쉽게 적응할 수 있도록 상호 질문과 정보를 공유하고 두 기관의 교직원간의 협동적 전이계획을 수립하여 서로를 지원함으로써 유아와 가족들이 연속성 있는 서비스를 제공받을 수 있도록 지원할 수 있을 것이다(Bridging Early Services Transition Taskforce, Kansas, 1995).

3. 유아기 전이 과정

유아와 가족이 전이 과정에서 일어나는 변화를 편안하고 긍정적으로 받아들일 수 있도록 전이 과정을 계획하여 유아가 프로그램에 등록하면서 시작하여 새로운 프로그램에 배치될 때까지 실행한다. 유아와 가족의 전이를 지원하기 위한 전이 과정은 10가지 기본 단계를 거쳐 진행된다. 이 단계는 보내는 프로그램의 입장에서 진술된 것인데, 받는 프로그램의 필요를 반영하여 약간의 수정을 거치면 받는 프로그램에도 적용 가능하다(Fowler & Hazel, 1996).

1) 단계 1: 전이 조정자 선정하기

유아의 전이 과정을 지원하기 위하여 유아의 가족, 보내는 프로그램과 받는 프로그램의 교사와 서비스 제공자 등이 전이 팀을 구성하여 함께 전이계획을 수립하고 실행한다. 이때 여러 사람의 노력과 책임을 총괄적으로 조정하는 전이 조정자를 지명할 필요가 있다. 협의를 통해 팀 구성원 중 전이 조정자를 선정하는데, 주로 보내는 프로그램의 교사가 전이 조정자 역할을 맡는 경우가 많다.

2) 단계 2: 잠정적인 새 프로그램(받는 프로그램) 방문하기

전이 조정자는 지역사회 내 유아들에게 교육적 서비스를 제공하는 프로그램에 대한 풍부한 정보를 가지고 있어야 한다. 교사 또는 전이 조정자는 대상 유아가 다음에 등록할 가능성이 가장 큰 프로그램들을 방문하여 관찰해야 한다. 프로그램을 방문하여 관찰함으로써 그 프로그램의 일과, 활동의 범위와 속도, 교수 방법 등에 대해 친숙해질 수 있다. 관찰할 동안 교사 또는 조정자는 두 프로그램 간의 유사점과 차이점에 대해 중점적으로 기록한다. 특히 유아에게 문제의 소지가 될 만한 차이점을 주의 깊게 보아야 한다. 방문한 프로그램의 환경(학급의 물리적 배열, 교사의 수, 일과), 행동(유아와 교사가 무엇을 하는지, 어떻게 상호 작용하는지), 학급 활동(유아들이 갖는 학습 기회) 등을 주로 관찰한다.

3) 단계 3: 보내는 프로그램의 교직원 회의

잠정적인 새 프로그램들을 방문한 후, 교직원 회의를 통해 입수한 정보를 토의한다. 보내는 프로그램과 받는 프로그램 간에 어떠한 차이가 있는지에 중점을 두며, 이러한 차이가 대상 유아의 전이에 어떤 영향을 미칠지 논의할 필요가 있다. 두 프로그램 간에 큰 차이가 있을 때, 보내는 프로그램과 받는 프로그램은 유아의 전이를 보다 원활하게 만들기 위해 각 프로그램의 운영 방식을 조정할 필요가 있다. 특히 각 프로그램에서 대상 유아의 발달수준에 적합한 기대를 하고 있는지를 평가하고 적절하게 조정한다.

4) 단계 4: 가족과 교직원 회의

유아가 새 프로그램에 등록하기 수개월 전부터 가족과 교직원은 유아의 전이에 관해 진지하게 논의를 시작해야 한다. 이렇게 함으로써 가족은 선택할 수 있는 프로그램들에 대해 알게 되며 변화에 준비할 시간을 갖는다. 보내는 프로그램에서는 대상 유아에 대한 평가 결과, 현재 설정된 유아의 교육목표와 장래의 교육에 대한 제안 등의 내용을 포함하는 간략한 보고서를 작성하여 부모와 토의한 후, 받는 프로그램에 전달함으로써 전이 과정을 도울 수 있다.

5) 단계 5: 보내는 프로그램에서 유아를 준비시키기

학급마다 학습 활동의 구조, 물리적 환경의 배열, 교사의 교수 방식 등이 다르므로 보내는 프로그램의 교사는 유아를 새 환경에 준비시키는 데 많은 노력을 기울여야 할 것이다. 〈표 6-1〉은 발달지체유아가 일반유아교육 기관으로 전이할 때 유아를 준비시킬 수 있는 활동들을 제시하고 있다.

표 6-1 보내는 프로그램에서 유아의 전이를 돕는 교수전략

교사가 전이에 대비하여 유아를 준비시키는 활동
• 점진적으로 유아가 개인 사물이나 학급의 물건에 대해 책임감을 갖도록 한다. • 방해하지 않는 방법(예: 손들기)으로 주의 요청하기를 가르친다. • 집단에 주어지는 지시 따르기를 학습하도록 돕는다. • 독립적으로 용변 처리를 하도록 돕는다. • 과제 수행 시 유아에게 주는 교사의 촉진 빈도를 줄여 나간다. • 유아가 독립적으로 활동하고 놀이하는 시간을 점차 늘린다. • 유아가 줄을 서서 이동하도록 가르친다(만약 다음 프로그램에서 필요하다면). • 한 과제를 완성한 후 다른 과제를 시작하도록 가르친다. • 활자화된 자신의 이름을 인지하고 자료와 물건에 대한 소유를 주장하도록 가르친다. • 학급의 일과와 활동 패턴의 변화에 따르도록 가르친다. 가능한 한 새 프로그램의 일과를 많이 도입한다. • 활동의 길이를 다양하게 한다. • 과제를 수행할 동안이나 과제를 바꾸는 동안, 그리고 과제를 선택할 때 도움을 제공하는 양을 다양하게 한다. • 유아에게 제공하는 교수 유형과 빈도를 다양하게 한다. • 길 건너기 등의 안전 규칙을 매일 가르친다. • 새 또래와 만나거나 새 친구를 사귀는 역할 놀이를 한다.

6) 단계 6: 배치 회의를 통해 새 프로그램과 서비스 선정하기

보내는 프로그램의 교사와 서비스 제공자, 받는 프로그램의 대표자, 유아의 가족구성원이 회의를 통해 유아에게 가장 적합한 서비스와 프로그램을 선정한다. 새로운 서비스의 선정과 프로그램의 배치에 대한 논의와 결정은 유아의 능력이나 진보 상태, 또는 유아의 필요가 무엇인지를 기초로 진행되어야 한다. 유아를 위한 자연적 환경은 가정, 보육시설, 유아교육 기관 등을 들 수 있는데, 발달지체유아가 일반유아들과 함께 활동에 참여하는 기회에 대해 논의해야 한다. 유아가 전이할 새 프로그램을 선정할 때 다음의 사항들도 함께 고려되어야 한다.

유아가 전이할 프로그램이 잠정적으로 선정되면, 최종 결정을 하기 전에 가족

표 6-2 새 프로그램 결정 시 고려해야 할 사항들

- 유아 대 교사 비율
- 보조교사의 활용 가능성
- 의료적 혹은 다른 서비스 제공자의 활용 가능성
- 발달지체유아를 지도해 본 교직원의 경험
- 등록 절차
- 준비도 요건
- 기관의 위치와 통학하는 데 걸리는 시간
- 유아의 형제나 이웃의 또래가 다니는 기관과의 거리
- 시설의 이용 수월성

과 교직원이 그 프로그램을 방문한다. 적합한 배치가 결정되면 부모와 교사는 전이 전후에 유아의 교육에 관련될 새 교사, 원장(교장), 관련 서비스 종사자 등을 만나 유아의 현재 성취 수준과 특수한 필요, 장래의 목표 등에 대해 함께 검토한다. 이와 더불어 받는 프로그램의 교사도 보내는 프로그램을 방문하고 유아와 부모가 새 프로그램을 방문할 수 있도록 조치한다.

7) 단계 7: 유아에 대한 기록 전달하기

유아에 대한 문서를 전달하는 것은 중요한 문제다. 때때로 보내져야 할 기록물이 보내지지 않거나, 적합한 사람에게 전달되지 않거나, 제대로 읽혀지지 않는 경우가 있다. 따라서 기록물 전달을 위한 명확한 절차가 두 프로그램 간에 명시되어야 한다. 기록물을 전달하는 절차를 문서화함으로써 필요한 기록이 적합한 사람에게 제시간에 보내질 수 있을 것이다. 유아에 대한 기록물을 다른 사람이나 프로그램에 보내기 전에 반드시 부모의 승인을 받아야 한다.

8) 단계 8: 유아와 가족이 새 프로그램 방문하기

유아와 부모가 새 프로그램을 방문하는 시기는 가능한 한 빨리 이루어지는 것이 좋다. 유아와 가족은 새 프로그램을 방문하여 건물과 학급을 탐색하고 실외 놀이터에서 놀이를 해 보며 교사와 대화할 시간을 갖는 것이 권장된다. 이러한 비공식적 방문을 통해 유아와 가족은 새 프로그램에 대해 경험하게 되고 변화에 대한 불안감을 줄일 수 있다.

9) 단계 9: 새 프로그램으로 옮기기

유아가 새 프로그램을 시작하는 시기에는 프로그램을 유통성 있게 운영하는 것이 매우 중요하다. 처음부터 새 프로그램의 하루 일과 전체에 참여하는 것이 어려운 유아들도 있으며 이런 유아를 위해 다음과 같은 3가지 전략을 사용할 수 있다. 첫째, 첫 주에 유아는 한 시간 동안만 새 프로그램에 참여하고 점차 새 프로그램에서 보내는 시간을 늘려 간다. 둘째, 유아가 새 환경에 익숙해지는 처음 며칠 동안 부모는 유아와 함께 새 프로그램에 등원한다. 셋째, 유아는 이전 프로그램에서 하루 일과의 일부분을 보내고 나머지 시간을 새 프로그램에서 보낸다.

새 프로그램의 교사들은 유아가 원활하게 새 학급에 전이할 수 있도록 다음과 같은 전략을 사용할 수 있다.

표 6-3 새 프로그램에서 유아의 전이를 돕는 교수전략

교사가 전이에 대비하여 유아를 준비시키는 활동
• 새 프로그램이 어떻게 다르며, 두렵지만 재미있을 것이라는 등 새 프로그램에 대해 이야기를 나눈다. • 자유시간을 길게 주어 유아들이 서로 친해질 수 있도록 한다. • 단순한 한두 단계의 교수를 제공한다. 점차 유아가 복잡하고 교수에 익숙해지도록 한다. • 처음에는 활동 지속시간과 활동 유형을 다양하게 제공한다. • 학문적 과제를 하고 있을 동안 교사가 돕는 양을 다양하게 한다. 그러나 유아가 도움을 필요로 할 때는 항상 교사가 도움을 줄 수 있어야 한다. • 전이기 동안 학급의 규칙과 일과를 매일 알려 준다. • 경험 있는 유아를 새 유아의 친구로 지정한다.

10) 단계 10: 지원 서비스 제공하기

새 프로그램으로 전이한 후, 몇 주 혹은 몇 달 동안 유아는 과외의 지원을 필요로 할 수 있다. 받는 프로그램의 교사가 활용할 수 있는 4가지 종류의 지원은 다음과 같다.

첫째, 두 프로그램 교직원 간의 의사소통이다. 첫 몇 주 동안 새 교사는 이전에 유아에게 교육 및 서비스를 제공했던 교사나 서비스 제공자와 대화한다. 이들은 유아를 지도했던 경험을 바탕으로 새 교사가 문제를 해결하도록 도울 수 있다.

둘째, 교사와 가족 간 의사소통이다. 교사는 가족과 정기적으로 연락함으로써 유아의 진보에 대한 정보를 서로 나누고, 관심과 염려를 표현할 기회를 가지며 해결책을 함께 모색할 수 있다.

셋째, 자료와 활동의 아이디어 나누기다. 새 학급에서 유아에게 친숙한 경험을 제공한다면 전이는 쉽게 이루어질 것이다. 보내는 프로그램은 새 프로그램에 학습 자료나 놀이 자료를 빌려 준다. 새 환경으로 전이한 후 첫 몇 주 동안 쉽게 접근할 수 있는 친숙한 사물이나 활동이 있을 때 학급, 교사, 또래가 덜 낯설 것이다.

넷째, 학급 내 지원이다. 한 주에 몇 차례 짧은 기간 동안 보조교사나 자원 봉사자를 제공함으로써 전이기 동안 교사와 유아를 도울 수 있다. 유아가 집중적인 교수와 지도 감독을 필요로 하는 적응기간 동안 보조교사는 학급의 정규 활동을 보충해 줄 수 있다. 보조교사는 유아와 개별적으로 또는 대상 유아가 포함하는 소집단과 활동할 수 있다.

〈표 6-4〉에 제시된 전이 점검표는 전이 관련 목표를 설정할 때 사용될 수 있는 정보들을 제공한다. 각 항목에 대해 보내는 프로그램과 받는 프로그램의 상황을 기술한다. 두 프로그램 간의 차이로 전이 동안 발생할 수 있는 문제들이 전이를 준비하는 절차를 통해 고려되어야 한다. 이 점검표는 교실을 방문하는 동안 혹은 방문 후에 작성할 수 있다(Chandler, 1992).

표 6-4 **전이 점검표**

점검 사항	보내는 학급	받는 학급
교실의 인적 구성 • 어른 수(교사, 보조교사, 자원 봉사자) • 전체 유아 수/장애유아 수		
물리적 배열 • 집단 활동을 위해 유아가 앉는 장소(예: 책상, 매트 등) • 개별 교수를 위해 유아가 앉는 장소 • 화장실 위치 • 화장실 표시 형태 • 식사 장소 • 신체활동 장소		
하루 일과 • 하루 일과는 총 몇 시간인가? • 유아들이 각 활동에 참여하는 시간 −대집단 활동 −소집단 활동 −학문적/소근육 활동 −자유 놀이 −휴식과 대근육 활동 −활동 간 전이 • 그 외 활동이나 프로그램의 종류 학급 규칙 • 유아들이 도움을 요청하는 방식 • 유아들이 자신의 물건을 모두 혹은 일부 관리하는가? • 유아들의 줄서기(어떻게, 언제) • 한 활동을 끝낸 후 유아들에게 기대하는 행동 • 학급 규칙의 지도 방법(예: 언어적 지도, 그림 등)		
학문 • 유아들이 갖추어야 할 가장 중요한 학문적 혹은 전학문적 기술 5가지 • 가르치는 학문 주제의 유형 • 사용하는 교육과정 자료의 유형 • 학문적 수업이 이루어지는 집단 형태		

(계속)

신변 처리 기술 • 유아가 갖추어야 할 중요한 신변처리 기술 5가지 • 유아들이 화장실을 독립적으로 사용하는가? • 자유놀이 동안 유아들이 장소와 활동 유형을 선택하도록 허용되는가? • 유아들이 겉옷을 독립적으로 입고 벗을 수 있기를 기대하는가?		
사회성 기술 • 유아가 갖추어야 할 가장 중요한 사회성 기술 5가지 • 유아들이 교구(자료)를 함께 혹은 나누어 사용하도록 기대되는 활동은? 사회성 기술 • 유아가 갖추어야 할 가장 중요한 사회성 기술 5가지 • 유아들이 교구(자료)를 함께 혹은 나누어 사용하도록 기대되는 활동은? –학문적 활동 –놀이 활동 –미술 활동 –조작 활동 • 바람직하지 않은 행동을 줄이고 긍정적 행동을 보상하기 위하여 사용되는 행동 관리 체제의 유형 • 유아가 놀이 시 가장 많이 사용하는 장난감, 게임, 사회적 자료의 유형		
지원 체제 • 활용 가능한 지원 체제: 학습 도움실, 언어치료, 물리치료, 작업치료, 보조교사, 또래 교사 등		
부모참여 • 부모가 프로그램 지원 봉사자로서 기여하는가? • 부모가 교실에서 관찰하는가? • 부모가 가정에서 자녀와 활동하도록 요구하는가? • 부모와 가족을 평가할 필요가 있는가? • 프로그램 교직원과 부모가 만나는 유형 • 부모들은 얼마나 자주 교사와 연락을 취하는가? 연락 방식은 어떠한가?		

4. 가족과 전이

가족은 유아의 전이 과정에서 유아에게 전이 기술을 가르치는 교사로서의 역할, 다른 부모나 전문가와 의사소통하는 정보의 원천으로서의 역할, 가족과 유아의 전이 목표를 확인하는 의사 결정자의 역할, 그리고 유아에게 적합한 서비스의 제공 가능성을 높이는 옹호자의 역할을 할 수 있다(Kilgo, Richard, & Noonan, 1989). 가족들이 이러한 역할들을 효율적으로 수행할 수 있도록 지원하기 위해 영 · 유아의 전이 시기에 가족이 어떠한 어려운 경험을 하는지 알아보고 원활한 전이를 위해 가족을 지원하는 방안에 대해 살펴보자.

1) 발달지체영 · 유아의 전이시기에 가족이 경험하는 어려움

발달지체유아가 전이할 때 가족들은 전이 초기에 가장 적응하기 힘들어한다. 발달지체유아의 가족들이 대면하여 극복해야 할 세 가지 대표적 전이를 소개하고 그 과정에서 가족들이 겪는 어려움에 대해 살펴보자.

첫째, 자녀가 미숙아나 장애아로 태어났을 경우 부모들은, 특히 영아의 생존이나 이후의 발달에 대한 불확실성과 함께 충격, 슬픔, 애탄, 실망, 죄의식 등의 감정을 경험한다. 특별한 요구를 지닌 영아는 까다롭고 예민하여 다루기 힘들다. 병원에서 퇴원할 때 많은 영아들이 아직 호흡기나 음식 섭취를 위한 복부 튜브, 또는 질식 감시기를 부착하고 있다. 영아가 병원에서 퇴원하여 가정으로 올 때 병원 관계자나 다른 부모와 접촉이 단절될 수 있고 가족은 주요 정서적 지원을 잃게 된다. 따라서 대부분의 부모는 영아를 돌보는 데 대한 불안과 염려를 가지고 병원을 떠난다. 특히 영아가 첫아기일 때는 더욱 불안하고 걱정스럽다(Bruder & Cole, 1991; Noonan & McCormick, 1993).

둘째, 유아가 장애진단을 받을 때 가족들은 유아에게 부여된 장애인이라는 낙인과 유아의 장래에 대해 심각하게 고민하게 된다. 유아가 장애인으로 진단받는다는 것은 발달이 약간 뒤쳐진다는 것이 아니라 장애가 있음을 의미한다. 또한 장애명 자체가 가족에게 고통을 주기도 한다. 예를 들어, 유아가 정신지체인이라는 말을 들었을 때 가족들은 강한 정서적 반응을 보이게 되고 유아와 가족의 미래에 대해 걱정하게 된다.

셋째, 유아가 새로운 환경에 들어갈 때, 가족들은 낯선 또래나 어른들이 유아를 수용할지 염려한다. 이러한 이슈는 특히 유아가 가정중심에서 기관중심 프로그램으로 옮길 때, 그리고 소규모 기관에서 대규모 기관으로 옮길 때 더욱 현저하게 나타난다. 어떤 부모들은 유아가 경험이나 기술이 부족하여 새 프로그램에 적응하기 어려울 수 있다고 걱정한다. 또한 어떤 유아들은 가족과 잠시 떨어져 있는 동안 퇴행하여 배변을 독립적으로 못하고 울거나 문제 행동을 보이기도 한다. 많은 부모들은 기관중심의 프로그램에 잘 참여하도록 유아를 준비시키기 위해 가정에서 어떻게 도울 수 있는지 알고 싶어 한다(Hains, Rosenkoetter, & Fowler, 1991).

2) 원활한 전이를 위한 가족 지원

전이계획은 가족의 관심사에 대해 융통성 있고 반응적이어야 하며, 참여하는 가족의 능력과 기대에도 민감해야 한다. 각 가족은 그들이 편하게 느끼는 수준에서 전이계획에 참여할 권리가 있다(Kilgo, Richard, & Noonan, 1989). 전이에 대한 정보를 전이가 이행되기 몇 개월 이전에 가족에게 제공하여 가족들이 전이에 대해 배우고 준비할 시간을 주어야 한다. 유아가 프로그램을 떠나기 6개월에서 1년 전에 전이에 대해 가족과 논의를 시작하는 것이 바람직하다. 발달지체영·유아가 원활하게 새로운 프로그램으로 전이할 수 있도록 가족을 지원하는 과정은 가족의 요구 평가하기, 부모 교육하기, 전이계획의 수립과 지원하기의 3단계로 이루어진다(Kilgo, Richard, & Noonan, 1989).

(1) 가족의 요구 평가

가족을 지원하는 첫 번째 단계에서 유아의 전이와 관련하여 부모나 양육자의 선호, 강점, 요구를 파악한다. 부모 요구 평가서를 사용하여 부모의 요구를 파악할 수 있다. 가족을 지원하는 전문가 또는 전이 조정자가 수집할 필요가 있는 가족의 요구들은 현재 프로그램을 떠나 다음 프로그램으로 옮길 때 유아를 위해 계획하거나 기대하는 활동, 다음 프로그램과 접촉하고 전이하는 과정에서 지원받기를 원하는 사항들, 의료적 보호, 독립적 놀이 기술, 사회성 기술, 운동 발달, 영양 등에 대한 정보의 필요 정도다. 일반적으로 전이 과정에서 가족들이 궁금해 하는 사항은 다음과 같다(Fowler & Hazel, 1996).

표 6-5 유아의 전이 과정에서 가족들이 알고 싶어 하는 정보

유아의 전이와 관련하여 가족들이 알고 싶어 하는 정보
• 새 프로그램에서 유아에게 도움이 되는 준비 기술
• 현재의 프로그램과 잠정적 새 프로그램 간의 일반적 차이
• 유아와 가족에게 영향을 줄 수 있는 변화(예: 일과, 교통편 등)
• 검사, 기록물, 유아의 교육계획 등에 대한 법적 권리
• 새 프로그램에 전달할 유아와 가족에 대한 정보의 종류
• 두 프로그램의 교직원이 전이 과정에 참여하는 방식
• 필요한 부가적인 평가와 평정

(2) 부모교육

가족을 지원하는 두 번째 단계는 유아가 새 프로그램에서 원활하게 적응할 수 있도록 돕는 정보를 부모들에게 제공하는 것이다. 부모가 전이 과정에 관심을 나타내면 전이 과정의 전반적 계획, 유아의 권리, 다음 프로그램에 자녀를 준비시키는 방법, 개별화 교육계획의 수립 과정에의 부모참여 등에 대한 정보를 제공할 수 있다. 가족이 유아기 자녀의 전이에 대비하여 유아를 준비시키는 방법으로 다음과 같은 활동을 권장할 수 있다(Fowler & Hazel, 1996).

표 6-6 유아의 전이를 준비하는 가족의 활동

가족이 전이에 대비하여 유아를 준비시키는 활동
• 임박한 변화에 대해 유아와 이야기를 나눈다.
• 유아가 새 친구를 사귈 기회를 제공한다.
• 개인적 사물을 관리하도록 가르친다.
• 장난감과 자료를 나누어 갖도록 가르친다.
• 장난감과 설비를 적합하게 사용하도록 가르친다.

(계속)

- 독립적으로 활동할 수 있도록 가능한 많은 자조기술을 가르친다.
- 필요할 때 도움을 청하도록 가르친다.
- 독립적으로 놀이하고 활동하게 한다.
- 지시를 따르도록 가르친다.
- 자주 책을 읽어 준다.
- 이름, 주소, 전화번호를 가르친다.
- 유아와 함께 새 프로그램과 새 교사를 방문한다.
- 새 프로그램의 규칙과 활동에 대해 유아와 이야기를 나눈다.

김경숙(2002)의 연구에서 일반적으로 유아기 자녀를 둔 어머니들은 새로운 환경에서 다른 또래나 성인들과의 적절하게 상호작용하는 자녀의 능력에 대해 염려하고 있었다. 어머니들은 유아들이 가정 밖의 집단 활동에 참여할 기회가 많지 않아서 새로운 환경에서 유아가 어떤 방식으로 사회적 관계를 형성할 것인지 예상하기 어렵고, 따라서 유아가 사회적으로 적합하지 않은 행동을 하지 않을까 염려하고 있는 것으로 추정된다. 일반유아의 어머니와 비교하여 장애유아의 어머니들은 특히 유아가 교육기관에서 제시하는 학문적인 과제를 학습하는 능력과 관련하여 더 염려하는 경향이 있었다.

유아의 전이에 대한 준비활동은 어머니들이 염려하는 측면에 비중을 두어 이루어지고 있었다. 일반유아의 어머니들은 유아가 다른 유아와 사회적 상황에서 잘 대처하고 낯선 환경에서 정서적으로 자신감을 가질 수 있도록 격려하며 일상생활에서 독립적으로 기능할 수 있는 기본 기술을 가르치고 어른에게 적절하게 도움을 청하는 방법 등에 역점을 두어 유아를 준비시키고 있었다. 장애유아 어머니들도 일반유아의 어머니들처럼 자녀가 새로운 상황에서 안정감을 갖도록 정서적으로 격려하는 활동에 많이 참여하고, 유아가 독립적으로 기능할 수 있도록 돕는 여러 가지 일상생활 기술을 가르치는 데 역점을 두고 있었다. 또한 장애유아 어머니들은 유아가 교육기관에서 경험하는 구체적 학습 활동을 가정에서 유아와 함께해 보는 경향이 있었다(김경숙, 2002).

(3) 전이계획의 수립과 지원

세 번째 단계는 실제 전이계획을 수립하고 가족을 지원하는 단계다. 전이계획은 개별 가족에게 융통성 있고 반응적으로 수립되고 실행되어야 한다. 가족 요구평가 과정에서 확인된 요구를 반영하며 가족의 요구가 계속 변화된다는 것을 인식해야 한다. 가족과 전이 조정자를 포함하는 전이 팀이 유아의 전이 과정의 각 단계에 따른 시간 계획을 세운다. 전이계획에 포함되는 단계는 유아에 대한 평가 보고서 완성하기, 장래 가능한 프로그램에 대해 토의하기, 장래 가능한 프로그램을 방문하기, 프로그램을 선정하고 적격성 검증하기, 등록을 지원하기, 유아와 받는 프로그램을 준비시키기로 구성된다.

5. 전이 과정의 효율성을 증진하는 실제

전이계획은 유아와 가족이 한 프로그램에서 다른 프로그램으로 또는 한 서비스에서 다른 서비스로 이동할 때 그 이동이 원활하게 이루어질 수 있도록 지원하는 것을 목적으로 한다. 김경숙(2003)의 연구에서 유아교사와 유아특수교사들은 전이 활동을 효율적으로 전개하는 데 방해가 되는 주요 요인들로 행·재정적 지원의 부족, 교직원의 전문성 부족, 기관 간 협력체제의 부족, 시간과 자료의 부족을 들었다. 이는 전이 과정에서 행정적, 절차적, 기술적 문제들이 효과적으로 해결하지 못할 경우 전이가 원만하게 이행되지 못하고 유아와 가족, 보내는 프로그램과 받는 프로그램의 관련자들이 혼란과 불안을 경험할 수 있음을 의미한다. 전이 과정의 효율성을 증진하여 유아와 가족이 최적의 전이 과정을 이행할 수 있도록 지원하는 실제들을 기관 간 협력하기, 행정적으로 지원하기, 직전교육과 현직연수 차원에서 교직원 훈련하기, 전이 과정 평가하기 측면에서 살펴보자(Bruder & Chandler, 1996; Gallagher, 1999).

1) 기관 간 협력

유아기 전이를 실시하는 과정에는 최소한 두 개 이상의 기관이 관련된다. 전이가 원활하게 이루어지기 위해서는 단일 기관에서 독자적으로 운영하는 교육이나 치료 프로그램의 범위를 넘어서서 관련 기관들이 협력적으로 연계할 필요가 있다. 그러나 각 기관은 독특한 자율성과 철학 및 목표를 가지고 독자적으로 프로그램을 운영해 왔으며, 이는 전이계획과 실시 과정에서 필수적으로 요구되는 팀 접근의 주요한 장벽으로 작용한다. 이러한 문제를 개선하기 위하여 전이 과정에 관련된 기관은 유아와 가족에게 서비스를 제공할 때 공통적인 철학과 목표를 가지고 전이계획에 참여해야 한다.

이를 보장하기 위하여 전이 과정에서 각 기관이 담당할 역할과 책임, 전이 팀의 구성 방식, 전이와 관련된 정책과 절차, 전이 과제를 시작하고 종료하는 시간 계획 등을 포함하는 기관 간 합의서를 개발하는 것이 필요하다. 기관 간 합의가 이루어짐으로써 전이 과정에 참여하는 프로그램들은 공동으로 행정가, 서비스 제공자, 그리고 가족들의 요구에 대처하며 각종 필요한 서비스들을 조정할 수 있다. 관련 기관들이 협력적으로 개발된 합의서는 기관 간 협동과 의사소통을 장려하고 유아와 가족이 받는 프로그램의 연속성과 계획된 전이 절차의 실시를 보장할 수 있을 것이다(Shotts, Rosenkoetter, & Streufert, 1994; Shotts, Rosenkoetter, Streufert, & Rosenkoetter, 1994).

2) 전이계획에 대한 행정적 지원

전이계획의 성공은 프로그램 행정가가 제공하는 지원에 크게 달려 있다. 행정가들은 전이 과정에 대한 관심을 보이고 전이 과정에 시간과 노력을 들임으로써 전이 팀 구성원의 태도와 노력에 영향을 미칠 수 있다. 그들은 기관 간 협력 합의서를 조정하고 전이 팀 구성원의 노력을 인정하며, 현직 연수를 실시하고 기관 간 의사소통과 협력을 조장할 수 있다.

행정가들은 또한 전이 관련 활동을 실행하는 데 필요한 시간과 자원을 배당함으로써 교사나 서비스 제공자의 노력을 지원해야 한다. 행정적 지원을 통해 교사나 서비스 제공자가 프로그램을 방문하고 협력적으로 전이를 계획할 수 있는 시간과 자원을 제공하고 이러한 지원사항을 기관 간 합의서와 기관 내 전이계획에 기록한다. 이러한 정책적 배려를 통하여 전이에 관련된 기관들이 전이 과정에 대해 관심을 갖고 시간과 노력을 효율적으로 들임으로써 유아기 전이를 성공적으로 이끌 수 있을 것이다(Shotts, Rosenkoetter, Streufert, & Rosenkoetter, 1994).

3) 교직원 연수

성공적인 전이를 실행하기 위하여 교직원은 중재 계획의 일부로서 전이를 포함하는 준비가 필요하다. 전이는 장애영 · 유아를 위한 중재 계획의 연속으로 간주되어야 하며, 중재 팀은 영 · 유아와 가족을 위해 전이계획을 개발하고 실시하며 평가해야 한다. 교사나 서비스 제공자는 교육과정 개발과 조정에 기술적이어야 하며 프로그램과 학문에 걸쳐 협력할 수 있어야 한다. 이러한 능력은 직전교육과 현직 연수 프로그램에 포함되어야 하며 구체적 학문 분야(예: 간호사, 언어치료사)의 훈련에도 포함되어야 한다(Bruder & Chandler, 1996; Clifford, 1999).

현직 연수에서는 전이계획과 관련된 일반적 문제 사항과 교사가 관심을 가지는 특수한 기술, 과제, 절차에 중점을 두어야 한다. 전이 활동을 수행하는 데 필요한 기술을 사전에 확인하고 전이 팀 구성원의 기술 수준, 흥미, 필요 등을 평가함으로써 현직 연수 주제를 선정할 수 있다. 직전교육에서는 모든 유형의 전이에 관련되는 일반적 문제 사항과 권장되는 실제뿐 아니라 아동의 일생 동안 일어나는 다양한 유형의 전이 과정에 대한 내용과 절차를 포함해야 한다(Bruder & Chandler, 1996). 교육환경, 부모참여, 중재 실제, 선택 가능한 서비스, 서비스 대상의 적격성에 관련된 법규의 관점에서 프로그램들이 서로 다를 때 특히 훈련은 중요하다. 직전교육 프로그램의 학생들은 병원에서 가정이나 조기 중재 프로그램, 조기 중재 프로그램에서 유아교육 기관, 유아교육 기관에서 초등학교와 다른 서비스로 전이하는 과정에서 제기되는 중요한 문제 사항에 친숙해져야 한다. 그들은 유아기 동안 일어날 수 있는 다른 종류의 전이(예: 프로그램 내의 서비스 제공자 간) 시 일어나는 문제 사항에 대해서도 익숙해야 한다(Clifford, 1999).

4) 전이 과정에 대한 평가

전이 과정의 효율성에 대한 평가는 전이계획의 가장 취약한 부분이다. 그러나 전이 과정의 평가는 유아특수교육 프로그램에서 가장 중요한 척도 중의 하나로 인식되고 있다. 평가는 각 전이 요소에 대해 이루어져야 하며 형성적 척도와 총괄적 척도 모두를 포함해야 한다. 행정가를 포함한 모든 전이 팀 구성원들이 전이 평가에 참여해야 한다.

평가는 유아가 받는 프로그램으로 옮긴 후 팀이 유아와 가족의 적응을 검토하는 추후 요소를 포함해야 한다. 이러한 검토는 유아가 새 프로그램으로 옮긴 후 수주 혹은 수개월 이내에 이루어져야 한다. 추후 평가 동안 전이 팀은 전이가 원활하게 진행되고 있는지 여부를 결정해야 하며, 원활하게 진행되지 않고 있다면 발생하는 문제들을 다루기 위해 지원할지를 결정해야 한다. 추후 평가는 전이 팀이 전이에 유아를 준비시키는 노력을 지원하며 성공적인 전이를 촉진하는 목표를 계속하여 제기한다(Gallagher, 1999).

평가는 객관적인 척도뿐 아니라 주관적인 척도 모두를 포함한다. 객관적 척도는 영·유아가 보이는 전이 기술의 수, 받는 프로그램에서 제공되는 지원, 받는 프로그램에서 유아와 가족의 관리 등의 정보를 포함한다. 평가의 주관적 척도는 전이 과정에 대한 부모와 교사의 만족과 인식을 포함한다. 전이의 성공은 보통 전이 팀이 유아와 가족이 새 프로그램에 잘 적응한다고 동의하는 것으로 의미된다. 전이의 구체적인 시작 시기와 완료 시기는 유아와 가족에 따라 다르다. 전이에 참여한 사람들로부터의 주관적 정보는 전이에 대한 객관적 정보를 보완하고 전이 과정의 사회적 타당도를 제공할 것이다(Bruder & Chandler, 1996).

참고문헌

김경숙(2001). 상급교육기관으로의 연계 및 전환교육. 현장특수교육, 8(5), 34-39.

김경숙(2002). 유아기 자녀의 전이시기에 어머니들의 염려 및 준비활동 연구. 한국영유아보육학, 31, 249-267.

김경숙(2003). 유아기 프로그램에서 실시하는 전이활동과 활동 수행의 방해요인에 대한 연구. 특수교육학연구, 38(1), 23-42.

Atwart, J., Orth-Lopes, L., Elliot, M., Carta, J., & Schwartz, I. (1994). Completing the circle: Planning and implementing transitions to other programs. In M, Wolery & J, Wilbers, *Including children with special needs in early childhood programs* (pp. 167-188). NAEYC.

Bredekamp, S., & Copple, C. (1997). *Developmentally appropriate practices in early childhood programs.* NAEYC.

Bridging Early Services Transition Taskforce (1995). *Hospital to Home.* State of Kansas.

Bridging Early Services Transition Taskforce (1995). *Step Ahead at Age 3.* State of Kansas.

Bridging Early Services Transition Taskforce (1995). *It' s a Big Step.* State of Kansas.

Bruder, M., & Chandler, L. (1996). Transition. In S, Odom & M, McLean, *Early intervention /early childhood special education: Recommended practices.* Austin, TX: Pro-ed.

Bruder, M., & Cole, M. (1991). Critical elements of transition from NICU to home and follow-up. *Children' s Health Care, 20*(1), 40-49.

Bruder, M., & Walker, L. (1990). Discharge planning: Hospital to home transitions for infants. *Topics in Early Childhood Special Education, 9*(4), 26-42.

Chandler, L. (1992). Promoting children' s social/survival skills as a strategy for transition to mainstreamed kindergarten programs. In S, Odom, S, McConnell, & M, McEvoy, *Social competence of young children with disabilities.* Baltimore: Brookes.

Clifford, R. (1999). personnel preparation and the transition. In R. Pianta & M. Cox, *The transition to kindergarten* (pp. 317-324). Baltimore: Brookes.

DEC Task Force (1993). *DEC recommended ptactices: Indicators of quality in programs for infants and young children with special needs and their families.* DEC/CEC.

Diamond, K., Spiegel-McGill, P., & Hanrahan, P. (1988). Planning for school transition: An ecological-developmental approach. *Journal of the Division for Early Childhood, 12*(3), 245-252.

Fowler, S. A., Hains, A. H., & Rosenkoetter, S. E. (1990). The transition between early intervention services and preschool services: administrative and policy issues. *Topics in Early Childhood Special Education, 9*(4), 55-65.

Fowler, S. A., & Hazel, R. (1996). Planning transitions to support inclusion. In K. Allen & I. Schwartz, *The exceptional child: Inclusion in early childhood education* (pp. 171–186). New York, NY: Albany.

Gallagher, J. (1999). Policy and the transition process. In R. Pianta & M. Cox, *The transition to kindergarten* (pp. 351–361). Baltimore: Brookes.

Hains, A., Rosenkoetter, S., & Fowler, S. (1991). Transition planning with families in early intervention programs. *Young Children, 3*(4), 38–47.

Meisels, S. (1999). Assessing Readiness. In R. Pianta & M. Cox, *The transition to kindergarten* (pp. 39–66). Baltimore: Brookes.

Noonan, M., & McCormick, L. (1993). Transition. In M, Noonan & L, McCormick, *Early intervention in natural environments* (pp. 349–373). Pacific Grove, CA: Brooks/Cole.

Noonan, M., & McCormick, L. (2006). Transitions. In M, Noonan & L, McCormick, *Toung children with disabilities in natural environments* (pp. 317–330). Baltimore, CA: Brooks/Cole.

Rosenkoetter, S. (1992). Guidelines from recent legislation to structure transition planning. *Infants and Young Children, 5*(1), 21–27.

Rosenkoetter, S., Whalet, K., Hains, A., & Pierce, L. (2001). The evolution of transition policy for young children with special needs and their families: Past, present, and future. *Topics in Early Childhood Special Education, 21*(1), 3–15.

Shotts, C., Rosenkoetter, S., Streufert, C., & Rosenkoetter, L. (1994). Transition policy and issues: A view from the states. *Topics in Early Childhood Special Education, 14*(3), 395–411.

chapter

07 운동발달과 지도 방법

1. 운동발달의 개념
2. 운동발달이론
3. 영 · 유아의 운동발달
4. 운동기술의 평가
5. 운동기술의 교육 및 중재
6. 요약 및 결론

이 장에서는 운동발달에 대한 전통적 이론과 최근의 이론을 소개하고 영·유아의 운동발달 단계를 설명하였다. 또한 발달지체영·유아의 운동발달의 특성을 설명하였다. 영·유아의 운동기술을 평가하기 위한 방법과 도구를 제시하였으며, 평가 절차상 고려할 사항들을 제시하였다. 마지막으로 운동기술의 발달을 촉진하기 위한 교육 및 중재 방법을 제시하였다. 관련 서비스 영역으로서의 물리치료 및 작업치료 등 치료 서비스와 치료사의 역할 등을 소개하고 유아특수교사와의 팀 협력을 강조하였다. 그 외에도 운동기술의 발달과 촉진을 위한 교실에서의 활동을 위한 지침을 제시하였으며 보조기구의 활용, 환경의 설계와 수정 등의 필요성을 강조하였다.

1. 운동발달의 개념

인간의 움직임은 태내에서 시작되어 대부분의 운동기술은 영·유아기와 아동기에 걸쳐 발달이 완성된다. 아동 발달의 모든 영역은 운동기술의 발달을 바탕으로 하고 있다. 영·유아는 움직임을 학습하고 동작을 더욱 정교하게 하면서 주위 환경을 자유롭게 탐색한다. 움직임은 신체 발육이나 운동 기능의 향상뿐만 아니라 인지, 사회성, 적응행동, 의사소통 기술의 발달과 밀접한 관련이 있으며 놀이 기술 발달의 기초를 제공한다.

운동발달은 크게 대근육 운동(gross motor), 소근육 운동(fine motor), 구강 운동(oral motor)의 발달을 포함한다. 대근육 운동기술은 기기, 앉기, 걷기 등과 같이 목, 몸통, 팔, 다리 등의 큰 근육을 사용한 활동을 포함하고 소근육 운동기술은 물건을 잡거나 집어 올리기, 눈 깜박이기, 쓰기 등의 손, 손가락, 눈, 발, 발가락 등의 작은 근육을 사용한 활동을 포함한다. 구강 운동기술은 입술, 혀, 안면근육 등을 사용한 먹기, 삼키기, 말하기 등의 활동을 포함하며 소근육 운동기술에 포함시키기도 한다. 운동기술의 중재에는 치료적인 서비스가 중요한 역할을 담당하며, 주로 물리치료(physical therapy)와 작업치료(occupational therapy)가 제공된다. 물리치료사는 대근육 운동기술의 중재를 담당하고 작업치료사는 주로 소근육 운동기술과 적응 행동 기술과 관련한 구강 운동기술의 중재를 담당한다.

장애 또는 장애위험(at-risk) 영·유아들은 대개 운동기술의 발달이 지체되거나 문제를 갖는 경우가 많으며, 이 때문에 다른 영역의 발달에도 영향을 끼치거나 문제를 일으킬 수 있다. 발달지체영·유아의 운동발달 중재는 여러 전문가의 협력을 강조하고 있으며 물리치료사나 작업치료사 등 치료사뿐만 아니라 가족, 교사(일반유아교사와 유아특수교사), 유아 체육 담당자, 재활공학 전문가 등이 포함된다. 그리고 모든 팀원이 개별화 가족 서비스 계획(IFSP) 또는 개별화 교육 프로그램(IEP)에 참여하여 운동기술의 평가 및 교육계획의 수립, 적용, 중재 효과 및 프로그램의 평가 등 모든 서비스 제공에 상호 협력하는 것이 요구된다(Dunlap, 1997).

2. 운동발달이론

운동발달 영역은 다른 발달 영역에 비해 연구 활동이 비교적 적었던 분야다. 기존의 운동발달에 관한 이론들로는 신체발달적 모델, 신경발달적 모델, 지각운동 모델, 감각통합 모델 등이 있다. 최근에는 전통적인 이론들이 설명하지 못하는 부분들을 보완하는 역동적 구조이론과 운동 프로그램 이론이 제안되었다. 본문에서는 전통적 이론들을 간단히 소개한 후에 최근의 이론인 운동 프로그램 모델과 역동적 구조이론을 소개하고자 한다.

1) 전통적 이론

게젤(Gesell, 1945; Bailey & Wolery, 1992; Gallahue & Ozmun, 1996 재인용)은 운동발달에 대한 이론적 기반을 세우고 주도해 왔다. 그는 신체발달이론에서 운동기술의 발달 방향을 제시하였는데, 주요 내용을 정리해 보면 다음과 같다.

첫째, 운동기술의 발달은 두미 방향으로 발달한다. 즉, 운동발달의 순서가 뇌에서 가까운 부분부터 시작하여 점차 먼 부분으로 진행된다. 따라서 눈 운동, 머리 운동, 손과 눈의 협응 능력이 먼저 발달한 후 서기나 걷기 등 다리 쪽의 운동능력이 발달한다.

둘째, 운동기술의 발달은 중심에서 시작하여 말초 부분으로(중심말초적 방향) 진행된다. 예를 들면, 아기가 물체를 잡을 때 어깨와 팔꿈치 등 중심과 가까운 부분부터 먼저 움직이고 다음에 주먹이나 손가락의 운동기술이 발달한다.

셋째, 반사적인 행동에서 수의적인 행동으로 발달한다. 신생아의 행동은 반사행동으로 이루어져 있으며, 수동적인 존재에서 이후 점차적으로 수의적 행동으로 발달되어 감에 따라 능동적이 된다.

게젤의 이론은 현재까지도 많이 인용되고 있으나 이후의 몇몇 연구들은 그 타당성에 이의를 제기하였다. 즉, 신생아들은 다양한 운동기술을 가지고 태어났으며 이러한 운동기술을 보여 줄 수 있는 환경적 요소 등의 다양한 변인들과 상호작용한다는 것이다(Thelan, 1985). 신생아의 반사행동에 대한 연구들에서 출생 직후의 신생아들이 자극에 대해 수동적인 반응만을 하는 존재가 아니라 목적성을 띤 자의적 행동도 보인다든지, 얼굴표정 모방이라든지 사람과 사물 등의 시청각적 자극을 따라 움직일 수 있음을 보여 주는 연구가 있다(Brazelton, 1984). 이러한 자발적인 행동은 출생 전 태아의 상태에서도 관찰되었다(DeVries et al., 1982, 1985; Sparling et al., 1990). 이러한 연구들에 따르면, 태아는 이르면 16주부터 매우 복잡하고 정교한 움직임을 보일 수 있는 것으로 나타났다. 이는 인간이 선천적으로 타고난 운동기술이 있음을 보여 주는 것이며, 단순히 자극에 대한 반사행동만을 하는 존재가 아님을 증명하는 것이라고 할 수 있다. 두미 방향적 발달이나 중심말초적 발달의 방향 등에 대한 가정에도 이의가 제기되었다. 초기 배아나 태아의 움직임에 대한 연구에 따르면, 고정된 발달 순서가 존재하지 않음과 조화된 움직임은 운동발달과 관련된 기관들이 거의 동시에 발달함을 보여 준다(이충휘, 1999).

신경발달적 모델은 뇌성마비아동의 치료 목적으로 개발된 모델로 주로 중추신경계 기능장애를 가진 환자들에게 사용되었다. 이 모델은 정상적인 반응을 촉진하고 비정상적 긴장과 반사형태를 억제하기 위해서는 근육긴장도가 먼저 정상화되어야 한다는 것을 전제로 한다. 그러나 경직의 억제와 긴장도의 정상화가 일시적인 것이며, 운동기술의 발달을 촉진하지 못한다는 비판도 있다(Gorden, 1987).

그 외에도 지각운동 모델은 수용된 감각정보가 운동반응의 질에 영향을 미친다는 것을 전제로 한 이론으로 주로 학습장애아동에게 사용된다.

감각통합 모델은 특정 학습결손이 뇌의 감각통합 과정에서의 기능장애로 발생한다는 이론을 바탕으로 하고 있으며, 감각통합에 따른 치료 방법을 사용하고 있다. 감각통합법은 운동기술의 효율성을 높이기 위해 감각적 자극을 조직하고 해석하는 신경계의 능력을 향상시키기 위해 다감각적인 접근을 하며 촉각과 균형적인 자극을 제공하는 활동들로 구성된다.

2) 최근의 이론

전통적 이론들은 운동행동의 변화에 대한 설명은 제시하였으나 복잡한 행동에 대하여 설명하지 못하였다. 이에 새로이 대두된 것이 운동 프로그램 모델, 역동적 구조이론 등이다.

운동 프로그램 모델은 신경계의 조직화와 성숙의 과정이 움직임을 만들어 낸다는 개념에 근거하고 있다(이충휘, 1999). 운동 프로그램 모델은 어떤 움직임이 발생하기까지 미리 계획되고 행동양식이 기억에 저장된다고 가정한다. 그래서 이 저장된 움직임의 과정이 집약되어 표현되는 것이며, 움직임에는 변화 가능한 요소와 불변하는 요소가 포함된다. 예를 들면, 걷기를 할 때 걷는 순서와 다리근육의 활성화의 시점은 변하지 않지만, 걷는 속도와 방향 등은 변화가 가능한 요소다. 따라서 이 이론에서는 신경계의 변화를 통한 움직임의 변화를 유발할 수 있도록 신경근육계의 치료를 중요시한다.

역동적 구조이론(또는 구조이론, dynamic systems theory)은 발달을 전 생애에 걸친 과제, 개인, 환경과의 불연속적(discontinuous)이고 자기 조직적(self organizing)이며 상호교류적(transactional)인 과정으로 보았다(Gallahue & Ozmun, 1995).

이를 좀 더 자세히 살펴보면, 구조이론자들은 운동발달을 반드시 순차적으로 진행되는 복잡한 상위 수준의 능력을 향한 변화라고 보지 않았다. 이는 장애가 있는 아동이 운동발달에 방해를 받는 경우를 살펴보면 쉽게 이해할 수 있다. 즉, 경직성 뇌성마비아동의 경우 독립적인 걷기발달이 지체되고 나중에 이 아동이 걷게 된다 해도 걸음걸이의 패턴이 매우 개별적이며 각 아동에게 적절한 형태를 갖는다. 구조이론의 관점에서는 전체적으로는 지속성을 갖는 발달이 연속-불연속의 과정을 거친다는 것이다. 변화의 역동성은 지속적인데 매우 개별적인 형태로 진행되며, 각 구조 내의 발달을 촉진 또는 제한하는 다양한 주요 요소의 영향을 받는다.

또한 구조이론은 인간은 본래적으로 운동조절과 조화로운 운동 능력을 가지려고 노력한다고 설명한다(자기 조직화). 따라서 과제, 환경, 개인의 각 하위 구조들이 별개로 조작되지만 서로 조화를 이루고 있으며 발달의 속도, 순서, 범위 등을 결정하게 된다. 이러한 하위 구조들이 역동적으로 협력한 결과로 조화롭고 조절된 움직임이 생긴다는 것이다. 예를 들어, 뇌성마비아동의 경우 걷기라는 발달과제를 성취하기 위해 자신의 능력에 맞는 독특한 걸음걸이 패턴을 발달시키게 되는 것이다. 구조이론에서 아동이 성장하고 발달함에 따라 변하는 다양한 요인들이 포함되며, 그 수는 운동조절력과 조화로운 운동력을 획득함에 따라 제한되고 이에 따라 운동의 패턴이 형성된다. 개인은 자기가 선호하는 방식의 움직임을 발달시키지만 이 패턴들은 변화를 제공하는 변인들에 따라 재조직된다. 운동 패턴의 변화는 영·유아기에 특히 많이 발생하며 새로운 운동기술을 확실하게 습득(안정상태, state of stability)할 때까지 불안정의 상태(state of instability)를 겪게 된다.

구조이론은 운동과제의 특수한 요구는 안정성, 이동성, 조작적 운동력의 발달에 아동 개인적 요인(유전 또는 생물학적 특성)과 환경적 요인(경험과 학습)이 상호 교류한다는 관점이다. 즉, 아동이 운동조절력과 운동력을 획득하려고 노력하는 과정에서 다양한 개인, 과제, 환경 내의 요인들이 서로 상호작용할 뿐만 아니라 잠재적으로 서로를 변화시키고 다른 요인에 따라 변화될 수 있다.

3. 영 · 유아의 운동발달

운동발달은 영 · 유아 발달의 중요한 부분을 차지하며 이 시기에 커다란 변화를 보이게 된다. 초기 반사행동이 대부분을 차지하던 신생아기를 거쳐 점사 수의적 행동을 보이며 유아기가 되면 신체의 자유로운 움직임을 통해 환경을 탐색할 수 있게 됨으로써 인지, 의사소통 등 다른 발달에도 영향을 미치게 된다. 발달지체 등 유아특수교육 대상 영 · 유아의 운동발달의 일반적인 특성을 이해하는 것은 유아를 위한 교육과 중재를 계획하는 데 도움이 된다.

1) 영 · 유아기의 운동발달

신생아는 자신의 신체를 조절하거나 통제할 수 있는 능력이 거의 없으며 반사행동이 대부분을 차지한다. 신생아의 반사행동은 생존을 위한 기능을 담당하거나 위험 요소로부터 대처하도록 돕는 기능을 한다. 반사행동은 원시적 반사와 자세반사(postural reflex)의 두 가지 형태가 있다. 원시적 반사는 정보 수집을 통하여 발달을 자극하도록 돕고 음식물 찾기, 보호적 반응 등의 생존을 위한 기능을 한다. 원시적 반사는 생후 초기 몇 달 동안 뇌의 하부의 발달과 관련이 있다. 그러나 점차 뇌의 상부가 발달하게 됨에 따라 뇌의 하부는 움직임에 대한 조절력을 상실하게 되고 수의적 행동이 발달하기 시작한다. 자세반사는 나중에 나타나는 수의적 행동과 외관상으로는 비슷하나 불수의적이다. 이 반사는 안정성, 이동성, 조작적인 기제의 신경운동학적 시험 도구로서의 역할을 한다. 걷기 반사와 기기 반사는 후에 나타나는 걷기, 기기와 매우 유사하며 파악 반사는 수의적 쥐기, 놓기와 매우 관련이 깊다. 또한 미로 반사와 정위 반사, 지지 반사는 후의 균형 능력과 밀접한 관련이 있다. 신생아기의 반사행동은 매우 다양하며 대부분 1년 내에 소멸되나 오랫동안 지속되는 경우도 있다. 〈표 7-1〉에 신생아의 대표적인 반사행동의 패턴과 기능을 정리하여 제시하였다.

영아기의 수의적 행동은 그 출현 순서는 예측할 수 있으나 그 시기나 속도는 생물학적, 환경적, 과제의 요소 등의 영향으로 달라질 수 있다. 초기의 행동들은 반사행동과 수의적 행동의 구분이 약하고 통합적이어서 조절력이 약하지만 점차 정교해지고 조절력이 높아진다. 이 시기에 감각과 운동체계의 구별과 지각과 운동정보의 통합이 점차 의미 있고 조화를 이루게 되며 인지와 운동처리 과정의 급속한 발달로 초보적인 운동능력이 매우 빠르게 발달할 수 있게 된다.

유아기가 되면 신체적으로 자유롭게 움직임으로써 환경을 탐색하고 경험하고 다양한 움직임을 통해 안정성, 이동성, 조작성을 시도해 본다. 초기 유아는 과제 수행을 위해 차기, 던지기 등의 의도적인 행동을 시작하나 협응성과 정확성이 부족하고 미숙하다가 점차 협응과 조절력이 향상된다. 이때는 격려와 연습할 수 있는 환경적 조건이나 환경의 생태 등이 영향을 끼치며 그렇지 않은 경우는 성인이 되어서도 차기, 던지기 등에서의 기술이 유아기 수준에 머무를 수 있다. 6~7세경이

표 7-1 신생아기의 반사행동

반사행동	행동 패턴	기 능
눈 깜박이기(eye blink) 반사	밝은 빛을 눈에 비추거나 가까이서 손뼉을 치면 눈을 깜박인다.	강한 자극으로부터 자신을 보호한다.
바빈스키(babinski) 반사	발바닥을 발가락에서 발꿈치 방향으로 문지르면 엄지발가락이 등쪽으로 굽고 다른 발가락은 부채살처럼 펴진다.	명확하지 않다.
젖 찾기(rooting) 반사	입 근처에 자극을 주면 머리를 자극이 온 방향으로 돌린다.	아기가 젖꼭지를 찾을 수 있게 도와준다.
빨기(sucking) 반사	아기의 입에 손가락을 대면 규칙적으로 빤다.	음식을 먹을 수 있게 한다.
수영(swimming) 반사	아기를 물 속에 엎드려 놓으면 수영을 하듯이 휘젓고 발을 찬다.	물 속에서 아기가 생존하도록 도와준다.
모로(moro) 반사	아기를 눕힌 자세로 등을 받쳐 잡고 머리를 살짝 떨어뜨리거나 큰 소리를 내면 아기는 등을 구부리고 사지를 쭉 뻗었다가 다시 몸 쪽으로 가져온다.	아기가 엄마에게 떨어지지 않고 붙어 있을 수 있게 한다.
도피(withdrawal) 반사	방어 반사라고도 하며 발바닥을 핀으로 찌르면 엉덩이와 무릎을 구부리면서 발을 오므린다.	불쾌한 촉각 자극으로부터 보호한다.
파악(palmar grasp) 반사	손바닥에 손가락을 대고 누르면 손바닥을 오므려 손가락을 잡는다.	수의적인 잡기를 준비한다.
목긴장(tonic neck) 반사	아기를 바로 눕힌 상태에서 머리를 한쪽으로 돌리면 한쪽 팔은 머리가 돌려진 쪽으로 뻗고 다른 팔은 구부린다(펜싱 자세).	수의적인 팔 뻗기를 준비한다.
정위(body righting) 반사	어깨나 엉덩이를 돌리면 몸의 다른 부분도 같은 방향으로 돌린다.	몸의 배열 상태를 유지하여 자세를 조절하는 것을 돕는다.
걸음마(stepping) 반사	아기를 팔 밑으로 잡고 발을 바닥에 대 주면 아기는 한 발씩 걷는 것처럼 한다.	걷기를 준비한다.

면 모든 운동기술에서 필요한 구성 요소들이 통합되어 협응성, 정확성, 효율성에서 빠르게 많은 발달을 보인다. 이 시기의 운동발달은 개인차에 따라 다양한 발달 양상을 보일 수 있으며 오랜 시간이 지나도 성숙하지 못하는 기술은 끊임없는 노력과 외부 자극이 반드시 수반되어야 한다(Gallahue & Ozmun, 1995).

영 · 유아 운동발달의 구체적인 내용을 살펴보면 다음과 같다. 신생아는 팔, 가슴, 다리 등의 협응능력이 매우 적으며 대근육 운동기술이 극히 제한적이다. 아기는 생후 첫 1년 동안 급속한 발달을 보이는데, 생후 2개월이면 고개를 들고 몸을 세울 수 있다(곽노의 외, 1995). 생후 3~4개월 즈음에는 사물을 지적하기도 하고(Fogel & Hannan, 1985) 엎드린 상태에서 가슴과 어깨를 들 수 있고 팔을 뻗치기 시작한다. 5~6개월경에는 약간만 받쳐 주면 앉을 수 있다(Cratty, 1986). 1세경이 되면 아기는 걷기 시작하고 그 이후에는 더욱 복잡하고 어려운 동작들을 할 수 있게 된다.

소근육 운동기술의 발달에서 수의적인 손 뻗기는 아동의 인지발달에 매우 중요한 역할을 한다. 즉, 아기가 사물에 관심을 갖고 손을 뻗어 사물을 쥐고 만지면서 관찰하는 동안 주위 세계와 사물에 대해 많은 것을 배우게 된다. 아기는 몸을 세워 안아 주면 앞에 있는 사물을 향해 손을 뻗는데, 신체의 조절력이 미발달하였기 때문에 손이 닿거나 잡지는 못한다. 3~4개월이면 척골 쥐기(ulnar grasp)를 시작하고 4~5개월이면 사물을 한 손에서 다른 손으로 옮길 수 있다(Rochat, 1989). 9개월경이면 집게 쥐기(pincer grasp)가 가능해진다(Berk, 1994).

2세 이후부터 유아는 음식 먹기, 옷 입기 등의 일상생활과 놀이에서 다양하고 복잡한 손과 손가락을 사용한 소근육 운동기술이 발달한다. 손과 손가락의 협응은 힘, 유연성, 기민성 등이 요구되며 눈과 손의 협응(eye-hand coordination)은 시각적 지각기술로 눈이 손을 따라가는 기술이다. 소근육 운동기술을 발달시키기 위해서는 연습할 기회를 많이 가져야 한다.

〈표 7-2〉와 〈표 7-3〉에 생후 6년간의 아동의 대근육 운동기술과 소근육 운동기술의 주요 발달 이정표를 정리하여 제시하였다. 그러나 위에서 설명한 것과 같이 아동의 발달 속도와 성숙 패턴은 개인차가 많으며 제시된 발달 이정표는 평균적인 시기일 뿐이다. 예를 들어, 걷기는 대개 12개월 전후로 시작한다고 하지만 대부분의 유아가 걷기 시작하는 시기는 9개월에서 17개월까지 그 범위가 매우 넓

표 7-2 **대근육 운동기술 발달 이정표**

연 령	대근육 운동기술
1개월	• 몇 초간 머리 들기 • 반복적으로 발차기
2~3개월	• 머리, 가슴 들기 • 머리 가누기
4~5개월	• 머리를 좌우로 움직이기 • 팔 뻗치기 • 누운 상태에서 옆으로 구르기
5~6개월	• 도움 받아 앉기 • 몸 뒤집어 엎드리기
6~7개월	• 자다가 몸 뒤척이기 • 도움 없이 앉기
8개월	• 앉아서 눈앞의 물건 잡기 • 기기
9개월	• 옆으로 누운 상태에서 앉기 • 손과 무릎으로 기기 • 앉은 자세에서 엎드리기 • 잡고 서 있기 • 잡고 일어서기
10~11개월	• 잡고 걷기 • 혼자 서기 • 잡고 섰다가 앉기
12개월	• 혼자 서서 걷기 • 누운 자세에서 서기
16개월	• 옆으로 걷기 • 뒤로 걷기 • 공 던지기 • 계단 기어오르기 • 장난감 끌면서 걷기
2세	• 계단을 다리로 오르내리기 • 철봉에 혼자 매달리기 • 평균대 위에 서기 • 양발 모아 깡총 뛰기 • 앉아서 그네 타기 • 서서 작은 공 던지기 • 달리기 • 발 끝으로 걷기
3세	• 한 발로 앙감질하기 • 양발로 계단 오르내리기 • 세발자전거 타기 • 짧은 평균대 걷기 • 구르기 • 장애물 주위를 달리기
4세	• 튀어 오르는 볼 잡기 • 공차기 • 한 발 스키핑 • 말 뛰기 • 넘어지지 않고 앞으로 10회 점프하기
5세	• 전력 질주하여 달리기 • 멀리 뛰기 • 뜀틀 다리 벌려 뛰기 • 높이 뛰기 • 한 발로 서기 • 재주 넘기
6세	• 거꾸로 서기 • 숙련된 말 뛰기 • 숙련된 스키핑 • 평균대 위로 걷기 • 줄넘기 • 스케이트 타기

표 7-3 소근육 운동기술 발달 이정표

시 기	소근육 운동기술
3개월	• 반사적인 쥐기 • 팔을 대칭으로 움직이기 • 눈으로 중심선까지 따라오기 • 누운 자세에서 손을 중심선으로 가져오기
2~4개월	• 물건을 향해 손 뻗치기(닿지 않음) • 손가락 빨기
5개월	• 물건을 향해 손 뻗쳐 닿기 • 손가락으로 만지작거리기 • 물건을 다른 손으로 옮겨 쥐기
6~7개월	• 이끄는 대로 물건을 따라가 잡기 • 손목의 동작으로 장난감을 조작하기
9개월	• 집게손 잡기 • 팔꿈치를 뻗어 사물 잡기
1세	• 2개의 블록 쌓기 • 상자에서 사물 꺼내거나 넣기 • 두 손을 자유롭게 사용하기 • 검지로 찌르기
2세	• 숟가락이나 포크로 음식 먹기 • 간단한 웃옷 입기 • 머리 손질과 몸의 앞면 닦기 • 페그판에 페그 꽂기 • 한 손으로 잡고 다른 손으로 사물 조작하기 • 블록 쌓기 • 특정 손의 사용(손잡이의 표현) 시작
3세	• 혁대와 큰 단추 조작하기 • 머리 빗질하기 • 칫솔질하기 • 모형 없이 블록 쌓기 • 큰 글자 보고 쓰기 • 수직선 삼각형 그리기 • 가위로 자르기 • 흙 주무르기 • 연필, 크레용으로 끄적이기
4세	• 능숙한 칫솔질 • 자르기 • 주무르기(찰흙 등) • 손가락으로 칠하기 • 원 따라 그리기 • +자 모양 모방하기
5세	• 비누로 머리 감기 • 대부분의 옷 혼자 입기 • +모양, 네모 그리기 • 망치질 • 어려운 모양의 블록 쌓기 • 크레용, 연필로 그리기 • 선 따라 자르기
6세	• 1~200까지 쓰기 • 글자 쓰기 • 능숙한 조작 • 간단한 모양 자르기 • 삼각형 그리기 • 선 안에 색칠하기 • 이름 따라 쓰기 • 풀칠하기

다. 또한 유아 초기까지는 운동발달에서의 남아와 여아와의 차이가 거의 없으나 유아 후기에는 현저한 차이를 보이기 시작한다. 여아는 주로 조작적 기민성이 요구되는 과제를 잘 수행하는 반면에 남아는 대근육을 사용한 운동기술에 능하다. 이는 부모의 기대나 아동과의 상호작용의 차이에 따른 것일 수 있으며 부모-아동의 놀이에서도 이러한 차이를 발견할 수 있다(Beckman & Lieber, 1992; Fallen & Umansky, 1985).

2) 발달지체영 · 유아의 운동발달

발달지체영 · 유아 모두 운동기술의 발달에 문제가 있는 것은 아니지만 어느 정도의 지체를 보인다. 또한 운동발달의 지체는 아동의 장애와 상호작용하여 다른 영역의 발달에도 영향을 끼칠 수 있다. 운동발달 지체의 원인은 매우 다양하며 뇌손상, 정형외과적 문제, 유전, 정신지체, 감각손상 등이 운동기술의 발달을 방해하는 요인이 되고 있다.

뇌성마비, 사지이상, 척추손상 등과 같은 지체장애아동과 다운증후군, 프래더윌리 증후군(Prader-Willi syndrome) 등을 가진 아동들은 근육긴장도, 근육조절력, 근력의 손상으로 운동발달이 지체될 수 있다. 근육긴장도의 손상이 있는 아동은 전반적인 움직임이 곤란하며 비활동적이고 쉽게 피곤해 하거나(저긴장성), 바닥에 대고 있는 자세(앉기, 서기, 기기 등)를 취하고 유지가 곤란하거나(강직성), 근육 수축과 이완의 불협응(무정위형)의 경향을 보인다(곽승철 외, 1995; 구본권, 1999). 근육조절력에 손상을 보이는 아동은 비틀린 움직임, 경련 등의 수의적 움직임을 방해하는 비정상적 운동 특성을 보인다. 근육실조, 이분척추 등은 근력의 손상을 가져오는 대표적인 예이며, 뼈가 골절된 아동이 고정 붕대를 할 경우 일시적으로 근력과 근육긴장도를 상실하기도 하나 훈련과 움직임 등으로 빨리 정상적으로 회복된다.

지나친 활동, 짧은 주의집중, 충동행동이 특징적인 과다행동(hyperactivity) 아동의 경우 역시 운동발달에 문제를 가지고 있다고 볼 수 있다. 이러한 아동의 과다행동, 주의집중의 문제, 충동성 등이 조기에 적절한 중재를 받지 못하면 학령기에도 문제가 지속될 가능성이 매우 높다(Campbell, 1985). 따라서 점차 좋아질 것이라는 기대로 기다리기보다는 부모, 교사, 소아과 의사 등이 유아기에 아동이 바람직하고 적합한 행동을 배울 수 있도록 적극적인 조치를 취해야 한다.

대부분의 정신지체아동은 운동발달의 지체를 보이고 초기에 문제를 의심하는 계기가 운동기술의 지체에서 비롯된다. 정신지체아동이 갖는 일반적인 문제는 대개 자세가 나쁘고 전반적인 신체운동력이 비장애 아동에 비해 떨어진다는 것이다. 정신지체아동은 반응속도가 느리고 근력이나 평형성 등이 뒤지며 달리기 속도나 유연성 등도 낮다. 경도의 정신지체를 가진 아동의 경우 운동발달이 비장애 아동에 비해 1~4년 정도 지체되는 것으로 나타났다(홍양자, 1996).

특히 다운증후군을 가진 아동의 경우는 작고 뚱뚱한 체격을 가지고 있으며, 사지가 비교적 짧고 근력이 약한 경향이 있다. 다운증후군 아동의 운동기술 발달에 대하여는 비교적 많은 연구가 실시되었는데, 대개 근육반응이 지체되고 약하며 자세조절력이 떨어지는 것으로 나타났고 이는 중추신경계의 반응의 이상에서 비롯되는 것으로 보인다(Bruni, 1998; Shumway-Cook & Woollacott, 1985; Winders, 1997).

시각장애아동도 운동발달의 지체를 보일 수 있는데, 생후 초기 몇 달 동안의 운동발달은 비장애 아동과 크게 다르지 않으나 점차 시각장애에 따른 간접적인 영향을 받는다. 시각장애아동의 운동발달은 전반적으로 비장애 아동에 비해 지체되는데 앉기, 걷기 등의 대근육 운동발달뿐만 아니라 소근육 운동발달과 걷기 자세 등에서도 문제가 있을 수 있다(Fraiberg, 1977). 시각장애아동의 운동발달은 시각장애의 특성(발생 시기, 시력 정도), 시각적 자극의 결핍, 모방학습의 기회 부족, 환경적인 요인(부모의 양육 태도 등) 등의 영향에 따른 움직임과 환경탐구의 동기가 부족하여 운동발달이 지체를 보인다.

첫째, 장애 발생의 시기와 시력의 정도가 아동의 운동발달에 영향을 미친다. 즉, 발생 시기가 늦을수록, 시력 손상의 정도가 적을수록 아동의 운동발달이 덜 지체될 수 있다. 선천적인 시각장애 신생아는 안정감이 더 큰 엎드린 자세를 선호하는데, 오랜 기간 동안의 엎드린 자세는 아동의 걷기발달에서 지체를 초래할 수 있다(Scholl, 1986). 약하게나마 잔존 시력이 있어 사람이 서 있는 것을 볼 수 있으면 아동은 서 보려는 동기가 생겨 걷게 될 것이다. 또한 잔존 시력은 아동의 모방학습을 촉진하여 운동기술의 발달에 기여할 수 있다.

둘째, 시각적 자극의 결핍으로 정상적인 신생아가 시각적 자극을 눈으로 따라가고 손을 뻗쳐 잡고자 하는 동기를 갖는 것과 같은 중요한 동기가 박탈되어 몸을 사용하거나 손의 협응, 소근육 발달 등의 기술을 습득하는 데 지체를 가져온다. 또한 기어서 환경을 탐구하고자 하는 동기가 부족해져서 결국에는 걷기에 필요한 근육이 발달되지 않아 걷기가 늦거나 걸음걸이가 이상할 수도 있다.

셋째, 모방을 통한 학습 기회가 제한된다. 생후 초기의 대부분의 학습과 마찬가지로 운동기술 역시 모방을 통한 학습이 중요한데, 시각장애아동은 다른 사람의 움직임을 보고 모방할 기회가 제한되어 운동기술의 지체를 초래한다.

넷째, 환경적 요인으로 부모가 지나치게 보호적이거나 아동이 움직임을 통해 주위 환경을 탐구하고 학습할 필요성에 대한 이해 부족으로 충분한 기회를 갖지 못할 수 있다.

그 외에도 특정 장애 진단을 받지 않은 아동이라 할지라도 운동발달의 지체를 보이는 아동이 있다. 이러한 아동들은 가정이나 조기교육 시설 등에서 아동의 행동 등을 관찰하는 중에 발견할 수 있다. 이러한 아동들은 행동 특성, 즉 아동이 공간 속에서 자신의 신체인식 정도, 활동 중의 자세, 피로도 등을 통하여 파악할 수 있으며 대체로 다음과 같은 특성을 가지고 있다(Bowe, 1995; Cook et al., 1992; Dunlap, 1997).

첫째, 대근육 운동이 지체된 아동은 낮은 균형감과 협응력 때문에 사람이나 물건에 넘어지거나 부딪히는 일이 잦다. 이러한 아동은 안전문제에 많은 관심을 가져야 하며, 여러 사람이 모여 있는 곳이거나 줄지어 이동하는 경우에 각별히 신경을 써야 한다.

둘째, 운동지체아동은 균형의 문제를 보인다. 따라서 놀이의 자세나 앉는 자세 등이 바르지 않은 경우가 많으며 자세를 유지하기 위해 지지가 필요한 경우가 많다. 예를 들면, 서클 타임처럼 아동에게 바닥이나 의자에 앉아 있는 활동 중에 앞으로 구부린 자세를 해서 등이 둥글게 되거나 손을 바닥에 대거나 팔꿈치를 무릎에 대고 손으로 머리를 괴기도 한다. 또한 두 무릎이 맞닿고 양발을 각각 옆으로 벌린 상태(W자 자세)로 앉거나 벽이나 다른 사람에게 기대어 앉기도 한다. 이런 자세는 정상적인 발달 과정의 일부일 수 있지만 이런 아동들을 나태하거나 산만하다고 생각하여 지나치거나 아동이 외톨이라거나(혼자 벽에 기대 앉아 있기 때문에) 또는 애정의 표현(사람에게 기대어 앉는 것)으로 잘못 이해할 수도 있다.

셋째, 운동지체를 보이는 아동은 대근육 활동을 회피하거나 놀이터의 특정 놀이기구를 싫어하거나 두려워하기도 한다. 따라서 놀이터에 나가는 것을 싫어하거나 놀이터에서도 주로 구경하는 경우가 많다.

넷째, 불필요한 근육의 긴장이나 연령에 적합하지 않은 움직임의 경향을 보이기도 한다. 근육긴장도가 낮은 아동은 움직임의 조절을 잘하기 위해 관절을 고정시키는 경향이 있어 서 있을 때 무릎을 고정시켜 서 있거나 안짱다리로 보이는 경우도 있다. 이런 아동이 한 손으로 공을 던지거나 원을 그릴 때 다른 손도 같은 방향으로 움직이는 것을 볼 수 있고 활동을 하는 동안 입이나 입술, 혀 등의 불필요한 움직임이 수반되기도 한다. 또한 과제를 수행할 때 손이나 팔이 떨리기도 한다.

다섯째, 대근육 운동이 지체된 아동은 시종 움직이거나, 어떤 활동이든지 짧은 시간밖에 지속할 수 없다. 이런 아동들의 움직임의 전환은 매우 빠르고 충동적으로 보이는데, 이것은 비정상적인 근육긴장도 때문에 천천히 근육을 움직이는 것이 어렵기 때문이다. 또한 신체의 한 부분만을 움직이는 것이 어렵기 때문에 종종 부딪히거나 균형을 잃기 쉽다.

여섯째, 활동 간의 이동을 할 때 항상 뒤로 처지는 경향이 있으며 대근육을 사용한 활동 중에 이상하게 보일까 봐 일부러 엉뚱한 행동을 하거나 우스운 행동을 하기도 한다.

일곱째, 이 외에도 좌우 팔과 다리의 기술이 많이 다르거나 13개월 이전에 손잡이 선호도를 보이는 경우 시선 따라가기의 곤란, 빈약한 통합적 시각적 운동기술 등의 증상을 보이는 경우도 있다.

위에 설명한 증상을 가지고 있다고 해서 모든 아동이 치료 서비스를 받아야 하는 것은 아니지만 운동지체의 결과로 아동들은 사회성, 인지 등의 다른 영역의 발달에 영향을 미치거나 적절한 중재가 주어지지 않았을 때 나중에 심한 장애로 진행될 수도 있으므로 적절한 관심과 교육이 필요하다. 예를 들면, 운동지체로 바닥에서 주로 놀이를 하는 아동은 다른 아동이나 교사와의 적절한 눈높이를 유지할 수 없다. 또한 시종 끊임없이 움직이는 아동은 다른 아동이나 장난감을 밟는 일이 많이 생겨 다른 아동들로부터 따돌림을 당하기 쉬우며 정도가 심한 아동의 경우는 부정적인 자존감을 갖거나 위축되기 쉽다. 따라서 교사는 이러한 아동들을 위해 운동발달을 촉진할 수 있는 교육방법과 전략을 사용한 교육과 적절한 환경의 수정 등을 통한 교육을 해야 한다.

4. 운동기술의 평가

운동기술은 출생 후 몇 년간 중요한 발달 이정표의 역할을 하기 때문에 운동발달의 지체는 다른 영역의 지체나 전체적인 발달지체를 보여 주는 첫 신호가 될 수 있다. 운동기술의 평가는 현재의 발달지체를 알려 주고 나중에 생길지도 모를 발달 이상을 예측할 수 있다. 또한 원시반사 등의 평가를 통해 중추신경계의 미숙이나 손상을 평가할 수 있다. 예를 들면, 생후 1년이 지나도록 원시반사가 남아 있을 경우 아동의 뇌성마비, 정신지체 등의 조기 진단에 매우 중요한 역할을 할 수 있다. 아기는 환경에 대한 자신의 인지 능력을 행동을 통해 보여 준다. 특히 생후 2년(피아제의 감각운동기) 동안에 아동의 운동발달이 미치는 영향은 매우 크다고 할 수 있으며 운동기술의 손상과 지체는 의사소통, 사회성 등의 다른 영역의 발달에 방해가 될 수 있다(Gallahue & Ozmun, 1995).

운동기술의 평가는 크게 대근육 운동기술, 소근육 운동기술, 구강 운동기술의 세 가지로 나뉜다. 대개의 경우 평가 도구들은 대근육과 소근육 운동기술 영역을 포함하고 있으며 구강 운동기술은 소근육 운동기술에 부분적으로 포함되어 있다.

운동기술의 평가는 평가 목적에 맞는 평가 방법과 평가 도구를 선정하여야 하고, 선별, 진단, 진도점검(monitoring), 중재효과의 평가 등 각 단계에 맞는 평가가 실시되어야 하며(DEC, 1993), 팀의 평가와 일상생활에서의 기능과 아동의 환경 평가가 고려되어야 한다.

1) 평가 방법 및 도구

운동기술을 평가하는 데는 관찰을 하거나 형식적 검사 도구 등을 사용하여 검사하는 방법이 있다. 관찰은 주로 부모의 관찰 내용을 면담 등을 통해 정보를 수집하거나 교사나 치료사가 직접 관찰할 수 있다. 관찰을 할 경우는 아동의 일상생활 속에서의 행동을 관찰하거나 과제를 제시하여 특정 운동기술을 수행하게 하여 이를 관찰할 수도 있다(Bondurant-Utz & Luciano, 1994; McLean, Bailey, & Wolery, 1996).

또한 운동기술의 평가를 위한 검사 도구들이 제작되어 있으므로 이를 사용할 수 있다(Bayley, 1969, 1993; Campbell, 1993; Chandler, Andrews, & Swanson, 1980; Folio & Fewell, 1983; Furuno, O' Reilly, Hosaka, Inatsuka, Allman, & Zeisloft, 1979; Hayley, Coster, Ludlow, Haltiwanger, & Andrellos, 1992; Knobloch, Stevens, & Malone, 1987; Linder, 1990; Newborg, Stock, Wnek, Guidubaldi, & Svinicki, 1984; Piper & Darrah, 1993; Russell, Rosenbaum, Gowland, Hardy, Lane, Plews, McGavin, Cadman, & Jarvis, 1990). 해리스와 맥웬(Harris & McEwen, 1996)은 운동기술 평가 도구들을 선별, 예측, 중재효과의 평가 등의 평가 목적에 따라 분류하여 제시하였는데, 다음과 같다. 선별 목적의 평가 도구들은 운동장애나 운동지체아동 등을 구별하기 위한 것으로 피바디 운동기능 발달검사(Peabody Developmental Motor Scale, Folio & Fewell, 1983), 바텔 발달검사(Battelle Developmental Inventory, Newborg et al., 1984), 베일리 신생아 발달검사(Bayley Scales of Infant Development, Bayley, 1969), 초학문적 놀이중심의 사정(Transdisciplinary Play-based Assessment, Linder, 1990) 등이 있다. 이 중에서 초학문적 놀이중심의 사정은 영·유아의 구조화 또는 비구조화 활동에서의 광범위한 행동을 관찰할 기회를 제공한다(Linder, 1990). 린더(Linder, 1990)는 감각운동 발달을 관찰할 때는 ① 일반적인 움직임, ② 근육긴장도·근력·지구력, ③ 감각자극에 대한 반응도, ④ 놀이할 때의 고정된 자세, ⑤ 놀이할 때의 운동성, ⑥ 다른 발달 영역의 성취, ⑦ 잡기와 조작, ⑧ 운동계획 등을 관찰할 것을 제시하였다.

예측 목적의 평가 도구는 장애 진단을 위해 수립된 기준과 비교하여 아동을 분류할 수 있다. 이는 현재뿐 아니라 앞으로의 아동의 능력도 예측할 수 있어 아동에 대한 처음의 분류가 옳았는지도 확인할 수 있다. 신생아 동작검사(Move-ment Assessment of Infants, Chandler et al., 1980)나 베일리 운동검사(Bayley Motor Scale, Bayley, 1969) 등이 있다.

중재효과의 평가가 목적인 도구들은 아동에게 제공된 중재효과를 평가하고 아동의 변화를 지속적으로 측정하기 위한 것이다. 장애의 소아과적 평가(Pediatric

표 7-4 운동발달검사의 요약

평가 도구	평가 도구의 특성	대상 아동 연령
신생아 동작검사 (Movement Assessment of Infants, Chandler et al., 1980)	• 뇌성마비로 진단될 가능성이 있는 아동의 확인 • 근육긴장도, 원시반사, 자동반응, 수의적 움직임 등을 평가	출생~1세
신생아운동 수행검사 (Test of Infant Motor Performance, Campbell, 1993)	• 기능적 움직임에 필요한 자세조절과 능력 평가	32주의 태아~출생 후 3.5개월
베일리 신생아 발달검사 (Bayley Scales of Infant Development, Bayley, 1969)	• 영아의 지적, 운동발달의 평가 • 규준지향검사	1~42개월
New Bayley II (Bayley, 1993)	• 지적 평가와 운동발달의 평가를 분리 • 장애아동을 표본자료에 포함	1~42개월
개정판 게젤과 아마트루다 발달과 신경학적 검사 (Revised Gesell & Amatruda Developmental and Neurological Examination, Knobloch et al., 1987)	• 영 · 유아의 발달 평가 • 적응기술, 소근육운동(팔 뻗치기, 잡기, 조작하기), 대근육운동(자세반응, 발달기술), 언어, 개인-사회성 기술 등을 평가	4주~36개월
알버타 신생아운동검사 (Alberta Infant Motor Scale, Piper & Darrah, 1993)	• 영 · 유아의 운동지체를 확인하고 지체 정도의 판별과 운동발달의 변화 평가 • 여러 자세(누운 자세, 엎드린 자세, 앉은 자세, 선 자세)에서의 자세 위치 관찰	출생~18개월
피바디 운동기능 발달검사 (Peabody Developmental Motor Scale, Folio & Fewell, 1983)	• 대근육, 소근육 운동기능 검사의 깊이 있는 운동 수행능력의 평가가 가능. 규준지향평가이나 활동카드와 함께 사용하여 준거지향평가로도 사용 가능	출생~7세
바텔 발달검사 (Battelle Developmental Inventory, Newborg et al., 1984)	• 종합적인 발달 평가 도구 • 운동발달 진단도구로 사용하기에는 부적합 • 적응, 인지, 의사소통, 운동, 개인 사회성 기술 영역의 평가	1개월~9세
초학문적 놀이중심의 사정 (Transdisciplinary Play-Based Assessment, Linder, 1990)	• 감각운동기술의 평가 • 사회정서, 인지, 언어의사소통 영역도 포함	출생~6세

(계속)

영 · 유아를 위한 AEPS 평가 (Assessment, Evaluation and Programming System for infants and children, Bricker, 1996; Bricker & Pretti-Frontczac, 1996)	• 출생~3세, 3~6세 아동을 위한 교육과정중심의 평가로 평가 항목과 일치하는 교육과정도 이용 가능 • 대근육, 소근육 운동 영역 등 6개 영역으로 구분되어 있음	0~3세 3~6세
대근육 운동기능 측정 (Gross Motor Function Measure, Russell et al., 1990)	• 뇌성마비아동의 대근육 운동기능의 평가 • 88개의 항목으로 눕기, 구르기, 앉기 기기, 서기 등의 영역 평가	5개월~16세
장애의 소아과적 평가 (Pediatric Evaluation of Disability Inventory, Hayley et al., 1992)	• 전문가의 판단중심의 평가 • 장애아동을 위해 개발된 도구로 운동성, 신변처리, 사회적 기능 등의 평가	6개월~7.5세
하와이 조기학습 프로파일 (Hawaii Early Learning Profile, Furuno et al., 1979)	• 발달 이정표에 근거한 교육과정중심의 검사 • 6개 발달 영역 포함(인지, 언어, 대근육, 소근육, 사회정서, 신변처리기술)	출생~3세
한국판 오세레스키 운동능력검사 (김정권 외, 1989)	• Oseretsky, N. T.가 개발한 검사의 미국판을 한국에서 재표준화 • 다양한 협응능력, 운동속도, 자발동작, 단일동작 수행능력의 측정	4~16세

Evaluation of Disability Inventory, Hayley et al., 1992), 대근육 운동기능 측정(Gross Motor Function Measure, Russell et al., 1990) 등의 검사가 있다. 그 외에도 아동의 중재효과를 측정하기 위한 방법으로 아동의 구체적인 목표를 세워서 이의 성취 여부를 측정하는 행동적 목표(behavioral objectives)와 목표달성검사(goal-attainment scaling)는 상황적 조건, 대상 아동, 목표 행동, 기한, 성취 기준의 다섯 가지 요소가 각 활동에 자세히 명시되어 있어야 한다. 예를 들면, '영수는 ○○○○년 ○월 ○○일까지 도움 없이 의자에 앉은 자세에서 서기를 5번 시도하여 5번 모두 성공하기를 5일 연속으로 할 것이다.' 와 같이 기술하는 것이다. 목표달성검사와 같이 운동발달 결과를 좀 더 세분화하여 목표 행동(0으로 표시) 외에도 초과 목표(+1, +2로 표시)와 미달 목표(−1, −2로 표시)를 설정하여 동일한 목표에 대한 결과의 범위를 평가할 수 있다(Palisano, Haley, & Brown, 1992).

이외에도 교육과정중심의 평가 도구들은 진단-교수-평가의 연계적인 운영을 가능하게 하는 장점 때문에 유아특수교육에서 적합하고 효과적인 것으로 인식되고 있다. 영·유아를 위한 AEPS 평가(Assessment, Evaluation, and Programming System(AEPS) for infants and children)(Bricker, 1993; Bricker, & Pretti-Frontczac, 1996; Bricker, & Waddell, 1996; Cripe, Slentz, & Bricker, 1993)는 이러한 목적으로 개발된 것으로 출생~3세, 3~6세의 아동들을 위한 진단과 교육과정을 제공하고 있다. 아동의 교육 및 서비스를 담당하는 팀원은 AEPS 평가 도구를 통해 아동의 현재 수준을 파악하고 장·단기 목표를 선정할 수 있다. 선정된 목표를 도달하기 위해서 교사는 AEPS 교육과정에 제시된 일과생활, 환경의 수정, 계획된 활동 등 활동중심의 중재(Bricker & Cripe, 1992)를 할 수 있도록 제안된 내용을 참고로 하여 프로그램을 개발할 수 있다. 〈표 7-4〉에 국내외에 소개된 다양한 검사 도구들을 정리하여 제시하였다.

대개의 선별 또는 분류 목적의 평가 도구들은 규준참조검사, 준거참조검사 등으로 아동의 운동발달의 수준을 정상발달아동의 운동발달 이정표에 비교하여 평가한다. 그러나 운동기술의 발달은 운동발달 이정표에 따른 평가뿐만 아니라 기능적인 운동기술의 평가가 매우 중요하다. 예를 들어, 하지마비로 걸을 수 없는 아동이 환경에서의 이동성을 습득하기 위해 어떤 방법으로 이동하는가를 평가해야 할 필요가 있다. 기능적인 평가를 할 때 아동의 능력을 보다 정확히 파악할 수 있으며, 이를 위해서는 아동의 자연적 환경에서의 이동 능력이나 행동, 환경과의 상호작용에서 획득한 정보의 의미 있는 사용 능력 등 광범위한 평가가 이루어져야 한다.

2) 평가 절차상 고려사항

운동기술을 평가할 때는 발달지체 또는 장애영·유아의 평가를 위한 일반적인 권장사항, 즉 평가 목적에 맞는 평가 방법 및 도구의 선정과 사용, 가족과의 평가에 대한 충분한 설명과 논의, 가족의 능동적 참여의 촉진, 아동의 놀이, 일상생활, 자연적인 환경에서의 관찰 등을 포함하는 평가가 되어야 한다(Bondurant-Utz & Luciano, 1994; DEC, 1993; McLean et al., 1996). 그 외에도 특히 운동기술의 평가를 위해 고려할 사항들을 살펴보면 다음과 같다.

첫째, 아동의 장애를 고려한 평가가 실시되어야 한다. 앞에서도 말한 것과 같이 장애 정도가 심한 아동을 평가할 때는 운동발달 이정표의 성취 여부보다는 기능적인 평가가 더욱 적절하며, 아동의 장애가 환경의 수정을 통하여 극복될 수 있는 것인지의 여부도 평가하여야 한다. 만약에 아동이 걸을 수 없을 정도로 장애를 가지고 있다고 해도 아동이 제어장치를 움직일 수 있는 소근육 기술이 있다면 전동 휠체어를 타고 움직일 수 있으므로 아동의 장애가 이동성의 장애가 아닐 수 있다. 따라서 기능적인 운동능력의 평가는 자연적이고 통합된 실제 환경에서 더욱 효과적인 정보 수집이 가능하다.

둘째, 미숙아의 운동발달 기술을 평가할 때는 미숙 정도에 따라 연령을 조정할 필요가 있다. 따라서 규준참조검사 등을 실시할 경우 조정된 연령에 따라 신생아의 발달 정도를 비교하여야 하는데, 이는 신생아의 발달지수의 환산과 해석에서 엄청난 차이를 가져올 수 있으므로 유의해야 하고 부모에게도 조정된 나이를 바탕으로 신생아의 발달에 대한 기대를 가지도록 해야 한다.

셋째, 평가 도구의 타당도나 신뢰도에서 발생할 수 있는 문제점을 고려하여야 한다. 뇌성마비 등과 같은 운동장애를 가지고 있는 아동을 발달검사 등의 표준검사를 실시할 때 다른 영역의 수행에 불리한 영향을 받을 수 있다. 예를 들면, 인지 영역의 페그 꽂기를 정해진 시간 안에 수행해야 하는 평가 항목에서 뇌성마비아동이 근육긴장도나 낮은 조절력 때문에 느린 속도로 페그를 꽂는 행동이 아동의 인지력의 평가 및 해석에 영향을 줄 수 있다는 것이다.

넷째, 평가의 모든 과정은 팀을 통해 이루어져야 하며 모든 관련된 정보가 수집될 때까지 장애 명명에는 깊은 주의가 필요하다. 고위험 신생아의 경우 종종 미숙하나 발달 중인 신경체계의 특성 때문에 뇌성마비로 조기 진단되는 경우가 많다.

다섯째, 중증의 운동장애를 가진 아동의 평가는 아동의 일상생활에서의 기능적 기술의 평가와 더불어 환경 평가가 매우 중요하다. 아동의 일상적인 생활이 이루어지는 주요 환경이 아동의 독립적인 움직임을 촉진하는지, 아동에게 충분한 자극과 경험을 제공하고 있는지, 안전한지 등을 평가해야 한다. 이러한 평가를 위해서 아동의 놀이 상황이나 일상생활에서의 움직임을 담은 비디오테이프 등을 사용할 수 있다.

5. 운동기술의 교육 및 중재

운동기술 중재의 목표는 아동으로 하여금 대·소근육 등 자기 신체에 대한 조절력을 신장시켜 환경과 상호작용하고 환경 안에서 기능적으로 움직일 수 있도록 하기 위한 것이다. 운동발달은 모든 학습과 발달의 기초가 되는 중요한 발달 영역이기 때문에 유아특수교육의 대상이 되는 영·유아의 교육 및 치료를 담당하는 전문가들은 운동발달의 이론적 배경에 대한 이해와 적절한 훈련 및 교육을 받아야 한다. 앞에서도 말한 것과 같이 운동중재의 많은 부분은 물리치료사나 작업치료사가 실시한다. 그러나 유아특수교육에서는 이들 전문가를 포함한 초학문적 팀을 통한 접근이 강조되고 있으며 팀원은 아동의 중재 및 교육에 책임과 의무를 공유한다(이소현, 2001). 그러므로 유아특수교사를 포함한 팀 전문가들은 자신의 전문분야뿐만 아니라 다른 영역의 발달도 촉진할 수 있는 통합적인 중재를 제공해야 한다(Bricker & Cripe, 1992). 또한 보장구 등의 보조기구를 사용하는 아동을 위한 고려사항 및 환경의 수정 등이 운동기술의 중재를 할 때 고려해야 할 사항들이다.

여기에서는 운동기술 중재의 치료 서비스적 측면, 교실에서의 중재 방안, 보조기구의 사용, 환경의 수정 등에 대한 내용을 살펴보기로 한다.

1) 치료 서비스와 치료사의 역할

운동지체나 운동장애를 가지고 있는 아동의 중재에는 치료적인 접근이 중요한 역할을 한다. 본문에서는 치료 서비스의 깊이 있는 내용을 다룰 수는 없지만 치료 서비스의 목표와 내용, 그리고 팀원으로서의 치료사의 역할을 언급하려 한다.

치료 서비스의 목표는 장애를 예방하거나 최소화하고, 통증을 없애 주고, 아동의 운동기능을 발달 또는 개선시키고, 자세의 이상을 조절해 주는 것이다. 또한 아동이 습득한 기술을 다양한 상황과 환경에서 수행함으로써 기능적이고 정상화된 생활을 할 수 있도록 하는 것이 궁극적인 목적이다.

앞에서도 말한 것과 같이 운동발달의 문제를 가지고 있는 아동과 관련된 치료로는 물리치료와 작업치료를 들 수 있으며, 물리치료사는 대근육 운동의 문제를, 작업치료사는 소근육 운동의 문제를 주로 다룬다. 그러나 아동의 일상생활이나 활동에서 대근육과 소근육이 명확하게 분리되어 사용되는 것이 아니므로 치료 서비스의 내용이 정확하게 구분되는 것은 아니다. 치료 서비스는 아동의 운동지체 정도가 경미하거나 아동이 어릴 경우는 정상적인 운동기술을 발달시키는 데 초점을 두고 중재를 하지만(상향식 접근) 장애 정도가 심각하거나 유아기 이후의 아동인 경우는 정상적인 운동발달보다는 아동이 환경에서의 기본적이고 기능적인 운동기술을 발달시키는 것(하향식 접근)을 강조한다.

물리치료의 주요 내용은 다양한 물리적 방법을 통해 아동의 자세, 근육조절력, 신체의 조절 및 균형, 신체기관 간의 협응능력, 이동능력, 보장구의 활용능력 등을 발달시키기 위한 훈련 등을 포함한다. 작업치료는 아동이 일상적인 생활을 영위해 가는 데 필요한 기술, 즉 먹고, 입고, 씻고, 놀고, 공부하는 등의 일상생활의 필요한 동작을 가능한 독립적으로 수행할 수 있도록 가르치고 훈련하는 것을 주요 내용으로 한다(배성수 외, 1993).

이러한 운동기술을 가르치기 위해서 아동이 습득해야 할 목표 행동(예: 바지 입기)을 작은 단위의 행동(예: 바지허리 잡기, 바지에 다리 넣기, 바지 올리기 등)으로 나누어서 점차적으로 단계별로 가르치는 과제분석(task analysis) 방법이 많이 사용되고 있다. 과제분석 방법은 아동의 수준에 따라 달라지며 과제분석된 행동들을 가르치는 순서는 목표 행동의 처음(forward)이나 뒤(backward)부터 가르칠 수도 있으며 가장 쉬운 행동부터 가르칠 수도 있다.

유아특수교육에서는 아동의 교육과 중재는 팀의 평가 및 계획, 계획의 적용이 강조되며 치료사도 팀의 일원이다. 아동에게 적절한 교육 서비스를 제공하기 위해 구성된 팀은 아동과 가족의 요구, 주요 관심사 등을 바탕으로 아동에게 가장 적합하고 효과적인 교육을 하는 것을 목표로 한다. 효과적인 팀 접근을 성취하기 위해서 치료사가 해야 할 역할을 살펴보면 다음과 같다.

첫째, 가장 주된 치료사의 역할은 아동에게 직접적으로 치료 서비스를 제공하는 것이다. 치료사는 의뢰받은 아동을 진단 또는 평가하여 아동의 운동발달 수준을 파악하고 아동에게 필요한 중재와 교육목표를 계획한다. 또한 교육목표를 성취하기 위하여 가장 적절한 중재 전략을 사용하여 교육·재활적 서비스를 제공한다. 치료 서비스의 제공 방법은 한 아동과 정기적으로 개별적인 시간을 통한 개별 치료가 있을 수 있고 여러 아동을 함께 활동에 참여시키는 그룹 치료가 있을 수 있다. 또한 통합적인 중재를 위해서 치료사는 가능한 아동을 교실에서 데려와 치료실에서의 분리 치료보다는 치료사가 아동이 있는 교실에 들어가서 아동의 참여하고 있는 활동 상황 속에서 아동에게 적절한 중재를 제공하도록 권장되고 있다. 또한 치료사는 아동의 진도, 운동기술의 향상 정도를 항상 관찰하고 파악하여 적절한 조치를 취해 주어야 한다. 이 외에도 치료실이나 교육 상황에서의 목표 기술의 수행뿐만 아니라 습득한 기술의 일반화를 위한 계획과 중재 방안을 마련해야 한다.

둘째, 치료사는 부모에게 적절한 교육을 제공하고 상담자의 역할을 해야 한다 (Ward & Seto, 1997). 이는 위에서 언급한 목표 기술의 일반화를 성취하기 위해서도 반드시 필요한 것이다. 치료사는 부모로 하여금 가능한 한 자주 치료를 받는 모습을 관찰할 수 있도록 해서 부모로 하여금 치료 시간에 무슨 일을 하는지 알도록 하고 집에서 반복하여 연습할 수 있도록 훈련과 활동들을 보여 주어야 한다. 이러한 시간을 통해 부모는 장난감을 어떻게 사용해야 하는지, 또는 보조기구들을 어떻게 사용해야 하는지 등을 배울 수 있다. 아동들은 가정에서의 반복 훈련을 통해 치료사 이외의 다른 성인(예: 부모)과 함께 훈련할 수 있는 기회를 갖게 되는 것이다. 또한 아동이 가정이나 치료실 외의 장소에서 새로 배운 기술이 있는지 등 아동의 진도 상황을 파악하고 부모가 가지고 있는 아동의 치료 서비스의 목표나 궁금증 등을 질문할 수 있는 시간을 가져야 한다. 이를 위해 치료사는 부모와 정기적인 의사소통의 기회를 가져야 하며, 이때 치료사는 아동이 습득한 기술을 가정에서의 일과생활 속에서 통합할 수 있도록 부모와 함께 계획을 세우고 어떻게 치료 활동을 통합할 수 있는지 보여 준다.

셋째, 치료사는 교사에게 상담 및 자문 역할을 해야 한다. 위에서도 말한 것과 같이 유아특수교육에서는 팀의 접근이 강조되고 있다. 따라서 아동의 평가 및 교육에 관한 모든 과정들은 다양한 학문적 배경을 가진 전문가들로 구성된 팀이 실시하여야 하며 이를 위해 부모를 포함한 팀원의 협력은 아동을 위한 중재 프로그램의 성공을 위한 중요한 요소다. 교사와 치료사 등의 전문가는 아동의 개별화 교육 프로그램(IEP) 또는 개별화 가족 서비스 계획(IFSP)에 함께 참여해야 한다. 또한 치료사가 직접 교실에 들어가서 통합적인 서비스를 제공하기 위해서는 교사와 전문가의 협력이 요구된다. 그 외에도 치료사는 아동의 목표 기술의 성취를 촉진하기 위해서 교실에서의 활동에 활용할 수 있는 적절한 중재 방법이나 아동이 교실에서의 참여와 상호작용을 촉진할 수 있는 자세, 아동이 과제에 집중할 수 있도록 앉는 자세를 도와주는 방법, 아동이 사용하고 있는 보조기구의 올바른 사용 방법 등을 교사에게 알려 줌으로써 아동의 운동기술 발달을 촉진할 수 있다. 아동에게 적절한 높이의 의자를 찾아 주어서 아동으로 하여금 무릎의 높이가 엉덩이보다 낮고 발바닥은 바닥에 닿게 앉을 수 있게 해 주는 것도 그중의 하나다. 아동이 적절히 앉으면 과제에 보다 잘 집중할 수 있을 것이다.

넷째, 치료사는 아동에게 필요한 보조기구의 선택과 이의 활용에 관하여 도움을 줄 수 있으며, 교실이나 가정에서 아동이 보다 편안하고 효과적으로 환경과 상호작용하게 하기 위한 환경의 적절한 수정이나 개선이 필요할 때 이에 대하여 자문 역할을 해 줄 수 있다. 심한 운동장애를 가지고 있거나 보조기구 등을 사용하는 아동의 경우는 환경 속에서의 이동이 보다 더 원활해질 수 있도록 환경을 바꾸어 줄 필요가 있다.

이와 같이 치료사는 자기 전문 영역인 치료만을 담당하는 것이 아니라 팀원으로서 아동의 교육과 훈련 및 보조기구의 사용에 관하여 교사와 부모의 상담 및 자문을 할 수 있으며, 교사와 함께 교실에서의 수업에도 직접 참여하여 효율적인 교육을 해야 한다.

2) 교실에서의 활동

치료사의 치료 서비스 외에도 아동의 모든 활동을 통하여 효과적으로 운동기술의 발달을 촉진할 수 있도록 유아특수교사를 비롯한 팀원은 통합적이고 지속적인 노력을 기울여야 한다. 이를 위해 운동발달을 촉진하기 위해 교실에서의 활동 시 고려해야 할 몇 가지 지침에 대하여 알아보면 다음과 같다.

첫째, 운동기술의 교육목표를 선정할 때는 발달 이정표상의 아동의 현재 수준도 고려하여야 하겠지만 무엇보다 기능적인 기술, 즉 아동의 생활에서 반드시 필요하고 독립적인 생활을 가능케 해 주는 기술을 먼저 선정하여야 한다. 예를 들어, 아동이 양팔 벌려 한 발로 서기보다는 교실에서 화장실까지 혼자 이동하기가 훨씬 더 기능적이다. 기능적인 운동기술을 촉진하기 위해서는 움직임이나 특정 운동기술 훈련보다는 아동의 활동 속에서 다른 영역의 교육목표와 함께 통합되어 성취되도록 해야 한다. 예를 들면, 공 던지기 놀이를 통해 눈과 손의 협응을 촉진하는 운동기술뿐만 아니라 차례로 주고받기 등 사회성 기술과 공간개념의 인지기술을 함께 습득할 수 있는 활동중심의 중재(activity-based intervention)가 되어야 한다는 것이다(Bricker & Cripe, 1992).

둘째, 교실에서의 활동 중에 아동이 움직임을 많이 할 수 있도록 촉진하고 이를 위해 아동에게 동기를 부여하고 아동의 움직임을 격려해야 한다. 움직임을 촉진하기 위해서는 일과 중에 움직임의 기회를 제공하고 활동 속에서 움직임을 요구하도록 계획해야 한다. 장난감을 선택할 때도 어떤 장난감으로 어떻게 놀 것인지, 아동을 어떤 자세로 어디에 위치시킬 것인지 등을 고려하여야 한다(Winders, 1997). 예를 들어, 아동이 앉기를 훈련하고 있을 때 딸랑이 등 아동의 손의 움직임을 요구하는 장난감보다는 아동이 앉기 자세를 쉽게 조절하고 균형을 유지할 수 있도록 노래 부르기나 어른이 앞에서 보여 주는 것을 구경하도록 하는 것이 더욱 효과적이다. 또한 아동의 일과에는 매일 적어도 한 번 바깥놀이 또는 대근육 운동을 하는 시간이 포함되어야 한다. 개별 아동의 요구에 따른 특정한 운동기술을 촉진하기 위한 활동의 구조화와 이를 위하여 치료사와의 상담이나 협력수업을 하는 것도 효과적이다.

셋째, 아동이 새로운 기술을 습득할 때는 배울 준비(readiness)가 되어 있는지 확인하여 적절한 시기에 가르쳐야 한다. 또한 새 기술의 습득을 위해서는 아동에게 동기를 부여하는 것이 중요하다. 예를 들어, 아동에게 기기를 가르칠 때 아동이 좋아하는 장난감을 아동의 시야에, 그러나 손이 닿지 않는 먼 곳에 놓아두어 아동으로 하여금 기어가려는 욕구가 생기도록 하는 것이 효과적이다.

넷째, 운동기술을 가르칠 때는 아동의 선호도를 존중하고 아동의 기질을 이해하여 이를 고려한 적절한 교육을 한다. 뒤집기를 할 때 아동이 좋아하는 방향을 먼저 훈련한 후 나중에 반대 방향을 연습하도록 한다든지, 앉기 훈련을 할 때 아동이 움직이기 좋아하는지 또는 정적으로 한 곳에서 바라보기를 좋아하는지에 따라 훈련 방법이 달라질 수 있다는 것이다.

다섯째, 습득된 기술을 일과생활 속에서 반복 연습할 수 있도록 기회를 제공하여 아동이 습득한 기술을 유지하고 일반화할 수 있도록 도와주어야 한다. 아동이 습득한 기술을 교실이나 치료실에서 교사와 치료사와 있을 때만 수행한다면 그 기술은 기능적이지 못하며 학습되었다고 말할 수 없다. 아동이 교육환경에서 습득한 기술을 다른 장소, 다른 상황, 다른 사람과 있을 때도 수행하였을 때에 비로소 학습되었다고 할 수 있는 것이다. 그러나 습득한 기술의 유지와 일반화는 저절로 이루어지지 않으므로 많은 훈련과 반복 연습의 기회를 제공해야 하며, 교사는 아동의 교육계획을 세울 때 일반화를 위한 계획을 반드시 포함시켜야 한다. 유지와 일반화를 위한 훈련이 성공적이기 위해서는 부모를 포함한 팀원의 협력이 절대적으로 요구되며, 가능한 한 다양한 환경 속에서 훈련할 수 있도록 하고 자연적인 강화를 통해 아동의 목표 행동을 촉진하는 것이 좋다.

아동의 운동기술의 발달은 치료사 한 사람으로 성취되는 것이 아니므로 교사는 교실에서의 활동을 여러 발달 영역의 교육목표가 통합된 활동이 될 수 있도록 해야 한다. 이러한 활동들은 일과생활, 구조화된 활동 등 다양한 활동으로 이루어지고 아동에게 꼭 필요한 기능적인 운동기술을 배우고 훈련할 수 있는 기회를 제공해야 한다. 또한 아동의 관심과 흥미를 끌 수 있는 활동을 제공하여 아동 스스로 참여하고 연습할 수 있는 기회를 제공해야 한다.

3) 보조기구의 사용

보조기구의 목적은 아동의 자세, 이동, 일상생활의 편의를 제공해 주기 위한 것으로 아동의 참여와 독립성을 증대시키고 운동기술뿐만 아니라 사회성과 인지발달을 촉진시킬 수 있다. 보조기구는 아동의 필요에 따라 다양한 유형의 기구를 사용할 수 있으며 한 아동이 여러 종류의 보조기구를 필요로 할 수도 있다. 예를 들면, 이동 시의 보조기구와 앉을 때의 보조기구가 다를 수 있다. 보조기구를 선택할 때는 반드시 치료사와의 상담을 거쳐 아동의 연령, 운동 능력, 치료교육의 목적, 도구의 유용성, 가격 등을 고려해서 구입 또는 제작하도록 한다. 처음 사용하거나 새로운 기구로 교체했을 경우는 치료사와의 훈련을 통해 적응하도록 하고 정기적인 검사로 기구의 유용성을 확인하는 것도 필요하다. 여기서는 사용 목적에 따른 다양한 보조기구를 간략히 소개하고자 한다.

먼저 지체장애가 심한 아동의 경우는 이동을 도와주는 보조기구들이 필요하다. 휠체어는 운동장애가 심한 아동의 독립적인 이동을 돕는 데 매우 효과적이며 매우 다양한 형태로 개발되어 있다. 그밖에 평행봉, 다양한 형태의 보행기, 목발 등의 이동 보조기구는 아동이 서서 이동할 수 있도록 도와준다. 엎드린 상태에서 기어서 이동할 수 있는 연습기나 팔을 이용한 기기 보조기구(jet mobile) 등도 있다. 그 외에도 사지의 일부 혹은 전부가 소실된 아동에게 의지, 의수 등의 인공적인 기구를 사용하여 이동이 가능하게 할 수 있다. 또한 보조기(brace)를 사용하여 몸무게를 지지해 주고 신체의 변형을 예방하거나 교정하며 불필요한 불수의 운동을 조절할 수 있다. 보조기의 재료는 스테인리스, 알루미늄, 플라스틱 등 다양하고 신체 부위와 목적에 따라 종류 또한 다양하다.

아동이 적절한 자세를 취하도록 도와주기 위한 보조기구는 아동의 근육긴장도를 바꿔 주고 남아 있는 원시반사의 부정적 효과를 감소시켜 주며 얼굴의 방향이나 팔 뻗고 잡기, 사물의 조작이 적절할 수 있도록 머리나 몸을 잡아 준다(Bagnato & Neisworth, 1991). 자세 보조기구로는 경사 받침대, 옆으로 눕히는 기구(side layer), 서기 보조대(prone stander), 쐐기 모양의 보조대(wedge), 그리고 다양한 종류의 의자 등이 있다. 리프톤 의자(rifton chair)는 아동의 앉는 자세를 개선해 주기 위한 것으로 등받이와 옆이 단단하게 되어 있고 다리를 넓게 벌릴 수 있게 되어 있어 흔들리지 않으며 아동이 주어진 과제에 좀 더 주의 집중할 수 있도록 도와준다. 벨크로(찍찍이) 벨트가 있어서 아동이 엉덩이를 잘 지지할 수 있도록 도와줄 수 있다. 리프톤 의자나 식사용 의자 외에도 아동이 편안하고 기능적으로 앉을 수 있도록 하기 위해 삽입물, 쐐기(wedge), 끈(strap) 등을 이용한 다양한 형태의 변형 의자들이 있다. 코너 의자나 옆으로 눕히는 기구 등은 아동의 손이 몸 한가운데로 올 수 있도록 도와준다. 이들 자세 보조기구들은 직접 아동에게 적합한 크기로 제작하거나 구입할 수 있고 아동이 손을 자유롭게 사용할 수 있어 아동의 참여를 촉진한다. 보조기구를 사용하는 아동을 위해 교사는 장난감이나 사물을 아동이 손이 닿을 수 있는 가까운 곳에 놓아 주어야 한다.

이동이나 자세를 위한 보조기구 외에도 아동의 학습이나 자조기술을 촉진하기 위한 보조기구들이 있다. 팔 고정기(arm holder), 쓰기 지도판, 연필 고정기(pencil holder) 등은 아동의 쓰기를 보조할 수 있는 기구들이다. 아동의 식사를 돕는 보조기구들은 컵, 그릇, 숟가락 등이 있다. 컵이나 숟가락 등은 아동의 쥐는 힘이나 조절력 등에 따라 다양한 형태로 변형된 도구들이다. 또한 잡기가 곤란한 아동들을 위한 스위치와 퍼즐에 페그와 비슷한 손잡이를 달거나, 부목을 대 주거나 끈을 이용한 기구, 미끄럼 방지 테이블 등은 모두 유용하게 사용될 수 있는 도구들이다 (Burns & Pate, 1997).

위에서 열거한 다양한 보조기구들에 대한 보다 자세한 정보는 여러 문헌에서 찾아볼 수 있다(구본권, 1999; 배성수 외, 1986; 이소현 역, 1995). 지금도 지체장애인들을 위한 다양한 보조기구들이 많이 개발되고 있는 중이며, 이에 대한 더 많은 정보들은 다른 문헌이나 인터넷 등을 통해 찾을 수 있다.

4) 환경의 설계와 수정

유아특수교육에서 환경의 중요성은 이미 여러 곳에서 언급되었거니와, 세심하고 주의 깊은 환경을 구성함으로써 아동의 행동과 기술의 습득을 촉진하고 습득된 기술을 일반화하는 데 영향을 끼친다. 운동지체유아를 위한 환경을 구성할 때는 아동으로 하여금 독립적으로 환경과의 상호작용을 할 수 있도록 도와주고 아동의 성장과 발달을 위한 자극과 경험을 충분히 제공하며 안정적이고 편안하면서도 안전성을 고려하여야 할 것이다(이소현 역, 1995). 또한 적절한 수준에서 아동의 움직임을 요구하고 촉진할 수 있는 환경을 설계하는 것이 중요하다. 교사는 아동의 움직임을 고려하여 교실 환경을 구성하고 움직임을 자극하는 환경의 설계가 중요함을 인식해야 한다.

신체장애를 가지고 있는 아동에게 교육적인 서비스를 제공할 때 물리적 환경의 설계는 가장 중요한 고려사항이다. 아동이 교육받는 환경이 어느 곳이든지 그 환경은 아동에게 적어도 접근가능(accessible)해야 하고 이상적으로는 장애물이 없는(barrier-free) 환경이어야 한다(Bowe, 1995). 접근가능하다는 말은 장애를 가진 사람이 건물이나 시설을 이용할 수 있도록 갖추어야 할 최소한의 기준(출입구, 통로, 화장실 등을 적어도 하나씩)을 의미한다. 접근가능의 기준은 기존의 건물에 적용시킬 수 있는 기준으로 장애물 없는 환경보다는 낮은 수준의 기준이다. 장애물 없는 환경은 건물이나 시설의 모든 출입구와 방, 층을 장애인이 이용할 수 있도록 하는 것으로 신축 또는 개축 건물에 적용하는 기준이다. 미국의 경우 장애인법(Americans with Disabilities Act)의 실행을 위해 건축에 대한 지침을 만들어 신체장애를 가진 사람들이 이용할 수 있도록 할 뿐만 아니라 발달지체유아들의 시설 사용에서의 주요한 문제들을 제기하였다. 예를 들어, 스위치의 위치를 낮춘다거나 복도, 화장실 등 빈번히 사용되는 공간에서 쉽게 휠체어를 반대 방향으로 돌릴 수 있는 공간의 확보, 테이블이나 책상의 적정한 높이, 도서관 등에서의 높이를 낮춘 서가, 회전 서가나 회전 테이블의 사용, 자동문이나 적은 힘으로도 열릴 수 있는 문의 설치 등이다. 이는 발달지체유아가 환경에 쉽게 접근하여 이용하고 독립적으로 활동할 수 있도록 한다는 점에서 매우 중요하다(Noonan & McCormic, 1993). 장난감들도 아동에 맞게 수정될 수 있는데, 벨크로(찍찍이)를 사용한 장난감은 소근육 운동기술이 미숙한 아동이 쉽게 독립적인 놀이를 할 수 있도록 도와준다. 또한 놀이나 게임의 규칙도 운동지체유아의 참여를 촉진하기 위해 바꿀 수 있고 변형된 규칙은 모든 놀이 참가 아동에게 적용되어야 한다(Wershing, 1994). 이 외에도 보우(Bowe, 1995)는 운동지체유아를 위한 실내외의 환경 구성에 고려해야 할 사항들을 다양하게 제시하였다.

6. 요약 및 결론

발달지체 또는 장애영·유아를 중재하고 가르치는 전문가는 정상아동 발달과 정상적인 발달을 방해하는 다양한 요인에 대해 이해하여야 한다. 여러 발달 영역 중 운동발달은 태아기로부터 시작되어 다른 발달 영역의 발달에도 중대한 영향을 끼치므로 이에 대한 충분한 지식과 훈련이 필요하다. 발달지체 또는 장애영·유아들은 대부분 운동기술의 발달이 지체되어 있으며 특정 장애로 직접 또는 간접적으로 운동기술의 발달에 영향을 받고 있다. 그러나 단순 운동지체인 아동들은 발견이 어려우므로 세심한 주의와 관찰을 할 필요가 있다.

아동을 평가할 때는 목적에 맞는 적절한 방법과 도구를 선택하여야 하며 정상아동의 발달 이정표에 따른 비교 평가보다는 아동의 기능적인 운동 능력을 평가

해야 한다. 평가 결과는 아동의 교육 프로그램을 계획하고 적용하는 데 연계하여 사용하여야 효과적이며, 교육과정중심의 평가가 유용한 것으로 나타났다.

운동기술을 촉진하기 위한 교육은 치료사, 교사 등의 팀을 통한 협력이 이루어져야 한다. 운동장애를 가지고 있는 아동의 치료 서비스는 치료사가 주로 맡겠지만 유아특수교사나 교사와의 협력수업과 부모 교육을 통하여 아동이 일상생활에서의 기능적인 기술을 습득하고 훈련할 수 있도록 해야 한다. 또한 각 아동의 발달 영역별 교육목표가 통합된 활동중심의 중재가 권장되고 있다. 그 외에도 아동의 요구에 따른 보조기구의 선택과 사용에 대한 지원 및 아동의 자유롭고 독립적인 움직임을 최대한 보장할 수 있는 환경의 적절한 수정이 필요하다.

참고문헌

곽노의, 곽덕영(1995). 영아 발달. 서울: 서원.

곽승철, 김삼섭, 박화문, 안병즙, 전헌선, 정재권, 정진자(1995). 지체부자유아교육. 대구: 대구대학교출판부.

곽승철, 김중선, 안병즙, 정재권, 정진자(1996). 뇌성마비아의 동작훈련. 대구대학교출판부.

구본권(1999). 지체장애아동 치료교육. 서울: 문음사.

김정권, 권기덕, 최영하(1989). 한국판 오세레츠키 운동능력 검사. 서울: 도서출판 특수교육.

배성수, 김중선(1993). 작업치료. 대구: 대구대학교출판부.

이소현 역(1995). 장애 영유아를 위한 교육. 서울: 이화여자대학교출판부.

이소현(2001). 특수아 조기교육에 있어서의 진단과 교과과정 연계를 위한 방법론고찰. 특수교육학연구, 36(3), 165-196.

이충휘(1999). 물리치료학. 서울: 도서출판 정담.

홍양자(1996). 장애인을 위한 특수체육. 서울: 21세기교육사.

Bagnato, S. J., & Neisworth, J. T. (1991). *Assessment of early intervention: Best practices for professionals*. New York: Guilford press.

Bailey, D., & Wolery, M. (1992). *Teaching infants and preschoolers with disabilities*.

New York, NY: Macmillan Publishing Company.

Bayley, N. (1969). *Bayley scales of infant development.* New York, NY: The Psychological Corp.

Bayley, N. (1993). *Bayley scales of infant development* (2nd ed.). San Antonio, TX: The Psychological Corp.

Beckman, P. J., & Lieber, J. (1992). Parent-child social relationships and peer social competence of preschool children with disabilities. In S. L. Odom, S. R. McConnel, & M. A,. McEvoy (Eds.), *Social competence of young children with disabilities* (pp.65-92). Baltimore, MD: Paul H. Brookes.

Berk, L. E. (1994). *Child development* (3rd ed.). Boston, MA: Allyn and Bacon.

Bondurant-Utz, J. A., & Luciano, L. B. (1994). *A practical guide to infant and preschool assessment in special education.* Needham Heights, MA: Allyn and Bacon

Bowe, F. (1995). *Birth to five: Early childhood special education.* New York, NY: Delmar Publishers Inc.

Brazelton, T. B. (1984). *Neonatal behavioral assessment scale.* Philadelphia: J. B. Lippincott.

Bricker, D. (1993). *AEPS measurement for birth to three years.* Baltimore, MD: Paul H. Brookes.

Bricker, D., & Cripe, J. J. (1992). *An activity-based approach to early intervention.* Baltimore, MD: Paul H. Brookes.

Bricker, D., & Pretti-Frontczac, Kristie. (1996). *AEPS measurement for three to six years.* Baltimore, MD: Paul H. Brookes.

Bricker, D., & Waddell, M. (1996). *AEPS curriculum for three to six years.* Baltimore, MD: Paul H. Brookes.

Bruni, M. (1998). *Fine motor skills in children with Down syndrome.* Bethesda, MD: Woodbine house.

Burns, A., & Pate, N. M. (1997). Motor development and occupational therapy services. In Linda, L. Dunlap (Ed.), *An introduction to early childhood special education* (pp. 197-215). Boston, MA: Allyn and Bacon.

Campbell, S. B. (1985). Hyperactivity in preschool years: Correlates and prognostic implications. *Clainical Psychology Review, 5,* 405-428.

Campbell, S. K. (1993). Future directions for physical therapy assessment in infancy. In I. J. Wilhelm (Ed.), *Physical therapy assessment in infancy* (pp.293−308). New York, NY: Churchill Livingston.

Chandler, L. S., Andrews, M. S., & Swanson, M. W. (1980). *Movement assessment of infants: A manual.* Rolling Bay, WA: Infant Movement Research.

Cook, R. E., Tessier, A., & Klein, M. D. (1992). *Adapting early childhood curricula for children with special needs.* New York, NY: Macmillan Publishing Company.

Cratty, B. J. (1986). *Motor activity and education of retardates.* Philadelphia: PA. Lea & Febiger.

Cripe, J., Slentz, K., & Bricker, D. (1993). *AEPS curriculum for birth to three years.* Baltimore, MD: Paul H. Brookes.

DeVries, J. I. P., Visser, G. H. A., & Prechtl, H. F. R. (1982). The emergence of fetal behavior: 1. Qualitative aspects. *Early human development, 7*, 301−311.

DeVries, J. I. P., Visser, G. H. A., & Prechtl, H. F. R. (1985). The emergence of fetal behavior: 2. Quantitative aspects. *Early human development, 12*, 99−120.

Division for Early Childhood Task Force on Recommended Practices (Eds.) (1993). *Recommended Practices in early intervention.* Reston, VA: CEC.

Dunlap, L. I. (Ed.) (1997). *An introduction to early childhood special education.* Boston, MA: Allyn and Bacon.

Fallen, N. H., & Umansky, W. (1985). *Young children with special needs.* Columbus, OH: Merrill.

Fogel, A., & Hannan, T. (1985). Manual Actions of Nine−to Fifteen−Week−Old Human Infants during Face−to−Face Interaction with their Mothers. *Child Development, 56* (5), 1271−79.

Folio, R. M., & Fewell, R. (1983). *Peabody developmental motor scales.* Allen, TX: DLM Teaching Resources.

Fraiberg, S. (1977). *Insights from the blind: Comparative studies of blind and sighted infants.* New York, NY: Basic Books Inc.

Furuno, S., O., Reilly, K. A., Hosaka, C. M., Inatsuk, T. T., Allman, T. L., & Zeisloft, B. (1979). *Hawaii Early Learning Profile and Activities.* Palo Alto, CA: VORT.

Gallahue, D. L., & Ozmun, J. C. (1995). *Understanding Motor development: Infants, children, adolescents, adults* (3rd ed.). Madison, WN: Brown & Benchmark

Publishers.

Gesell, A. (1945). *The embryology of behavior.* New York: Harper.

Gorden, J. (1987). Assumptions underlying physical therapy intervention: Theoretical and historical perspectives. In J. Cart, R. Shepard, J. Gordon, A Gentile, & J. Held (Eds.), *Movement science* (pp.1–30). Rockville, MD: Aspen Press.

Haley, S. M., Coster, W. J., Ludlow, L. H., Haltiwanger, J. T., & Andrellos, P. J. (1992). *Pedriatic evaluation of disability inventory (PEDI): Development, Standardization, and administration manual.* Boston, MA: New England Medical center Hospitals, Inc.

Harris, S. R., & McEwen, I. R. (1996). Assessing motor skills. In M. McLean, D. B. Bailey Jr., & M. Wolery (Eds.), *Assessing infants and preschoolers with special needs* (pp. 305–333). Englewood Cliffs, NJ: Prentice Hall.

Hemmert, T. J. (1978). *An investigation of basic gross motor skill development of moderately retarded children and youth, Master thesis.* Ohio state university.

Knobloch, H., Stevens, F., & Malone, A. F. (1987). *Manual of developmental diagnosis: The administration and interpretation of the revised Gesell and Amatruda developmental and neurologic examination.* Huston, TX: Gesell Developmental Materials.

Kugler, P. N., Kelso, J. A. S., & Turvey, M. T. (1982). On the control and coordination of naturally developing systems. In J. A. S. Kelso & J. E. Clark (Eds.), *The development of motor control and coordination* (pp. 5–78). New York, NY: Wiley & Sons.

Linder, T. (1990). *Transdisciplinary play–based assessment: A functional approach to working with young children.* Baltimore, MD: Paul H. Brookes.

Noonan, M. J., & McCormick, L. (1993). *Early intervention in Natural environments: Methods & Procedures.* Pacific Grove, CA: Books/Cole Publishing Co.

McLean, M., Bailey, D. B., & Wolery, M. (1996). *Assessing infants and preschoolers with special needs.* Englewood Cliffs, NJ: Prentice Hall.

Newborg, J., Stock, J. R., Wnek, L., Guidubaldi, J., & Svinicki, J. (1984). *Battelle developmental inventory.* Chicago, IL: Riverside Publishing.

Odom, S. L., & McLean, M. E. (1996). *Early intervention/Early childhood special education: recommended practices.* Austin, TX: Pro–ed.

Palisano, R. J., Haley, S. M., & Brown, D. A. (1992). Goal attainment scaling as a measure of change in infnats with motor delays. *Physical therapy, 72*, 432–437.

Piper, M. C., & Darrah, J. (1993). *Motor assessment of the developing infant.* Philadelphia, W. B. Saunders.

Rochat, P. (1989). Object manipulation and exploration in 2–to 5–month–old infants. *Developmental psychology, 25*, 871–884.

Russell, D., Rosenbaum, P., Gowland, C., Hardy, S., Lane, M., Plews, N., McGarvin, H., Cadman, D., & Jarvis, S. (1990). *Gross motor function measure manual.* Hamilton, Ontario: McMaster University.

Scholl, G. T. (1986). *Foundations of education for blind and visually handicapped children and youth: theory and practice.* New York, NY: American Foundation for the Blind, Inc.

Shumway–Cook, A., & Woollacott, M. H. (1985). The growth of stability: postural control from a developmental perspective. *Journal of Motor Behavior, 17*, 131–147.

Sparling, J. W., Wilhelm, I. J., McLeod, A. M., Green, S., Katz, V., & Huntington, G. S. (1990). The study of fetal movement. *Physical and occupational therapy in pediatrics, 10*(1), 43–46.

Thelan, E. (1985). Developmental origins of motor condition: Leg movement in human infants. *Developmental psychobiology, 18*, 1–22.

Ward, S. J., & Seto, L. G. (1997). Physical therapy services. In Linda, L. Dunlap (Ed.), *An introduction to early childhood special education* (pp. 197–215). Boston, MA: Ally and Bacon.

Wershing, A. (1994). Making play Accessible. *REHAB Management, 7*(1), 123–125.

Winders, P. C. (1997). *Gross motor skills in children with Down syndrome.* Bethesda, MD: Woodbine house.

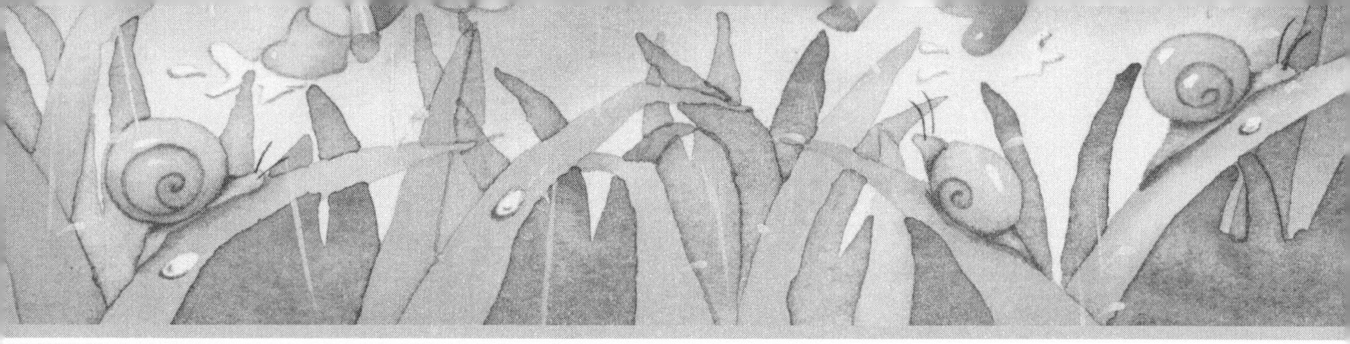

chapter

08 인지발달과 지도 방법

인간을 학명(學名)으로 정의할 때 대표적으로 '호모 사피엔스(Homo sapiens)', 즉 '생각하는 인간' 이라고 한다. 그리고 파스칼은 『팡세』에서 "인간의 위대함은 인간이 사고한다는 데 있다."고 하였다. 이처럼 인간의 생각 또는 사고는 그 존재의 핵심적인 특성으로 제시되고 있다.

사고의 또 다른 의미인 인지(cognition) 혹은 지능(intelligence)이라고 일컬어지는 영역이 구체적으로 무엇을 의미하는지에 대한 탐구는 1869년 프랜시스 골턴(Francis Galton) 이후 계속 학자들의 주요한 관심 영역이 되어 왔다. 골턴은 감각 식별 능력이 지적 능력과 관계가 깊다고 믿고 감각기능의 개인차를 측정하고자 하였고, 1905년 프랑스의 비네와 시몽은 지능척도를 개발하여 지능을 측정함으로써 이를 규명하고자 하였다. 그 이후에 지능의 양적 측정에 관한 심리측정학적 접근과 지적 능력의 단계별 발달 과정에 초점을 둔 피아제식 접근, 지적 행동의 기초가 되는 과정과 지능을 사용하는 방법에 대한 분석인 정보처리적 접근 등을 통하여 지능에 대하여 다양한 설명을 시도해 왔다(신명희, 박명순, 권영심, 강소연, 1998).

1. 인지 및 그 발달 관련 이론

여러 학자들의 노력에도 불구하고 현재까지 인지가 무엇인지에 대한 합일점에 이르지는 못하고 있다. 그러나 다음의 세 가지 면에서는 여러 학자들이 합치된 의견을 보이고 있다. 첫째, 인지능력인 지능은 인간의 특성 혹은 능력으로서 가치를 가진다. 둘째, 인지는 다면적인 현상이기 때문에 다른 인간의 행동 영역과 중복되기도 하고, 또한 그 복잡성 때문에 다른 영역과의 구별이 어렵기도 하다. 셋째, 인지능력과 관련된 여러 과학 영역인 교육학, 심리학, 발달 전문가 등의 합치된 정의를 이루는 것이 필요하다. 이러한 의견에 따라 1990년에 교육학, 심리학, 사회학, 유전 관련학자 1,020명에게 인지의 중요한 요소들이 무엇인지 척도를 평정하도록 한 결과, 추상적인 사고 혹은 추론, 지식을 습득하는 능력, 문제해결 능력에서 96% 이상의 일치를 보였다(McLean, Bailey, & Wolery, 1996). 즉, 지능은 학습을 위한 능력과 한 개인이 획득한 총 지식, 그리고 새로운 상황과 환경에 성공적으로 적응하는 능력을 총칭한다고 할 수 있다.

1) 인지의 구성 요인

인지를 구성하는 요인, 즉 지능은 무엇으로 이루어져 있는가는 여러 학자들의 연구 과제였는데, 이의 변화 단계를 요약해 보면 다음과 같다(신명희 외, 1998 재인용).

스피어만(Spearman, 1904)은 인간의 지적 능력을 일반 지능요인(g 요인)과 특수 지능요인(s 요인)으로 구성되어 있다고 보았다. 이는 모든 육상 활동에 기초가 되는 일반적인 체력 등의 요인과 장·단거리, 멀리뛰기, 높이뛰기에 따라 특수한 능력을 가져야 하는 것과 같은 의미로 해석된다. 그는 지능을 구성하는 일반 요인으로 언어, 수, 정신속도, 주의, 상상의 다섯 가지를 가정하였다.

서스톤(Thurstone, 1938)은 지능이 스피어만의 주장처럼 일반 요인으로 구성되어 있기보다는 지각속도, 수, 단어 유창성, 언어, 공간, 기억, 추리의 일곱 개의 여러 요인으로 구성되어 있다고 보았다. 이러한 다요인설을 확대 발전하여, 길퍼드(Guilford, 1959)는 지능구조 모형(structure of intellect model)을 제시하였다. 그는 인간의 지능은 내용(시각·청각·상징·의미·행동)과 조작(인지·기억부호화·기억파지·확산적 생성·수렴적 생성·평가), 산출(단위·유목·관계·체계·변환·함축)의 세 가지 차원으로 구성되어 있다는 가설을 제기하였다.

커텔(Cattell, 1963)은 지능에 관한 두 개의 일반 요인인 유동적(fluid) 지능과 결정적(crystallized) 지능의 개념을 보고하였다. 유동적 지능은 뇌와 중추 신경학적 성숙에 비례하여 유전적 및 신경 생리적 영향에 따라서 발달되는 지능으로, 속도, 기계적 암기, 지각력, 일반적 추리력 등이 속한다. 결정적 지능은 가정환경, 교육 정도, 직업 등의 환경적 영향의 영향을 받는 지능으로, 언어 능력, 문제해결력, 논리적 추리력, 상식 등이 이에 포함된다. 더 나아가서 스턴버그(Sternberg, 1985, 1990)는 이러한 지능의 개념에 실제적 지능을 첨가하여 지능의 삼위일체론을 제시하였다.

가드너(Gardner, 1993)는 지능을 한 문화권 또는 여러 문화권에서 가치 있게 인정되는 문제를 해결하거나 산물을 창조해 내는 능력이라고 보고, 인간의 지능은 서로 독립적이면서 다른 여러 유형의 능력들로 구성되어 있지만 이들은 서로 상호작용을 하고 있다고 보았다. 그는 언어적 지능, 논리 수학적 지능, 공간적 지능,

신체 운동적 지능, 음악적 지능, 대인적 지능, 자신을 이해하는 능력인 개인 내 지능의 7개의 다중 지능 이론을 주장하였다. 종래의 지능 이론에서 강조되던 언어적 지능과 논리 수학적 지능만이 아니라, 교사는 대인적 지능이, 외과 의사나 건축가에게는 공간적 지능이, 작가에게는 개인 내 지능이, 운동선수에게는 신체 운동적 지능이 다른 능력에 비해 필수적임을 강조하고 있다.

2) 인지발달에 대한 유전론 대 환경론

인지의 구성요인과 함께 관련해서 주로 제기되는 문제는 인지, 즉 지능이 선천적으로 타고나는 것인지, 환경에 따라서 달라질 수 있는 것인지에 관한 것이다. 인지 발달의 근저를 이루는 기본적인 신경학적 구조의 기능에 관심을 가지는 경우는 선천적 유전론을 강조하고, 후천적 경험이 반복적으로 누적되어서 인지가 발달한다고 생각하는 경우는 환경론을 중요시한다.

그러나 사실상 극단적인 유전론이나 극단적인 환경론을 주장하는 학자는 거의 없고, 이 두 요인이 개인의 능력과 반응 유형에 영향을 미친다는 상호작용론이 대세를 보이고 있다. 일례로, 피아제(Piaget, 1954)는 인간의 지적 능력은 개인과 환경과의 끊임없는 상호작용을 통해 새로워지고 재구성되는 과정으로 보았다. 이에 따라 인지는 타고난 신경학적 구조와 개인이 경험하는 문화적 · 환경적 영향 사이에서 상호작용을 통해서 아동에게서 발달한다는 상호작용론이 우세한 상황이다(Thursman & Widerstrom, 1990 재인용).

상호작용론은 여러 문화권에 대한 연구들을 통해서 그 타당성이 입증되고 있다. 다양한 문화권에서 인지 발달의 유사성과 차이점들이 제시되고 있다. 유전적인 사전 결정론처럼, 모든 문화권에서 공통적인 인지 구조와 기능의 순서가 나타나고 있다. 예로써, 모든 문화권에서 아동들은 사물들을 세고, 짝 짓고, 분류하는 작업을 한다. 특히 일대일 대응은 모든 문화권에서 아동들에게 요구되기 때문에 거의 모든 아동들이 배우는 인지적인 개념으로 보고되고 있다. 그러나 에스키모 아동이 하와이의 아동보다 눈에 대해서 더 많이 아는 것처럼, 특정한 문화적 환경의 차이는 인지의 순서와 구조보다는 인지 내용에서의 차이에 영향을 미치는 것으로 밝혀지고 있다(Thurman & Widerstrom, 1990).

따라서 인지발달의 상호작용론보다는 이 두 구성 요소들이 한 개인의 지능을 형성할 때 미치는 상대적인 비율이 논쟁의 주요 내용이 되고 있다. 일반적으로 학자들은 교육이라는 환경론이 한 개인의 생물학적인 잠재력의 한계 내에서 인지발달에 영향을 미친다는 점에서는 동의하고 있으나, 그 영향력에 대해서는 의견을 달리하고 있다. 어떤 학자는 유전적인 부분이 70% 이상 영향을 미친다고 하고, 어떤 학자는 지능은 유전과 전혀 관련이 없다고 주장하기도 한다. 현재까지의 연구들을 종합해 볼 때, 지능의 유전적 영향력은 약 50%로 추정되고 있다(Plomin & Petrill, 1997). 유전적인 영향력을 50%라고 추정한다면, 나머지 50%는 환경의 힘이라고 할 수 있다.

이러한 환경의 힘은 과거의 부정적인 요인들이 현재의 하나 혹은 그 이상의 긍정적인 요인들에 따라서 상쇄될 수 있음을 의미한다. 통계상으로 볼 때 빈곤한 환경에서 태어나서 자란 아동들은 정신지체 위험군에 있을 수 있지만, 빈곤한 환경의 모든 아동이 정신지체를 보이지는 않는다. 이는 부모의 긍정적인 주의집중, 적절한 양육, 적절한 지적 자극이 낮은 사회 경제적 배경의 부정적 영향을 상쇄할 수 있기 때문이다. 따라서 부모와 함께 아동의 주요한 환경적 영향 요인인 교사들은 아동의 인지발달에 관심을 가지고 인지 성장을 자극할 수 있는 환경을 구조화해야 함이 중요시되고 있다.

3) 인지발달이론

이론적인 측면에서 크게 인지의 생물학적인 하드웨어에 속하는 신경생리학을 근거로 하는 정보처리적 접근(informational processing perspective)과 심리학적인 측면의 피아제를 중심으로 하는 인지발달적 접근(cognitive developmental perspective)으로 나뉜다.

(1) 정보처리적 접근

정보처리 이론의 근간을 이루는 중추 신경계는 인지 기능에서 중요한 역할을 한다. 컴퓨터와 유사하게 신경계의 구조는 인지 처리과정의 하드웨어가 된다. 컴퓨터처럼, 신경계는 인지 프로그램의 일반적인 한계를 제공하고, 특정한 형태 내에서만 그 프로그래밍을 수용한다. 인간 능력의 다양한 양상에도 불구하고, 모든 정상인은 동일한 정보처리 체계를 가진다. 체계에 따라서 사용되는 어떤 과정은 다른 것보다 더 빠르기도 하고 더 잘 수행되기도 하지만, 체계의 본질은 동일하다. 정보처리 단계별로 주요한 기능을 가네, 예코비치 및 예코비치(Gagne, Yekovich & Yekovich, 1993)와 이정모(1996)를 중심으로 살펴보면 [그림 8-1]과 같다.

정보처리의 첫 번째 단계인 감각수용기는 인쇄된 매체는 빛으로, 말은 음으로, 촉각은 압력으로, 즉 물리적 에너지 형태로, 특정 에너지 형태에 예민한 수용기(예: 망막 내부의 간상체와 원추체, 중이골, 자기 감수체 세포)를 통해서 초기의 정보를 받아들인다. 이 수용기는 전기화학적 자극(충격)의 형태로 뇌에 신호를 보낸다. 정보의 이러한 첫 번째 변환은 몇 가지의 에너지 형태가 보편적인 형태로 되는 것이다. 수용기로부터의 신경 자극은 중추 신경계로 가서 감각 기억으로 등록된다.

감각 기억에 대한 선택적 지각은 자극 배열에서 가장 중요한 것이 무엇인가에 초점을 맞추는 것을 포함한다. 인간은 갑작스러운 큰 소리, 움직임, 빛과 어두움 같은 대비에, 더 나아가서 다양한 형태에 선택적으로 주의를 집중하는 경향을 선천적으로 타고났다. 어떤 영역에서 전문가가 되는 특정한 능력 중 하나는 한 자극의 가장 중요한 부분에 주의를 기울이는 능력이다. 일례로, 체스 전문가는 다른 세부적인 사항들은 무시하고 체스 조각의 특정 형태에만 선택적으로 주의를 기울인다.

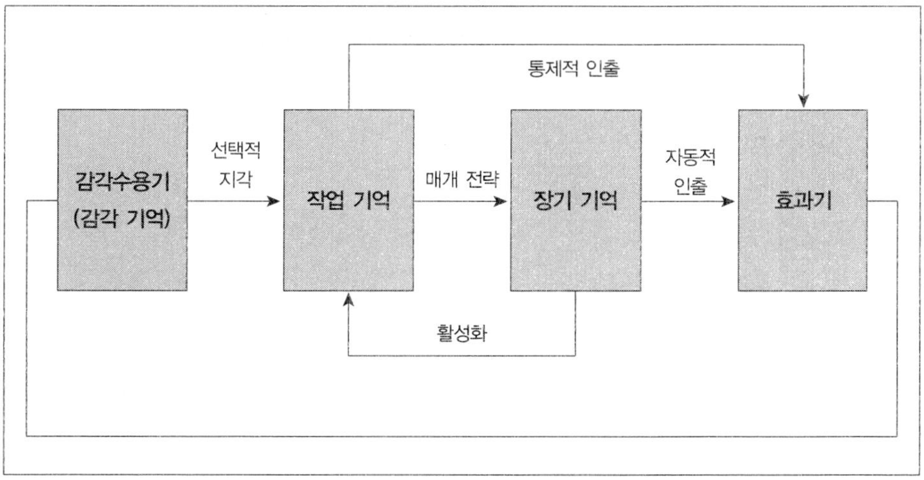

◎◎ [그림 8-1] 인지 정보처리 과정

그 다음 단계인 작업(working) 기억은 주로 의식과 일치한다. 즉, 어떤 순간에 의식한 것이 작업 기억인 것이다. 이의 특징은 제한된 지속 시간으로 이 기억의 정보 저장은 인출되지 않으면 10초 이내에 소멸된다. 예를 들어, 전화번호를 찾아서 보는 순간 번호가 작업 기억 내에 들어오지만, 이를 전화가 있는 데까지 걸어갈 동안 인출하지 않으면 잊어버린다. 작업 기억의 용량 면에서 밀러(Miller, 1956)는 작업 기억에 72개의 정보 단위가 저장된다고 한 반면에, 시몽(Simon, 1974)은 5개 단위 정도만 저장된다고 한다. 정확한 수가 어떤 것이건 간에 그 작은 크기 때문에 작업 기억은 인간 정보처리 과정의 '좁은 통로', 즉 장애로 일컬어진다(Gagne, Yekovich & Yekovich, 1993 재인용).

이어서 작업 기억의 정보는 장기 기억에 저장된다. 저장이란 새로운 정보가 기존의 정보와 다양한 방법으로 통합되는 일련의 과정을 말한다. 장기 기억의 기능은 나중에 사용할 수 있도록 정보를 저장하는 것이다. 작업 기억과는 달리 장기 기억의 지속 시간은 일생이라고 할 만큼 길다. 장기 기억의 영구적인 지속성에 대해서는 논란이 많이 있지만, 꽤 오랜 시간 지속되는 것에는 의견의 일치를 보이고 있다.

그런데 어떤 것을 기억하지 못하는 것은 장기 기억에서의 정보의 손실에 기인하기보다는 적절한 인출 단서를 찾지 못하는 데 그 원인이 있다. 이 과정은 자동적일 때와 통제적일 때에 따라 약간 다르다. 자동화된 인출의 경우 장기 기억에서 직접적으로 효과기로 가고, 사고의 과정인 통제적인 과정을 요할 때는 장기 기억에서 작업 기억으로 간다. 통제적인 과정에서 인출은 이전에 저장된 정보를 의식화하는 것을 의미한다. 이런 의식의 재형성과정을 활성화(activation)라고 한다.

인출된 정보를 어떤 방법으로든 나타내려면, 반응이 계열화되어야 한다. 예를 들어, 언어를 산출하려면 메시지는 문법적으로 적절한 형태로 창출되어야 한다. 이처럼 반응을 순서적으로 조직하고, 이 순서대로 실행되도록 전언을 적절한 효과기에 발신하는 활동을 통해 창출된 반응은 효과기를 통해서 표명화된다. 효과기에는 모든 근육과 선들이 포함되지만, 쓰기나 타자하기 같은 학습 과제에서는 팔과 손이 주요 효과기이고, 말하기에서는 음성이 해당한다.

이러한 인간 체계 내에서 모든 정보의 흐름은 목적을 성취하기 위해서 조직화되므로, 어떤 정보처리 사건이고 그 목적이 무엇이건 간에 임의적으로 이루어지지는 않는다. 즉, 관리과정(control process)을 거치는데, 이는 정보처리 사건을 이끌어 나가고 평가하는 과정으로, 목적을 세우고 이를 달성하는 방법을 계획하고 목적 달성을 평가하고 계획을 재조정하는 것을 포함한다. 이러한 관리과정을 의식적으로 사용하는 것을, 상위라는 뜻의 메타를 사용해서 초인지(meta-cognition)적 과정이라고 일컫는다. 그러나 두 자릿수 곱하기에서 두 자릿수처럼 어떻게 목적을 달성할지 의식적으로 생각하지 않고 그냥 수행하는 경우, 즉 선천적으로든 학습을 통해서든 관리과정이 자동적으로 전개되는 경우는 관리 자체가 그 기술 속에 융합되어 있기 때문에 초인지적 과정이라고 하지 않는다.

표 8-1 인지 기능 장애아동의 정보처리 과정에서의 특성

특 성	내 용
주의집중	• 주의집중 시간(과제에 집중하는 길이), 초점 맞추기(산만자극의 억제), 선택적 주의집중(중요한 자극 특성을 식별하기)의 주요한 주의집중 구성요소들에서 어려움을 보인다. • 주의집중의 중요성을 인식하게 하고, 그 과정을 능동적으로 통제하는 방법을 배우게 훈련하는 것이 중요한 요건이다.
매개 전략	• 학습을 잘하는 아동은 언어적으로 시연 · 반복하고, 범주화하고, 분류하고, 연상하고, 이미지화하는 방법들을 사용한다. • 일반아동보다 나중의 인출이 용이하도록 정보를 조직화하는 효과적인 기법을 사용하지 못한다. • 매개 전략(시연 · 정교화 · 조직화 · 부호화 등)을 산출하는 데 장애를 보인다. • '학습에 능동적이지 못한 수동적인 학습자' 인 경향을 보인다.
작업 및 장기 기억	• 작업(단기) 기억에서는 어려움을 보이나 장기적으로 정보를 보유하기는 한다. • 장기 기억은 일반아동과 유사한 수준을 보인다. • 전략 사용이 경도 장애인 경우도 어렵지만, 구조화되고 잘 계획된 방법으로 진행해 나가는 방법을 배우면 이 능력을 습득할 수도 있다.
인출 전략	• 지식과 기술을 새로운 과제 · 문제 혹은 자극 상황에 적용하는 능력에서의 결손을 보인다. • 학습 세트를 형성하는 일반화에 어려움을 보여서 필요 시에 적절한 정보를 인출해서 사용하지 못한다. • 특히 유사한 상황의 미래의 문제를 해결하는 데 도움을 주는 규칙을 형성할 때 이전의 경험을 활용하지 못한다.

인지 기능이 지체되는 아동들이 각 정보처리 단계에서 보이는 특성을 요약해 보면 〈표 8-1〉과 같다(Beirne-Smith, Patton, & Ittenbach, 2002).

(2) 인지발달적 접근

인지발달에 대한 대표적인 학자인 피아제의 이론을 중심으로 살펴보면, 그는 인간의 지적인 기능이란 개인이 주어진 환경에 효과적으로 적응할 수 있는 능력이라고 정의하였다. 피아제는 생물체가 주어진 환경에 적응하기 위해서 자신의 신체 구조를 바꾸어 가듯이, 인간은 주어진 환경 내의 사태를 이해하고 이에 적절히 적응하기 위해 자신의 내재적인 인지구조를 바꾸어 나간다고 하고 있다. 이에 따라 그는 인간의 성장에 따른 인지구조의 변화 과정을 이해함으로써 인간 발달 과정을 이해할 수 있다고 주장하고 있다.

인간은 태어날 때 다른 동물과 마찬가지로 몇 개의 반사기능만을 가지고 있는데, 이 반사기능을 바탕으로 인간은 환경과의 적극적인 상호작용을 통해 자신의 인지구조를 계속해서 재구성해 나간다고 피아제는 말하고 있다. 이처럼 반사기능을 통합하여 획득한 새로운 감각운동 기능을 도식(sheme 또는 schema)이라고 명명하였다.

피아제는 아동이 성장함에 따라 이루어지는 인지구조의 발달적 변화는 질적인 차이를 갖는 일련의 단계인 감각운동 단계, 개념 이전의 사고 단계인 전조작기, 구체적 조작기와 형식적 조작기로 구분된다. 피아제는 인지발달 단계에 해당하는 아동의 연령을 제시하고 있기는 하지만, 각 단계에 해당하는 연령이 고정되어 있지는 않다고 하고 있다(〈표 8-2〉 참조). 즉, 각 단계에 도달하는 연령은 개인차와 환경에 의해서 결정되며, 단계의 순서인 연계성은 변하지 않는다는 것이다(송명자, 1995).

피아제에 따르면, 인지구조가 발달하는 데는 생득적 요인인 성숙과 더불어 물리적 경험(physical experience)과 사회적 요인들(social factors)을 포함하는 환경적 요인이 크게 작용한다고 한다. 피아제는 성숙과 물리적 경험과 사회적 요인이 인지 발달을 결정하는 주요 요인이기는 하지만, 이들 요인들을 적합한 방식으로 통합하고 조정하는 개인의 내재적인 능력인 평형화(equilibration)를 더욱 중요시하고 있다. 그런데 개인이 스스로 자신의 인지구조를 형성하고 재구성하는 핵심 기

표 8-2 피아제의 인지발달 단계

발달 단계	연 령	특 징	하위 내용	특 징
감각 운동기	0~2세	• 대상에 대한 외현적 활동을 통해 세계를 이해한다. • 감각운동적 도식의 상호통합에 따라 점진적 발달이 이루어진다. • 대상 영속성 개념이 획득된다.	• 반사기능 (0~1개월) • 일차순환반응 (1~4개월) • 이차순환반응 (4~8개월) • 이차도식협응 (8~12개월) • 삼차순환반응 (12~18개월) • 내적 표상 (18개월~2세)	• 빨기, 잡기 등 생득적 반사의 연습 • 반사기능으로부터 적응적 도식의 발달 • 흥미로운 사태를 재현하는 절차발달 • 수단과 목표를 결합하는 의도적 행동 표출 • 탐색과 시행착오를 통해 새로운 수단-목표 결합 • 표상 및 상징 기능 출현
전조작기	2~6세	• 표상이 형성되며, 이를 통해 문제해결이 가능하다. • 내재적 사고가 가능하나 자기중심성, 비가역성 등의 한계를 지닌다.	• 기호적 기능 • 자기 중심성과 직관적 사고 • 다양한 개념 발달	• 내적인 표상을 상징 또는 가상놀이, 그림, 언어 등의 형태의 상징으로 표현 • 모든 현상의 한 가지 측면만을 고려하는 통합적 사고의 결여 • 분류, 서열, 공간, 인과 개념 발달
구체적 조작기	6~12세	• 가역적 조작의 획득과 더불어 논리적으로 문제해결이 가능하다.	• 가역적 사고	• 보존 개념, 분류 조작, 서열 조작 가능
형식적 조작기	12세~	• 여러 형태의 보존 개념이 형성된다. • 분류와 관계적 추론 능력이 획득된다. • 가설 연역적 사고가 가능하다. • 가능성과 실제 간의 체계적이며 논리적인 통합이 가능해진다.		

능인 평형화는 자신이 가진 기존의 구조에 새로운 정보를 받아들이는 동화(assimilation)와 바깥 세계의 새로운 정보에 맞추어 자신의 구조를 바꾸어 가는 조절(accommodation)의 두 과정의 통합 과정으로 작용한다(Flavell, Miller, & Miller, 1993).

인지발달에서 피아제 개념과 유사하게 브루너(Bruner, 1964)는 인지발달 단계를 동작적(enactive) 표상, 이미지인 도상적(iconic) 표상, 상징적(symbolic) 표상의 3단계로 구분하고 있다. 브루너(1964)는 인간의 인지 기능은 지식적인 활동들을 통해 테크놀로지적인 진전을 하나씩 쌓아 가는 동안 발전되는 것이라는 입장을 취하고 있다. 따라서 지식적인 활동을 제시하는 교육적인 처치를 통해서 원하는 유형의 사람을 만들어 나갈 수도 있다고 말하고 있다(Flavell, Miller, & Miller, 1993 재인용).

인지 기능에 장애를 가진 아동들의 인지능력은 일반아동들과 다른 것보다는 비슷한 점이 더 많은 것으로 보고되고 있다(Dunst & Lesko, 1988 재인용; Dunst & McWilliam, 1988 재인용). 발달지체 위험군 아동과 정상발달아동들을 대상으로 최근 들어 완성된 종단연구에 따르면, 던스트와 동료들(1994)은 장애를 가진 아동들이 장애가 없는 아동들과의 비교에서 발달의 속도가 더 느리기는 하지만, 감각운동 발달의 연속성과 패턴은 거의 동일하다는 것을 발견하였다(Dunst, Mahoney, & Buchan, 1996 재인용). 이러한 연구결과에 의거하여, 인지발달의 보편적인 순서와 내용이 장애아동에게의 인지발달 촉진을 위한 교수에 적용될 수 있음을 제시하고 있다(〈부록〉 참조).

2. 인지능력 촉진을 위한 중재의 실제

헌트(Hunt, 1961)는 인지능력의 발달에 환경이 결정적인 역할을 한다는 주장을 하고 있다. 그는 지능이 고정되어 있거나 미리 결정되어 있지는 않기 때문에, 어렸을 때 가능하면 빠른 시기에 지적인 환경적인 자극을 줌으로써 아동의 인지능력을 증진시켜 주어야 한다고 제시하고 있다(송명자, 1995 재인용).

1) 교수 시행 단계 및 유의사항

아동에게 조기에 인지 교수를 시행할 때 고려해야 사항은 [그림 8-2]와 같이 요약된다(이소현 1995; Wolery & Sainato, 1996).

1단계: 인지 영역의 중재 목표 설정(강점 중심 중재)

↓

2단계: 인지능력 발달 및 촉진을 위한 포괄적 환경 구성(일과 중심 중재)

↓

3단계: 아동의 자발적이고 능동적인 참여 유도(자발성 중심 중재)

↓

4단계: 반응적인 교수전략 사용(반응적 상호작용 중심 중재)

↓

5단계: 사회적/비사회적 환경에의 적극적인 참여 시간 확대(참여 중심 중재)

↓

6단계: 일관적인 아동–양육자 간 상호작용 증진(가족 지원 중심 중재)

↓

7단계: 필요한 경우 보조기구 등 지원(욕구 중심 중재)

[그림 8-2] 인지 교수 시행 시 고려사항

첫 번째 단계는 중재 목표를 선택하는 것이다. 〈부록〉과 앞에서 제시한 발달 단계들 중의 하나의 행동이나 혹은 아동이 현재 속한 환경에서 요구되는 행동들을 선정하는 것이다. 목표 선정 시 중요한 것은 아동의 생활연령에 적절해야 하고, 환경에의 영향도, 즉 기능성이 커야 한다. 또한 아동의 결함 부분만을 중재 목표로 선정하기보다는 아동의 흥미와 선호도를 고려하는 아동의 강점을 고려한 목표 선정도 중요하다.

두 번째 단계는 아동의 능력을 촉진시키는 데 가장 적절한 환경을 알고 이를 구성하는 것이다. 연령이 어린 아동의 경우 특히 인지 학습은 일상 상황 안에서 이루어질 때 그 의미가 있으므로, 인지 중재가 가장 효과적이 되도록 하려면 가능한 한 선정된 중재 목표를 아동의 가정이나 지역사회에서의 일상생활의 환경에서 지도하는 것이 바람직하다. 던스트와 동료들(1987)은 정상적으로 발생하는 상황 안에서 능력을 촉진하는 과정을 "일과에 근거한 중재(routine-based intervention)"라고 제시하고 있다. 보통 아동의 일과는 가정, 교실, 지역사회의 세 가지 형태로 분류될 수 있다. 가정에서는 옷 입기, 식사, 목욕, 낮잠 시간, 잠자는 시간, 배변, 읽기 시간, 놀이 시간을 포함한다. 교실 일과는 등원, 점심 및 간식, 낮잠 시간, 집단 활동시간 등을 포함한다. 지역사회 일과는 쇼핑, 이웃이나 친구방문하기, 식당에서 식사하기, 레크리에이션 활동, 교회 등의 종교 활동 등 다양한 사회적 사상(events)들을 포함한다. 인지적인 지식과 기술을 촉진시키기 위해서는 이처럼 다양한 상황에서 흥미 있고 능력을 촉진시켜 주는 사람과 자료와의 상호작용 기회를 가능하면 많이 가지도록 교수 상황을 구성하는 것이 필요하다.

세 번째 단계는 아동 스스로 시작하는 자발성을 가지고 학습에 임하도록 해야 한다. 조기 인지발달에 대한 대부분의 이론들은 인지능력의 매개자로서 아동 시작 활동의 중요성을 강조하고 있다. 즉, 아동이 학습과정에서 성인 지시의 학습에 대한 수동적인 관찰자나 반응자이기보다는 적극적인 참여자일 때 가장 효과적인 인지 행동을 습득한다는 것이다. 즉, 아동의 시작 활동은 동기와 발달적인 측면에서 큰 의미가 있다. 아동이 스스로 시작한 활동은 학습과 발달, 즉 능력과 수행을 매우 향상시킬 수 있는 동기적인 특성을 반영한다. 그리고 아동이 자신의 환경을 조절할 기회를 제공할 뿐만 아니라 현재의 흥미와 능력을 반영하기도 한다.

네 번째 단계는 아동의 능력을 지원하고 강화하기 위한 반응적인(responsive) 교수전략을 사용하도록 한다. 이 접근은 양육자가 사용하는 광범위한 조건적 전략으로 아동에게서 더 행동을 유지하거나 끌어내기 위한 강화제로서 사회적 반응 기능을 이용하는 것이다. 아동 행동에 대한 우연적인 반응인 양육자와 아동 사이의 상호작용 동안 자연스럽게 일어나는 행동이 조기 인지능력의 습득에 큰 영향을 주는 것으로 밝혀지고 있다. 아동의 발달에 대한 문헌을 종합해 보면, 아동의 사물과 사람과의 상호작용을 이끌어 내고 유지하는 데 초점을 두고, 의도적인 행동으로서 아동의 상호작용 능력을 이해하고 반응하고 아동의 시작에 반응하여 결과를 강화해 주는 방법으로, 사회적 · 비사회적 환경을 구조화하는 등의 교수전략이 아동의 인지 상호작용 능력의 습득을 촉진시키는 데 가장 적절한 것으로 나타나고 있다.

다섯 번째 단계는 반응적 교수를 시행할 때 아동이 사회적 또는 비사회적 환경에 적극적으로 참여하는 시간이 많도록 고려해야 한다. 여기서 참여(engagement)는 아동이 발달적으로 적절한 방법으로 환경과 상호작용하며 보내는 시간의 양을 의미한다. 아동의 참여는 반응적인 교수뿐 아니라 자료의 유용성과 참신성, 물리적 환경의 배치, 학습 영역 간의 일과의 일관성이 포함된다.

여섯 번째 단계는 아동 발달 지원을 위한 잠재적인 상황으로서 아동-양육자의 상호작용도 중요하게 간주되어야 한다. 양육자의 행동이 사회적으로 예상 가능하고, 긍정적인 효과를 산출하면 아동은 사회적 행동을 산출한다. 즉, 반복되는 같은 행동이 같은 효과를 보일 때, 아동은 일치성에 대한 인식(contingency awareness)과 상호작용적인 파트너의 행동에 대한 기대를 통해 상호작용 능력을 습득할 것이다. 이 능력을 바탕으로 아동은 흥미가 있거나 바라는 결과를 만드는 방법으로서 자신의 능력을 적용한다.

일곱 번째 단계는 장애아동들이 상호작용 능력의 다른 형태와 형식에 참여하는 데 어려움을 가지므로, 적절한 보조기구들의 사용으로 아동들이 자신의 사회적·비사회적 환경을 조절하고 숙달할 수 있도록 배려해 주어야 한다. 보조 기술 기기는 개조된 장난감, 컴퓨터, 특수의자, 이동기구, 확장적인 의사소통 체계, 결과를 강화하는 스위치 등이 포함된다.

2) 교수 실행 절차

(1) 인지 지도 단계와 아동 학습 단계에 대한 고려

'풍선' 이라는 하나의 사물이 있을 때 다양한 개념에서 본다면, 이것은 '풍선' '동그라미' '하나' '크다' '위에 있다' 등의 특성을 가질 수 있다. 이러한 개념들은 사물이나 사건이 왜 그렇게 분류되는지, 그 근거가 무엇인지, 다시 말해 사물의 속성을 찾아내려고 사고해야 획득될 수 있다.

사물의 속성을 인식하려면 기본적으로 이 사물과 저 사물이 어떤 면에서 같은지 혹은 다른지를 식별할 수 있어야 한다. 즉, 같은 점을 찾아서 한데 모으는 짝짓기가 되면, 차이점에 따라서 사물들을 식별하고 그 사물들을 분리하는 분류하기로 진전되고, 이어서 사물의 속성을 인식하며 특정한 개념을 학습하는 과정이 이루어져야 한다. 짝 짓기 → 분류하기 → 개념학습 단계를 고려하면 효과적으로 지도할 수 있을 것이다.

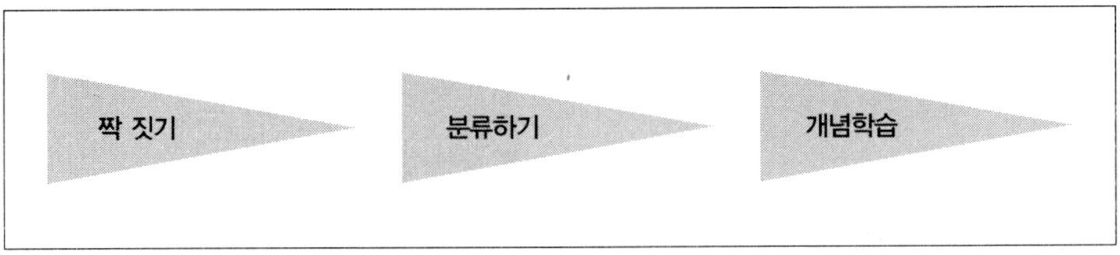

[그림 8-3] 인지 지도 단계

각 지도 단계에서 다음의 아동 학습 단계도 감안해서 단계적인 접근을 시도해야 한다(Polloway & Patton, 2001).

습득 단계("기술을 배운다")로, 이때의 기술은 새로운 기술로 0%에서 60% 혹은 70%의 다양한 수행 정확도를 보인다. 초기 학습 단계인 습득에서는 기술의 주요한 핵심 단계를 정확하게 수행하는 것에 초점을 둔다.

유지 단계("기술을 정기적으로 사용한다")는 아직 기술 수행이 불완전하지만 어느 정도 독립적인 수행이 가능할 정도로 그 기술을 사용하는 것이다.

유창 혹은 숙달 단계("기술을 좀 더 빨리 잘 수행한다")는 60% 이상의 정확도를 보이지만 이 수준의 수행의 질은 더 나아져야 할 필요가 있다.

일반화 단계("기술을 필요로 하는 어느 때나 어디서나 사용한다")에서는 아동은 과제 자료와 환경의 다양한 변이에 접하게 된다. 이때 아동은 자연적인 자극과 요구되는 반응에 따라서 문제를 해결하거나 적용하는 능력을 가져야 한다.

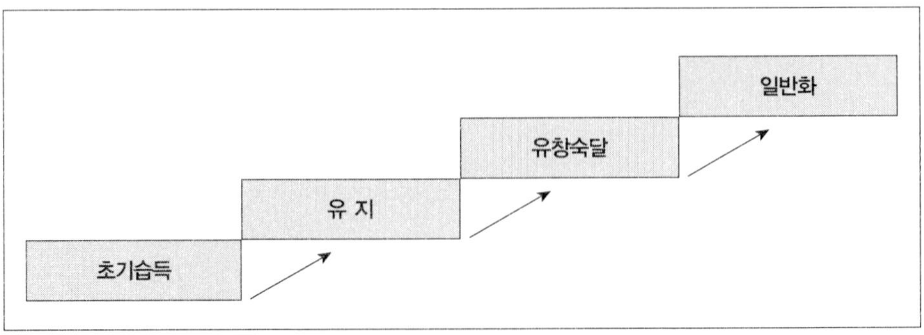

[그림 8-4] 인지 지도 단계 내의 학습 단계

(2) 촉진법을 통한 교수 지원

아동이 위축되거나 잘못된 방법으로 배우는 것을 방지하고 성공적으로 과제를 수행할 수 있도록 도와주는 촉진이 필요하다(조윤경, 김수진, 2008; 〈표 8-3〉 참조).

촉진을 제공할 때, 촉진이 너무 많으면 아동에게 과제에 대한 도전 의식을 가지지 않게 하고, 반대로 너무 적으면 아동은 좌절하게 된다. 따라서 아동이 좌절하지 않고 어떤 과제를 적절하게 수행하도록 적절한 양의 촉진을 제공하는 것이 중요하다. 이를 위해서는 아동의 과제 수행을 가까이에서 지켜보면서 수시로 대처하는 것이 중요하다.

표 8-3 촉진의 종류 및 적용방법

촉진 종류	방 법	예
언어적 촉진	아동이 현재 주어진 과제를 수행하도록 지원하는 단순하게 설명하는 것이다.	화장실에서 소변을 보고 물을 안 내리고 나오려고 할 때 "물 내려요!" 하고 아동에게 말해 준다.
시범 보이기	목표 행동을 교사가 직접 해 보아서 아동이 보고 모방해서 하도록 하는 것이다.	아동에게 치약 짜는 모습을 보여 주고 난 다음에 아동에게 짜게 한다.
신체적 촉진	과제를 수행하도록 신체적으로 보조를 해 주는 방법으로 부분적 촉진이나 완전한 촉진이 있다. 새로운 과제를 수행할 때는 완전한 촉진을 하다가 익숙해지면 부분적인 촉진을 해 준다.	완전한 촉진: 점퍼의 지퍼를 끼울 때 아동의 손을 완전히 함께 잡고 지퍼를 끼운다. 부분적 촉진: 아동의 손끝만을 살짝 잡아서 아동이 점퍼의 지퍼를 잘 끼울 수 있게 도와준다.
공간적 촉진	아동의 행동 발생 가능성을 높이기 위해서 사물의 위치를 변경한다.	아동이 포크를 잘 사용할 수 있게 아동의 오른손 쪽으로 놓는다. 칫솔질을 잘 수행하게 하기 위해서 치약, 칫솔을 아동의 손이 쉽게 닿는 곳에 놓는다.
시각적 촉진	그림, 사진 등을 단서로 사용한다.	아동의 사물함, 신발장에 아동의 사진을 붙여서 자신의 자리를 쉽게 인지할 수 있게 한다.

촉진을 주는 시기는 아동이 새롭게 배우는 과제인 경우는 처음에 도와주고, 어느 정도 할 수 있는 과제인 경우는 아동이 어려움을 보일 때만 도와주도록 한다. 즉, 가능하면 아동 스스로 할 수 있는 데까지는 혼자하고 필요한 경우 도와주도록 한다.

(3) 반응과 관련된 유의 사항

학습 시에 아동의 반응은 바르게 반응한 경우와 그렇지 못한 경우로 나눌 수 있다.

바르게 반응한 경우는 즉각적으로 음식물, 칭찬, 뽀뽀하기, 아동이 좋아하는 텔레비전 보기나 놀이터 가기와 같은 활동의 기회를 제공한다. 이처럼 행동의 결과로 사용할 강화제는 아동이 좋아하는 것 중에서 효력이 강한 것을 주도록 한다. 또한 이는 아동이 바르게 반응했음을 알려 주고 동시에 바르게 수행할 기회를 증가시키는 역할을 한다.

바르지 못한 반응을 하는 경우는 가르치는 내용이 아동에게 어려운 것 같다면, 과제의 수준을 낮추고 촉진을 더 주거나 함으로써 과제를 아동이 올바르게 수행할 수 있도록 도와주어야 한다. 만일 수정을 하지 않으면 아동이 바른 반응을 배울 기회가 없으므로, 아동의 과제 수행을 통한 성공감과 자신감 형성을 가지게 하는 점에서 이는 중요하다.

흔히 아동의 올바르지 않은 반응에 대해 "…이 아니야." 등의 부정적인 말을 하기 쉽다. 이런 경우 아동은 항상 자신의 잘못된 점만 듣고 기억하여 패배감을 느끼거나 위축되어 배우려는 욕구가 없어지고 학습을 기피하게 된다. 따라서 아동이 반응을 올바르게 하지 못했기 때문에 위축되거나 흥미를 잃기 전에 여러 필요한 도움을 주고 수정해 주어서 아동으로 하여금 할 수 있다는 생각을 갖게 하는 것이 필요하다. 수정을 해서 제시한 과제에서라도 아동이 바르게 수행하면 이를 강화해 줌으로써 아동이 성취감과 자신감을 느낄 수 있도록 한다.

(4) 기타 지도 시 유의 사항

아동에 대한 지도를 처음에 시작할 때는, 첫째, 일정한 시간과 장소를 정해서 시행한다. 이는 아동으로 하여금 학습 시간과 자신이 무엇을 해야 할 것인가를 알아

차리는 데 도움을 준다. 그리고 매일 지정된 학습 시간만이 아동을 가르칠 수 있는 것은 아니다. 하루 전체 생활을 통해서 일상의 생활에서 생기는 일들이 아동의 학습 경험에 긴요하게 이용될 수 있다. 특히 이러한 학습은 교사뿐만 아니라 부모와 아동이 함께하는 시간이 이용하기 긴요하다. 예를 들어, 아동이 어머니가 식사 준비하는 것에 관심을 가지면, 식사 준비 용구의 이름, 크기, 모양, 색 등의 특성, 식구 수, 각 식구들의 수저와 식기들을 연결시키기 등의 학습으로 유도할 수 있다. 이와 같이 아동이 현재 할 수 있는 것 이외에 경험을 얻을 수 있는 기회를 주어 자신의 주변 세계에 대해 많은 것을 알 수 있도록 도와주는 것이 필요하다. 즉, 사물에 대해 말할 때 이름, 색, 용도, 크기, 모양, 무게, 재료, 수, 감촉, 맛 등의 사물 특성에 대해 다각도로 설명해 주어서 아동이 수용할 수 있는 자극의 범위를 확대시키도록 한다.

둘째, 인지 기능에 문제를 보이는 아동들은 감각기관을 통해 지각되는 정보들을 단순화하고 조직화하는 데 어려움을 나타내므로, 과제를 시각적으로 명료하게 구조화시켜 지시하면 아동은 과제를 보다 쉽게 이해할 수 있다.

셋째, 과제를 부여할 때는 아동을 혼동시키거나 좌절시켜 문제행동을 일으키지 않기 위해서 수식어와 미사여구가 많이 들어간 긴 언어적 지시보다는 간단명료한 문장과 함께 사진이나 그림, 실물 등을 통해 시각적 지시를 주는 것이 효과적이다.

부 록

부록 1 0~1세 인지 개념 학습 내용 목록

번 호	개 념	교수 행동
1	사전	사물을 향해 눈을 움직이고 몇 초간 응시한다.
2	사전	중앙선(midline)을 가로질러서 눈을 움직인다.
3	사전	누운 상태에서 90° 각도로 움직이는 사물을 따라본다.
4	사전	수직으로 움직이는 사물을 따라본다.
5	사전	사물이 사라진 지점을 오랫동안 보고 있는다.
6	사전	한 사물을 보다가 다른 사물을 본다.
7	사전	손에 쥐어진 사물을 살펴본다.
8	사전	누운 상태에서 180° 각도로 움직이는 사물을 따라본다.
9	사전	작은 사물을 쳐다본다.
10	사전	앉은 자세에서 움직이는 사물을 따라본다.
11	사전	머리를 움직이지 않고 눈으로만 움직이는 사물을 따라본다.
12	사전	2~3미터 멀리 있는 사물을 쳐다본다.
13	사전	어른이 종이에 긁적거리는 것을 쳐다본다.
14	사물	부분적으로 가려진 사물을 찾아낸다.
15	인과	장난감이 떨어졌을 때 바닥을 본다.
16	인과	원하는 사물을 갖기 위해서 장애물을 제거한다.
17	사물	완전히 감춰진 장난감을 찾아낸다.
18	인과	장난감을 갖기 위해서 끈을 수평으로 끌어당긴다.
19	인과	장난감 차나 기차를 민다.
20	크기	크기가 다른 2개의 컵을 크기대로 끼운다.
21	형태	긁적거리는 것을 모방하려고 시도한다.
22	사전	어른과 함께 책을 본다.

부록 2 **1~2세 인지 개념 학습 내용 목록**

번 호	개 념	교수 행동
23	사물	두 개의 천 중에 하나의 천 밑에 감춰진 사물을 찾아낸다.
24	형태	형판에 원을 끼운다.
25	신체	신체 한 부분을 가리킨다.
26	사물	같은 사물을 찾아오라고 할 때 찾아온다.
27	형태	크레용으로 종이 위에 명확하게 긁적거린다.
28	사물	책 위에 있는 그림을 톡톡 친다.
29	사물	책장 넘기는 것을 도와준다.
30	인과	장난감을 갖기 위해서 장난감에 달린 끈을 수직으로 끌어당긴다.
31	공간	작은 상자의 뚜껑을 올려서 연다.
32	공간	시범을 보여줄 때 건포도를 꺼내기 위해서 병을 거꾸로 엎는다.
33	형태	자발적으로 긁적거린다.
34	형태	형판에 네모를 끼운다.
35	공간	건포도를 꺼내기 위해서 자발적으로 병을 거꾸로 엎는다.
36	사물	종류가 다른 사물이 없을 때 같은 사물끼리 짝짓는다.
37	사물	두 개의 사물 중에 같은 사물을 짝짓는다.
38	신체	"_____는 어디 있니?" 라고 물을 때 자신을 가리킨다.
39	형태	수직선을 모방하여 그린다.
40	크기	크기 순서대로 끼우는 컵 4개를 끼운다.
41	형태	형판에 세모를 끼운다.
42	형태	3개 형태 자리가 비어 있을 때 형판에 원 · 네모 · 세모 중 하나를 끼운다.
43	사물	도구를 사용해서 간단한 일을 해결한다.

부록 3 2~3세 인지 개념 학습 내용 목록

번호	개념	교수 행동
44	사물	특정한 책을 찾아오라고 하면 찾아온다.
45	형태	원을 그리며 긁적거리는 것을 모방한다.
46	신체	수평선을 모방하여 그린다.
47	사물	한 조각 짜리 퍼즐을 완성한다.
48	형태	3가지 모양으로 뚫린 모형 상자에 같은 모양의 사물을 넣는다.
49	사물	6조각 퍼즐에서 한 자리가 비어 있을 때 한 조각 퍼즐을 끼워서 완성한다.
50	공간	모방해서 기차를 만든다.
51	인과	사물의 부분과 특정 결과간의 인과(수단과 목적) 관계를 이해한다.
52	사물	2개의 그림 중에서 사물과 같은 그림을 선택하여 짝짓는다.
53	사물	2개의 그림 중에서 같은 그림을 선택하여 짝짓는다.
54	사물	4개의 그림 중에서 사물과 같은 그림을 선택하여 짝짓는다.
55	사물	4개의 그림 중에서 같은 그림을 선택하여 짝짓는다.
56	수	요구할 때 사물 하나를 집어준다.
57	형태	3개의 형태 중에서 같은 형태를 선택하여 짝짓는다.
58	색	2가지 색 중에서 하나의 색을 선택하여 짝짓는다.
59	색	4가지 색 중에서 2개의 색을 선택하여 짝짓는다.
60	형태	원을 따라 그린다.
61	사물	같은 촉감의 사물 3가지를 짝짓는다.
62	사물	책을 보면서 사물의 작은 부분을 지적한다.
63	형태	3조각으로 된 퍼즐을 완성한다.
64	사물	혼자서 책을 본다.
65	크기	물어볼 때 큰 것과 작은 것을 가리킨다.
66	형태	십자긋기(+)를 모방한다.
67	공간	지시할 때 사물을 '위' '아래' '안에' 놓는다.
68	형태	기하 도형과 같은 그림을 3개 중에서 선택하여 짝짓는다.

부록 4 3~4세 인지 개념 학습 내용 목록

번호	개념	교수 행동
69	신체	언어적 지시에 따라 10가지 신체 부위를 가리킨다.
70	신체	언어적 지시에 따라 남자와 여자를 가리킨다.
71	시간	밤과 낮을 나타내는 그림을 요구에 따라 가리킨다.
72	크기	사물이 무거운지 가벼운지를 말한다.
73	수	3번 이내의 소리의 수를 듣고 따라서 친다.
74	형태	6조각 짜리 퍼즐을 완성한다.
75	수	셋 이상의 사물을 1:1 대응시킨다.
76	크기	길고 짧은 사물을 요구에 따라 가리킨다.
77	공간	다리 만들기를 모방한다.
78	크기	블록 5개를 크기 순서대로 놓는다.
79	인과	기계로 만들어진 장난감을 작동한다.
80	사물	그림카드 9개 중에서 선택하여 짝짓는다.
81	형태	3가지 형태를 요구에 따라 가리킨다.
82	색	4가지 색을 4개 중에서 선택하여 짝짓는다.
83	공간	2가지 색으로 배열한 블록 형태를 짝짓는다.
84	크기	2가지 크기를 분류한다.
85	형태	3가지 형태를 분류한다.
86	사물	음식, 옷, 장난감을 분류한다.
87	사물	일상적인 사물을 기능에 따라 짝짓는다.
88	형태	V 긋기를 모방한다.
89	형태	10㎝ 평방 크기의 종이에 한쪽 끝에서 다른 쪽 끝으로 사선을 긋는다.
90	수	10까지 따라 센다.
91	색	4가지 색을 요구에 따라 가리킨다.
92	색	4가지 색을 분류한다.
93	형태	4개의 글자 카드 중에서 1개를 짝짓는다.
94	공간	2부분으로 된 그림을 그린다.
95	공간	형판을 사용할 때 그 안에 색칠한다.
96	공간	큰 종이에 그려진 형태에 그림물감을 칠한다.
97	형태	V를 연속적으로 그린 형태를 따라 그린다.
98	신체	불완전한 사람에다 팔 또는 다리를 덧붙여 그린다.
99	형태	8조각으로 된 퍼즐을 완성한다.
100	신체	3부분으로 된 사람을 그린다.
101	공간	블록으로 간단한 모양을 만든다.
102	형태	원, 세모, 네모의 3가지 도형 이름을 말한다.

부록 5 4~5세 인지 개념 학습 내용 목록

번 호	개 념	교수 행동
103	크기	소리의 속도와 크기 변화를 모방한다.
104	수	1~5까지의 수 중에서 특정한 수만큼 골라 센다.
105	공간	간단한 형태와 모양에 물감을 칠한다.
106	신체	얼굴, 팔, 다리가 있는 사람을 그린다.
107	형태	4부분으로 된 사물을 그린다.
108	형태	네모를 보고 그린다.
109	형태	요구에 따라 원과 네모를 그린다.
110	색	사물의 색을 물을 때 4가지 색의 이름을 말한다.
111	색	일상 환경에서 4가지 색의 사물을 가져온다.
112	색	일상 환경에서 사물의 4가지 색 이름을 말한다.
113	형태	세모를 따라 그린다.
114	시간	특정 활동과 관련된 시간을 말한다.
115	크기	500g 미만의 차이가 나는 사물 중 어느 것이 무거운지(가벼운지)를 말한다.
116	시간	사계절을 나타내는 그림을 찾는다.
117	색	8가지 색이름을 말한다.
118	수	화폐 단위를 말한다.
119	시간	3개의 그림을 순서대로 놓는다.
120	공간	3가지 색으로 배열한 블록 형태를 모방해서 길게 늘어 놓는다.
121	사물	5개 중 하나를 없앴을 때 그 사물의 이름을 말한다.
122	수	1~10에 해당되는 수의 사물을 짝짓는다.
123	공간	그림에서 빠진 부분을 지적한다.
124	공간	빠진 부분의 그림을 완성한다.
125	수	4가지 숫자를 순서대로 기억해서 말한다.
126	수	1~20까지 기계적으로 센다.
127	신체	신체의 각 부분을 적당한 위치에 배치한다.

부록 6 5~6세 인지 개념 학습 내용 목록

번호	개념	교수 행동
128	형태	3분 내에 10조각 짜리 퍼즐을 완성한다.
129	수	'첫번째' '가운데' '마지막' 의 위치명을 말한다.
130	수	20이내의 수를 세어 준다.
131	수	0~10까지의 수의 이름을 말한다.
132	공간	자신의 왼쪽, 오른쪽을 구별하여 말한다.
133	신체	자신의 이름을 안다.
134	크기	넓이와 길이의 순서에 따라 사물을 정리한다.
135	수	0~10까지 바른 순서로 수를 배열한다.
136	수	요구에 따라 "첫번째 '' 두번째 '' 세번째 ' 위치의 사물을 고른다.
137	수	1~6의 숫자와 하나~여섯까지의 양을 짝짓는다.
138	수	1~25까지의 수 중에서 불러 주는 숫자를 손가락으로 가리킨다.
139	형태	마름모형을 따라 그린다.
140	공간	단순한 미로 사이에 선을 긋는다.
141	시간	'어제' '오늘' '내일' 이라는 말을 적절하게 사용한다.
142	시간	요일을 순서대로 말한다.
143	수	3까지 더하거나 빼기를 한다.
144	신체	생일(월, 일)을 말한다.
145	형태	단어 카드 10개를 보고 읽는다.
146	인과	다음에 무슨 일이 생길 것인지에 대해 예측한다.
147	형태	반쪽과 완전한 형태의 사물을 가리킨다.
148	수	1~100까지 기억해서 센다.
149	형태	모델을 제시할 때 종류 별로 2가지 이상의 사물을 그린다.

참고문헌

강순구, 조윤경 역(1990). 포테이지 아동 발달지침서. 서울: 도서출판 특수교육.

신명희, 박명순, 권영심, 강소연(1998). 교육심리학의 이해. 서울: 학지사.

송명자(1995). 발달심리학. 서울: 학지사.

이소현 역(1995). 장애영유아를 위한 교육. 서울: 이화여자대학교출판부.

이정모 편(1996). 인지심리학의 제 문제 I : 인지과학적 연관. 서울: 도서출판 성원사.

조윤경, 김수진(2008). 장애아동 통합 지원 전략 워크숍. 서울: 사회복지공동모금회.

최진희 외 역(1996). 장애유아를 위한 캐롤라이나 교육과정. 서울: 대한사회복지개발원.

Beirne-Smith, M., Patton, J., & Ittenbach, R. (2002). *Mental retardation* (6th ed.). New York: Macmillan.

Dunst, C. J., Lesko, J., Holbert, K., Wilson, L., Sharpe, K., & Liles, R. (1987). A systemic approach to infant intervention. *Topics in Early Childhood Special Education, 7*(2), 19-37.

Dunst, C. J., Mahoney, G., & Buchan, K. (1996). Promoting the cognitive competence of young children with or at risk for developmental disabilities. In S. L. Odom & M. E. McLean (Eds.), *Early intervention / Early childhood special education: Recommended practices* (pp. 159-196). Austin, Texas: pro-ed.

Flavell, J. H., Miller, P. H., & Miller, S. A. (1993). *Cognitive development.* Englewood Cliffs, NJ: Prentice Hall.

Furuno, S., O' Reilly, K., Hosaka, C. M., Inatusuka, T. T., Zeisloft-Falbey, B., & Allman, T. (1988). *Hawaii early learning profile* (HELP). Palo Alto, CA: VORT.

Gagne, E .D., Yekovich, C. W., & Yekovich, F. R. (1993). *The cognitive psychology of school learning.* New York: Harper Collins College Pub.

McLean, M., Bailey, D. B., & Wolery, M. (1996). *Assessing infants and preschoolers with special needs.* Englewood Cliffs, NJ.: Prentice Hall Inc.

Plomin, R., & Petrill, S. A. (1997). Genetics and intelligence: What' s new? *Intelligence, 24*(1), 53-77.

Polloway, E. A., & Patton, J. R. (2001). *Strategies for teaching learners with special needs* (6th ed.). New York: Macmillan.

Thurman, S. K., & Widerstrom, A. H. (1990). *Infants and young children with special needs: A developmental and ecological approach*. Baltimore, PA: Paul H. Brookes.

Wolery, M., & Sainato, D. M. (1996). General curriculum and intervention strategies. In S. L. Odom, & M. E. McLean (Eds.), *Early intervention / early childhood special ducation: Recommended practices* (pp. 125−158). Austin, Texas: pro−ed.

chapter

09 의사소통 발달과 지도 방법

1. 의사소통 발달
2. 의사소통장애
3. 중 재

일반적으로 유아들은 그리 많은 노력을 들이지 않고서도 의사소통의 구어와 비구어 형태를 빠른 속도로 발달시킨다. 그러나 전체 인구의 약 5%에 해당되는 사람들이 의사소통에 어려움을 겪고 있으며, 이 중 유아의 비율은 더 높게 나타나고 있다(Owens, 1984). 의사소통장애는 다양한 선천성 장애나 질병 혹은 사고에 따른 후천성 장애를 동반하기도 한다. 의사소통장애는 유아기의 의사소통 발달과 밀접한 관련이 있다. 이 장에서는 정상발달유아의 의사소통 발달에 대하여 개괄하고 그 발달에 부정적 영향을 미치는 의사소통장애와 중재에 대하여 알아보고자 한다.

1. 의사소통 발달

의사소통 시 우리는 구어, 문자, 몸짓, 얼굴표정 등을 서로가 공유하는 체계에 맞추어 복잡하게 사용한다. 언어는 인간 고유의 특성으로서 한 사람이 다른 사람에게 의미를 전달할 때 사용하는 문법구조를 포함한 임의의 암호체계와 규칙이다. 유아의 의사소통 발달은 의미를 표현하기 위하여 먼저 단어의 의미를 이해하고 문법의 규칙체계를 적용하는 능력을 수행하는 과정이라 할 수 있다.

1) 구어와 언어의 차이

의사소통이란 두 사람 또는 그 이상의 사람들 간에 정보를 전달하는 과정을 의미한다. 의사소통 과정은 몸짓, 얼굴표정 혹은 수화 등의 비구어를 포함한 구어(speech)와 언어(language)로 서로 복잡하게 연관되어 있다. 구어는 호흡기관, 발성기관, 조음기관을 통한 언어의 외현적 표현현상을 의미하며, 언어는 두뇌 안에 존재하는 낱말과 같은 문법지식 등의 추상적인 규칙체계라고 정의한다(Van Riper & Emerick, 1984). 유아의 구어와 언어발달은 보통의 경우 예상했던 순서대로 습득해 나가지만 그 습득률과 의사소통의 기교와 사용은 유아에 따라 매우 다양하다. 의사소통 발달의 양과 질은 문화, 경험, 주변 환경, 양육자의 구어와 언어 형태 등

변인의 많은 영향을 받는다. 비교적 정확한 진단이 가능한 시각장애나 청각장애 그리고 명백한 증거를 제시하는 신체적 · 기질적 장애와 비교할 때 영 · 유아의 구어와 언어 기술이 얼마나 정상인가에 대한 평가는 별로 실재적이지 못하다. 왜냐하면 유아에게서 나타나는 의사소통장애는 주로 발달적 문제이기 때문이다.

(1) 구어발달

구어는 소리의 신체적 발화, 소리의 형성, 구강구조의 사용을 포함한다. 구강구조는 혀, 치아, 구강, 성로(vocal tract), 후두 등으로 구성되어 있다. 구어는 단어, 구, 문장을 형성하는 소리의 순서를 습득하는 것을 포함한다. 기본적으로 구어의 발화는 호흡기관, 발성기관, 조음기관의 협응으로 이루어지며 이 중 하나라도 기능을 하지 못한다면 구어장애를 갖게 된다. 유아의 구어를 평가하기 위해서는 구어를 구성하는 요소들에 대하여 알아 두어야 한다.

호흡기관은 통제된 기류로 발화에 필요한 에너지원을 제공한다. 명료하고 연속적이며 운율이 있는 말소리를 발화하기 위해서는 호흡형태를 통제해야 한다. 이러한 호흡형태는 일상적인 숨쉬기에 필요한 것보다 더 고도의 신경근육조직의 통합과 협응이 유지되어야 한다. 뇌성마비와 같은 신경근육조직의 장애를 가진 유아는 호흡을 완전히 통제하지 못하기 때문에 명료한 구어를 구사하기 어렵다(Darley, Aronson, & Brown, 1975).

발성기관인 성대의 진동으로부터 시작해서 목, 코, 구강으로 구성된 성로가 구조적 · 기능적으로 정상 작동될 때 말소리가 정확하게 발화될 수 있다. 구개열과 같은 구조적 기형이나 뇌성마비와 같은 신경근육조직의 장애를 가진 유아는 명료한 말소리를 발화하는 데 어려움을 겪는다. 예를 들면, 구개열을 갖고 있는 유아는 과대비성과 조음장애를 보인다. 뇌성마비유아의 절반 이상이 구어 발화에 필요한 신경근육조직의 통제가 빈약하여 음성장애와 조음장애를 포함하는 구어장애를 나타낸다(Morley, 1967).

여러 가지 소리를 발화하기 위해서는 조음기관 내 소근육의 협응이 이루어져야 한다. 또한 명료한 말소리를 조음하기 위하여 모델링과 모방, 연습과 피드백을 통해 구강구조의 여러 부분을 사용하는 방법을 터득해야만 한다. 이러한 과정을 거쳐 점차적으로 유아는 발화에 필요한 공기와 음성 양의 차이에 따라 소리가 달라짐을 깨닫는다.

일부 영 · 유아들은 더 능숙하고 정확한 발성을 발달시키는 데 필요한 성인으로부터의 충분한 구어 자극과 피드백을 받지 못하기도 한다. 이와 같이 소리를 듣지 못하거나 소리의 차이를 구별하지 못하는 유아는 발화하기도 어렵다. 이러한 형태가 정확한 피드백을 통해서 재형성되지 못한다면 결국 습관으로 남게 되고, 일단 습관으로 남으면 구어형태의 변화를 기대하기는 어려워진다.

(2) 언어발달

피터슨(Peterson, 1987)은 초기 언어습득을 설명하기 위해서 유아 내 요인과 환경적 요인을 조사해 볼 것을 권한다. 첫째, 유아가 언어를 습득하기 위해서는 환경에서 발생하는 자극을 감지할 수 있는 정상적인 감각체계와 정보를 받고, 해석하고, 저장하고, 다시 기억해 내기 위하여 입력되는 자극을 처리할 줄 아는 능력을 가지고 있어야 한다. 둘째, 환경은 유아의 감각체계가 감지할 수 있는 자극과 자극에 대한 유아의 적절한 반응에 따라 선택적 강화를 제공할 수 있어야 한다. 환경과의 상호작용을 통해 유아는 언어의 경험을 고양시키는 것이다.

유아 내 혹은 환경 내 문제나 장애는 언어습득을 방해할 수 있다. 더욱이 환경자극이 주어지는 때와 유아의 성장적인 준비단계가 조화를 이루지 못해 언어발달이 순조롭지 못할 수도 있다. 맥도널드(McDonald, 1980)는 감각장애로 환경에서 발생하는 자극을 유아가 감지하지 못할 때 언어습득은 더욱 어려워진다고 한다. 또한 유아의 인지체계가 효율적이지 못할 경우 언어습득에 결함이 생기게 된다. 예를 들면, 정신지체나 뇌손상 유아는 감각적 입력을 해독(인지)할 수 없으며, 저장(기억)할 수 없고, 상징을 연결시킬 수도 없다. 한편 환경의 제한은 유아의 경험과 학습을 제한시킨다. 환경을 탐색하지 못하고 반응이 극도로 제한된 뇌성마비유아의 경우 부적절한 자극을 제공하는 환경에 따라 장애가 더욱 심각해질 수 있다.

(3) 의사소통장애

의사소통장애는 구어와 언어장애를 모두 포함한다. 장애의 원인에 따라 다른 접근 방법과 중재가 요구되므로 구어장애와 언어장애를 구분하는 것은 중요한 의미를 부여한다. 구어장애는 조음, 음성, 유창성 장애를 포함하고 언어장애는 구어, 문어 혹은 상징체계의 이해나 사용에서 나타나는 발달적 장애나 결함을 의미하는 언어장애를 포함한다. 즉, 의사소통장애는 언어장애, 조음장애, 음성장애, 유창성장애, 청각장애로 분류된다. 이러한 의사소통장애는 유아와 가족의 상호작용, 학업수행력, 인지와 사회 발달에 매우 불리한 영향을 줄 수 있다. 유아에게서 나타나는 의사소통장애는 주로 발달적 문제이기 때문에 유아의 의사소통체계가 성숙해짐에 따라 사라지기도 한다.

2) 수용언어와 표현언어

의사소통의 어려움에 대한 신호와 증상은 서로 밀접하게 연관된 언어, 구어, 의사소통의 사용으로 나누어 볼 수 있다. 앞에서 잠시 언급하였듯이 언어는 한 사람이 다른 사람에게 의미를 전달하기 위하여 사용하는 문법구조를 포함한 임의의 암호체계와 규칙이라 할 수 있다. 그러므로 언어발달이란 유아가 의미를 표현하기 위하여 단어의 의미를 이해하고 문법적 구조를 적용하는 능력을 의미한다.

언어는 수용적 측면과 표현적 측면으로 크게 양분되는데, 유아는 수용언어를 먼저 습득한다. 즉, 유아는 의사소통 상황에서 상대방의 말을 듣고 되받아 말할 정도로 많이 능숙해지기 전에 다른 사람들이 자신에게 말하는 것이 무슨 의미인지를 먼저 배운다. 표현언어는 상대가 이해할 수 있도록 의미를 전달하는 능력이다. 표현언어를 습득하기 위해서 유아는 단어, 사물의 명칭, 사건, 환경 등에 대한 어느 정도의 수용언어를 습득해야 한다. 그리고 점차적으로 개념과 감정을 구어로 표현하면서 상징이나 단어의 순서와 결합을 습득해 간다. 구어는 단어, 구, 문장을 발화하기 위하여 차례대로 자음과 모음을 실제로 조음하고 발화하는 것을 포함한다. 구어가 표현언어를 사용하기 위한 주요 수단이기는 하지만 유일한 수단은 아니다. 유아가 성장함에 따라 표현언어의 다른 방법들, 즉 몸짓, 그림, 문어, 제2언어, 시각적·청각적 암호 등을 능숙하게 채택하기도 한다.

수용과 표현언어의 기능적 사용은 사용자의 의도 및 의사소통과 내용의 관계를 말한다. 이것은 곧 개인의 대화기술을 포함하지만 개인이 언어기술을 가지고 말할 수 있더라도 기능적으로 언어를 사용하는 데 실패할 수도 있다. 예를 들어, 자폐 성향이 있는 유아는 말을 이해할 수 있고 이해 가능한 문장을 또렷하게 말할 수도 있지만, 사회적인 의사소통을 위하여 언어를 기능적 도구로 사용하지는 못한다.

3) 언어의 요소

모든 언어는 그 문화권의 사람들이 의사소통할 수 있도록 해 주는 공통적 요소를 가지고 있다. 언어는 다른 사람과 의사소통하기 위하여 사용되는 상징체계로서 무제한적 생성성과 규칙체계라는 특성을 가지고 있다. 무제한적 생성성은 제한된 단어와 규칙을 사용하여 무한한 수의 문장을 생성해 내는 개인의 언어능력을 의미한다. 언어의 규칙체계는 음운론, 형태론, 구문론, 의미론, 화용론으로 나뉜다. 언어는 단어의 의미를 변별하는 최소 단위인 음소로 구성된다. 예를 들면, 단어는 그 문화권의 사람들이 이해할 수 있는 범위에서 의미를 전달(의미론)하고 발음(음운론)된다. 단어는 음소의 결합으로 의미를 가지는 가장 작은 단위인 형태소로 구성된다. 언어는 단어의 구조에 관한 규칙(형태론)과 단어의 순서에 관한 규칙(구문론)을 사용한다. 그리고 언어는 의사소통의 목적에 따라 친구와 인사할 때 혹은 이방인과 인사할 때처럼 그 사회에서만 사용되는 규칙(화용론)을 가지고 있다. 유아가 자신이 속해 있는 문화권에서 사용하는 구어중심의 의사소통에 참여하기 위해서는 이러한 규칙체계를 모두 습득해야 한다.

모든 유아는 자신이 속한 사회의 언어규칙과 소리를 생성해 낼 수 있는 언어구조를 가지고 있다. 모국어의 소리를 선택할 수 있는 구조는 생후 약 6개월쯤에 작동한다. 언어의 규칙을 파악할 수 있는 언어구조는 2세 직전에 작동한다. 의미 있는 구어는 생물학적 체계의 여러 부분이 함께 작용해야 한다. 정상발달유아들은 3세경에 놀라울 정도의 언어능력으로 구어와 언어를 매우 빠르게 습득해 나간다. 이에 대하여 촘스키(Chomsky, 1965)는 언어습득기제(language acquisition device; LAD)를 전제로 한 생득주의적 언어발달을 설명하였다. 반면 행동주의자인 스키너(Skinner, 1957)는 언어발달을 조작적 조건화와 강화의 원리에 따라 이루어지는 것으로 설명하였다. 피아제(Piaget, 1959)는 언어발달에 대한 인지 우선을 주장하며, 구어와 언어의 습득은 유아의 지능 요인과 의미를 표현하려는 욕구 및 양육자의 언어 입력을 통하여 이루어지는 것으로 설명하였다. 이들 학자들의 이론은 나름대로 언어의 규칙체계를 습득해 가는 과정을 이해하는 데 공헌한 점이 크지만 어느 이론도 언어발달에서 제기되는 문제를 충분히 설명하지는 못한다.

의사소통장애를 평가할 때 가장 먼저 하는 일이 대상 유아와 또래 유아의 발달을 비교하는 것이다. 그러나 우리말의 규칙체계의 습득 순서에 대한 표준화된 준거가 없기 때문에 비교하기에 어려운 문제점이 있다. 배소영(1995)의 한국어 발달 이정표는 선행연구의 결과에 따라 우리말의 음운적, 의미적, 구문구조적, 문법형태소적, 화용적 특징을 연령별로 제시하였다. 이것은 우리말의 영역별 표준화 검사의 부재와 한계 속에서 우리나라 유아의 언어발달을 평가하는 기초적 자료를 제시해 준다.

4) 언어발달의 순서

언어를 습득하는 순서는 전 세계적으로 비슷하다. 상호작용주의자인 비고츠키(Vygotsky, 1962)는 "언어는 양육자와 밀접한 상호작용으로 발생하는 사회적 기능"이라고 주장한다. 상호작용주의 이론은 유아의 언어발달에 기여하는 환경의 역할과 유아 자신의 역할에 초점을 둔다. 상호작용주의 학자들뿐만 아니라 언어학자들도 영 · 유아들이 양육자와 상호작용하는 동안 언어를 학습한다는 것에 동의해 왔다.

양육자가 유아에게 언어를 제시하는 동안 유아가 그 언어를 습득하기 위해서는 유아와 양육자의 공동 주목하기(joint attention)가 이루어져야 한다. 그리고 유아의 요구에 대한 양육자의 민감한 반응은 유아의 언어습득을 촉진시킨다. 까꿍놀이와 같은 공동 행동(joint action)은 유아가 즐겁게 언어를 학습할 수 있을 뿐만 아니라 유아의 언어습득에 대한 유전적인 충동을 충분히 충족시킬 수 있다. 심리적으로 편안하고 무한한 격려를 제공하는 집과 같은 환경에서 양육자와 상호작용할 때 가장 효과적인 언어습득이 이루어질 수 있다. 초기에 유아는 미소, 몸짓, 옹알이 등을 사용하여 양육자와 말차례 지키기(turn taking)를 하면서 의사소통하는 규칙을 습득한다. 초기 유아들의 의사소통 목적은 부모나 주위 사람의 주의를 집중시키기 위한 것으로 눈맞춤, 발성, 손가락으로 지적하기 등(공동참조, joint reference)

의 행동을 주로 사용한다. 이 모든 행동은 언어의 화용적인 기능을 의미한다. 이 시기에 대부분의 부모들은 유아에게 말할 때 모성어(motherese)를 사용한다. 모성어는 성인이 높은 음도(pitch)의 음성을 사용하여 간단한 문장으로 단어와 문장을 반복해서 말하고, 현재 시제와 간단한 질문을 주로 많이 사용하는 언어형태다(Vander Zanden, 1989). 모성어는 느리고 조심스럽게 발음하는 유아중심의 구어체로서 모성어에서 사용되는 분명한 발음은 아기가 소리를 학습할 수 있도록 도와주며, 질문은 사물의 이름을 알 수 있게 도와준다.

(1) 구어 이전의 발성발달

옹알이와 후기 구어의 관계를 연구한 일부 학자들은 옹알이가 음운발달에 거의 영향을 끼치지 않는다고 주장한다. 한편 다른 연구자들은 옹알이 소리가 점진적으로 언어에 가까운 형태를 갖추어 간다고 주장한다. 이들 두 주장은 모두 한계가 있지만 〈표 9-1〉에 제시한 정상발달유아의 구어 이전 발성단계를 살펴보면 구어와 언어의 숙련을 위한 토대는 아주 조기에 형성된다는 것을 짐작할 수 있다.

영아기에 나타나는 언어의 발달적 변화를 보면 생후 1~2개월경에 날카로운 소음에 놀라는 청각적 반응을 보이며, 언어의 리듬을 감지하기 시작한다. 생후 2~3개월에는 양육자와 눈맞춤을 하며 의사소통적인 미소를 사회적으로 표출하기 시작한다. 3~6개월경에는 유아가 소리에 홍미를 보이기 시작하며 음성에 반응한다. 이 시기의 옹알이는 '구구' '가가' 와 같은 목울림 소리(cooing)를 방출하는 것으로 시작하나, 이러한 옹알이는 강화, 듣기, 양육자와 유아의 상호작용 등에 따른 것이라기보다 단순히 생리적 성숙에 따른 것이다. 이러한 옹알이는 농유아에게도 나타나는 것으로 보고되고 있다(Lenneberg, Rebelsky & Nicholas, 1965). 일반적으로 엄마는 자신의 유아에게 말을 하면서 강화를 하고 유아도 미소, 옹알이, 몸짓 등으로 반응을 한다. 유아가 이렇게 계속 반응하면 엄마는 자극행동을 지속적으로 유아에게 보낸다. 그러나 청각장애유아의 경우 청각적 자극이 이루어지지 않기 때문에 음성에 대한 유아의 반응이 점점 줄어듦에 따라 엄마의 강화 또한 줄어든다. 유아가 어떠한 음성반응도 보이지 않고 불쾌하고 의미 없는 소리와 징징거리는 반응만 보일 때, 엄마는 유아의 언어발달을 촉진하는 자극활동을 줄이는 경향이 있다. 이러한 이유 때문에 성인에게 상호적으로 반응하지 못하는 중증 장애유

표 9-1 구어 이전의 발성발달

시 기	단 계	발성의 특성	초음운적 특성
0~1개월	음성 발성	준공명음(quasi−resonant nuclei; QRN: 비강으로 공기가 방출되어 비음화됨): 울음 외의 자음과 모음이 없는 발성	정상 발성
2~3개월	목울림소리	QRN + 연구개 폐쇄: 불완전한 공명과 후자음과 중후설 모음의 발성	성로 폐쇄
4~6개월	확 장	완전공명음(fully resonant nuclei; FRN): 모음 /a/와 유사한 소리	공명의 사용
		양입술을 진동시키는 소리	음조의 대조
		길고 높은 소리 지르기	
		목구멍 소리로 웅얼거리기	강도의 대조
		고함 지르기	
		주변 옹알이: 성로의 폐쇄를 변화시켜 완전한 공명 모음이 연속되는 옹알이	성로의 완전 개폐의 조정
7~10개월	표 준	반복 옹알이: /bababa/와 같은 CV* 음절의 반복	각 음절의 길이 조절
11~12개월	소리−의미 관계 옹알이	다양한 옹알이: 연속되는 음절이 다 다름	자음과 모음의 대조
		자곤(jargon): 억양이 있는 긴 옹알이	
		단어와 근사(approximation)	강세의 대조
		단어	
		구와 근사	

*C: 자음, V: 모음

아들이 언어발달을 위한 가장 중요한 시기에 필요한 자극을 제대로 받지 못한다.

7개월경에는 모국어의 주요 특징(구문론)을 인지하고 모국어에 없는 소리는 변별하지 못한다. 7~9개월경에 발성하는 가장 보편적인 옹알이는 '맘마' '다다' 와 같은 옹알이로 대부분의 문화권에서 부모들을 칭하는 것으로 받아들인다. 이 시점에 유아는 인지적으로 사람과 사물의 이름을 학습한다(Bower, 1989). 유아는 양육자가 단어를 말하는 동안 양육자와 같은 곳(공동 주목하기)을 보면서 사물과 연관된 단어를 알아낸다. 9개월경에 유아의 구어 소리는 의미를 가지게 되며, 초어가 나타나는 12개월쯤에는 이러한 소리들이 언어가 된다.

(2) 초어 이후의 언어발달

초어가 나타나는 12개월경에는 단어와 무의미 음절을 연결하여 발성하기 시작한다. 유아는 한 단어로는 충분히 의미를 전달하지 못한다는 것을 이해하기는 하지만 아직 단어를 결합하는 능력은 없다. 유아의 첫 문장은 유아가 전달하려는 전체적인 의미를 내포하는 단단어 문장(holophrase)이다. 예를 들면, '공' 이라고 유아가 발성한 단어의 의미는 상황에 따라 "공을 보세요." "공을 주세요." "공을 던지세요." "공이 어디 있지?" 등을 의미한다. 이것은 부모들이 유아가 전달하려는 것과 같은 문맥을 공유해야만 모든 단어가 특정한 상황 내에서 의미를 갖게 됨을 말해 준다. 유아는 인지적 · 언어적 기술의 한계 때문에 전체 문장을 대신하여 한 단어로 나타내는 것이다.

18개월경 대부분의 유아는 "엄마 먹어."와 같이 명사와 동사의 연결인 두 단어 문장으로 말한다. 두 단어 문장은 주축이 되는 단어를 중심으로 새로 습득하는 단어를 조합시켜 문장을 표현하는 주축 문법을 사용한다. 또한 이 시기의 발화의 특성이라 할 수 있는 전보식 문장은 불필요한 단어인 기능어(조사, 접속사, 어미 등)를 생략하고, 짧고 정확한 단어인 내용어(명사, 동사, 일부 형용사, 부사)만을 사용한다(Santrock, 1995). 이 시기부터 두 단어를 조합하여 의미관계를 표현하기 위하여 어순배열의 규칙을 습득한다.

3세경에는 다단어 문장을 사용한다. 뚜렷한 의미를 가지는 내용어의 조합으로 이루어지는 문장은 문법적 형태소인 기능어가 부가되면서 복잡한 문법체계를 구성해 간다. 가끔 과잉일반화하는 보편적인 실수가 나타나지만 일반적으로 정확한 구문을 사용한다. 예를 들면, "형이가 그랬어."처럼 주격 조사 '이가' 의 실수는 이 시기에 흔히 접할 수 있다.

6세경에는 수천 개의 단어지식을 가지고 훌륭한 의사소통자로서의 역할을 담당한다. 이 시기에 유아는 논리적인 형태의 언어를 구사하며 대부분의 음운을 습득한다.

유아는 성장해 감에 따라 점차적으로 조음기관을 통제한다. 정확한 말소리를 발성하기 위해서는 이러한 통제가 더 많이 요구된다. 출생 후 1년 동안 운동의 통제가 급속히 발달하기는 하지만 초등학교에 들어가기 전까지는 성인과 같은 안정을 취하지 못한다. 우리말의 자음습득시기에 대한 연구(배소영, 1994; 엄정희, 1994; 김영태, 1996)에 따르면, 1세경에 파열음과 비음(/ㅁ, ㄴ, ㅇ/)을 습득하는데, 파열음의 경우 연음(/ㄱ, ㄷ, ㅂ/)과 무기경음(/ㄲ, ㄸ, ㅃ/)이 먼저 사용되었으며, 2세경에는 유기파열음(/ㅋ, ㅌ, ㅍ/)과 성문음(/ㅎ/)을, 3세경에는 파찰음(/ㅈ, ㅉ, ㅊ/)을, 4~5세경에는 유음(/ㄹ/)과 마찰음(/ㅅ, ㅆ/)을 습득한다. 그리고 음운발달 과정에서 종성 생략, 후설음의 전설음화, 파찰음 및 마찰음의 정지음화, 유음의 과도음화 등의 음운오류형태를 보였다. 이와 같이 정상발달유아의 음운발달과 그 과정에서 나타나는 음운의 오류형태는 조음장애유아의 오류형태와 비교 · 평가할 수 있는 근거를 제시해 준다. 평가 시 염두에 두어야 할 것은 음운습득과 발달 과정은 다른 영역에 비해 개인차가 매우 크다는 것이다.

유아의 언어발달에서 한 단어 혹은 두 단어 발화라고 하는 것은 발화 수를 의미한다. 이를 설명하기 위하여 브라운(Brown, 1973)은 평균 발화 수(mean length of utterance; MLU)에 기초한 5단계의 언어성장을 제시하였다. MLU는 유아가 말하는 문장에 포함되는 형태소 또는 단어의 평균치로 언어발달에 대한 중요한 정보를 제공하며, 언어발달지체나 장애를 평가하는 중요한 척도가 된다(Shipley & McAfee, 1992). 정상발달유아의 생활연령은 그 유아의 MLU와 비슷하다. 정상유아의 생활연령에 따른 구문구조의 발달을 MLU와 함께 〈표 9-2〉에 제시하였다.

아베롱(Aveyron)의 야생소년과 어린 시절 철저히 격리되어 감금당해 생활했던 제니를 통해서 언어습득을 위한 중요한 기간이 있음을 확신하였다(Santrock, 1995). 실제로 많은 연구자들이 언어발달의 중요한 기간을 한정하는 것에 대하여 논의해 왔다. 일부 연구자들은 그 기간의 끝점을 5세라고 주장하고 다른 연구자들은 사춘기까지라고 주장한다. 사실 구어 언어의 정상발달을 조사해 보면 5~6세경에 이미 언어의 기능적 지식과 더불어 구어의 원리를 습득하였음을 알 수 있다. 유아의 말이 점차적으로 잘 조음되고 유창해지면서 언어의 구조와 어휘가 더 정교하고 다양해짐을 알 수 있다. 이 시기의 유아들은 성인이 사용하는 것과 유사한 문장구조를 발화하고 문법적 원리를 적용할 수 있다.

학령기 아동들의 구어 의사소통과 언어체계는 이미 잘 발달되어 있기 때문에

표 9-2 **구문기술의 발달**

시 기	MLU	구문기술	예
1~2세	1.5개	한 단어 발화와 두 단어 발화 기본 의미관계의 표현: 재출현 부재 속성 소유 지시 행위자-행위 행위자-목적-행위	 또 우유 없다 큰 공 엄마 신 저거 엄마 어부바 아찌 흙 파
2~3세	2.25개	문법형태소 첨가: 종결어미 격조사 위치명사 소유	 나랑 놀자 엄마 같이 해 방 안에 있어 언니 꺼 책
3~4세	2.75개	부정 예-아니오 질문 의문사 질문	이빨 안 썩어 엄마 물 주까? 말이가 왜 넘어졌어?
3~4세	3.25개	내포문	장난 노는 거야
4~5세	3.75개	접속문	오지 않으니까 그렇지
5세 이상	4개 이상	피동 접속사 불완전명사	아찌가 사고 당했대 책에 있는 거하구 똑같네 아까랑 똑같은 거다

이 시기의 문제는 비교적 간단하게 발견되는 편이다. 예를 들면, 나이든 아동과 성인이 사용하는 표준말의 특징을 학령기 아동의 구어 언어의 형태와 비교하면 말소리의 조음, 음성장애, 비유창성, 구어와 언어능력의 발달지체 및 장애에서 나타나는 생략이나 불규칙을 간단하게 찾아낼 수 있다. 그러나 영 · 유아기의 구어와 언어의 불규칙을 진단하는 것은 그리 간단한 것이 아니다. 왜냐하면 구어를 포함한 수용과 표현언어는 지속적으로 발달하므로 불완전하고 부정확하다. 구어가

시작될 때의 모음과 자음 소리는 불분명하고 부정확하게 조음된다. 단어 또한 항상 의미 있는 순서로 조직되지는 않는다. 그리고 문장구조는 연속적인 문법규칙을 필수적으로 따르지 않는다. 생물학적 성장과 더불어 다른 사람과 의사소통하기 위하여 유아는 점진적으로 정교한 언어체계를 사용한다. 이와 같이 영 · 유아의 초기 구어와 언어에서 나타나는 특징과 오류는 발달 과정의 정상적인 특성이기 때문에 구어와 언어장애의 진단은 복잡하고 어려울 수밖에 없다. 학령기 이전까지 정상발달유아의 의사소통 발달을 수용과 표현언어로 나누어 연령별로 간략히 요약하면 〈표 9-3〉과 같다. 출생에서 2세까지의 발달은 의사소통 발달을 위한 중요한 전환기이기 때문에 매우 상세히 기술하였다.

표 9-3 의사소통의 발달

시 기	수용언어	표현언어
1개월	• 사람의 음성에 반응한다. • 소리에 대한 반응으로 조용히 한다.	• 도움을 얻기 위해 운다. • 웅얼거리고 유쾌한 소리를 낸다.
2개월	• 말소리와 다른 소리를 구별한다.	• 목구멍 소리인 목울림 소리를 낸다.
3개월	• 음성이 들리면 머리를 돌린다.	• 일음절(CV)로 목울림 소리를 낸다. • 다른 사람의 말소리에 음성 반응을 보인다. • 모음이 대부분이다.
4개월	• 자기에게 이야기하는 사람을 보고 웃는다.	• 자음으로 연결된 소리로 옹알거린다. • 음성의 고저를 변화시킨다. • 음을 모방한다.
5개월	• 화난 음성과 친근한 음성을 구분한다. • 이름에 반응한다.	• 장난감에 대고 발성한다. • 소리를 시험해 본다. • 몇 가지 소리를 모방한다. • 거울 속의 상에 대하여 웃고 발성한다.
6개월		• 음성의 크기, 고저, 속도를 다양하게 변화시킨다. • 즐거움과 불쾌함을 발성한다. • 흥분하면 높고 긴 소리를 지른다. • 불쾌함을 억양을 붙여 소리낸다.

(계속)

7개월	• 다른 사람의 발성을 듣는다.	• 음성을 이용한 놀이를 한다. • 한 번의 호흡으로 여러 개의 소리를 만들어 낸다.
8개월	• 선택하여 듣는다. • 몇 개의 단어를 인식한다.	• 강조된 음절을 반복한다. • 어른의 몸짓과 음질을 모방한다. • 반향어로 따라한다.
9개월		• 독특한 억양을 모방한다. • 기침, 쉬하는 소리, 혀차는 소리, 야유 소리 등을 모방한다. • 사회적인 몸짓을 한다. • 자곤(jargon)
10개월	• 몇 개의 명령에 복종한다.	• 자신의 목록 내에서 소리를 낼 수 있는 것이라면 어른의 말소리를 모방한다.
11개월		• 억양, 리듬, 얼굴 표정 등을 모방한다.
12개월	• 자기 이름을 인지한다. • 시각적 단서("안녕")가 동반되면 간단한 운동 지시를 따라한다. • "안 돼"의 억양에 반응한다.	• 한 단어 혹은 그 이상의 단어를 말한다. • 자기가 아는 단어와 억양을 연습한다. • 단어와 자곤이 혼합된다.
15개월	• 명명된 옷, 사람, 장난감, 동물을 지적한다.	• 대화 시 자곤과 단어를 사용한다. • 4~6개의 어휘를 말한다.
18개월		• 두 단어 연결의 발화를 사용하기 시작한다. • 약 20개의 어휘를 말한다. • 몇 개의 신체 부분을 지적하며 말한다. • 이름으로 자신을 부른다. • 자발적으로 노래와 콧노래를 부른다. • 어른과 함께 질문-대답하기 놀이를 한다.
21개월	• 리듬 있는 게임을 좋아한다. • 일부 인칭 대명사를 이해한다.	• 어떤 것을 보여 달라고 사람을 당긴다. • 경험을 말하려 애쓴다. • '나'와 '내 것'을 사용한다.
24개월		• 200~300개의 어휘를 말한다. • 대부분의 일상 사물을 명명한다. • 짧고 불완전한 문장을 사용한다. • 몇 개의 조사와 대명사를 사용하나 항상 정확하게 사용하는 것은 아니다. • 일부 동사의 어미 변화와 복수 형태를 사용한다.

(계속)

36개월	• 두 단계의 명령을 따른다.	• 900~1,000개의 어휘를 말한다. • 주어, 동사를 가진 문장을 사용하나 간단한 문장 구조다. • 단어와 소리를 이용해서 논다. • 현재에 대하여 말한다. • 욕을 한다.
48개월	• 주변 환경에 관한 대부분의 의문이 풀린다. • 어순에 의존하여 이해한다.	• 1,500~1,600개의 어휘를 말한다. • 질문을 아주 많이 한다. • 복잡한 문장 형태의 사용이 증가한다. • 이야기와 최근의 일을 자세히 말한다. • '어떻게'와 '왜'에 대한 질문에 대답하기 어렵다.
60개월	• 이전과 이후를 이해한다. • 어순에 의존하지 않는다. • 세 단계의 명령을 따른다.	• 2,100~2,200개의 어휘를 말한다. • 느낌에 대하여 말한다. • 90%정도 문법의 습득이 완성된다.
72개월	• 2만~2만 3,000개의 어휘를 이해한다.	• 2,600개의 어휘를 말한다. • 기능을 정의한다. • 복잡한 문장 형태를 잘 만든다. • 구어의 모든 형태를 어느 정도 사용한다.

2. 의사소통장애

대부분의 유아의 경우 의사소통의 발달은 예상했던 순서대로 진행된다. 유아가 속해 있는 환경에 따라 의사소통의 발달은 매우 다양하게 나타나기도 하지만, 유아가 선천적 혹은 후천적, 기질적 혹은 비기질적 원인이나 발달적 문제로 인해 구어와 언어는 장애를 보이거나 지체되기도 한다. 여기서는 의사소통장애의 하위영역인 언어장애, 조음장애, 음성장애, 유창성장애, 청각장애별 주요 특성을 살펴보고자 한다.

1) 언어장애

유아기에서 언어지체의 시작은 정신지체나 자폐와 같은 발달장애의 신호일 수도 있다. 언어와 인지발달은 서로 연관되어 있기 때문에 정신지체가 있는 아이들은 흔히 언어발달의 지체를 보인다. 언어발달지체 유아의 언어수준은 또래의 수준에 비해 늦지만 자신의 인지수준과는 비슷하다. 언어발달지체는 정상발달의 과정을 따르기는 하지만 그 습득이 느리다. 언어기술이 유아의 지능에 대한 기대수준보다 떨어질 때 언어발달장애는 정신지체를 동반할 수도 있다. 언어습득의 형태가 정상발달의 과정으로부터 이탈될 때 언어발달장애라 한다.

감각, 운동, 인지 혹은 다른 발달적 장애만으로는 초기 언어기술의 발달이 이루어지지 않는 이유를 쉽게 설명할 수 없다. 이런 경우의 유아들은 명백한 언어손상을 입은 것으로 진단된다. 이들 유아의 부모들은 2~3세 사이에 유아의 말이나 언어기술에 문제가 있음을 깨닫는다. 이들 유아 중 몇몇은 첫 단어의 습득이 늦어지기도 하고, 또 다른 경우의 유아들은 1세경에 초어를 말하지만 단어에 단어를 덧붙이거나 단어를 결합하여 간단한 문장으로 만드는 것과 같은 구어의 확장이 매우 느리다. 이들 유아가 구사하는 간단한 문장은 문법적 요소가 결여된 전보식 구어처럼 들린다. 예를 들어, 이런 전보식 구어를 하는 유아는 "엄마가 아빠한테 물을 주세요."를 "엄마 아빠 물 줘."로 말한다. 명백한 언어손상을 가진 많은 유아들이 음운적 장애를 가지고 있어서 유아가 하는 말을 이해하기 어렵게 만들기도 한다.

정상발달 이후 언어의 기술을 잃어버리는 유아도 가끔 있다. 사고나 질병으로 뇌에 손상을 입고 유아기 실어증으로 불리는 후천성 언어장애를 갖기도 하고, 뇌조직에 영향을 주는 전염성 질병에 걸리는 경우 실어증으로 악화될 수도 있다.

2) 조음음운장애

말소리를 습득하는 데 어려움이 있는 유아가 있다면 문제를 유발하는 요소를 알아보는 것이 도움이 된다. 오조음의 직접적인 원인으로는 선천적 구강안면구조의 기형이나 근육조직의 기형이 있다. 구어의 발화를 도와주는 근육의 통제나 협응의 어려움을 가진 유아들도 있다. 그러나 대부분의 경우 오조음의 원인은 신체적으로 분명하지 않다. 잘못된 조음형태를 배웠을 수도 있고, 많은 소리군에 영향을 주는 미성숙한 조음형태의 사용을 고집할 수도 있다. 조음음운장애의 원인을 신체적인 것과 발달적인 것으로 구별하는 것은 약간 인위적이다. 유아들이 가지는 조음에서의 어려움은 신체적인 면과 발달적인 면 모두와 관련하여 나타난다.

(1) 조음장애

조음장애유아들이 잘못된 발음을 하게 되는 신체적인 문제는 생각보다 많다. 유아가 조기에 이러한 문제를 가질수록 조음발달에 더 큰 영향을 준다. 유아의 조음결함을 야기하는 신체적 문제는 청력 손실, 혀 내밀기(tongue thrust), 구강안면기형, 구순열 및 구개열, 뇌성마비 등을 들 수 있다.

- 청력 손실　청력은 정상적인 언어습득과 언어수행에서 1차적 역할을 담당한다. 한 사람의 언어를 통제하는 음운적 규칙과 발화는 언어를 들을 수 있음을 전제로 할 때 가능한 일이다. 청각장애유아는 보청기나 인공와우의 사용과 구어기술의 구체적인 교수를 통하여 조음기술을 습득할 수 있다.

- 혀 내밀기　혀 내밀기를 보이는 유아는 삼키기를 할 때 비정상적인 구강운동을 사용한다. 보통 삼키기와 달리 혀를 반대 방향으로 움직여 삼키기를 하므로 혀 내밀기라고 부른다. 혀 내밀기를 보이는 것으로 판별된 유아들은 구강의 앞쪽에서 발음되는 치조음이 잘못 발음되기 때문에 소위 말하는 혀 짧은 소리의 조음장애와 관련이 있다.

- 구강안면기형　두개골의 선천성 혹은 유전적 기형은 심각한 조음문제를 야기할 수 있다. 안면기형의 많은 경우가 증후군(예: Berry-Treacher Collins 증후군)으로 알려진 구강안면이상의 일부 형태다. 증후군은 원래 유전적이며 가족의 구성원들 중 여러 명에게서 나타나기도 한다. 구강안면기형은 여러 번에 걸친 광범위한 성형수술로 최소화할 수 있다. 구강안면기형 외에도 의사소통문제는 청력 손실, 언어발달지체, 정신지체, 조음의 문제들과 복합적으로 나타

날 수 있다.

가끔 짧은 설소대와 같은 혀의 문제는 조음을 어렵게 만든다. 설소대는 혀 아래편에 위치한 조직의 짧은 띠로, 너무 짧으면 혀끝의 전진과 후진 운동이 제한받게 된다. 이 상황을 혀짜래기라고 부르기도 하는데, 혀를 내밀었을 때 혀 끝이 들쭉날쭉한 모양(⌒⌒)을 하고 있다. 이러한 상황이 조음을 방해할 때는 설소대를 잘라 주는 수술로 좋은 결과를 얻을 수 있다. 그러나 성장한 유아의 경우 수술과 더불어 혀를 입천장으로 올리는 운동과 조음치료를 병행해야만 조음을 향상시킬 수 있다. 혀의 또 다른 구조적 문제는 너무 크거나(macroglossia, 설대증) 너무 작은(microglossia, 설소증) 경우다. 발달적 증후군으로 보이는 설대증은 부정확한 조음에 영향을 줄 수 있다. 가끔 편도의 비대와 같은 구강 뒷면에 이상이 있는 경우, 가능한 입안 앞쪽으로 혀를 놓기 때문에 혀가 크게 보이기도 한다. 그리고 낮은 구강근육도와 혀근육의 부적절한 신경조직의 지배로 혀가 입 앞쪽으로 이동하는 원인이 되는데, 이런 유형의 문제는 마비성조음장애(dysarthria)에서 흔히 관찰된다.

치열의 기형도 조음문제의 원인이 된다. 쉘튼(Shelton, 1975) 등은 조음치료의 향상에 대한 치열기형의 영향을 조사하여 심한 부정교합이 있는 유아도 조음이 정상적으로 습득될 수 있음을 발견하였다. 상악전돌(overbite)이나 하악전돌(underbite)에서 보이는 심한 부정교합은 조음에 영향을 주기도 하고 그렇지 않기도 하다. 부정교합의 치열교정은 치열교정기의 착용으로 조음 시 혀 위치의 정확도를 방해하므로 조음문제를 유발할 수도 있다. 이러한 문제는 일시적인 것이기 때문에 다시 정상 발화가 가능하다.

• **구순열과 구개열** 구순열과 구개열 유아의 약 25%가 일측 혹은 양측의 입술파열을, 파열 유아의 약 50%가 일측 혹은 양측의 입술과 구개파열을, 나머지 25%가 구개의 파열을 가지고 있다(Fogh-Anderson, 1942). 대부분의 구순열은 성형수술로 치료될 수 있으므로 구순열이 조음에 지속적이고 영구적인 영향을 끼치는 경우는 드물다. 게다가 일측 혹은 양측의 구순열 유아의 성형수술이 성공적일 경우는 정상적인 외모로 상당한 운동력과 정상 조음이 가능한 기능적인 입술로 발달될 수 있다. 그러나 처치가 잘 이루어질지라도 과다한 기

류와 음파가 비강으로 흘러 들어와 /s/와 /z/ 같은 몇몇 음소의 과대비성과 왜곡의 영구적인 문제를 만드는 불완전한 연인두폐쇄로 남게 된다. 유아의 조음기관의 치아 수술적 교정이 늦어질수록 오조음에 대한 교정은 어려워진다. 마찬가지로 적절한 연인두폐쇄가 이루어질지라도 과대비성을 줄이는 것 또한 조기에 이루어지지 않으면 어려워진다. 그러므로 연인두피판(pharyngeal flap) 수술 후 유아는 구강 공명을 확립하기 위한 음성치료를 받을 필요가 있다. 구개의 성공적 처치는 성형외과의, 이비인후과의, 교정치과의, 보철외치과의, 청각사, 언어치료사, 특수교사, 사회복지사 등 여러 전문가의 종합적인 노력이 요구된다. 구개열 치료 팀으로서 이들 전문가들은 정기적으로 만나서 구순과 구개열 유아를 위한 전반적인 관리전략을 논의하고 계획해야만 한다. 구순과 구개열 유아가 잘 계획된 치료를 받으면 십대에는 정상적 외모뿐 아니라 정상적 말과 음성을 가질 수 있다.

• 뇌성마비 뇌성마비유아의 조음운동문제는 마비성조음장애로 분류된다. 마비성조음장애는 조음, 음성, 운율의 문제를 그대로 드러낸다. 뇌성마비의 조음문제는 전적으로 발달적 운동장애를 뜻한다. 뇌성마비유아의 구어는 심각한 지체와 더불어 정상적으로 발달하지 못하는데, 말소리에 필요한 소근육 운동의 통제가 시작되기 전에 약간의 자세통제와 외부운동의 통제를 발달시켜야 한다. 바른 자세로 앉고 입을 닫은 채로 유지하는 것은 구어를 시도하기 위한 선수 행동이다. 구어 이전에 본질적으로 확립되어야 하는 선수 행동의 운동기술은 식사훈련과 밀접히 관련되어 있다. 말하기, 씹기, 삼키기 능력은 유아의 미주 구강반사의 통제와 관련되어 있다(신현순, 2000).

중증 뇌성마비유아의 경우 구어의 조음이 현실적 목표가 아니기 때문에 구어 발성이 어려운 유아의 경우는 비구어 의사소통체계를 사용할 수 있다. 수화나 전자기구를 사용한 의사소통판은 효과적인 보완·대체 의사소통체계다. 컴퓨터와 전자보조기구의 기능 향상으로 유아가 사용 가능한 손, 발에 부착된 전자 스위치 혹은 헬멧에 부착된 헤드 스틱(head-stick)이나 헤드라이트(headlight), 눈 응시(eye gaze) 등으로 키보드를 대신하여 자극의 선택이 가능하다. 공학기술의 발달 덕분에 중증 뇌성마비유아는 의사소통 보조기구로 의사소통의 기본적 욕구를 만족시킬 수 있게 되었다.

(2) 잘못된 음운과정과 관련된 조음장애

조음장애가 구조적 기형 때문에 나타나는 것만은 아니다. 음운장애로 언어치료에 의뢰되는 유아의 2/3가 남자이며, 이들 대부분이 청력에 어느 정도 영향을 미치는 중이염의 병력을 갖고 있다. 흔히 신경운동의 문제가 있음을 알려 주는 근육의 약함과 불협응이 나타나기도 한다. 종종 언어발달장애는 음운장애와 동반되며, 표현언어의 어려움이 수용언어의 문제보다 더 많이 나타난다. 음운문제를 가진 유아의 절반은 읽기학습의 어려움을 가진다. 유아의 조음이 개선된 후에도 학업의 문제는 학령기까지 오랫동안 남는다.

많은 자음의 오류를 보이는 유아의 경우 오류들이 불규칙적이라 처음에는 간과되는 경우가 많다. 어떤 단어에서 정확하게 발화되는 자음도 다른 단어에서는 생략, 왜곡되거나 다른 자음으로 대치되기도 한다. 정상발달유아들의 경우도 많은 음운과정들을 볼 수 있다. 조음장애유아의 음운과정을 살펴보면 이들 유아가 성인 언어의 음운을 습득하는 데 많은 어려움이 있음을 알 수 있다. 이를 극복하기 위하여 유아들은 구어 발화 시 음운을 규칙적으로 단순화시키려 한다. 문제는 정상발달유아들이 이런 단순화 과정의 시기를 지나지만 조음음운장애유아들은 계속해서 단순화 과정을 사용한다는 것이다.

(3) 발달마비성조음장애와 실행증

구조적 문제에 기인한 조음장애가 대부분이지만 몇몇 유아는 성인의 뇌손상과 관계가 있는 구어장애의 신호를 보인다. 구어의 발달마비성조음장애 혹은 구어 실행증(apraxia)의 신호를 보이는 유아들은 안면근육의 근육도가 비정상적이다(한쪽이 다른 한쪽보다 더 심함). 낮은 근육도는 부드럽고 약간 처지는 얼굴표정을 만든다. 비정상적으로 높은 근육도는 긴장된 모습을 보이거나 일그러지고 찡그린 얼굴이 될 수도 있다. 어떤 유아는 침을 흘리거나 음식을 먹는 데 문제가 있을 수 있다. 마비성조음장애유아는 비구어 운동이나 말을 빨리 하는 데 어려움을 가지고 있다. 이것은 초어를 늦게 습득하는 원인이 되고, 유아가 성장해 갈수록 유아의 구어는 이해하기 어려워진다.

발달구어실행증 유아를 판별하는 것은 매우 어려운 일이다. 왜냐하면 이들 유아는 발달마비성조음장애의 특징인 운동의 문제를 보이지 않기 때문이다. 실행증은 말소리의 성분을 프로그램하고 결합하고 연결하는 데 장애를 보인다(Jaffee, 1984). 단순구어실행증 유아는 비교적 언어를 정상적으로 이해할 수 있지만 근육의 약함이나 마비가 없음에도 불구하고 간단한 구어를 모방하지 못한다.

구어실행증은 전반적인 언어문제라기보다 음소적 문제에 더 가깝다. 그러나 실행증은 수용언어와 표현언어 능력에서 불일치를 보인다. 구어실행증 유아는 종종 단단어 수준에서 어려움을 겪으며, 다단어 문장을 발화할 수 있을 무렵에도 구어의 운율은 정상적이지 못하다. 학령기 이전의 실행증 유아가 다양한 의사소통 기술을 발달시킬 수 있도록 언어를 기초로 한 중재와 집중적인 개별 치료가 요구된다.

3) 음성장애

유아들 중에 부적절하게 낮은 음조의 음성으로 울거나 비성이 지나친 발성을 하는 경우가 있다. 음성에서 나타나는 음질, 음도, 공명의 결함은 후두질환의 증세일 수 있다. 학령기 이전에 유아의 목소리가 계속해서 변한다면 후두에 대한 철저한 검진이 요구된다. 영·유아의 음성장애는 어쩌면 생명을 위협할 수 있을 정도의 심각한 후두질환의 초기 증세일 수 있다. 어린 나이에 겪는 음성문제는 음성치료보다는 의료적 처치가 우선되어야 한다.

발성곤란(무성증, dysphonia)으로 보여 후두를 관찰한 결과 기질적 병변이 발견되지 않는다면 후두의 오용과 관련된 음성문제인 기능적 발성곤란으로 진단된다. 발성곤란은 악성종양 같은 기질적 문제라기보다는 유아가 음성을 부적절하게 사용함으로써 쉰 목소리, 낮은 음도, 기식 음성 등과 같이 원래의 음성과는 다른 음성이 되는 경우다. 대부분의 유아는 고함치거나 소리를 지른 후에 일시적으로 쉰 목소리를 경험하기도 한다. 예를 들면, 만성적인 위액의 역류로 성대가 자극을 받은 상태에서 유아가 놀이를 하는 동안 공룡의 음성을 흉내 내는 등의 낮고 쉰 음성을 자주 사용함으로써 후두의 상황을 악화시킨다. 영·유아들에게서 나타나는 음성장애의 기질적 원인으로는 유두종, 육아종, 후두막, 성대의 비후(thickening),

성대결절, 알레르기 혹은 감염, 감염되어 비대해진 편도 등이 있다.

4) 유창성장애

정상적 비유창성과 말더듬을 구별하기 위한 방법은 비유창성에 포함되는 말소리 단위의 유형을 찾아내는 것이다(Andrews et al., 1983; Yairi & Lewis, 1984). 예를 들면, 정상적 비유창성은 "가방, 가방, 가방에 있어요."와 같이 전체 단어와 구를 반복하는 반면, 말더듬 유아들은 "우-----유 머머머먹을 거야!"와 같이 음절을 반복한다. 비유창성의 빈도 또한 정상적 유창성과 말더듬을 구별할 수 있는 좋은 방법이다. 윈게이트(Wingate, 1962)에 따르면, 정상유아들은 전체 발화의 3% 이하를 반복하지만 말더듬 유아들은 전체 발화의 7~14% 내에서 음절을 반복한다고 한다.

부모들이 말더듬이라고 판별한 유아들은 자음군을 반복하고 연장하는 경향이 있는데, 반복과 연장은 주로 첫 단어의 초성에서 나타난다(Hubbard & Yairi, 1988). 그리고 말더듬 유아는 눈을 깜박거리거나 얼굴을 찡그리는 투쟁 행동을 많이 보인다(Boone & Plante, 1993). 이러한 비유창성은 유아와 말하는 사람(Meyers, 1990)이나 대화의 속도(Neuman & Smit, 1989)에 영향을 받지 않고 발생한다.

5) 청각장애

청각장애유아들은 음성, 조음, 언어 전반에 걸쳐 습득의 어려움을 겪는다. 청각구어는 인간이 의사소통하는 주된 방법이므로 청력 손실은 결과적으로 그 정도가 어떻든 유아의 언어사용능력을 위태롭게 한다. 인간이 청각을 통해 듣는 환경음과 음성은 정상적 인지 사회발달과 청각 구어발달을 위한 필수요건이라 할 수 있다. 영·유아의 경우 경도의 청력 손실만으로도 언어발달과 학업성취에 심각한 문제를 유발시킬 수 있다. 특히 학령기 이전은 언어발달에서 중요한 기간이기 때문에 영·유아가 잘 들을 수 있도록 노력을 기울여야 할 것이다.

최고도 난청은 학령기보다 영·유아기의 언어발달에 지대한 영향을 미친다. 유아기에서의 최고도 난청은 전반적 발달을 방해하며, 유아가 소리를 듣고 자음과 모음을 발화하는 것을 어렵게 만든다. 먼저 자기 청취가 가능하도록 어린 유아일수록 보청기나 인공와우를 통한 구어의 접근이 선행되어야 한다. 이를 위하여 일차적으로는 보청기 착용과 더불어 구어자극을 통한 청능훈련을 제공해야 하며, 이차적으로 지속적인 구어자극에 대한 유아의 보청기 반응의 정도에 따라 인공와우 이식술을 결정할 것인지, 수화나 종합의사소통(Total Communication; TC)의 사용을 권장할 것인지를 결정하도록 한다(김리석, 김수진, 1997).

몇몇 유아들의 경우에 청력검사 결과 정상 범위의 청력치를 보일지라도 다른 사람의 말을 이해하는 데 심각한 어려움을 보인다. 이러한 경우는 측두엽의 간질 발작과 관련하여 발생하는 것으로 1957년에 랜도(Landau)와 크레퍼(Kleffer)가 처음 설명하였다. 이는 일명 청각구어 실인증(agnosia) 혹은 후천성 간질성 실어증, Landau-Kleffer 증후군 등 여러 가지 이름으로 불린다. 특징은 생후 처음 몇 년 동안 정상발달을 보이나, 간질발작과 관련하여 언어기술의 갑작스런 상실이 뒤따른다. 이러한 유아들은 구어를 듣지 못하는 것처럼 행동하거나 청력을 모두 잃어버린 것처럼 행동한다. 이처럼 수용언어기술이 먼저 손상되며, 그 다음으로 표현언어기술의 발달이 이루어지지 않고 장기간 학습의 어려움을 초래하게 된다(Penn, Fried-Lander, & Saling, 1990). 또한 행동의 갑작스런 변화를 보이는 반면 운동과 인지 발달은 크게 영향을 받지 않는다. 이러한 장애를 청각처리장애(auditory processing disorders)라 한다. 청각처리장애 유아가 청각적 정보를 이해하지 못하는 것은 난청으로 야기되는 것이 아니라 뇌의 청각적 처리과정의 수용력을 방해받기 때문인 것으로 알려져 있다.

3. 중 재

영 · 유아의 의사소통 발달은 언어뿐만 아니라 인지, 운동, 사회성 발달과 밀접히 관련되어 있다. 따라서 유아에게 의사소통과 관련된 문제가 있는 것으로 판단되면 유아의 생육력에 대한 정보를 수집한 후 기질적 문제의 여부를 전문의에게 의뢰하는 절차를 거치도록 한다. 그다음 유아의 비구어 및 구어 의사소통 능력을 평가하고 그 결과에 따라 중재 전략과 목표를 수립한다. 중재는 유아의 모든 발달

영역이 통합된 자연스러운 활동을 활용하는 것이 가장 효과적이다.

1) 진단 및 평가

중재를 위한 개별화 프로그램은 유아의 가족, 교사, 또래친구 등과의 상호작용이 이루어지는 일상생활 활동의 평가를 기초로 설계되어야 한다(Goldstein, Kaczmarek, & Hepting, 1996). 또한 유아의 의사소통에서 나타나는 문제를 진단할 때 의사소통 발달과 밀접하게 연관된 인지, 운동, 사회성 발달을 무시할 수 없다.

먼저 부모나 양육자와의 면담을 통하여 전반 영역에 걸쳐 유아에 대한 정보를 수집하는 것이 우선되어야 할 것이다. 유아를 가장 잘 이해하는 사람은 부모나 양육자이므로 모든 진단과 평가 과정에서 전문가들과 정보를 나누는 기회를 지속적으로 제공받아야 한다. 앞에서 언급했다시피 의사소통의 발달은 초어를 말하기 전부터 시작된다. 단어를 말하기 전에 유아는 사물을 손으로 지적하고, 양육자가 지적하는 것에 대하여 반응하며, 양육자가 보는 것을 바라보고, 놀이 활동을 통하여 상호작용한다(Dromi, 1992). 유아는 몸짓을 사용하여 요구하고 반응한다. 이 시기에 이러한 비구어적 능력이 발달되지 않는다면 의사소통의 결함이 있음을 의미할 수도 있다. 빨기, 삼키기, 호흡, 울음과 같은 초기 비구어 소리체계에서 나타나는 불규칙은 구어발달에 문제가 있음을 알려 주는 신호일 수 있다(Oller, 1978). 또한 호흡이 거칠거나, 생후 18개월에 씹기가 안 되거나, 잘못된 빨기나 사레를 유발하는 등과 같은 경우는 구어장애의 가능성을 암시한다. 이러한 경우는 입, 목, 호흡기관 등에 기형이나 신경적 문제가 있는지를 알아보기 위하여 소아신경정신과의, 이비인후과의, 내과의 등에게 의뢰하여야 한다. 구어장애는 주로 다른 장애가 동반되기 때문에 조기 중재를 위한 다학문적 팀을 구성하여 평가, 진단, 의사소통 치료 프로그램을 운영해야 할 것이다.

그 다음 단계에서는 수용과 표현언어의 영역별 검사도구를 사용하여 유아의 수준을 평가한다. 조기에 장애를 발견하기 위하여 검사도구들이 계속 개발되고 있지만 대부분의 검사는 2세 이후에 시행할 수 있도록 되어 있다(Leonard, 1992). 우리나라는 유아를 대상으로 한 표준화 검사가 많지 않아 외국의 표준화 검사를 사용하기도 한다. 이런 번역된 검사들은 우리나라 유아들에 대한 타당도가 검증되지 않아 사용 시 많은 주의가 요구된다. 현재 사용되고 있는 언어 영역의 국내 표준화 검사는 영·유아언어발달검사(김영태 등, 2003), 취학전 아동의 수용언어 및 표현언어 발달척도(김영태 등, 2002), 그림어휘력검사(김영태 등, 1995), 언어이해·인지력검사(장혜성 등, 1992), 구문의미이해력검사(배소영 등, 2004) 등이 있다. 제시된 순서로 앞의 2가지 검사는 수용언어과 표현언어로 나누어 평가할 수 있으며 나머지 검사는 수용언어만을 평가할 수 있다. 표현언어검사로는 우리말 조음·음운평가(신문자, 김영태, 2004), 유아가 사용하는 언어의 규칙체계를 종합적으로 분석할 수 있는 한국어발화분석(배소영, 2000) 등이 있다. 이 외에도 형식적 검사의 시행이 어려운 경우 비형식적 검사나 관찰방법을 사용하기도 한다. 최근엔 유아의 구어와 언어표집을 위하여 놀이 상황을 비디오로 녹화하여 분석하는 방법을 많이 사용하고 있다. 비디오 분석은 구어에 대한 분석뿐만 아니라 공동 참조하기, 공동 행동 등의 관찰로 비구어 행동을 분석할 수 있어서 영·유아의 구어전 의사소통 능력에 대한 평가가 가능하다.

영·유아의 의사소통장애에 대한 진단과 평가는 정상발달유아의 발달수준을 따르므로 앞에서 언급한 수용언어와 표현언어의 정상발달 이정표와 점검표를 사용하는 것이 편리하다. 정상발달 순서와 과정에 대한 지식은 전문가나 양육자들에게 유아의 의사소통 발달을 촉진할 수 있는 방법을 제시해 주기도 한다. 그리고 영·유아기는 의사소통의 발달이 계속적으로 이루어지는 진행 상태이기 때문에 진단과 평가 또한 지속되어야 한다.

2) 중재 전략

일단 의사소통장애가 발견되면 장애를 제거하거나 결과의 관리를 위해 치료적 중재가 매우 중요하다. 영·유아기의 의사소통장애에 대한 중재 전략 중 발달접근법은 매우 광범위하게 적용된다. 예를 들면, 조음훈련의 목표는 발달적 이론에 기초하여 선택한다. 제일 먼저 발달하는 말소리는 신체적으로 발화하기 쉬운 것부터 나타난다. 가장 많이 오조음되는 유음, 파찰음, 마찰음과 같은 자음은 비교적 나중에 발달한다. 언어학적 목표 또한 발달적 기초에 따라 선택된다. 대명사를 혼돈한다면 발달적 단계에 따라 훈련은 '나'와 '너'로 시작해야 하며 다음 단계는 3인칭으로 나간다.

모든 의사소통장애가 발달적 중재방법으로 치료되는 것은 아니다. 예를 들면, 실어증 치료는 발달적 이론에 기초한 훈련보다 언어를 회복시키는 훈련에 초점을 둔다. 음성장애는 의료적 처치나 음성의 사용에 초점을 둔다. 발달접근법이 가장 효과적인 영역은 언어발달지체나 장애다. 이 경우 교사와 언어치료사는 정상 언어발달 단계에 따른 프로그램의 전략과 목표를 세운다(Schiefelbusch, 1978). 심한 지체나 낮은 기능을 보이는 유아의 경우 치료는 초기 사회성, 인지, 감각을 목표로 하는 언어 이전 단계에서 시작하여 의사소통의 기초를 확립하는 것이 중요하다.

조기 발견과 조기 중재를 통하여 문제를 조기에 해결함으로써 장애의 고착이나 바꾸기 어려운 이상형태로 악화되는 것을 막을 수 있다. 전문가들은 의사소통장애의 신호를 발견한 직후부터 중재를 시작할 것을 강조한다. 다운증후군과 같은 증후군을 가진 유아의 경우는 지체나 장애를 최소화하기 위하여 출생 직후 곧바로 훈련을 받아야 한다. 특히 청각장애유아에게는 조기 중재가 매우 중요하다. 언어의 수용이 어느 정도인지에 대한 청력검사와 더불어 보청기나 인공와우를 이용하여 언어의 입력을 강조해야 한다. 정상발달유아는 초어를 발화하기 이전부터 구어로 하는 수많은 상호작용에 노출된다. 대조적으로 청각장애유아는 언어발달에 중요한 영향을 미치는 언어 이전의 상호작용에서 소외된다. 청각장애유아의 경우 신호, 몸짓, 구어 등을 조기에 사용하게 하여 의사소통의 기초를 확립하도록 도와주어야 한다.

자폐성유아를 위한 의사소통 훈련으로는 환경접근법(Nietupski, Scheutz, & Ockwood, 1980)이 대두되고 있다. 이 접근법에 따르면, 격리된 치료환경이 이들 유아에게 적절하지 못하다는 것이다. 유아와 상호작용하는 유아의 환경 내에 있는 모든 사람이 언어치료사로서 유아를 도울 수 있다는 것이다. 프리잰트(Prizant, 1982)는 많은 자폐성유아들에게서 관찰되는 상동행동을 제거하기 위하여 대화접근법을 추천한다. 또 다른 전문가들(Horstmeier & MacDonald, 1978; Owens, 1984)은 심한 언어발달지체 유아들의 경우 자연접근법을 권한다.

일단 유아가 표현언어를 사용하기 시작하면 교사와 언어치료사는 정상언어발달에 따라 초어에 더하여 초기 언어의 의미와 발화기능을 위한 훈련목표를 정한다. 프루팅(Prutting, 1979)은 정상발달 지침을 따르는 훈련을 하기 위해서 유아가

한 단계에서 다음 단계로 발달해 나가도록 하는 단계접근법을 제안한다. 모든 전문가들이 프루팅의 단계접근법과 같은 발달 중재 전략을 지지하는 것은 아니다. 발달적 중재 모델이 기본이라고 말하는 반면, 위니츠(Winitz, 1983)는 이 모델이 전반적으로 잘못 사용되고 있음을 주장한다. 그에 따르면, 발달접근법의 기본은 유아의 기능 중에서 가장 낮은 단계에서 시작하고, 유아가 그 단계와 관련된 언어의 모든 영역에서 능숙해질 때까지 그 단계와 그 다음 단계 내에서 지속되어야 한다는 것이다. 또한 평가는 규칙체계에 역점을 두기보다 성취를 측정해야 함을 주장한다. 모든 유아가 고정된 동일한 단계의 순서를 따르는 것으로 생각한다면 발달 모델을 절대적으로 잘못 사용하였음을 의미한다. 언어중재는 개별화 과정(Schiefelbusch, 1978)으로 언어발달장애 혹은 언어발달지체 유아의 의사소통 내용과 욕구를 고려해야 한다(Keogh & Kopp, 1978).

이 장에서 제시된 연령별 발달자료는 언어장애유아로부터 얻어낸 중재자료를 보충해 줄 것이다. 유아의 발달단계별 행동에 대한 설명은 중재계획을 계속 추진할 것인가에 대한 답변을 제공해 주며, 이러한 정보는 개별화 프로그램을 선정할 수 있는 이론적 근거를 제시해 준다.

간단히 요약하면 정상발달은 진단 · 평가와 중재를 위한 지침이라 할 수 있다. 언어의 표준척도는 부모와 전문가들에게 유아의 예상되는 행동과 행동이 나타나는 발달의 근사점을 알려 준다. 더욱이 정상발달은 정상적으로 발달하지 못하는 유아들을 위한 훈련의 방향을 제시해 주기 때문에 중재를 계획할 때 장애 원인보다 발달적 기록을 더 많이 사용하게 된다.

한편 의사소통장애의 구체적 용어는 유아의 중재 방법과 절차에 대하여 매우 중요한 정보를 제공한다. 의사소통장애유아를 담당하는 교사는 언어치료사와 가장 밀접히 일을 해야 하므로 의사소통장애의 의료적 용어를 알아둘 필요가 있다. 그리고 치료시간의 선정과 정기적인 치료를 받을 수 있도록 하는 교사의 적절한 협조에 따라 중재의 성공 여부가 좌우되기도 한다. 그뿐만 아니라 교사는 유아를 구어로 격려하고, 구어를 확장하며, 정확한 형태와 사용을 제시하는 모델의 역할을 담당해야 한다.

의사소통장애유아들의 경우 통합교육은 아주 중요한 부분이다. 영 · 유아기에서 의사소통 발달은 사회성, 인지, 운동의 발달과 밀접히 연관되어 있으므로 언어

영역만의 중재는 큰 효과를 거두기 어렵다. 중재는 모든 영역이 통합된 자연스런 일상생활 활동을 통하여 이루어질 때 가장 효과적이라 할 수 있다. 그리고 의사소통장애의 치료 프로그램은 정규 학교 프로그램, 다른 장애에 대한 치료 프로그램, 그리고 가정에서의 교육이 통합되어 이루어질 때 최고의 효과를 얻을 수 있다. 유아가 하고자 하는 것과 원하는 것에 대하여 이야기하려는 자연적 의도를 적극 활용하고 일상생활 활동, 즉 먹기, 놀이, 씻기, 입기 등의 활동을 통하여 정확한 언어 사용을 격려하는 것이 중요하다. 영 · 유아의 언어발달을 촉진하기 위해서 교사와 언어치료사는 행동주의자, 상호작용주의자, 화용주의자, 인지주의자, 언어학자, 발달주의자, 낙천주의자 등 여러 가지 기법을 적시에 적용할 줄 아는 전문가가 되어야 한다.

참고문헌

김리석, 김수진(1997). 인공와우 이식 환자를 위한 재활. 대한청각학회지, 1, 33-47.

김영태(1996). 그림자음검사를 이용한 취학전 아동의 자음정확도 연구. 말-언어장애연구, 1, 7-33.

김영태, 김경희, 윤혜련, 김화수(2003). 영 · 유아언어발달검사. 서울: 도서출판 특수교육.

김영태, 성태제, 이윤경(2002). 취학전 아동의 수용언어 및 표현언어발달 척도. 서울: 서울장애인종합복지관.

김영태, 장혜성, 임선숙, 백현정(1995). 그림어휘력검사. 서울: 서울장애인종합복지관.

배소영(1994). 정상 말소리 발달 (1): 1;4-3;11세의 아동. 한국언어병리학회 편, 아동의 조음장애 치료. 서울: 군자출판사.

배소영(1995). 우리나라 아동의 언어발달: 언어발달 진단의 일차적 자료. 언어치료전문요원교육. 한국언어병리학회.

배소영(2000). 한국어발화분석 2.0. 서울: 파라다이스복지재단.

배소영, 임선숙, 이지희, 장혜성(2004). 구문의미이해력검사. 서울: 서울장애인종합복지관.

신문자, 김영태(2004). 우리말 조음 · 음운 평가. 서울: 학지사.

신현순(2000). 장애유아 교육 지침서: 신경동작 및 발달장애를 중심으로. 서울: 도서출판 특수교육.

엄정희(1994). 3, 4, 5세 아동의 말소리 발달에 관한 연구. 한국언어병리학회 편, 아동의 조음장애 치료. 서울: 군자출판사.

장혜성, 임선숙, 백현정(1992). 언어이해 · 인지력검사. 서울: 서울장애인종합복지관.

Andrews, G., Craig, A., Feyer, A. M., Hoddinott, S., Howie, P., & Neilson, M. (1983). Stuttering: A review of research findings and theories circa 1982. *Journal of Speech and Hearing Disorders, 48*, 226–246.

Boone, D. R., & Plante, E. (1993). *Human communication and its disorders*. Prentice Hall, Inc. A Simon, & Schuster Company, Englewood Cliffs, New Jersey.

Bower, T. G. R. (1989). *The rational infant*. New York: W. H. Freeman.

Brown, F. (1973). *The reform of secondary education: Report of the national commission on the reform of secondary education*. New York: McGraw–Hill

Chomsky, N. (1965). *Aspects of the theory of syntax*. Cambridge, MA: MIT Press.

Darley, F. L., Aronson, A. E., & Brown, J. R. (1975). *Motor disorders of speech*. Philadelphia: W. B. Saunders.

Dromi, E. (1992). The development of prelinguistic communication: Implications for language evaluation. In N. Anastasiow & S. Harel (Eds.), *The at–risk infant*. Baltimore: Paul H. Brookes.

Fogh–Andersen, P. (1942). *Inheritance of harelip and cleft palate*. Copenhagen: Busck.

Goldstein, H., Kaczmarek, L. A., & Hepting, N. H. (1996). Indicators of quality in communication intervention. In S. L. Odom & M. E. Mclean (Eds.), *Early intervention/Early childhood special education: Recommended practices*. Pro–ed, Inc. Austin, Texas.

Horstmeier, D., & MacDonald, J. (1978). *Ready, set, go–Talk to me*. Columbus, Ohio: Charles E. Merrill.

Hubbard, C. P., & Yairi, E. (1988). Clustering of dysfluencies in the speech of stuttering and nonstuttering preschool children. *Journal of Speech and Hearing Research, 31*, 228–233.

Jaffee, M. B. (1984). Neurological impairment of speech production: Assessment and treatment. In J. Costello (Ed.), *Speech disorders in children*. San Diego:

College-Hill Press.

Keogh, B., & Kopp, C. (1978). From assessment to intervention: An elusive bridge. In F. Minifie & L. Lloyd (Eds.), *Communicative and cognitive abilities-Early behavioral assessment*. Baltimore: University Park Press.

Landau, W. M., & Kleffner, F. R. (1957). Syndrome of acquired aphasia with convulsive disorder in children. *Neurology, 7*, 523-530.

Lenneberg, E. H., Rebelsky, F. G., & Nichols, I. A. (1965). The vocalization of infants born to deaf and hearing parents. *Human Development, 8*, 23-37.

Leonard, L. (1992). Intervention approaches for young children with communication disorders. In N. Anastasiow & S. Harel (Eds.), *The at-risk infant*. Baltimore: Paul H. Brookes.

McDonald, E. T. (1980). Early identification and treatment of children at-risk for speech development. In R. L. Schiefelbusch (Ed.), *Nonspeech language and communication: Analysis and intervention*. Baltimore: University Park Press.

Meyers, S. C. (1990). Verbal behaviors of preschool stutterers and conversational partners: Observing reciprocal relationships. *Journal of Speech an d Hearing Disorders, 55*, 706-712.

Morley, M. E. (1967). *Cleft palate and speech* (6th ed.). Baltimore: Williams & Wilkins.

Neuman, L. L., & Smit, A. B. (1989). Some effects of variations in response time latency on speech rate, interruptions, and fluency in children' s speech. *Journal of Speech and Hearing Research, 32*, 635-644.

Nietupski, J. Scheutz, G., & Ockwood, L. (1980). The delivery of communication therapy services to severely handicapped students: A plan for change. *Journal for the Association of the severely Handicapped, 5*, 13-23.

Oller, D. (1978). Infant vocalization and the development of speech. *Allied Health and Behavior Sciences, 1*, 523-549.

Owens, R. E. (1984). *Language development: An introduction*. Bell & Howell Company.

Penn, C., Fried-Lander, R. L., & Saling, M. M. (1990). Acquired childhood aphasia with convulsive disorder (Landau-Kleffner Syndrome). *South African Medical Journal, 77*, 158-161.

Peterson, N. L. (1987). *Early intervention for handicapped and at-risk children: An introduction to early childhood special education*. Love Publishing Company.

Piaget, J. (1959). *The language and thought of the child*. London: Routledge and Kegan Paul.

Prizant, B. (1982). *Speech-language pathologist and autistic children: What is our role? ASHA, 24*, 463-468; 531-537.

Prutting, C. Process/Pra, ses/n (1979) The action of moving forward progressively from one point to another on the way to completion. *Journal of Speech and Hearing Disorders, 44*, 3-30.

Santrock, J. W. (1995). *Children*. Wm. C. Brown Communications, Inc.

Schiefelbusch, R. (1978). *Bases of language intervention*. Baltimore: University Park Press.

Shelton, R. L., Paesani, A., McClelland, K. D., & Bradfield, D. D. (1975). Panendoscopic feedback in the study of voluntary velopharyngeal movements. *Journal of Speech and Hearing Disorders, 40*, 232-244.

Shipley, K. G., & McAfee, J. G. (1992). *Assessment in speech-language pathology: A resource manual*. Singular Publishing Group, Inc. San Diego, California.

Skinner, B. F. (1957). *Verbal behavior*. NY: Appleton-Century-Crofts.

Van Riper, C. & Emerick, L. (1984). *Speech Correction: An Introduction to speech pathology and audiology*. Prentice Hall, Inc., Englewood Cliffs.

Vander Zanden, J. W. (1989). *Human development* (4th ed.). McGraw-Hill, Inc.

Vygotsky, L. S. (1962). *Thought and language*. Cambridge, Mass.: MIT Press.

Wingate, M. E. (1962). Personality needs of stutterers. *Logos, 5*, 35-37.

Winitz, H. (1983). *Treating language disorders*. Baltimore: University Park Press.

Yairi, E., & Lewis, B. (1984). Dysfluencies at the onset of stuttering. *Journal of Speech and Hearing Research, 27*, 154-159.

chapter

10 사회적 능력의 발달과 지도 방법

1. 사회적 기술
2. 사회적 상호작용

유아는 출생하면서부터 사회적 능력을 갖고 태어난다. 태어나서 최초로 접하는 사회가 가족이고 그 후 성장하면서 자기 나이와 비슷한 또래집단에 속하게 된다. 유아들은 가족 안에서 상호작용을 통하여 사회적 기술을 발휘하고 비슷한 나이의 또래집단에서 형성되는 상호작용을 통하여서도 사회적 기술을 발달시킨다. 그러나 발달지체유아들의 대부분은 사회적 능력의 결함으로 상대와의 원만한 상호작용을 기대하기 어렵다. 따라서 발달지체유아의 사회성의 발달을 위해서는 다양한 훈련과 중재를 실시하여 사회적 기술을 습득하게 하고 상호작용을 촉진시켜야 한다.

이 장에서는 사회적 능력이란 무엇이며, 그 구성 요소와 발달에 영향을 미치는 변인들과 발달지체유아의 사회적 능력의 발달을 위해 어떠한 배려를 하여야 하는지 생각해 보기로 한다.

1. 사회적 기술

유아가 자신이 속한 사회의 환경과 구성원들에 잘 적응하기 위한 사회적 능력의 중요한 요소로서 사회적 기술을 들 수 있다. 사회적 기술은 유아의 발달에서 중요한 측면으로 아동기의 학교생활은 물론 성인이 되었을 때의 정서적 안정과 사회적 적응에 매우 중요한 역할을 한다. 피아제(Piaget)와 콜버그(Kohlberg)는 사회적으로 성숙된 아동은 자아중심성에서 애타적인 사회적 기술양식으로 옮아 가면서 사회적, 도덕적 발달은 물론 인지적 발달이 이루어진다고 지적한다.

유아가 대인과의 원만한 상호작용을 하기 위해서는 인지, 환경, 정서 등과 같은 다양한 요인들이 작용된다. 다양한 요인들과 밀접한 관계를 맺는 사회적 기술은 사회적 상호작용과 관련되어 직접변인으로서 역할을 담당한다.

1) 사회적 기술의 정의 및 구성 요소

많은 연구자들은 환경적 관계, 대인적 관계, 의사소통적 관계 등 다양한 접근으로 사회적 기술에 대한 정의를 내리고 있다. 이는 대상이 사람이고 사람이 갖는 관계의 복잡성 때문에 일치된 이론에 근거한 통일된 정의를 내리기 어렵기 때문이다. 그렇다면 연구자들이 어떻게 사회적 기술에 대한 정의를 기술하고 있는지 살펴보자.

그레스함과 엘리어트(Gresham & Elliott, 1984)는 자신의 어떤 행동에 대해 상대방의 의미 있는 판단이 이루어짐으로써 긍정적인 반응이 조성되고, 이것이 계기가 되어 상대방과의 상호작용이 일어나며, 이러한 활동 안에 사회적으로 수용될 수 있는 행동을 습득하는 것을 사회적 기술이라고 정의한다. 워커(Walker et al., 1988)는 대인관계를 주도적이고 긍정적으로 이끌어 가면서 주어진 사회환경에 대한 효과적 적응과 타인과의 원만한 상호작용을 하기 위해 필요한 것들을 사회적 기술이라 정의한다. 그는 이러한 사회적 기술에는 상대방의 지시에 따라 행동할 수 있고, 적절한 방법으로 상대방에게 필요한 것들을 요구할 수 있으며, 기본적인 상호작용 기술, 대화 기술, 친구관계 형성 기술, 환경에 대한 적응 기술 등과 같은 구체적 행동을 제시하고 있다([그림 10 - 1] 참조).

오돔, 맥코넬 및 맥에보이(Odom, McConnell, & McEvoy, 1992)는 사회적 기술은 분석과 관찰이 가능한 능력으로서 사회적 주도, 사회적 반응과 유지 반응, 사회적 문제해결 기술, 친사회적 기술, 사회적 의사소통 등을 그 구성 요소로 지적하고 있다. 김향지(1996)는 적응행동이 자부심(self-sufficiency)과 독립적인 기능에 초점을 두는 데 비해 사회적 기술은 타인과의 상호작용 기능과 사회적 수용에 초점을 두고 있어, 한 유아가 또래와 성공적으로 상호작용할 수 있고 주어진 환경에 대하여 균형과 조화를 유지하면서 적응해 가는 능력의 요소들이라고 정의하고 있다. 이와 같이 여러 연구자들이 정의한 사회적 기술은 유아들 간의 상호작용은 물론 유아들이 주어진 환경에 적절히 대처하려는 능력과 서로 밀접한 관계에 있다고 할 수 있다.

사회적 기술은 사회적 능력과 함께 사회적 상호작용을 촉진시킬 수 있는 중요한 요인으로서 사회적 능력은 사회적 행동의 결과를 평가하려는 의미가 있다면, 사회적 기술은 그 능력을 구성하는 구체적인 행동적 요소다. 이는 사회적 행동 가운데에서 하나의 하위 영역으로서 사회적 능력(social competence)이라는 영역이 규정되고, 사회적 능력의 하위 개념으로 적응행동(adaptive behavior)과 사회적 기

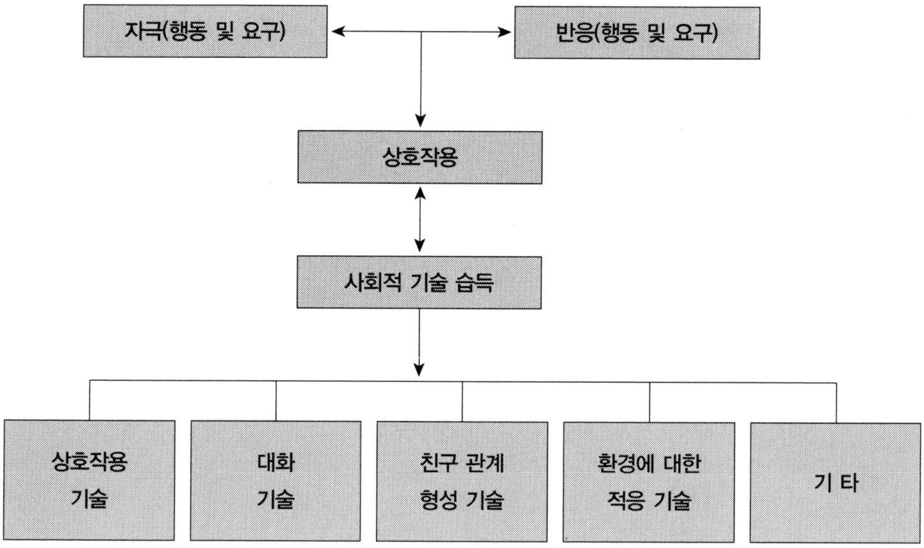

[그림 10-1] 워커의 사회적 기술의 정의 도표

술(social skill)을 두고 있는 것을 의미한다. 사회적 기술에는 사람 간의 상호작용 행동, 자기관여 행동, 학습관련 기술, 주장, 또래 수용, 의사소통 기술 등과 같은 구체적인 행동 하위 요소들이 포함된다.

그레셤과 엘리엇(Gresham & Elliot, 1987)은 이러한 구체적인 행위 요소들로 구성된 사회적 기술 평정척도를 작성하여 이를 훈련의 지표로 제시하고 사회적 기술을 습득했더라도 실행하는 데 불안하거나 동기가 부족하여 사회적 실행이 현저히 행하여지지 않는 경우가 있다고 지적한다. 따라서 사회적 능력의 발달을 목표로 하는 것에는 이런 점을 고려해야 하는 것이다. 또한 나카노(中野, 1987)도 개인이 사회적 기술을 소유하고 있는 것만으로는 불충분하며 일정한 시기와 장소에서 적절한 특정 기술을 선택하여 실행이 이루어져야 한다고 강조한다. 이런 경우 여러 사회적 기술 중에서도 사회적 문맥을 읽는 능력, 복수의 반응이 나타날 때 가장 적절한 반응을 선택할 수 있는 인지적 측면이 포함된 사회-인지적 능력은 사회적 기술을 실행하는 데 많은 영향력을 미친다.

이와 같이 사회적 기술은 한 개인에게 주어진 환경 안에서 그 상황에 맞는 적절한 상호작용을 하기 위한 행동으로서 이러한 행동은 상호주도적이어야만 한다. 상호주도적이란 연계성이 있는 주고받음의 행동을 의미한다. 유아가 친구에게 어떤 행동을 할 때 그 행동은 일정한 반응이 기대된 행동으로서, 친구로부터의 예상된 반응은 상호작용을 형성하게 하고 이런 상호작용은 하나의 줄거리를 갖고 전개된다. 많은 연구자들은 이처럼 연계적 상호작용을 하게 하는 행동을 사회적 기술이라고 한다. 이러한 사회적 기술은 유아들에게 특별히 배려된 환경을 제공하지 않더라도 자연스럽게 형성된 환경 안에서 습득되고 비슷한 환경에서 일반화시킴으로써 발달해 간다. 그러나 장애유아는 자신이 갖고 있는 여러 가지 독특한 문제 때문에 사회적 기술을 습득하는 데 많은 도움을 필요로 한다.

사회적 기술습득은 그 대상이 인간이고 여러 관계 안에서 출현되는 복잡한 자극을 받고 있는 탓에 상황에 맞는 적절한 자극의 선택이나 그 의도를 파악하기 곤란하면 그 습득이 매우 어렵다. 이러한 어려움이 장애유아에게는 많이 나타남은 물론 기능적 문제가 해결되었다 하더라도 습득된 사회적 기술이 적절한 상황에서 자발적이고 주도적으로 실행되기 위해서는 이차적 교육환경으로서 다양한 환경을 제공하는 세심한 배려가 요구된다.

2) 발달지체유아의 사회적 기술결함

여러가지 이유로 발달이 늦은 유아는 사회적 기술결함으로 또래와의 원만한 상호작용을 기대하기 어렵다. 발달지체유아의 사회적 기술습득이 어려운 요인으로는 개인적인 속성과 사회적 능력으로 구분하여 생각할 수 있다. 그중에서도 또래와의 상호작용에 많은 영향을 미치는 요인은 사회적 능력이다. 사회적 능력은 유아 자신이 갖고 있는 사회적 상호작용의 전략의 선택, 실행능력 혹은 유지능력, 문제해결능력이라고 할 수 있다.

발달지체유아의 사회적 상호작용을 촉진시키기 위해서는 그 유아의 사회적 기술결함 상태를 잘 파악하고 그 상태에 따라 적절한 교육방법을 선택하여야 한다. 유아가 어떠한 상황에서 적절한 수행이 이루어지게 하려면 동기부여가 잘 형성되어 있어야 하고, 무조건 사회적 기술을 가르치기보다는 특정한 상황에 맞는 기술을 적절히 적용할 수 있도록 유아를 지도해야 한다. 사회적 기술은 종국적으로 주어진 환경과의 적절한 상호작용을 일으키기 위한 구체적인 하위 행동들로 구성되어 있기 때문이다. 많은 하위 행동들 중에 주어진 상황적 자극에 대하여 적절한 반응을 선택한다는 것은 상황을 잘 판단하고 있고 자신이 선택한 행동의 의도 또한 잘 파악하고 있다는 것을 의미한다. 따라서 주어진 환경에 참여하려는 발달지체유아의 흥미, 관심, 호기심 등과 같은 동기를 우선적으로 부여하여야 하며, 발달지체유아가 주어진 상황에 참여할 경우 어디에서 실패가 발생하는지를 파악하여야 한다.

발달지체유아의 사회적 기술결함은 이미 많은 연구자들이 지적하고 있다. 발달지체유아들은 협력을 필요로 하는 단체놀이의 참여나 정보를 입력하고 자극을 활용하는 능력, 상호 호혜적인 관계 형성, 사회적 상호작용의 능력들이 결핍되어 있는 경우가 많다. 이러한 기술결함은 또래와의 상호작용을 촉진시키는 중재활동을 통해 개선될 수 있고, 사회적 기술과 더불어 언어적 결함이 개선되면 또래와의 상호작용도 더욱 원활히 이루어질 수 있다(Cohen et al., 1978; Cunningham et al., 1981; Wilton & Barbour, 1987).

또한 사회적 기술결함은 발달지체유아의 이차적 발달지체를 유발시킬 수 있다. 예상되는 이차적 장애로는 문제행동 발생, 지식 및 인지 · 정서적 발달의 곤란, 또래친구들로부터 거부당하는 등 사회적 위치에서 불리한 조건을 갖는 것 등이다(김향지, 1996; 윤점룡, 1999; 池田, 1987; Baily & Wolery, 1984). 이러한 이차적 지체현상은 발달지체유아와 또래와의 원만한 상호작용을 가로막는 주요한 요인으로 작용한다([그림 10-2] 참조).

발달지체유아의 사회적 기술발달을 저해하는 또 다른 요인은 예측능력과 실행능력의 부족이다. 발달지체유아는 인지적 능력을 이용하여 어떤 상황에 대한 문제를 예측하고 예측된 문제해결을 위해 적절한 행동을 실행하려는 능력이 결함되어 있다. 행동적 실행을 보장하는 계획을 확립하기 위해서는 과거에 경험한 사실에서 그 규칙성을 발견하여 앞으로 닥칠 상황에 적용하는 능력이 있어야 한다. 이러한 능력을 예측능력이라고 하는데, 이 예측능력은 인간의 심리활동에 기본을 이루는 총합적인 기능이라고 할 수 있다(谷口, 野口, 松野, 1985).

인간의 심리활동에 기본을 이루는 예측능력은 사회적 기술발달을 위한 중요한 요인들 중 하나이며, 인간과의 상호작용을 촉진시키는 데 필수 불가결의 조건으로서 반드시 갖추어야 되는 능력이다. 이는 사회적 상호작용에서 자신의 행동이 상대방에게 전달되었을 때 상대방의 반응을 예측하지 못하면 더 이상의 전개가

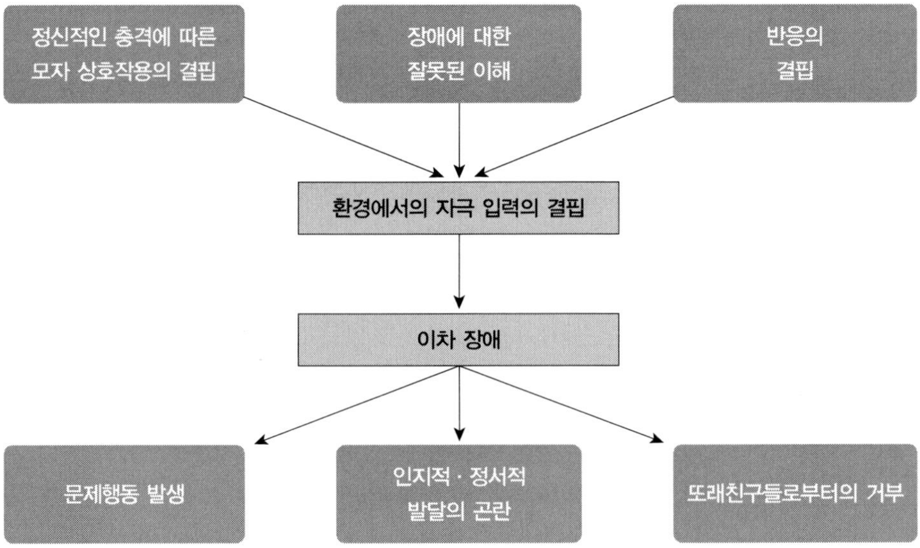

◎◎ [그림 10-2] 원만한 상호작용을 막는 이차 장애

이루어지지 않고 중단되기 쉽기 때문이다. 또한 인간이 사회적 기술을 아무리 갖고 있다고 하더라도 실행에 옮기지 않으면 사회적 상호작용이 일어나지 않는데, 이는 실행능력에 결함이 있기 때문이다. 그래서 실행능력은 예측능력과 함께 사회적 기술습득에서 매우 중요한 요인으로 작용하는 것이다.

발달지체유아는 복잡한 사회적 문제에 직면했을 때 사회적 상황이나 또래에 대한 특성을 파악하려는 민감성이 지체되고 사회적 의사소통 기능을 통합, 조직, 계열화하는 능력에도 어려움을 겪는 경우가 많다. 이러한 모든 능력을 실행능력이라고 하는데, 사회적 영역에서의 실행능력은 자신을 적절하고 긍정적으로 통제하며 사회적으로 인정된 방법으로 다른 사람에게 효율적으로 영향을 미치는 능력이다(채미옥, 1997).

이와 같이 예측능력과 실행능력이 부족한 발달지체유아들은 정상발달유아에 비해 부적절한 사회적 반응 때문에 또래들과의 상호작용이 촉진되기 어렵고, 또래집단 놀이에 참여하거나 갈등 해결을 위한 협동적인 전략이 잘 실행되지 않아 혼자 놀이에 더 많은 시간을 보내게 되는 것이다(Darbyshire, 1977; Guralnick & Groom, 1985, 1987, 1988). 그리고 발달지체유아의 인지 및 행동적 지체 또한 사회적 기술의 습득을 방해하는 요인이 된다. 따라서 사회적 기술습득을 위해서는 이러한 여러 문제점을 최대한 고려하여 최적의 환경을 제공하고 교수전략을 세울 필요가 있다.

발달지체유아의 사회적 기술습득에 가장 좋은 환경은 정상발달유아와 통합된 교육환경에서 교사중심이 아니라 유아중심의 환경을 제공하는 것이다. 유아중심으로 구성된 통합된 환경은 사회적 기술결함을 갖는 발달지체유아와 정상발달유아 모두에게 사회적 기술을 습득시키고 또래와의 상호작용을 촉진시키는 데 가장 효과적인 환경이다(Chandler, Fowler, & Lubeck, 1992; Peterson & McConnell, 1993; Stain, 1990).

앞에서도 강조하였듯이 발달지체유아들의 어떤 상황을 통찰하고 과거의 경험에서 단서를 예측하려는 능력의 결함은 적절한 행동전략을 산출하는 실행능력에도 연계적으로 그 영향을 미쳐 사회적 능력의 발달을 저해하는 중요한 요인이 된다. 이러한 능력결함은 사회적 기술습득을 곤란하게 하는 직접적인 요인으로 작용한다. 이런 점을 고려할 때 사회적 문제상황을 잘 이해하고 그 상황에 적절한 사회적 행동을 촉진시켜 실행에 옮기려는 교육적 접근은 발달지체유아의 사회적 기술습득에 매우 효과적이다.

3) 발달지체유아의 사회적 기술 습득

발달지체유아가 분리된 교육환경에서 통합된 교육환경으로 이동함에 따라 또래와의 사회적 상호작용 촉진에 중요한 영향을 미치는 사회적 기술습득 훈련에 대한 관심이 높아졌다. 발달지체유아가 그들이 소속된 사회에서 고립되지 않고 적극적으로 참여할 수 있도록 유도하기 위해서 사회적 기술습득은 매우 중요한 요인으로 작용한다(Davies & Rogers, 1985).

유아중심으로 구성된 통합환경은 사회적 기술결함을 갖는 발달지체유아와 정상발달유아 모두에게 사회적 기술을 습득시키고 또래와의 상호작용을 촉진시키는 가장 효과적인 환경이다. 이러한 환경에서 습득된 사회적 기술을 유지시키기 위해서는 이차적인 노력, 즉 아주 자연스럽고 매우 제한된 지도가 제공되는 일상적인 환경이 필요하다. 이는 사회적 기술을 습득하였다고 하더라도 자신이 처한 상황에 적절히 대처하여 실행하는지의 여부가 발달지체유아의 사회적 능력발달에 매우 중요한 문제로 작용하기 때문이다.

많은 연구에서 발달지체유아의 결함 중에 가장 중요한 것으로 사회적 기술 결함을 강조하고 있고, 사회적 기술습득을 위한 다양한 중재 및 훈련 활동의 실행도 검토하고 있다(Cole et al., 1985; Guralnick & Groom, 1985, 1987; Newman & Doldy, 1973). 이러한 활동으로 습득된 사회적 기술은 자신과 관련된 환경과 사람에 대하여 운동적, 인지적, 정서적 반응으로 나타나는 적절한 사회적 행동이 또래와의 상호작용을 촉진시키는 것이다.

트로어(Trower, 1978) 등은 효과적인 사회적 행동을 구성하는 기술과 행동을 비언어-운동적 행동(nonverbal-motoric behaviors), 언어행동(verbal behaviors), 감정적 행동(affective behaviors), 사회-인지행동(social-cognitive behaviors)으로 구별한다. ① 비언어-운동적 행동에는 얼굴표정, 몸짓, 신체적 접촉과 표현, ② 언어행동에는 질문, 작은 소리로 말하기, 사회적 예의, ③ 감정적 행동에는 태도나 감정 표현, 내적 감정 지각, 지시적인 커뮤니케이션, 감정적인 반응, ④ 사회-인지행동에는 사람 간의 문제해결, 역할적 언어, 감정적 사고, 사회적 단서 구별, 사회적 규범 이해, 사고와 행동의 연결이라는 구체적인 행동으로 목록화하여 정리한다.

이와 같이 사회적 기술로서 나타내는 구체적인 행동은 다양하고 이러한 행동들은 인지 및 정서와도 밀접한 관계가 있다. 따라서 사회적 기술들을 가르쳐 습득시키고 유지시킨다는 것은 매우 복잡하고 어려운 작업이다. 그러나 최근 발달지체유아의 교육에서 사회적 기술 훈련은 또래와의 원만한 상호작용을 촉진시키는 데 중요한 역할을 담당하는 것으로 더욱 강조되고 있다.

데이비스와 로저스(Davies & Rogers, 1985)는 발달지체유아에게 실시된 사회적 기술 중재에 대한 여러 선행연구를 간단한 것에서 복잡한 것으로 구분하여 요약 정리한다. 그들은 사회적 기술 훈련에 사용된 중재를 3개의 영역으로 나눈다. 첫 번째 영역으로는 움직임과 같은 신체적 행동이 많이 나타나는 운동-신체 사회적 기술, 두 번째 영역으로는 행동적 측면의 기술 훈련인 사회적 기술과 행동, 세 번째 영역은 사회적 기술의 인지적 요소인 사회-인지 기술과 행동이다.

첫 번째 영역인 운동-신체 사회적 기술(matoric-physcal social skills)은 많은 선행연구들이 실험적인 조건 아래 다양한 중재를 실시하여 목표 행동이 증가되는 결과를 얻지만, 자연적 환경에서의 일반화는 일치되지 않는다(Peterson et al.,

1979; Spangler & Marshall, 1983).

두 번째 영역인 사회적 기술과 행동(social skills and behaviors)은 또래 상호작용, 대화기술, 협력 놀이의 문제해결을 위한 사람 간의 사고와 사회적 기술에 대하여 다양하고 광범위하게 연구가 이루어진다(Lancioni, 1982: LaGreca et al., 1983). 이런 사회적 기술과 행동은 유아들이 목표로 이해하고 인식하는 것이 요구되기 때문에 매우 복잡하고, 언어적 상호작용이 추가된 인지적 노력을 요구한다.

세 번째 영역인 사회-인지 기술과 행동(social-cognitive skills and behaviors)은 그 목적을 사회적 기술의 인지적 요소에 초점을 맞춘다. 사회-인지 기술 훈련은 유아의 사회적 기술과 사회적 능력을 가르치는 것을 목적으로 만들어진 프로그램으로서 반두라(Bandura, 1977)의 이론에 기초한다. 이는 일반적으로 자기교수기법, 모델화, 인지와 행동적 연습, 촉진 그리고 강화를 통해 새로운 사회적 기술을 가르치게 하는 것이다. 여기서 이루어지는 일반적인 노력은 일반화와 유지를 지원한다. 특히 사회적 기술습득을 위해 사회-인지적 능력이 강조되면서 사회-인지 기술 훈련이 다양하게 이루어지고 있다(陳敦 & 野, 1992; 渡部, 1993). 다양한 사회-인지 기술 훈련 중에서도 '수단-목적으로 생각하는 능력' '어떠한 방법이 효과적이지 않을 때 다른 방법으로 생각하는 능력', '결과를 생각할 수 있는 예측능력', '결과를 평가하는 능력'과 같은 문제해결 능력에 대한 관심이 높다(Weissberg, 1985).

문제해결 능력은 대인지향 차원에서 발달적 단계에 따라 그 행동적 유형을 분류할 수 있다. 〈표 10-1〉에 나타나 있는 것과 같이 타인을 자기에게 맞추려는 타인지향적 행동, 자기를 타인에게 맞추려는 자기 변화적 행동, 양자의 욕구를 통합하려는 협동지향적인 행동의 3가지의 행동유형을 4단계의 발달적 단계로 나누고, 마지막 발달 단계인 3단계가 가장 높은 발달적 단계의 행동으로 분류한다(Selman & Demorest, 1984; Yeates & Selman, 1989, p.26).

이와 같이 사회적 기술습득은 기초적인 단순 행동훈련에서 발달적인 인지훈련에까지 매우 복잡하며, 그 하위 행동 영역의 종류도 무척 다양하다. 그래서 사회적 기술을 습득시키는 것은 신체적, 인지적, 비언어적 기술들이 관련된 복잡한 작업이다.

대부분이 지적 결함을 동반하는 발달지체유아의 경우 사회적 기술습득을 위한

표 10-1 대인 상호작용 방법의 분류와 대인지향 행동

단 계	행동유형	구체적 행동
0: 충동적	비언어적 공격(때림 등)	울기, 끌어당김, 나가기
1: 일방적	일방적 명령	복종, 굴복, 도움을 기다림
2: 호혜적	설득, 자기 우선	양보
3: 협조적	협동, 상호 간의 욕구와 양자의 관계에 대한 관심	

다양한 영역의 훈련 프로그램이 필요하다. 그중에서도 발달지체유아의 사회적 기술습득을 위한 교수적 전략단계에는 다음의 네 가지가 있다. 첫 번째 단계로는 습득시키고자 하는 기술의 구체적인 행동 모델화를 제공하고, 두 번째 단계로는 의도적으로 계획된 활동 안에서 모델화된 행동 실행을 요구하여 행동 습득이 이루어지게 하고, 세 번째 단계는 제공된 강화를 통해 습득된 행동 유지가 가능하도록 계획하고, 마지막으로 네 번째 단계에서는 습득되고 유지된 사회적 기술의 일반화를 위하여 다양한 환경과 상황이 제공되어야 한다([그림 10－3] 참조.).

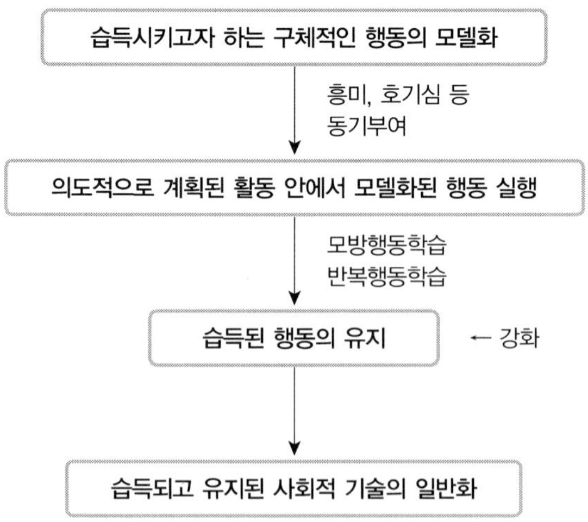

[그림 10-3] 사회적 기술습득을 위한 교수전략 3단계

2. 사회적 상호작용

인간은 서로 다양한 정보를 전달하거나 태도와 반응을 교환하며 서로 영향을 주고받음으로써 인간관계를 형성하고 전개한다. 이러한 영향을 주고받는 과정을 사회적 상호작용(social interaction)이라고 말한다. 이러한 과정에는 최소의 단위로서 개인 대 개인이라는 두 사람 사이의 상호작용도 있고, 개인 대 집단, 집단 대 집단이라는 여러 사람 사이의 상호작용도 있다.

사회적 상호작용의 촉진을 위한 다양한 활동들은 발달지체유아가 어떤 새로운 상황에 부딪혔을 때 문제해결 능력을 발휘하여 그 상황에 적극적으로 참여해서 문제를 해결하는 것은 물론 자아개념 확립, 또래관계 형성에도 많은 영향을 미친다.

1) 사회적 상호작용 발달

생후 몇 년간에 걸친 부모의 양육은 유아의 모든 발달에 아주 중요한 영향을 미친다. 이 시기는 유아의 능력이 가장 집중적으로 발달함은 물론, 사회성의 발달과 도덕적 질이 형성되어 장래 인격형성의 기초가 되는 중요한 시기다. 그래서 취학 전 유아의 교육에 따라 유아의 장래가 좌우된다고 할 수 있다.

출생 직후 신생아는 단지 자신의 생리적인 욕구가 충족되면 만족하는 경향이 있고, 자신에게 주어지는 여러 가지 자극에 대해서도 수동적인 반응만 할 뿐 주위의 사람들에 대해 적극적인 흥미를 나타내는 일은 드물다. 그러나 유아기에 접어들면서 사물과 사람에 대한 관심이 동시에 일어나기 시작하고 유아의 발달에 가속도가 생겨 사람에 대한 관심이 사물에 대한 관심보다 더 많아진다. 또한 유아들은 그들의 가족과 상호작용을 하기 시작하여 특정 사회의 일원으로 참가해 가는 데 필요한 규범을 배우고, 성장함에 따라 점차 사회범위가 확장되어 주변의 여러 사람들과 상호작용을 하여 그 사회에 적절한 태도와 습관을 습득한다. 이렇게 습득된 규범들은 유아들이 모든 생활을 영위해 가도록 하는 데 중요한 역할을 담당한다.

이와 같은 유아의 사회적 상호작용은 다음과 같은 연령적 발달과정을 갖는다(高野 & 深谷, 1989; 藤掛, 1996). 1세가 되면 사회적 상호작용은 주로 부모와 이루어지고, 1세가 지나면 어른들의 주의를 끌려는 자발적인 행동이 나타나며, 어른의 명령이나 금지를 이해한다. 그리고 2세가 지나면서 어른과의 상호작용이 증가하고 자아의식과 자기주장이 강해지면서 또래에게 관심을 갖게 된다. 이 시기에는 또래와 함께 놀이를 한다기보다는 방관적 또래관계를 형성한다고 할 수 있다. 3세가 되면 또래에 대한 관심이 강해져 적극적인 접촉이 일어나지만 이러한 접촉은 평행적 행동이나 싸움으로 또래와의 협조적인 행동은 형성되지 않는다. 그러나 유아의 약 50% 정도는 집단놀이를 할 수 있다. 4세가 되면 언어를 자유롭게 구사하며 또래와의 협동적인 행동을 할 수 있으나 경쟁심이 발생하여 싸움을 많이한다. 그리고 이 시기에 외향적이거나 내향적인 사회적 성격이 형성되기도 한다. 5~6세가 되면 협동성이 강해지면서 역할놀이가 시작되고 지도자의 역할이 출현하여 지배-복종 관계도 형성된다. 싸움도 일어나지만 스스로 해결하고 집단규칙도 생겨나 상호 협동적 행동이 가능해진다. 또한 자기중심성이 조금씩 없어지고 상대방의 입장을 생각할 수 있게 된다.

이러한 사회적 상호작용의 발달적 과정에서 유아의 관심은 2세가 될 때 어른에서 또래친구로 옮겨 가기 시작하여 3세에는 또래와의 상호작용이 급증하기 시작함을 알 수 있다(Ellis et al., 1981; 內田 & 無藤, 1983). 이렇게 대인접촉이 나타나는 시기부터 유아의 사회적 행동은 시작되었다고 말할 수 있다.

유아가 대인 상호작용을 형성하여 가는 과정을 살펴보면 다음과 같다(無藤, 高橋, 田島, 1990). 우선 유아는 모습이나 목소리 등의 특징으로 사람을 지각하면서 사람을 다른 사람과 구별할 수 있게 된다. 이때 유아에게는 어떤 사람을 특정화하려는 개념형성이 요구된다. 이러한 개념들이 형성되면 사람을 향한 어떠한 활동이 시작되고 이러한 활동은 사회적 상호작용 결과로 특정한 사람과 연결된다. 그리고 좀 더 발전된 사회적인 관계는 여러 가지 정서적 체험과 표현으로 자기와 타인의 행동을 조정하는 기능을 갖게 되면서 이루어진다. 이와 같이 유아가 적어도 5~6세가 되었을 때 기초적인 사회적 관계가 성립되는 것으로 보아 유아의 환경지각과 사람을 인식하는 능력이 일찍부터 준비됨을 알 수 있다. 이러한 능력은 사람들과의 상호작용에서 여러 정보처리 과정을 통하여 더 많이 발휘된다고 생각된다. 더 나아가 유아들은 사람들과 상호작용을 하는 가운에 사회적 능력이 심화되며 이는 나중에 형성되는 가족관계, 또래관계를 포함한 전반적인 사회관계나 사회적 인지 및 언어발달의 기초가 된다고 여겨진다.

유아의 사회적 상호작용이 출생 직후 가족에서 또래 그리고 다양한 대인관계의 범위로까지 확장되는 것에서 알 수 있듯이 상호작용은 종적 관계에서 횡적 관계로 이동되어 가고 그 활동내용 또한 무척 다양하게 발달해 간다. 일반적으로 유아가 사회적 상호작용을 처음으로 이루는 사람은 가족이며, 그중에서도 특히 어머니와 상호작용을 많이 한다. 그래서 많은 연구에서 모자 상호작용의 중요성을 강조하고 있는 것이다. 그러나 최근에는 어머니 이외의 가족구성원의 지원적 관계 및 가족 이외의 사람과의 관계도 유아의 사회적 상호작용이 발달에 중요한 영향을 미친다는 것을 인식하면서 부자관계, 형제관계, 또래관계로 그 대인관계의 범위가 확장되고 이러한 관계가 유아에게 미치는 영향력에 대한 다양한 지적이 이루어지고 있다.

일찍부터 설리번(Sullivan, 1953) 같은 교육자들은 다른 어떤 대인관계보다 또래관계의 중요성을 강조하였다. 또래관계란 동일연령 혹은 연령이 비슷한 친구들의 관계로서 그 중심적인 의미는 신체적 특징, 신체 · 심리적 능력, 경험, 사회적 지위가 비슷한 또래와의 관계를 말한다. 그래서 모자 혹은 부자 관계는 부모와 자식이라는 관계가 주축이 된 수직적 관계라면, 또래관계는 동등성과 호혜성의 성격을 띤 수평적 관계라고 할 수 있다. 다시 말하자면 또래관계 안에서 일어나는 유아들 사이의 상호작용은 횡적 관계를 유지하며 대등한 입장에서 행동을 한다. 이처럼 또래관계가 형성되는 시기부터 놀이나 싸움을 통하여 변화된 상호작용 형태가 나타나며 친구를 선택하는 이유에도 변화가 나타나기 시작한다.

또래유아들 간의 사회적 상호작용은 놀이 상대로 또래친구를 찾기 시작하는 3, 4세부터 그 빈도가 증가하고 활동내용도 다양해진다. 이 시기에 유아를 둘러싸고 있는 여러 가지 사회 심리적 환경요인들은 사회적 상호작용 촉진에 매우 중요한 영향을 미친다. 특히 모자의 애착형성은 사회적 상호작용 형성의 중요한 요인이다. 또한 유아가 3세를 넘어서면 생활환경이 넓어지고 또래관계가 증가하여 물적, 인적 관찰환경이 확대되기 시작하면서 대인관계는 더욱 풍부해진다. 그리고 또래 간의 상호작용은 유아의 인지 발달에 많은 영향을 미친다. 특히 또래 간의 상호작용 활동에서 개개 유아들이 상호 주관성에 도달할 때 인지 발달은 더 많이 자극받지만, 이러한 자극도 협동과 사고의 교류가 일어나지 않을 때는 인지적 성취가 일어나지 않는 것으로 보고되고 있다.

또래 간의 상호작용이 사회적 능력에 영향을 주는 요인을 설명하기 위해 종합적인 개념모형이 제공된다. 첫 번째 요인은 유아들 사이에서 보이는 사회적 상호작용에서 사용되는 의사소통 기술은 언어, 인지, 정서, 운동 등의 발달에 영향을 받으며, 두 번째 요인이 되고 있는 사회적 전략, 사회적 과제로서의 사회 의사소통 기술은 통합, 조직, 계열화됨으로써 발생된다고 할 수 있다.

이와 같이 유아들의 사회적 상호작용은 전반적인 유아발달과 사회성 발달, 그리고 유아의 정서와 학습에 많은 영향을 미친다. 따라서 많은 교육전문가들은 유아교육 현장의 실천적인 문제로서 유아들의 사회적 상호작용 촉진을 위한 교육적 전략의 중요성을 인식하고 그 개발에 노력을 아끼지 않는 것이다.

2) 사회적 상호작용 방법

언어나 몸짓이 완전하지 않은 유아의 상호작용 전략은 매우 놀랍고도 흥미롭다. 부모들이 아주 미미한 유아의 상호작용 전략에도 즉각적인 반응을 나타내며 즐거워하는 모습을 우리는 흔히 볼 수 있다.

1개월된 유아의 경우는 엄마가 유아를 주시할 때 유아도 이에 반응하여 엄마를 주시함으로써 두 사람 사이의 상호작용이 시작된다. 두 사람의 주시가 지속되는 동안에 엄마는 유아에게 말을 걸고, 이런 활동이 반복되는 동안 유아는 엄마의 눈을 주시하며 엄마의 말에 유아가 미소짓는 반응을 보인다. 유아의 미소짓는 활동은 엄마의 활동에 응답하는 반응적 활동으로서 두 사람의 상호작용을 확실하게 전개하는 계기를 형성한다.

2개월이 되었을 때 유아와 어른과의 상호작용은 더욱더 긴밀한 관계로 나타난다. 어른이 말을 거는 것에 대해 유아는 발성과 함께 미소를 짓는다. 혹은 유아의 발성이나 미소에 대하여 어른이 반응하고 이것이 곧 유아의 미소를 일으킴으로써 유아–어른–유아의 순환(turn taking)의 연쇄가 나타난다.

3개월이 되었을 때는 앞에서 전술한 활동들이 지속되면서 장시간 계속되는 순환의 연쇄, 미소와 발성에 따른 행동의 복합성이 나타난다. 두 사람 모두가 동시에 상호작용의 개시자가 되는 일은 거의 없고, 서로 차례를 지키면서 신호를 교환하는 커뮤니케이션이 일어난다. 유아는 1세 전후에 부모와의 애착이 성립되는데 이는 이런 상호작용을 통하여 형성되는 것이다.

이와 같이 유아의 미소는 사회적 상호작용을 일으키는 중요한 활동이다. 그렇다면 미소를 통하여 본 유아의 사회적 반응의 발달은 어떻게 이루어지며 무엇이 미소를 일어나게 하는지 생각해 볼 필요가 있다.

생후 2개월이 되면 유아는 여러 가지 물건에 대하여 미소를 지으나 3개월에는 사람의 얼굴에 대하여 미소를 짓는다. 유아는 사람의 얼굴을 눈, 코, 입의 배치로서 전체적 특징을 잡고 미소짓고 있다. 이들이 얼굴다운 모형이라면 정말 얼굴이 아니라도 미소를 지으며 평면, 입체 그 어떤 것이라도 상관하지 않는다. 그러나 요소는 동일하지 않지만 그것들이 있는 모형에도 미소를 지으며 얼굴의 요소가 없는 것에는 미소를 보이지 않는다(高橋, 1974). 그러나 3개월된 유아의 미소를 유발시키는 데는 눈, 코, 입의 요소가 모두 필요하지는 않다. 3개월된 유아는 코나 입만이 단독으로 정상의 위치에 있는 모형얼굴에는 미소를 짓지 않지만 눈이 정상의 위치에 있으면 코와 입이 없어도 잘 웃는다. 결국 유아의 미소를 유발시키는 데는 눈의 위치가 중요한 역할을 한다고 할 수 있다(高橋, 1975).

이러한 발달 단계에 있는 3개월된 유아는 누구에게든지 미소를 짓는다. 따라서 유아의 이런 활동은 사람과의 접촉의 기회를 증가시킨다. 그러나 5개월이 되면 어떠한 얼굴이라도 자극특성을 갖고 있어도 무표정에 응답이 없는 얼굴에는 미소를 많이 짓지 않는다. 미소나 목소리로서 활동을 걸어, 유아의 미소에 미소로 답하는 얼굴이 아니면 미소를 짓지 않는다.

미소는 친밀감을 전하는 메시지로서 사람과의 관계에서 중요한 의미를 갖는다. 그러나 그 원형은 출생 시에 준비되어 있어 다음과 같이 발달한다. ① 출생 직후 불규칙적 수면상태부터 미소가 나타난다. 단지 외부의 자극과 관계없이 출현하므로 자발적 미소라고 불리고 있다. ② 미소는 촉자극, 청자극에 따라서 일어나 1개월 반경에는 시자극에 따른 미소가 나타난다. ③ 3개월경 유아는 사람이라면 누구든지 미소를 짓는다. ④ 6개월경에는 익숙한 사람에게만 미소를 지으며 처음 대하는 사람에게는 긴장한 표정을 짓는다. ⑤ 8개월경에는 익숙하지 않은 사람에게는 공포와 경멸을 나타내어 얼굴을 피하거나 우는 낯가림이 일어난다. 한편, 미소는 친숙한 사람과의 의사소통의 방법으로서 친밀함을 전하여 그 이후 계속하여 나타낸다.

이와 같이 유아의 미소발달은 자발적 미소에서 사회적 미소로 발달한다. 신생아가 생득적으로 갖춘 미소는 사람과의 관계 안에서 사회적 의미를 획득하여 사회적 미소로서 발달한다. 게다가 유아의 미소에 대하여 성인이 적극적으로 반응하면 유아는 미소가 갖는 사회적 의미를 발견하고 그것을 의사소통의 수단으로서 사용하는 것을 학습한다.

유아의 초기적 발달에서 보는 것과 같이 유아는 태어나서부터 사회적으로 존재하려는 능력을 갖고 있다고 할 수 있다. 이는 유아가 사람과의 관계를 가능하게 하는 여러 가지 행동을 갖추어 태어난다는 것을 의미한다. 주시하는 것, 미소, 발성, 우는 것, 이러한 것들이 사람을 상대로 표현됨으로써 상대와의 관계를 요구하는 신호로 이해되고 이를 통하여 서로 사회적 상호작용이 가능해진다. 또한 유아와 접촉하고 있을 때 어른은 독특하게 긴장된 표정이나 높은 음에 천천히 말을 거는 것, 큰 머리와 얼굴의 움직임, 오랫동안 주시하는 것, 신체를 만지는 것을 무의식중에 행하게 된다.

초기부터 유아와 성인 사이에 의사소통을 가능하게 하는 것은 ① 유아가 사람을 대하는 특유의 반응 방법, ② 상호작용을 가능하게 하는 유아의 여러 가지의 반응, ③ 유아와 만나는 어른이 유아가 모르는 사이 끌어당겨지는 독특한 반응, ④ 어른이 유아의 행동에서 하나하나 사회적 의미를 발견하여 민감히 반응하려고 하는 것과 같은 서로에게 영향을 미치는 행동이 기초를 이룬다. 결국 사회적 상호작용에서 유아와 어른은 대등하게 중요한 역할을 하고 있고 상호협력하에 관계가 성립되고 있다.

서로 관계가 있는 두 사람의 인간은 놀랄 만큼 많은 신호를 상대방과 교환하고 있다. 이것은 자연스럽게 진행되는 것으로서 상대가 나타내는 신호에 주의를 요구하고, 상대로부터 신호가 나타났을 때는 받고 그것이 끝나면 종료하면서 이번에는 활발하게 상대에게 신호를 보내지 않으면 안 된다. 이것처럼 서로 순서를 지키면서 교대로 일어나는 사회적 행동은 상호작용을 전개하는 데 기본적인 연쇄활동인 것이다. 이처럼 매우 복잡하게 생각되는 상호작용의 원리는 출생 직후부터 존재한다. 유아의 경우 모자간에 반드시 보이는 것이지만, 엄마는 유아의 호흡-휴지의 리듬과 합하여져 휴지기에는 모유핀을 흔들거나 말을 걸어 유아에게 활동을 걸고 호흡 중에는 조용하게 있다. 이런 패턴을 카이에(Kaye, 1977)는 회화 패턴의 원형으로서 주목하고 있다. 이 호흡-휴지리듬은 확실히 단순하면서도 규칙적이므로 엄마가 유아의 행동을 예측하여 이를 적절하게 관계하여 가는 것이 용이하며, 유아도 이를 통하여 순환의 형식을 배워 가는 것이다.

이와 같이 유아의 사회적 상호작용은 아주 일찍부터 다양한 방법으로 이루어지고 있으며, 어른들은 이에 반응하여 상호작용을 전개한다. 발달지체유아의 경우도 이러한 초기적 발달이 늦기는 하지만 활동이 나타나며 자발성과 적극성을 유도할 수 있는 지도가 조기에 이루어진다면 사회적 능력의 발달에 많은 도움이 될 것이다.

3) 발달지체유아의 사회적 상호작용 촉진

완전통합교육환경이 취학기의 장애아동은 물론이고 취학 전의 발달지체유아에게도 제공되면서 취학 전 발달지체유아가 통합교육 현장에서 갖게 될 사회적 상호작용에 대한 관심이 높아지기 시작하였다.

완전통합교육환경에서 발달지체유아는 또래와의 상호작용을 형성하려는 빈도나 그 유형의 변화 그리고 학습과 자아개념 형성 등의 발달이 촉진된다. 그리고 완전통합교육환경에서 이루어지는 교수전략들 중 하나인 정상발달유아들의 또래교사 역할은 발달지체유아와 정상발달유아의 두 집단에게 모두 긍정적인 관계를 갖게 될 것이다(정계숙 외, 1998). 그러나 발달지체유아는 정상발달유아와는 달리 사회적 상호작용 중 한 요인이 되고 있는 사회적 기술습득과 실행에 결함을 보여 완전통합교육환경에서 정상발달유아 및 교사와의 원만한 상호작용을 하려는 활동에 어려움이 많다. 그리고 발달지체유아가 정상발달유아들과의 원만한 상호작용이 이루어지지 않은 채 정상발달유아들로부터 거부되는 경우도 관찰할 수 있는데, 이는 발달지체유아의 공격성, 과잉행동, 소심함, 우울, 사회적 위축, 분열행동 등과 같은 반사회적 또는 비사회적 행동특성 때문이거나 정상발달유아가 발달지체유아를 거부하는 태도 때문이기도 하다. 따라서 발달지체유아들이 또래와의 원만한 상호작용을 이루기 위해서는 정상발달유아와 함께할 수 있는 시 · 공간적인 교육환경이 제공되어야 하고 발달지체유아의 문제행동의 해결은 물론 정상발달유아들의 거부적 태도가 해결되어야 한다.

발달지체유아에게 정상발달유아와의 긍적적인 사회적 상호작용을 촉진시켜 주고 분리되지 않은 통합교육환경 내에서 가르칠 수 있는 구체적인 교수전략으로는 또래와의 협력학습과 또래교수를 들 수 있다(강영심, 1996; 김향지, 1996). 협력학습과 또래교수 방식은 정상발달유아가 발달지체유아에 대해 갖고 있는 부정적인 인식이나 태도를 긍정적으로 변화시켜 긍정적인 또래관계를 촉진시킬 수 있고, 발달지체유아의 문제행동을 감소시켜 바람직한 사회적 행동의 증진과 학업성취도를 향상시킨다고 여러 연구에서 보고되고 있다. 그리고 구랄릭과 그룸(Guralnick & Groom, 1987)은 발달지체유아와 3~4세의 정상발달유아가 다양한 놀이활동에서 체계적으로 또래관계를 유지하는 것은 발달지체유아가 또래와의 원만한 상호작용을 형성시키는 데 효과적인 방법이라고 평가하고 있다. 발달지체유아의 사회적 상호작용을 촉진하기 위한 노력들은 발달지체유아의 입장에서는 결핍된 인지적 기술은 물론 낮은 성취동기를 수정시켜 주는 데 긍정적인 영향을 주며, 정상발달유아의 입장에서는 발달지체유아에 대한 이해와 폭이 넓어지도록 도와줌으로써 부정적인 시각을 개선시켜 줄 수 있는 기회를 제공한다(강영심, 1996).

이와 같이 발달지체유아의 사회적 상호작용의 촉진은 사회에서 더 이상 고립되지 않고 구성원으로서 자신의 역할을 잘 실행하기 위해 무엇보다도 필요한 것이다. 발달지체유아의 원만한 상호작용을 위하여 유아가 갖는 독특한 문제해결은 물론 이차적으로 따라오는 환경적 문제, 활동에 참여하는 구성원, 교재교구, 중재방법, 교육활동내용, 교수전략의 문제 등과 같은 여러 가지 것들이 충분히 고려되어야 한다. 그중에서도 교육환경, 교사역할, 교육내용에 대한 고려는 매우 중요하다. 이렇게 여러 가지 문제가 해결되고 계획된 교수전략들이 취학 전 발달지체유아들에게 실행된다면 그 효과는 클 것이다. 왜냐하면 대부분의 유아들은 취학 전에 기본적인 지각기능이 학습되고, 구어와 수용언어가 완성되며 학교에 적응하려는 사회적 관습이 형성되기 때문이다.

참고문헌

강영심(1996). 또래협력자의 능력수준과 지적장애아동과의 친밀성이 지적장애아동의 인지기능향상에 미치는 영향. 특수교육학회지, 17(3), 125-142.

김향지(1996). 사회적 기술 중재전략이 정신지체아의 사회적 기술, 문제행동 및 학업능력에 미치는 효과. 미간행 박사학위논문, 대구대학교.

윤점룡(1999). 특수교육정책의 과제-21세기를 향한 특수교육의 과제. 1999년도 춘계학술심포지움, 23-66.

정계숙, 심미경, 김진희, 문성숙(1998). 통합학급의 유아간 사회적 상호작용 증진 프로그램 효과연구. 특수교육학회지. 33(1). 51-76.

채미옥(1997). 자기질문전략이 정신지체아의 사회적 실행능력에 미치는 효과. 미간행 박사학위논문, 대구대학교.

池田由紀江(1987). ダウン症兒の早期教育プログラム-0歲から6歲までの發達と指導-. ブドウ社. .

內田伸子, 無藤隆(1983). 幼兒初期の遊びにおける會話の構造. お茶の水女子大學人文科學概要, 38, 81-122.

高橋道子(1974). 乳兒の微笑反應についての縱斷的硏究-出生直後の自發的微笑との關連において. 心理學硏究, 44, 124-134.

高橋道子(1975). 顔摸型に對する乳兒の微笑反應, 注視反應-目の位置・ 形 ・大きさの效果. 日本敎育心理學會第17回總會發表論文集, 118-119.

谷口清, 野口和人, 松野豊 (1985). 知慧おくれお子どもの豫測活動の發達的特徵と障害. 障害者問題硏究, 43, 57-67.

陳敦子, 野 地政(1992). 幼兒の社會的問題解決能力に關する發達的硏究-げんか及び援助狀況の解決と社會的コンピテンス- 敎育心理硏究, 40, 425-461.

中野良顯・橋詰節子・山下佳子(1987). 集團社會技能訓練による不適應行動の改善とセラピスト行動の訓練. 安全生命社會事業團硏究助成論文集, 23(1), 93-102.

藤掛氷良ほか(1996). 發達心理學. 健常社.

無藤隆, 高橋惠子, 田島信元(1990). 發達心理學入門 I :乳兒・幼兒・兒童. 東京大學出版社.

渡部玲二郎(1993). 兒童における對人交涉方略の發達-社會的情報處理と對人交涉方略

の關聯性. 教育心理學硏究, 41(4), 452-461.

Baily, D. B., & Wolevy, M. (1984). *Theching infants and preschoolers with handicaps.* NY: Macmillan publishing company.

Bandura, A. (1977). *Social learning theory.* England Cliffs, NJ : Prentice-Hall.

Chandler, L. K., Fowler, S. A., & Lubeck, R. C. (1992). An analysis of effect of multiple setting events on the social behavior of perschool children with special needs. *Journal of applied Behavior Analysis, 25,* 249-263.

Cohen, S., Beckwith, l., & Parmelee, A. (1978). Receptive language development in preterm children as related to care giver-child interaction. *Pediatrics, 61,* 16-20.

Cole, D. A., Vandercook, T., & Rynder, J. (1985). Dyadic interaction children with and without mental retardation: effects of age discrepancy. *American Journal of Mental Deficiency, Vol. 92*-2, 194-202.

Cunningham, C. E., Reuler., Blackwell, J., & Deck, J. (1981). Behavirol and linguistic developments in the interaction of normal and retarded children with their mothers. *Child Develpoment, 52,* 62-70.

Darbyshire, J. O. (1977). Play patterns in young children with impaired hearing. The *Volta Review, 79,* 19-26.

Davies, R. R., & Rogers, E. S. (1985). Social skills training with persons who are mentally retarded. *Mental Retardation, 23* (4), 186-196.

Ellis, S., Rogoff, B., & Cromer, C. C. (1981). Age segregation in children' s social interaction. *Developmental Psychology, 17,* 399-407.

Gresham, F. M., & Elliott, S. N. (1984). Assessment and classification of children' s social skills: A review of methods and issues. *School Psychology Review, 13,* 292-301.

Gresham, F. M., & Elliott, S. N. (1987). The relationship between adaptive behavior and social skills: issues in definition and assesement. *The Journal of Special Education, 21* (1), 167-181.

Guralnick, M. J., & Groom, T. M. (1985). Correlates of peer-relatied social competence of developmentally delayed preschool children. *American Journal of*

Mental Deficiency, Vol. 90–2, 140–150.

Guralnick, M. J., & Groom, T. M. (1987). Dyadic peer interactions of mildly delayed and nonhandicapped preschool children. *American Journal of Mental Deficiency, Vol. 92*–2, 178–193.

Guralnick, M. J., & Groom, T. M. (1988). Friendships of preschool children in mainstreamed playgroups. *Developmental Psychology, 24*, 595–604.

Kaye, K. (1977). Toward the origin of dialogue. In H. R. Schaffer (Ed.), *Studies in mother–infunt interaction*(pp. 89–117). Academic Press.

LaGreca, A., Stone, W., & Bell, C. (1983). Facilitationg the vocational–interpersonal skills of mentally retarded adults. *American Journal of Mental Deficiency, 88*, 270–278.

Lancioni, G. E. (1982). Normal Children as tators to teach social responses to withdrawn mentally retarded schoolmates: trainnig, maintenance, and generalization. *Journal of Applied Behavior Analysis, 15*, 17–40.

Newman, H. G., & Dolby, J. T. (1973). Correlates to social comperence among trainable mentally retarded children. *American Journal of Mental Deficiency, 77*, 722–732.

Odom, S. L., & McEvoy, M, A. (1988). Intergration of young children with handcaps and nirmally developing children. In Odom, S. M. & M. B. Karnes (Eds.), *Early intervention for infants and children with handcaps: An emprirical base.* Baltimore: Paul H. Brooks Publishing.

Peterson, G. A., Austin, G. J., & Lang, R. P. (1979). Use of teacher prompts to increase social behavior: generalization effects with severely and profoundly retarded adolescents. *American Journal of Mental Deficiency, 84*, 82–86.

Peterson, C. A., & McConnell, S. R. (1993). Factor affecting the impact of social interaction skills intervention in early childhood special education. *Topics in Early Childhood Special Education, 13* (1), 38–56.

Selman, R. L., & Demorest, A. P. (1984). Observing troubled children' s interpersonal negotiation strategies: Implication of and for a developmental model. *Chlild Development, 55*, 288–304.

Spangler, P., & Marshall, A. (1983). The unit play manager as facilitator of purposeful activities amang institutionalized profoundly and severely retarded boys. *Journal of Applied Behavior Analysis, 16*, 345−349.

Stain, P. S. (1990). LRE for preshool children with handicaps: what we know, what we should be doing. *Journal of Early Intervention, 14*, 38−56.

Sullivan, H. S. (1953). *The interpersonal theory of psychiatry.* New York: Norton.

Trower, P., Bryant, B., & Argyle. M. (1978). *Social skills and mental health Pittsburgh.* PA: University of Pittsburgu Press.

Walker, H. M., Todis, B., Holnes, D., & Horton, R. (1988). *ACCESS AUSTIN.* TX, Pro−Ed.

Weissberg, R. P. (1985). Desigining effctive social problem−solving programs for the classroom. In B. Schneider, K. H. Rubin, & J. Ledingham(Eds.), *Children's Peer Relations: Issues in Assessment and Training.* New York: Springer−Verlug.

Wilton, K., & Barbour, A. (1978). Mother−child interaction in high and contrast preschoolers of low socioeconimic ststus. *Child Development, 49*, 1136−1145.

Yeates, K. O., & Selman, R. L. (1989). Scoial compentence in the schools: Toward an *integrative development model for intervention. Developmental Review, 9*, 64−100.

chapter

11 놀이발달과 지도 방법

1. 유아놀이에 대한 이해
2. 놀이이론
3. 놀이유형의 발달
4. 발달지체유아와 놀이
5. 놀이지도
6. 놀이자료
7. 놀이환경

놀이는 발달지체유아와 정상발달유아를 포함한 모든 유아의 발달에 중요한 활동이다. 최근 많은 연구들을 통해 놀이가 유아의 신체, 정서, 인지, 사회 등 통합적인 발달을 유도할 수 있는 가장 바람직한 매체라는 인식이 이루어지고 있다. 즉, 유아 자신의 능력과 조화를 이루고 내적으로 동기화된 유아중심의 놀이는 유아들로 하여금 다양한 유형의 놀이를 경험하게 하고, 궁극적으로 유아들의 통합적인 발달을 이끌어 낼 수 있다는 것이다.

이와 같은 맥락에서 볼 때 정상적인 발달을 추구하고 발달지체를 최소화하는 것을 목표로 하는 발달지체유아에게 통합적인 발달을 유도하는 놀이는 장애의 발생을 예방하거나 최소화시켜 정상적인 발달로 이끌어 주는 발달매체가 될 수 있다.

본 장에서는 먼저 놀이의 정의, 특성 및 의의 그리고 놀이이론을 살펴봄으로써 놀이에 관한 이해를 구축하고, 발달지체유아를 대상으로 다루어지고 있는 놀이의 논점과 놀이지도법에 관하여 살펴보도록 한다.

1. 유아놀이에 대한 이해

많은 연구자들이 놀이의 중요성을 부각시키면서 다양한 관점에서 놀이의 본질을 밝히려는 연구가 이루어졌다. 본 절에서는 놀이의 정의, 놀이의 특성, 학습, 평가, 치료 측면에서의 놀이의 의의를 살펴보면서 놀이의 가치를 살펴보도록 하겠다.

1) 놀이의 정의

놀이의 정의에 대해서는 학자들마다 견해가 다르다. 예를 들어, 유치원 창설자인 프뢰벨(Froebel)은 '유아의 가장 순수한 정신적 활동' 이라고 정의하였다. 또한 진보주의 교육자 듀이(Dewey)는 '특정 결과를 얻기 위한 의도적인 활동이 아니며 활동 자체가 목적인 활동' 이라고 규정하였다. 이처럼 놀이를 한마디로 정의하기는 어렵다. 여러 연구자들이 제시하는 놀이의 정의들을 분석하여 특성을 알아보면 다음과 같다.

2) 놀이의 특성

놀이에 관한 보다 분명한 이해를 돕기 위하여 루빈(Rubin et al., 1983) 등은 놀이의 다섯 가지 특성을 다음과 같이 기술하였다.

첫째, 놀이는 내적 동기화에 따라 일어나는 활동이다. 놀이는 그 자체가 목적이어서 유아는 자신의 순수한 만족을 위해서만 놀이를 한다.

둘째, 놀이는 참여자가 자유롭게 선택해야 한다. 유아에게 강제적으로 놀이를 하게 한다면 전혀 놀이로 생각하지 않게 된다. 예를 들어, 만일 유치원 교사가 유아에게 놀이활동을 정해 준다면 유아들이 스스로 선택한 놀이와 동일한 활동일지라도 그 활동을 일이라고 여긴다(King, 1979).

셋째, 놀이는 즐거워야 한다. 유아가 즐거움을 느끼지 못하고 스트레스를 받는 활동은 놀이라고 할 수 없다.

넷째, 놀이는 비사실적 특성을 지닌다. 놀이에는 유아의 관심에 일치시키기 위해 실제를 왜곡하는 가상 요소가 포함되어 유아들은 실제의 자기가 아닌 '~인 척하는' 놀이를 많이 한다.

마지막으로 놀이는 놀이자가 능동적으로 참여한다는 특성을 지닌다. 유아 자신이 내적으로 동기화되어 시작한 놀이에 유아는 신체적으로나 심리적으로 적극 참여한다.

3) 놀이의 의의

최근에 놀이가 중요시되는 이유는 학습, 평가 및 치료의 측면에서 의의가 크기 때문이다. 놀이의 의의를 학습, 평가, 치료 측면에서 살펴보고자 한다.

(1) 놀이와 학습

최근 들어 유아교육 현장에서 놀이가 중요시되는 이유는 놀이가 유아의 삶 자체일 뿐만 아니라 학습의 기본형식이기 때문이다. 유아는 놀이를 통해 자연스러운 방식으로 지식을 넓혀 가며 감각운동적 능력과 기능을 형성해 간다. 또한 놀이를 통해서 기술이나 규칙에 익숙해지고 놀이내용을 알게 되며, 새로운 고안과 창작도 할 수 있다. 놀이는 지적 이해를 가능하게 해 주며 동시에 정서적 발달과 사회적 학습의 기회를 제공해 준다.

(2) 놀이와 평가

유아의 놀이행동은 신체, 인지, 정서, 사회성 등 다양한 영역에서 유아의 현재 상태를 나타내 준다. 이 때문에 교사들은 오래전부터 놀이시간을 유아의 발달평가 자료를 수집하는 시간으로 활용해 왔다. 특히 유아가 자발적으로 참여하는 활동인 놀이를 통해 유아를 관찰하는 것은 인위적인 상황에서 유아를 조사하는 다른 방법보다 자연스러운 상황에서 유아를 있는 그대로 관찰할 수 있는 장점이 있다. 놀이에서는 유아의 정상적인 발달뿐 아니라 발달상의 문제점이 표출되므로, 이를 진단하여 필요한 경우는 전문가에게 치료를 의뢰해야 한다.

(3) 놀이와 치료

놀이를 하는 동안 유아는 자신의 모든 감정을 표출시킨다. 연구자들은 유아가 놀이과정 중에 부정적 감정을 표출시킴으로써 정서적 부적응이나 다른 문제행동이 자연스럽게 치료된다고 주장한다.

정신분석학자인 거니(Guerney, 1984)는 놀이가 유아의 정서문제 치료에 유용한 세 가지 이유를 지적하였다. 첫째, 놀이가 유아의 욕구를 만족시켜 주는 매체의 역할을 하며, 둘째, 놀이에서 얻는 만족은 놀이결과에 따른 것이 아니라 놀이과정 중에 자연스럽게 얻게 되고, 셋째, 유아에게 인상 깊었던 사건이나 경험이 놀이 중에 반복적으로 재현되므로 사건에 숙달되거나 동화되어서 문제를 해결할 수 있다.

2. 놀이이론

놀이이론은 놀이의 본질을 규명해 주며, 유아의 놀이행동을 설명하고 예측하게 해 준다. 놀이이론의 역사적 변천과정을 살펴봄으로써 놀이가 유아발달에 미친 영향을 알 수 있다. 놀이이론은 고전적 놀이이론과 현대적 놀이이론으로 나뉜다. 고전적 놀이이론(classical play theory)은 19세기에서 20세기 초에 발생된 놀이이론을 말하고, 현대적 놀이이론(contemporary play theory)은 1920년 이후에 발전된 놀이이론을 말한다. 고전적 놀이이론과 현대적 놀이이론을 구체적으로 살펴보면 다음과 같다.

1) 고전적 놀이이론

놀이가 존재하는 이유를 설명하는 데 중점을 두고 있는 고전적 놀이이론은 두 범주로 구분할 수 있다. ① 놀이를 에너지 조절의 수단으로 보는 잉여 에너지 이론과 휴식이론, ② 놀이를 본능의 측면에서 설명하는 반복이론과 연습이론이다. 각 이론들은 놀이가 에너지와 본능에 어떻게 영향을 미치는지에 관하여 서로 상반된 설명을 하고 있다.

(1) 잉여 에너지 이론

잉여 에너지 이론(surplus energy theory)은 18세기 독일의 시인 실러(Schiller)와 19세기 영국의 철학자 스펜서(Spencer)가 제기하였다. 이 이론에 따르면, 유기체는 생존을 위해 일정량의 에너지를 산출하는데, 생존욕구를 충족시키고 남은 에너지를 발산시키는 수단으로 놀이를 정의하였다. 즉, 유기체가 남은 에너지를 소모시키는 목적 없는 행동을 놀이라고 하였다.

잉여 에너지 이론은 오랜 시간 교실에서 수업을 받은 후 놀이터로 달려가는 유아들을 이해할 수 있도록 해 준다. 또한 왜 유아가 성인보다 놀이에 더 많이 참여하며(성인이 유아의 생존을 책임지고 돌보므로 성인보다 유아에게 잉여 에너지가 많이 축적되어 있다.), 왜 진화된 고등동물이 하등동물보다 더 많은 놀이에 참여하는가(고등동물은 하등동물에 비해 생존에 필요한 것을 좀 더 효율적으로 충족시킬 수 있기 때문에 많은 에너지를 축적하고 있다.)를 설명해 준다.

그러나 이 이론은 유아가 지치고 피곤한 상태에서도 흥미 있는 놀이에 몰두하는 이유를 설명해 주지 못하는 한계점을 지니고 있다(Millar, 1968).

(2) 휴식이론

19세기 독일의 철학자 라자루스(Lazarus)와 20세기 초반의 철학자 패트릭

(Patrick)이 제기한 휴식이론(recreation theory)은 잉여 에너지 이론과 반대로, 놀이가 에너지의 잉여보다는 결핍 때문에 나타나는 것이라고 주장하였다. 이 이론에 따르면, 일에 소모된 에너지는 그 일과는 다른 유형의 활동에 참여함으로써 재충전될 수 있다는 것이다. 즉, 놀이의 목적은 일에 소모한 에너지의 재생이라고 주장하였다.

휴식이론은 일을 계속하여 피로해지면 정반대의 활동을 함으로써 활기를 되찾을 수 있다는 점에서 설득력이 있다. 즉, 사무실에서 긴장된 정신활동 이후 테니스와 같은 신체활동은 결핍된 에너지를 재충전해 준다. 휴식이론의 원리는 오래전부터 유아교육기관의 일과 운영에 적용하여 정적 활동 시간과 동적 활동 시간을 균형 있게 구성해 왔다.

그러나 프로스트와 클라인(Frost & Klein, 1979)은 휴식이론이 유아의 놀이를 해석하는 데 한계가 있다고 보았다. 만일 놀이가 휴식이론의 주장처럼 일을 해서 생긴 피로를 회복하려는 욕구에서 동기화된 것이라면 스트레스가 쌓일 정도로 일을 하지 않는 유아의 경우 적극적인 놀이활동이 나타나지 않아야 한다. 그럼에도 불구하고 유아의 일상생활이 놀이활동인 점을 고려해 보면, 놀이에 대한 휴식이론의 시각은 설득력이 부족하다고 볼 수 있다(Ellis, 1973).

(3) 반복이론

반복이론(recapitulation theory)을 주창한 홀(Hall, 1920)은 진화론적 시각에서 유아의 놀이에 관한 견해를 제시하였다. 그는 유아의 놀이에 인류의 진화과정이 재현된다고 주장하였다. 예를 들어, 영아가 기어다니며 노는 것은 인간이 네 발로 기어다니던 시기의 반영이며, 술래잡기놀이는 인류가 수렵생활을 하던 시대의 경험이 재현되는 것이라는 설명이다. 반복이론에서 놀이의 목적은 놀이활동을 통해서 현대사회에 더 이상 필요하지 않은 원시적 본능을 제거시키는 데 있다고 보았다. 예를 들어, 야구에서 방망이로 치는 유아들의 놀이를 통해 원시시대 사냥의 본능이 제거된다는 것이다.

그러나 반복이론으로는 유아가 현대의 과학기술문명을 반영하는 자동차를 가지고 노는 이유를 설명하지 못한다.

(4) 연습이론

철학자 그루스(Groos)가 제기한 연습이론(practice theory)은 반복이론과 반대로 놀이가 과거의 미성숙한 본능을 제거시킨다기보다는 미래를 위해 필요로 하는 본능을 강화시켜 준다고 믿었다. 즉, 성인기에 필요한 기본적인 기술을 연습하기 위해서 놀이를 한다고 주장하였다. 놀이의 목적은 성인생활을 위해 요구되는 기술을 연습하고 정교화시키는 것이다. 생존에 필요한 기술을 연습하는 수단으로서의 놀이에 관한 좋은 예는 유아들은 사회극 놀이를 통해 부모역할을 경험하면서 성인생활에서 요구되는 부모역할의 기술을 연습하는 것이라고 주장하였다. 그러나 놀이경험이 특정 행동이나 기술을 연습하기 위한 것이라는 그루스의 주장은 놀이의 기능을 너무 제한시켰다는 비판을 받고 있다.

이상의 네 가지 고전적 놀이이론은 각각의 이론이 가지는 여러 가지 제한점에도 불구하고 현대적 놀이이론의 초석이 되었다는 점에서 가치가 있다. 네 가지 고전적 놀이이론의 놀이동기를 비교해 보면 〈표 11-1〉과 같다.

표 11-1 고전적 놀이이론

이 론	학 자	놀이의 동기
잉여 에너지 이론	Shiller, Spencer	잉여 에너지의 발산
휴식이론	Lazarus, Patrick	소모 에너지의 재생
반복이론	Hall	원시적 본능의 제거
연습이론	Groos	성인기에 필요한 본능의 강화

2) 현대적 놀이이론

놀이이론은 20세기에 접어들면서 좀 더 체계적으로 발전하였다. 현대적 놀이이론으로는 정신분석이론, 인지발달이론, 각성이론 등이 있다.

(1) 정신분석이론

프로이트(Freud, 1961)는 놀이가 유아의 정서발달에 중요한 역할을 한다고 주장하였다. 정신분석이론에 따르면, 놀이는 감정의 정화효과를 가지고 있어서 유아가 놀이를 통해 심리적 외상을 경험한 사건과 연합된 부정적인 감정을 제거할 수 있게 해 주는 효과가 있다. 놀이는 유아의 현실을 잠시 동안 보류하게 하고, 부정적인 경험을 수동적으로 받아들이는 존재에서 능동적으로 제공하는 존재로 역할을 바꾸어 볼 수 있는 기회를 제공해 준다. 예를 들어, 엄마로부터 꾸중을 들은 후 유아는 인형을 야단친다. 이처럼 역할을 바꾸거나 능동적인 입장이 됨으로써 유아는 대리 사물이나 사람에게 부정적인 감정을 전이시킬 수 있다.

에릭슨(Erikson, 1963)은 놀이의 동기를 정서적 측면에서 설명한 프로이트의 생각을 보완하여 놀이를 감정을 정화시키는 것 외에 주변 환경의 숙달(mastery)과 자아를 구축하는 기제로 간주하였다. 에릭슨은 유아의 놀이가 세 단계로 발달한다고 주장하였다.

첫째, 자기세계 놀이단계(autocosmic play)로 유아가 출생하면서부터 자신의 신체를 가지고 놀이하는 시기다. 이 시기에 유아는 감각운동이나 신체활동을 반복적으로 시도하는 놀이를 통해 자신의 세계를 탐색한다. 둘째, 미시영역 놀이단계(the micro-sphere play)로 놀잇감이나 사물을 가지고 놀이를 하면서 사물세계의 일정한 법칙에 숙달될 수 있다. 셋째, 거시영역 놀이단계(the macro-sphere play)로 다른 사람과 함께 놀이를 하는 시기인데 현실세계에 적응하는 방법을 배운다.

(2) 인지발달이론

인지발달학자들은 놀이가 인지적 성장을 촉진하는 도구라고 주장하였다.

- 피아제 이론　피아제(Piaget, 1962)에 따르면, 놀이에는 유아의 인지발달 수준이 반영될 뿐만 아니라 놀이경험이 유아의 인지발달에 기여한다고 주장하였다. 그는 학습이 이루어지기 위해서는 적응(adaptation)이 이루어져야 한다고 하였다. 적응은 두 가지 보완적인 과정인 동화와 조절 간의 균형이 요구되는데, 동화는 외계의 대상을 유아의 조회체계에 맞추어 받아들이는 과정을 말하며 조절은 외계의 대상에 맞도록 유아의 조회체계를 변형시키는 것을 의미한다. 피아제는

놀이를 동화가 조절보다 우세하게 지배되는 불균형 상태로 간주하였다. 불균형 상태 그 자체로는 진정한 학습이나 발달이 일어나지 않으며, 이러한 의미에서 지적인 부적응 상태다. 유아들은 놀이하면서 새로운 기술을 학습하지 못한다. 그러나 새로 획득한 기술을 연습하고 공고화하게 된다. 피아제 이론에 따르면, 놀이가 인지발달의 '결정적인 단서'는 아니더라도 매우 중요한 기여를 하고 있다. 피아제는 이러한 연습과 공고화를 놀이의 중요한 역할로 보았는데, 새롭게 획득한 많은 기술은 연습과 공고화가 없으면 쉽게 잃어버리기 때문이다.

• **비고츠키 이론** 비고츠키(Vygosky, 1976)는 유아의 인지발달에 미치는 놀이의 역할을 피아제보다 더 강조하였다. 그는 유아의 경우 특정 사물과 그 사물의 의미를 분리하여 생각할 수 없기 때문에 추상적 사고가 불가능하다고 보았다. 예를 들어, 어린 유아는 실제로 말(horse)을 보지 않고는 말에 대해 생각할 수가 없다는 것이다. 그러나 어린 유아가 상징적 놀이를 통해 막대기를 말로 생각하고 말을 타는 시늉을 하면서 사물로부터 의미를 분리하여 생각하기 시작한다는 것이다. 이와 같이 상징적 놀이를 통해 사물에서 의미만을 분리할 수 있게 됨으로써 유아의 추상적 사고력이 발달된다는 주장이다.

이에 덧붙여 비고츠키는 놀이가 자기조력도구(self-help tool)로서 인지발달에 기여한다고 주장하였다. 그는 발달을 두 가지 수준으로 구분하였는데, '실제적인 발달(독립적인 수행)'과 '잠재적 발달(도움을 받아서 하는 수행)'로서 근접발달지대(Zone of Proximal Development: ZPD)를 두 발달수준 간의 거리로 정의하였다. 비고츠키의 분석에 따르면, 놀이는 자기조력도구의 역할을 하기 때문에 놀이에 참여하는 동안 발달적으로 자기 자신을 앞서가는 것처럼 보이며, 놀이는 더 높은 수준의 기능을 획득하도록 유아의 ZPD 내에서 비계를 제공하여 추후 발달을 증진시키기도 한다.

• **브루너 이론** 브루너(Bruner, 1972)는 놀이에서 결과보다 과정이 더 중요하다고 지적하였다. 유아는 놀이를 하면서 목표달성에 대한 걱정을 하지 않아도 되므로 목표성취에 대한 부담이 있으면 할 수 없는 새롭고 독특한 행동들을 연합하여 실행해 볼 수 있다. 일단 놀이 중에 새로운 행동연합이 이루어지면 이

를 일상생활의 문제해결에서도 적용할 수 있게 된다. 이와 같이 놀이는 유아의 행동선택권을 증가시켜 사고의 융통성을 촉진시킨다. 더 나아가 놀이는 행동에서 나타나는 실제 생활의 결과와 미성숙한 관계에서 야기되는 경험의 완충지대를 형성하여 다른 가능성들을 탐색할 기회를 제공한다.

• 서튼-스미스 이론 서튼-스미스(Sutton - Smith, 1967)는 가상놀이에서 일어나는 상징적 변형(예: 막대기를 전화기처럼 사용하는 경우)은 인지적인 면에서 유아의 상징적 변형을 촉진시키며, 그 결과 유아의 정신적 융통성이 확장된다고 믿었다. 서튼-스미스에 따르면, 가상적 변형을 통하여 유아는 관습적인 정신적 연합으로부터 자유로워지고, 새롭고 독특한 방법으로 아이디어를 결합하게 된다. 또한 이러한 전환은 추후 적응을 위한 목적으로 사용되는 창의적 사고 및 연합을 확대시켜 준다.

브루너의 이론과 서튼-스미스의 이론은 그루스의 고전적인 연습이론과 연결되는데, 세 이론 모두 놀이는 유아의 성인생활을 위한 준비라고 주장한다. 그러나 두 현대이론은 그루스와는 달리, 놀이가 유아의 특정 기술의 연습보다는 융통성의 발달이나 융통성에 대한 잠재력의 발달로서 성인생활의 준비를 위한 것이라고 주장한다.

최근 서튼-스미스(1998)는 급격하게 변화되는 환경 때문에 인류는 미래를 예측할 수 없으며, 이에 따라 미래의 환경에 필요한 지식과 기술도 예측할 수 없음을 지적하였다. 따라서 발달하는 유아의 적응 잠재력은 정확하고 고정된 적응(고정적인 행동과 반응유형을 이끌어 낼 수 있는)이 아니라 행동의 융통성을 의미한다고 주장하면서, 폭넓은 적응 잠재력을 확보하고 있는 놀이가 유아발달에 중요함을 강조하고 있다. 이와 같이 인지발달론자들은 놀이가 유아의 인지적 발달을 매개하는 중요한 수단임을 강조하고 있다.

(3) 각성조절이론

자극과 놀이 간의 관계를 고려한 다른 이론은 벨린(Berlyn, 1960)이 제안하고 엘리스(Ellis, 1973)가 수정한 각성조절이론이 있다. 각성조절이론의 기본 전제는 각성수준을 적정하게 유지시키려는 중추 신경계의 욕구를 만족시키기 위해 놀이를 한다고 주장한다. 자극이 너무 많을 때, 각성이 불안정한 높은 수준까지 증가하면 자극을 감소시키는 활동에 참여하게 된다. 엘리스는 놀이를 최적의 각성수준으로 끌어올리는 '자극추구활동'으로 보았다. 놀이는 새롭고 독특한 방법으로 사물과 행동을 사용하면서 자극을 증가시킨다. 엘리스에 의하면 놀이는 낮은 수준의 각성에서 기인하는 자극생산활동이다. 이와 같이 각성조절이론에서는 최적의 각성상태를 유지하기 위해 적절한 자극물을 추구하는 활동(stimulus-seeking activity)으로 놀이를 규정짓고 있다.

표 11-2 현대 놀이이론

이 론		놀이의 역할
정신분석이론	Freud	정신적 외상에 대한 극복, 좌절의 극복
	Erikson	주변 환경의 숙달
인지발달이론	Piaget	사전 학습기술과 개념의 연습과 공고화
	Vygotsky	추상적 사고의 촉진
	Bruner, Sutton-Smith	사고의 융통성 증진
각성조절이론		자극 증가를 통한 최적의 각성수준 유지

3. 놀이유형의 발달

유아의 놀이유형은 유아의 발달 단계에 따라 다르게 나타난다. 유아의 놀이가 그들의 인지 및 사회적 발달 단계에 따라 어떤 유형으로 구분되고 발달되는지, 피아제와 스밀란스키의 인지놀이유형과 파튼의 사회적 놀이유형을 중심으로 살펴보도록 하겠다.

1) 인지놀이유형

(1) 피아제의 인지놀이유형

피아제(Piaget, 1962)는 유아의 놀이유형에 인지발달 수준이 반영된다고 보고,

표 11-3 인지발달 단계와 놀이의 유형

단 계	연 령	대표적인 놀이유형	놀이내용
감각운동기	출생~2세	연습놀이	단순하고 반복적인 신체 움직임
전조작기	2~7세	상징놀이	역할놀이와 사물을 다른 사물로 대치
구체적 조작기	7~11세	규칙 있는 게임	놀이활동의 규칙 이해와 준수

각 인지발달 단계에 우세하게 나타나는 놀이의 유형을 〈표 11-3〉과 같이 제시하였다.

〈표 11-3〉에 제시된 것처럼 피아제는 유아의 놀이발달 단계를 인지발달 단계를 기준으로 연습·반복놀이, 상징놀이 그리고 규칙 있는 게임으로 구분하였다.

첫째, 연습놀이 또는 반복놀이(practice play)는 약 2세까지의 감각운동기에 있는 영아들의 놀이로서 운동조절능력을 획득하고 움직임과 그 효과에 대한 지각이 협응하는 것을 배우기 때문에 연습놀이라고 한다. 한편, 이 단계의 놀이는 기능적인 즐거움을 위해 반복적으로 이루어지므로 반복놀이라고 부르기도 한다.

둘째, 상징놀이(symbolic play)는 2~7세의 전조작기 유아들의 놀이 형태다. 전조작기의 유아는 단어와 이미지가 별개라는 것을 알 뿐만 아니라 특정 사물이나 표현이 다른 어떤 것으로 대치될 수도 있다는 것을 이해하게 된다. 따라서 이 시기 유아들은 놀이를 통해 그 자신을 창조적으로 표현할 뿐 아니라 어떤 사물이나 상황을 자신의 표상을 통해 다른 사물이나 상황으로 변화시키는 상징놀이를 즐겨하기도 한다.

셋째, 7~11세의 구체적 조작기에 해당하는 아동들은 가상보다 현실에 대해 더 많은 관심을 갖는다. 따라서 현실을 기반으로 친구들과 함께 규칙 있는 게임(games-with-rules), 즉 놀이활동에서 규칙을 이해하고 준수하는 놀이를 선호한다.

(2) 스밀란스키의 인지놀이유형

놀이가 유아의 창의력과 지적 발달을 초래한다고 주장한 스밀란스키(Smilansky, 1968)는 피아제의 인지놀이유형을 준거로 인지발달에 따른 놀이유형을 보다 세분화하여 기능놀이, 구성놀이, 극화놀이, 규칙 있는 게임의 네 가지 유형으로 재분류하였다. 스밀란스키가 제시한 인지놀이유형은 오늘날 인지놀이유형의 준거가 된다.

첫째, 기능놀이(functional or sensorimotor play)는 기능적인 즐거움을 위해 반복적으로 아루어지는 단순한 놀이행동을 말한다.

둘째, 구성놀이(constructive play)는 물건을 조작해서 새로운 것을 창조하거나 만들어 내는 놀이를 말한다.

셋째, 극화놀이(dramatic or pretense play)는 개인의 요구와 필요를 만족시키기 위해 상상적인 상황으로 대치하는 놀이로, 처음에는 간단한 활동으로 시작하지만 점점 더 정교한 계획으로 발전한다.

넷째, 규칙 있는 게임(games–with–rules)은 규칙이나 구조 등 일정한 목적을 갖고 하는 활동으로, 미리 정해진 규칙에 따라 하는 놀이를 말한다.

2) 사회적 놀이유형

사회적 놀이유형의 대표자라 할 수 있는 파튼(Parten, 1932)은 유아의 사회적 참여도에 따라 놀이를 6가지 형태로 분류하였다.

- **비참여행동** 순간적인 흥미에 따라 어떤 것을 몰두해서 바라보거나, 흥미 있는 것이 없을 때는 자신의 몸을 만지작거리거나, 의자에 앉았다 일어서는 행동을 반복하는 것이다. 비참여행동(unoccupied behavior)은 엄밀하게 규정하면 놀이라 할 수 없다.

- **지켜보는 행동** 지켜보는 행동(onlooker behavior)은 또래의 놀이를 지켜보는 놀이를 말한다. 가끔씩 자신이 구경하고 있는 또래에게 말을 걸거나 질문을 하기도 하며 제안을 하기도 한다. 그러나 놀이에 직접 참여하지는 않는다. 이 행동이 비참여행동과 다른 점은 특정 또래집단을 바라본다는 점과 가까운 거리에서 지켜봄으로써 필요한 경우는 말을 걸 수도 있다는 점이다.

- **단독놀이** 단독놀이(solitary play)는 주변에 있는 유아와 이야기를 나눌 수 있는 위치에서 또래가 사용하는 놀잇감과는 다른 놀잇감을 가지고 혼자서 독자적으로 놀이하는 형태다. 곁에 있는 또래와 가까워지려는 시도를 전혀 하지 않는다. 이 놀이는 자신의 주변 환경에 대해서 학습할 기회를 제공해 주고 장난감을 다룰 수 있는 기회를 제공하기 때문에 발달지체유아들에게는 매우 중요하다.

- **병행놀이** 병행놀이(parallel play)는 유아가 주변의 또래들과 동일한 놀이를 하지만 서로 접촉하거나 간섭하지 않고 혼자서 하는 놀이형태다. 또래와 함께 노는 것이라고 하기보다 또래 곁에서 논다고 할 수 있다.

- **연합놀이** 연합놀이(associative play)는 또래와 함께 노는 집단놀이의 일종으로 놀이내용에 대해 이야기를 주고 받거나 놀잇감을 빌려 주기도 하지만, 역할을 분담하거나 놀이내용이 조직적으로 전개되지는 못한다.

- **협동놀이** 협동놀이(cooperative play)는 한두 명의 유아가 지휘권을 갖고 역할을 서로 분담하여 공동의 목표를 위해 진행하는 조직적인 놀이다. 놀이의 규칙에 따라 각자의 역할이 정해져 있고 그에 따라 놀이를 조직적으로 진행시킨다.

파튼의 고전적 관찰연구 이후, 많은 연구들은 유아들의 놀이유형이 파튼의 사회놀이 발달 단계의 순서에 따라 나타난다는 점에 동의를 한다. 그러나 최근 연구들은 파튼과는 다른 견해들을 제시하고 있다.

첫째, 사회성이 부족한 어린 유아들은 민감한 성인이 또래집단과 놀이를 하도록 유도하기 전까지는 선택의 여지없이 단독놀이 활동을 하지만, 유아가 성장 발달하여 가면서 단독놀이는 자기 스스로 원하여 선택하는 혼자만의 활동이 된다. 즉, 단독놀이는 사회적으로 성숙되지 못한 유아에게서만 나타나는 놀이행동이 아니라는 것이다(Johnson & Ershler, 1981; Rubin et al., 1976).

둘째, 유아가 성장 · 발달하여 감에 따라 병행놀이의 기능과 사용방법이 변화한다는 견해다. 유아들의 사회놀이에 관하여 종단적인 접근을 실시한 스미스(Smith,

1978)의 연구결과에 따르면, 2세 유아들에게 병행놀이는 단독놀이에서 집단놀이 활동으로 전개하는 과정의 중간단계로 나타났다. 그러나 3~4세 유아들은 주로 단독놀이에서 병행놀이를 거치지 않고 직접 집단놀이활동으로 들어갔으며, 나이가 많은 유아들은 또래 옆에서 병행놀이부터 시작하면서 자신의 결정에 따라 점차 단독놀이 혹은 집단놀이 유형으로 전개하였다. 즉, 실제적으로 병행놀이는 유아가 성장해 가면서 놀이 상대와 놀이를 시작하고 종료하는 데 전략적으로 사용된다는 것을 알 수 있다(Bakeman & Brownlee, 1980).

셋째, 파튼의 단계들이 사회적 놀이발달의 연속성을 설명해 주고 있음에도 불구하고 나이가 많은 유아들의 놀이에는 각 단계의 놀이유형이 모두 나타날 수도 있다. 예를 들어, 유치원에서 한 유아는 친구 옆에서 혼자놀이를 하다가(병행놀이) 잠시 동안 친구들과 협동놀이(associative play)를 한 후에, 친구에게서 멀리 떨어져서 혼자 놀 수도 있다(단독놀이).

4. 발달지체유아와 놀이

유아들에게 놀이는 생활 그 자체라고 할 수 있을 만큼 보편적이고 자연스러운 활동이다. 더욱이 발달의 지체로 환경과의 상호작용이 부족하고 주위 환경에 융통성 있게 대처할 수 있는 능력이 부족한 발달지체유아에게 놀이는 아주 중요한 의미를 갖는다. 발달지체유아에게 놀이는 물리적 세계와 자신과의 상호작용을 할 수 있는 기회를 제공해 주며, 이를 통해서 놀이기술뿐 아니라 전인적(통합적) 발달의 계기가 되기 때문이다.

정상적인 발달을 추구하고 발달의 지체를 최소화하는 것을 목표로 하는 발달지체유아에게 통합적인 발달로 유도하는 놀이의 필요성은 어떤 의미에서는 정상발달유아보다 더 절실하다고 하겠다(Rubin, Fein & Vandenberg, 1983).

1) 발달지체유아의 놀이에 관한 연구경향

발달지체유아의 놀이에 관한 정보가 부족한 것은 발달지체유아를 대상으로 계획한 연구가 부족하기 때문이다. 발달지체유아의 놀이에 관해 알려진 연구 문헌은 거의 없다. 그 이유를 살펴보면 다음과 같다(Quinn & Rubin, 1984).

첫째, 놀이의 개념에 관하여 일관성 있게 정의되지 않았다. 예를 들어, 정신지체아의 놀이에 관한 대부분의 연구는 개개인의 유아들이 개별적으로 장난감과 놀 때 관찰한 것만 기술하고 있으므로 사회적 놀이에 대한 관찰 및 기술은 부족하다.

둘째, 발달지체유아의 놀이에 관한 연구는 지체의 특징에 따라 여러 가지 다른 철학적 방향을 취하기 때문에 종합적인 결론을 끌어내는 것이 어렵다. 신체장애를 연구하는 사람은 먼저 전문적인 약물치료, 레크리에이션 및 신체치료를 한 후에 놀이의 사용을 강조하며, 지적인 지체에 관심 있는 전문가들은 놀이를 교육적 · 인지적 발달을 위한 도구로 사용한다.

셋째, 연구자의 목표, 방법, 전문적인 배경 때문에 객관적인 결과를 얻기가 힘들다. 발달지체유아들에 관한 놀이를 연구한 연구자들은 정상발달유아의 발달, 즉 일반적으로 평균적인 유아발달의 특징 및 놀이의 역할에 관한 지식이 부족하다.

넷째, 검사과정에서 연구되는 지체가 서로 동일하지 않기 때문에 연구결과를 이해하기 어렵다.

2) 전통적 놀이개념

유아특수교육과 일반유아교육은 서로 상이한 교육이론이나 철학을 취해 왔다. 행동주의에 기초한 유아특수교육은 매우 구조적 · 지시적 · 특징적인 교육이나 행동목표를 추구하는 개입에 우선성을 두어 왔다. 따라서 교사가 학생을 직접 가르치는 교사-주도의 교육이 주로 이루어지고 있다(Peterson, 1987). 반면 진보주의-발달적 사고학파에서 출현된 일반유아교육에서는 아동 스스로가 적극적인 환경과의 접촉을 통하여 경험하고 학습하게 하는 아동-주도의 교육을 중요시하고 있다.

과거에는 유아특수교육과 일반유아교육이 취해 왔던 교육이론이나 철학의 차이로 놀이에 대한 서로 다른 입장을 취해 왔다. 이론적으로 놀이의 목적과 기능, 그리고 특수교육의 목적과 기능은 모순되는데, 놀이는 내적으로 동기화되고 과정 지배적 행동인 반면 특수교육은 외적 보상을 통해 지배되는 결과 지향적 행동들로 점유되기 때문이다. 따라서 특수교육은 현재 및 미래환경에서의 성공 가능성을 높이기 위해서 필요한 기능적인 기술의 습득을 중요시한다. 결국 교수에서 효과적이고 효율적인 교사가 되는 것에 가치를 두며 학습결과(과정이 아니라)의 획득과 표시를 중시한다. 놀이에 대한 제한된 정의나 이론 역시 특수교육의 행동주의 지배적 전통과 연관이 있다. 예를 들어, 과거에 특수교육자들은 놀이를 작업 중단 시간이나 놀잇감 사용, 특정 시간이나 장소에서의 성인들의 명령이나 제안에 대한 반응 등과 같은 것으로 정의하여 왔다.

이처럼 특수교육의 역사적 기반이 되었던 행동주의모형은 유아의 놀이에 대한 교육자들의 견해에도 영향을 주어 왔다. 특수교육자들에게 놀이는 구조적 학습개입과 치료의 이차적인 것으로 간주되어 과제-이탈행동(off-task behavior)이나 성인 규제에 순종하게 하기 위한 보상으로 인식되어 왔다. 특수교육에서 상대적으로 낮은 놀이의 지위는 발달지체유아들이 더 절실하고 긴급하게 숙달해야 할 행동과 기술들이 있기 때문인 것으로 보인다(Johnson et al., 1999). 그러나 최근 유아특수교육 현장에서는 놀이에 대한 인식에 실질적 진보를 보이고 있다.

3) 발달지체유아의 놀이에 관한 논점

(1) 놀이의 구조화

발달지체유아의 놀이와 관련된 주요 논점 중 하나는 놀이에 대한 교사들의 구조화 정도(지시적 · 비지시적 정도)에 관한 것이다(Johnson et al., 1999). 놀이에 대한 이해에서 언급된 것처럼 유아의 발달에서 자발적 놀이의 가치는 많은 연구자들이 지지하여 왔다. 반면 특수교육의 놀이에 대한 전통적 개념에서 언급한 것처럼 행동주의에서 출현된 특수교육에서 놀이는 성인이 계획하고, 주도하고, 구조화시킨다. 이렇게 구조화된 놀이의 목표는 성인에 결정하고 놀이활동의 가치도 학습된 것(결과물)에 따라 평가된다.

일부 연구들은 발달지체유아들이 자발적으로 놀이활동을 개발하는 데 어려움을 지니고 있음을 지적하면서, 발달지체유아들은 놀이를 배워야 하고 그들은 외부로부터의 단서, 직접적인 지도, 세심한 감독 등이 필요하다고 주장한다. 즉, 일반유아들에 비해 발달지체유아들은 좀 더 지시적이고 구조화된 놀이가 필요하다는 것이다. 예를 들어, 한 연구(Kohl, Beckman, & Swenson-Pierce, 1984)는 성인이 지시한 놀이에서 취학 전 발달지체유아의 기능적인 장난감 사용이 촉진되었다고 보고했다. 한편, 다른 연구자들은 성인이 유아의 놀이를 얼마나 압도하고 지나치게 구조화하고 있는지 예를 제시하면서, 성인은 유아들이 자신의 수준에 맞게 놀이할 수 있는 능력을 제한하며 발견, 문제해결, 위기상황의 대처, 또래 상호작용의 기회를 감소시킨다고 지적하고 있다(Miller et al., 1992).

그러나 잘 지도하고자 하는 교사의 의도와는 달리 교사가 놀이를 구조화하는 것은 강요적인 것이 되어 놀이의 자발성이 감소되고 놀이가 확장되는 것을 막을 수도 있다. 예를 들어, 한 연구(Odom, Skellenger, & Ostrosky, 1993)는 유아특수교사는 일반유아교사보다 유아 놀이활동 시 3배 이상이나 주도적인 활동을 하고 있다고 보고했다. 또 다른 연구(Cielinski, Vaughn, & Seifer, 1993)는 다른 유아의 어머니들보다 다운증후군이 있는 유아의 어머니가 자녀의 놀이에서 더 강요적이며 어머니의 강요성이 놀이장면을 단축시키는 것과 관련이 있다고 하였다.

펠레그리니와 갈다(Pellegrini & Galda, 1993, p.169)는 "유아와 성인이 상호작용할 때 성인이 대부분의 역할을 한다."고 지적하였다. 또 다른 연구들(Jones & Reynolds, 1992; Wood, McMahon & Cranstoun, 1980)은 일부 교사들은 개념을 가르치기 위하여 놀이를 방해하거나, 학업성취를 위한 활동으로 유도하는 경향이 있다고 지적하였다. 이러한 방해는 놀이장면을 방해하여 유아의 놀이가 중단되는 원인이 되기도 한다.

이와 같은 놀이개입의 민감성을 지적하면서 굿맨(Goodman, 1992)은 놀이의 '수용(반응적 교사-유아의 참여)'에 관한 자신의 견해를 제공하였다. 구체적인 설명을 위해 다음의 일화를 살펴보자.

모래놀이대에서 유아는 자신이 삽으로 푼 모래를 다시 쏟아 부으면서 그것을 지켜보고 있다. 교사는 자동차길 만들기를 제안한다. 교사가 떠나고 유아는 이전 놀이로 다시 돌아간다.

위의 일화에서 묘사된 교사와 유아 간에는 심리적 거리감이 있다. 모래놀이대의 유아의 즐거움과 흥미는 자동차길을 만드는 고차원 수준이 아닌 단순히 삽으로 모래를 담고 비우는 단순한 행동에서 유발되었다. 그러나 교사는 유아의 놀이상황과 발달수준을 잘 파악하지 못하고 유아가 단순하고 반복적인 행동에 지루함을 느낄 것이라고 판단하여 현재 유아가 몰두하고 있는 놀이활동보다 좀 더 높은 수준으로 놀이를 확장시키려고 시도하였다. 이와 같은 교사의 놀이개입으로 유아는 놀이에 흥미를 잃기도 하고, 활동은 교사의 놀이가 되거나 혹은 놀이장면이 종결되거나 하며, 위의 예에서처럼 교사가 떠난 뒤에 유아는 이전의 활동으로 돌아가는 것을 볼 수 있다.

굿맨은 설령 유아가 교사의 개입에 반응하여 일시적으로 따라하거나 강제적으로 순응하여 놀이 전이가 이루어졌다 하더라도 그 전이된 놀이에 유아의 수용이 없으면 유아의 학습과 발달에 중요하지 않다고 언급하였다. 따라서 교사는 자신의 놀이 생각에 유아가 적응하도록 시도하기보다 유아의 본래적 놀이행동의 의미와 의도에 근접한 확장을 시도해야 한다고 주장하였다. 이에 덧붙여 굿맨은 교사가 생활연령은 4세이지만 정신연령이 20개월인 유아의 놀이의도를 정확하게 파악하기 어려움을 예로 들면서, 교사가 놀이에 개입할 때 유아의 관심과 놀이능력에 대한 추측에서 쉽게 실수할 수 있음을 지적하였다. 굿맨은 교사는 유아의 놀이수준을 지원하고, 좌절시키거나 비실제적 요구를 하여 유아의 자존심을 손상하지 않도록 보호해야 한다고 주장하였다. 그는 이러한 주장은 발달지체유아와 정상발달유아를 포함한 모든 유아의 놀이에 관한 방향성을 제시하고 있다.

굿맨의 주장과 상반되지 않는 유아특수교육 현장 실제의 최근 예로, 활동에 기초한 개입(Activity-Based Intervention: ABI)이 있다(Bricker & Criple, 1992). 이는 강제적으로 놀이하도록 만들거나 놀이하도록 내버려 두는 것이 아니고, 융통성과 민감성을 갖고 유아 주도 놀이에 개입을 시도하여 익숙한 맥락에서 유아가 자연스럽게 수행하는 놀이장면이나 다른 활동을 잘 연결하여 추후 개입목표에 도달하도록 하는 것이다. 고립된 행동이나 결과(예: 구슬 꿰기)보다 프로그램 목표가 통합적 구성과 과정이 되므로(예: 친구 사귀기) 유아의 정서적 상태와 유아의 개인적 의미는 ABI에서 중요시된다(Novick, 1993).

(2) 유아놀이의 인지적 측면 강조

두 번째 논점은 발달지체유아의 놀이지도 시 유아의 사회적 측면보다는 인지적 측면에 강조를 둔다는 것이다. 연구자들은 어떤 교사들이 사회적 놀이의 대가로 인지적 놀이에 과도한 강조를 하고 있다는 결과를 보고하였다. 파일(File, 1994),

파일과 콘토스(File & Kontos, 1993)는 교사가 놀이에서 정상발달유아와 발달지체유아가 어떻게 상호작용하는지를 연구하였다. 연구자들은 유아들의 놀이자료나 놀잇감의 사용과 상황에 초점을 두고, 대상 유아와 상호작용 시 인지적 놀이의 지원에 관한 교사행동을 목록화하여 기록하고, 또래유아의 상호작용에 초점을 두면서 대상 유아와 상호작용하는 사회적 놀이의 지원에 관한 교사행동을 목록화하여 기록하였다. 이 연구에서 교사들은 사회적 놀이의 지원보다 인지적 놀이에 6배나 더 많이 지원하는 것으로 나타났다. 또한 파일과 콘토스는 놀이의 인지적 측면을 지나치게 강조하는 교사 개입은 사회극 놀이의 질에 부정적인 영향을 끼칠 수 있다는 것을 발견하였다.

많은 연구들은 정상발달유아에 비해 발달지체유아들이 주로 낮은 수준의 사회놀이에 참여한다는 연구결과를 제시하고 있다. 실제로 발달지체유아들의 사회적 기술이 교사의 지원 없이 스스로 획득한다는 내재적 가정하에 지도한다면 발달지체유아들은 불공정한 불이익을 얻게 된다. 발달지체아들이 사회적 수준에서 더 능력을 갖도록 돕는 교사의 민감한 개입이 필요하다.

5. 놀이지도

발달이 지체된 유아를 포함한 모든 유아의 놀이에서 성인개입은 오랫동안 논쟁이 되어 왔다. 놀이에서 성인개입을 지지하는 연구자들은 성인개입이 유아들의 놀이경험을 풍부하게 해 주고 인지적 · 사회적 발달에서 놀이의 효과를 극대화시킨다고 주장하는 반면 반대론자들은 성인개입이 유아들의 놀이활동을 방해하거나 억제시킬 수 있으며, 놀이하는 동안 일어날 수 있는 학습의 기회를 줄일 수도 있다고 주장한다.

1) 성인개입의 이점

성인의 놀이개입을 지지하는 연구들은 놀이에서 적절한 성인개입이 주는 이점들을 다음과 같이 제시하고 있다.

(1) 승인 혹은 놀이인정

성인이 유아의 놀이에 참여하여 흥미를 보임으로써 유아로 하여금 자신이 하고 있는 놀이가 중요하고 가치 있는 활동이라고 생각하게 할 수 있다(Manning & Sharp, 1977). 만일 성인이 유아의 놀이에 아무런 관심도 보이지 않고 무시한다면 유아는 자신이 하고 있는 놀이활동을 계속할 만한 가치가 없는 것으로 받아들일 수 있다.

(2) 친밀한 관계형성

성인이 유아의 놀이에 참여함으로써 유아와 친밀한 관계를 형성(rapport)할 수 있다. 교사가 유아의 놀이에 참여할 때 유아는 교사를 거리감 있는 권위적인 인물로 보기보다 가까이 하고 싶은 사람이라는 것을 배우게 된다(Wood, McMahon, & Cranstoun, 1980).

(3) 놀이시간의 지속

유아들끼리 놀 때보다 성인이 놀이에 참여할 경우 놀이의 지속(persistence)을 방해하는 요인을 제거하여 보다 오랫동안 풍부한 놀이를 하도록 도울 수 있다. 놀이활동을 지속함으로써 유아의 주의집중력이 향상되어 학령기에 학업성취를 높이는 데 도움을 줄 수 있다.

(4) 정교한 놀이 유도

유아발달에 미치는 놀이의 효과를 극대화하기 위해서는 유아들이 높은 발달 단계의 놀이활동에 참여해야 한다. 그 결과로 유아발달을 극대화할 수 있다. 성인이 놀이에 개입하여 모델을 제시함으로써 유아는 보다 높은 수준의 놀이에 참여하고 유지하는 것을 배울 수 있다.

(5) 또래 상호작용 유도

성인은 유아들이 놀이하는 동안 또래들 간의 관계를 조정하고 다른 유아와 잘 지낼 수 있는 효과적인 기술을 지도할 수 있다(Howes & Smith, 1995).

NAEYC는 유아들의 발달에 적합한 실제(DAP)의 기본 요인 중 하나가 '놀이하는 동안 유아와 지원적, 반응적인 상호작용에 참여할 수 있는 교사의 필요성' 임을 제안하였다. 그러나 놀이에의 성인개입은 유아발달에 긍정적, 부정적 영향을 줄 수 있다. 중요한 변인은 성인들이 놀이에 개입하는 방법이다. 성인들이 유아들과 민감하고, 반응적이고, 지지적인 태도로 상호작용한다면 놀이는 확장될 수 있다. 반대로 성인들의 놀이통제, 지나친 구조화, 학업성취의 목적에 따른 놀이방해는 유아의 놀이를 고통스러운 활동으로 만들 것이다. 따라서 바람직한 놀이개입은 교사가 '반응적인 상호작용과 간섭적인 상호작용 사이의 적절한 선' 을 유지하며 걸어야 할 도전적 기술이다(File & Kontos, 1993, p.15).

다음은 놀이에서 교사개입과 교사들이 유아들의 놀이경험을 풍부화하기 위하여 사용할 수 있는 전략에 관한 내용을 다루고자 한다.

2) 놀이개입을 위한 준비

(1) 관 찰

성공적인 놀이개입은 주의 깊은 관찰을 통하여 결정된다. 관찰은 발달지체유아가 놀이를 발달시키고 확장하는 데 필요한 것이 무엇인지 밝혀 준다. [그림 11-1]에 제시된 것처럼 관찰은 놀이에 필요한 자료, 시간, 장소, 지시, 특수고안된 지원

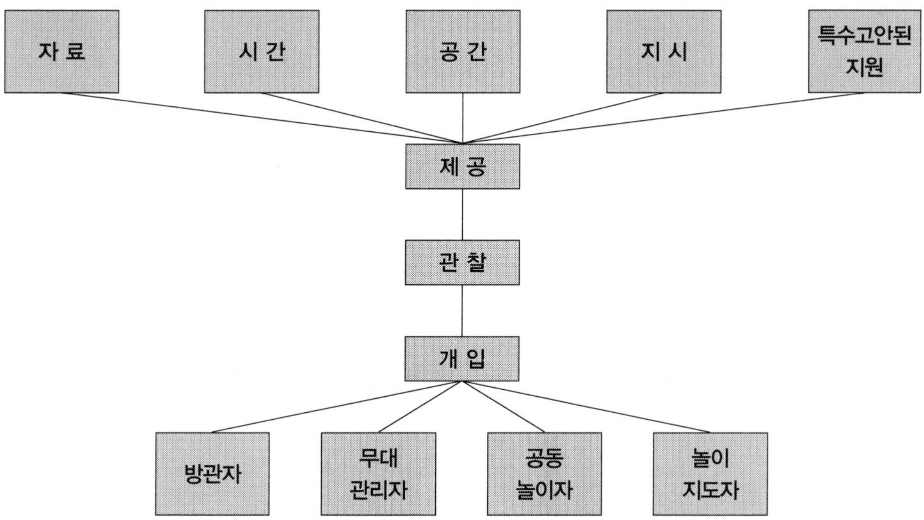

◎◎ [그림 11-1] 놀이지도과정

과 같은 놀이에 필요한 준비를 하는 데 도움이 되는 정보뿐 아니라 개입 유형과 시기를 결정하는 데 영향을 주는 중간다리 역할을 담당한다. 관찰은 유아의 현재 흥미와 요구에 맞는 개입의 기초를 제공하여 효율적인 지도를 이행하도록 도와준다.

(2) 발달지체유아를 위한 놀이준비

교사가 놀이지도를 효율적으로 하기 위해서는 사전계획을 철저히 하고 유아의 놀이를 주의 깊게 관찰하여 적절한 시기에 적합한 방법으로 놀이에 개입해야 한다. 성공적이고 의미 있는 놀이개입을 위해 교사가 사전에 계획하고 준비해야 할 사항, 즉 시간, 장소, 놀이자료, 지시, 특수고안된 지원 등에 관하여 살펴보고자 한다.

- 놀이시간 유아들이 놀이활동을 성공적으로 계획하고 이행하고 끝마치기 위해서는 충분한 시간이 필요하다. 따라서 놀이시간은 모든 유아들을 위해 융통성이 있고 개별화되어야 한다. 어떤 발달지체유아들은 놀이순서에 참여하고 활동을 수행하기 위해 필요한 정보를 처리하는 데 더 많은 시간이 필요할 수 있다. 그리고 발달지체유아들이 새로운 기술을 학습하기 위해서는 반복적인 연습기회가 필요하다. 통합교육 현장에서는 발달지체유아에게 더 적합하고 적용 가능한 놀이시간을 제공하기 위하여 발달지체유아들이 조금 더 일찍 시작하도록 허용하여 놀이시간을 확장시킬 수 있다. 예를 들어, 구성놀이자료를 발달지체유아에게 먼저 제공하거나, 놀이터에 나갈 때 먼저 옷입기를 도와준다. 눈에 띄지 않는 방법을 사용하여 또래들이 이 유아들의 놀이에 허용된 여분의 놀이시간을 인식하지 못하도록 한다. 덧붙여 발달지체유아들이 놀이장면에 깊이 몰입하거나 흥미를 잃으면 계획된 놀이시간을 변경할 수 있다.

- 놀이공간 놀이활동을 성공적이고 의미 있게 전개하기 위해서는 적절한 공간이 요구된다. 공간의 배열 또한 놀이행동에 영향을 미친다. 먼저 놀이영역은 혼잡하여 공격적 행동이나 움츠러드는 행동을 유도할 만큼 너무 협소하지 않아야 하지만, 협동놀이에 필요한 사회적 상호작용과 의사소통의 기회를 감소

시킬 만큼 넓어서도 안 된다. 성인들은 방해를 덜 받는 환경과 스스로 조용한 장소가 필요한 유아들을 위해 정적 공간의 제공을 고려하여야 한다. 어떤 유아들은 활동영역의 방향이해를 도와줄 수 있도록 바닥에 테이프를 붙이거나 카펫처럼 색으로 명확히 구분해 주는 것이 필요하다. 교사들은 발달지체유아를 위해서 공간을 변형시킬 필요가 있는지 그 여부를 결정하기 위하여 공간의 적용성을 탐색해 보아야 한다.

• 놀이자료 유아들에게 다양한 놀이를 경험하게 할 수 있는 최적의 놀이환경을 구성하는 데 중요한 것은 먼저 여러 연령의 유아들이 사용할 수 있는 다양한 수준의 놀이자료를 준비해 주는 것과, 이렇게 준비된 풍부하고 다양한 놀이자료를 유아가 자신의 흥미에 따라 자발적으로 선택하여 활동할 수 있도록 배려하는 것이다. 일반적으로 정상발달유아들에게 맞는 대부분의 놀이자료는 발달지체유아들에게도 적합하다. 교사는 발달지체유아들의 관심, 장애, 발달수준을 고려하여 적합하고 안전한 놀이자료들을 제공한다.

교사는 먼저 발달지체유아들이 어떤 놀이자료에 관심을 보이는지, 그리고 놀이하는 동안 그들이 사용하는 사물조작방법을 알아내기 위하여 세밀히 관찰할 필요가 있다. 또한 놀이자료를 적절하게 순환시키는 것도 유아의 놀이참여를 유도할 수 있는 방법이 될 수 있다. 이때 놀이자료를 입에 넣어 삼킬 만한 유아가 있으면, 작은 물건을 유아의 손에 닿지 않게 해야 한다. 교사들은 다양한 방법으로 반복적 사용이 가능한 자료들을 제공하여야 하다. 또래 상호작용의 촉진을 위한 노력으로 사회극 놀이 소품과 같은 협동을 요구하는 놀이자료도 제공하여야 한다.

• 지 시 교사들은 발달지체유아들에게 적합한 놀이자료들을 미리 배열하여 다음에 진행될 활동에 대한 단서를 제공한다. 일부 발달지체유아들은 자료와 활동에 대한 지식이 부족하거나 자료와 활동에 대한 자신의 지식을 사용할 능력이 부족할 수 있다. 놀이활동과 자료에 관한 언어적 · 신체적 안내가 필요한 유아를 위해 교사는 다음의 제안을 통해 유아들이 자료와 활동의 의도를 이해할 수 있도록 도울 수 있다(Johnson et al., 1999).

- 유아가 직접 과제에 참여하고 있음을 인식하도록 하여 유아의 관심을 유도하고 유지한다.
- 유아가 이해할 수 있는 언어를 사용하고 필요하다면 천천히 반복적으로 말한다(1초에 한 단어씩).
- 유아가 교사와 다른 유아들을 볼 수 있는 위치에 있도록 한다.
- 모든 지시는 보다 더 세부단계로 나누고 필요하다면 재진술한다.
- 시각적 · 언어적 정보를 함께 제시한다. 예를 들어, 구어적 의사소통과 함께 사물, 그림, 몸짓, 얼굴표정을 사용한다.
- 유아의 이해 여부를 확인하기 위해 "이제 무엇을 할 수 있지?" 등의 간단한 질문을 한다.
- 유아가 지시를 반복하여 말하게 한다.

• **특수고안된 지원** 특정 상황에서 표현된 유아의 능력이나 결핍에 따라서 교사나 능력 있는 또래 유아는 놀이나 프로젝트 활동상황에서 유아의 수행을 촉진할 수 있으며, 특수고안된 지원은 다음과 같다.

- 시범 보이기: 성인이나 또래가 언어, 몸짓, 신체적 행동시범을 제공하고 유아의 모방 기대하기
- 언어적 안내: 성인이나 또래가 유아가 할 수 있는 것에 대한 정보를 언어로 제공하기
- 신체적 지원: 의도된 행동과정과 결과를 신체적으로 지원하고 안내하기

교사는 또한 유아들의 특정 활동 수행을 용이하게 만들도록 고안된 사물, 그림, 상징 등의 시각적 단서를 제공할 수 있다.

3) 개입유형

놀이시간에 성인과 유아 사이에 이루어지는 상호작용의 방법은 상호작용의 양보다 중요하다. 만일 교사가 지지적이며 반응적인 방법으로 놀이에 개입하면 유아의 놀이경험은 풍부해진다. 반대로 교사가 유아의 놀이를 지나치게 통제하고

부적절한 방식으로 개입하면 유아의 놀이를 심각하게 방해할 수 있다. 위에서 언급한 것처럼 발달지체유아의 놀이에 관한 주요 논점 중 하나는 성인의 놀이개입 정도에 관한 것이다. 유아의 놀이개입은 어떤 유형의 놀이지도방법을 적용할 것인가와 유아의 놀이특성이 어떤 것인가에 따라 다르다. 유아놀이의 적극적인 관찰을 통해 정보를 얻어 이를 바탕으로 적용해야 한다.

존슨(Johnson et al., 1999)은 놀이에서 성인의 역할들을 연속선의 형태로, 유아의 놀이활동에 대한 비참여에서 완벽한 통제의 범위로 배열하였다([그림 11-2] 참조). 최적의 생산적 역할은 연속선의 중앙에 위치하는 방관자, 무대관리자, 공동놀이자, 놀이지도자이며, 양극에 있는 역할들인 비참여, 감독자 · 교수자는 유아의 놀이경험에 부정적 효과를 가져오는 경향이 있다.

교사가 유아의 놀이에 무관심하거나 지나친 간섭을 하는 상호작용은 놀이의 지속을 어렵게 한다. 가장 효과적인 상호작용 전략은 놀이의 중간 정도에 개입하는 것이다(Fein & Fryer, 1995).

(1) 촉진적 역할

놀이활동의 이점을 최대화시키기 위해서는 적절한 유형의 지도를 해야 한다. 놀이에 긍정적인 영향을 줄 수 있는 놀이개입의 유형은 다음과 같이 분류된다.

- 방관자　방관자(onlooker)는 놀이영역에 근접한 거리에서 놀이하는 유아들을 지켜보고 고개를 끄덕이거나 다른 비언어적 승인의 표시들을 하고, 놀이자들에게 언어적 조언을 한다. 성인은 가끔 유아에게 놀이에서 무엇을 하고 있는

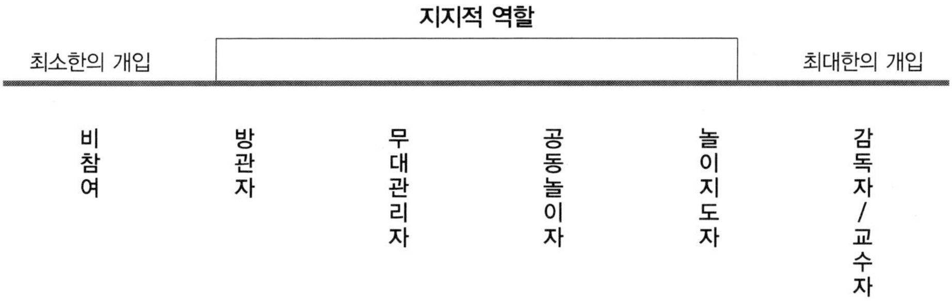

◎◎ [그림 11-2] 놀이에서 성인의 역할

지 물어볼 수 있다. 그러나 방관자는 유아의 놀이에 참여하지 않으며, 놀이에 방해가 되는 어떤 것도 하지 않는다.

방관자 역할은 몇 가지 장점이 있다. 첫째, 놀이에 주의를 기울임으로써 성인들은 놀이에 대한 승인을 표현하고 유아의 놀이활동이 중요하다는 것을 알도록 해 준다. 둘째, 방관자의 역할에서 이루어진 관찰은 성인에게 유아의 놀이에서 무엇이 진행되고 있는지에 대한 정보를 제공해 준다. 이 정보는 성인이 무대관리자, 공동놀이자, 놀이지도자와 같은 보다 직접적 유형의 개입을 해야 할 시기를 신중하게 결정하게 해 준다. 관찰은 또한 성인이 유아의 최근 놀이의 흥미와 활동에 맞는 보다 직접적인 유형의 개입을 전개하도록 해 준다.

- 무대관리자 무대관리자(stage manager) 역시 놀이하는 동안 유아 옆에 서 있고 놀이 안으로 들어가지 않는다. 방관자와는 달리, 유아의 놀이준비를 돕는 적극적인 역할을 하고, 일단 놀이가 진행되면 여러 가지 도움을 준다. 무대관리자는 유아가 요구하는 자료를 제공하고, 유아의 역할 의상과 소품 만들기를 도와주고, 놀이무대의 구성을 도와준다. 무대 관리자는 또한 유아의 진행 중인 놀이를 확장할 수 있는 적절한 주제관련 대본(script)을 제안해 줄 수도 있다. 이때 교사는 제안과 도움을 제공하지만 이러한 지원의 수용 여부는 유아가 자유롭게 판단한다.

- 공동놀이자 공동놀이자(coplayer) 역할에서 성인들은 유아의 놀이에 끼어들어 적극적인 참여자가 되며, 유아와 동등한 놀이 파트너로서의 기능을 한다. 성인은 유아에게 중요한 역할(예: 조종사, 가게주인)을 맡도록 하고 자신은 최소한의 역할(비행기의 승객, 가게손님)을 맡는다. 이러한 역할을 수행하면서 성인은 극화 행동의 흐름에 따라가고 유아가 대부분의 시간을 이끌어 가도록 한다. 놀이가 진행되는 동안 성인은 역할놀이, 가작화 전이, 또래 상호작용 전략(예: 진행되고 있는 사회극 놀이에 자연스럽게 참여하는 방법) 등과 같은 사회극 놀이 기술의 모델을 보여 주는 많은 기회를 제공한다.

• 놀이지도자 공동놀이자 역할과 같이, 놀이지도자는 유아의 놀이에 끼어들어 적극적으로 참여한다. 그러나 공동놀이자에 비해 유아놀이에 더 많은 영향력을 발휘하고, 놀이장면을 풍부하게 하며, 확장될 수 있는 정교한 단계로 진행되도록 한다. 교사는 새로운 놀이주제를 제안하거나 현재의 주제를 확장시키기 위한 새로운 소품이나 줄거리 요인의 소개로 놀이를 지도할 수 있다. 성인은 유아 스스로 시작한 놀이의 진행에 어려움이 있거나 진행 중인 놀이장면이 자연스럽지 않은 경우, 놀이지도자 역할을 할 수 있다.

(2) 위험한 역할

성인들이 유아들의 놀이에 전적으로 개입하지 않거나 지나치게 개입하여 유아들의 놀이를 통제할 때 부정적인 결과를 가져올 수 있다. 엔즈와 크리스티(Enz & Christie, 1997)는 교사들이 유아의 놀이에 개입하지 않으면 유아들은 대부분 기능적인 운동놀이나 거친 활동에 참여하는 경향을 보인다는 것을 발견하였다. 유아들이 사회극 놀이에 참여할 때도 놀이장면은 단순하고 매우 거친 특성을 갖는 괴물, 초영웅과 같은 주제였다. 이러한 놀이의 거친 본질 때문에 교사는 본의 아니게 바람직하지 않거나 안전하지 않은 놀이행동을 억제하는 '안전감시자' 가 될 수 밖에 없다. 교사들은 상당히 많은 시간을 경고의 말, 갈등해결을 위한 개입, 유아의 안전보호 확인 등을 하면서 보낸다.

개입의 연속선에서 다른 끝은 감독자 · 교수자 역할로, 성인이 유아의 놀이를 완전히 통제하는 것이다. 이 역할에서 성인은 유아의 놀이장면 바로 바깥쪽, 즉 외부에 있게 된다. 감독자는 놀이 시 유아의 할 일을 말하고, 반면 교수자는 학업내용으로 유아의 관심을 재전환하는 질문을 사용한다.

감독자 · 교수자의 역할은 가작화 놀이를 가장 많이 방해하는 성인개입의 유형이다. 이러한 이유로 주의와 제한을 하면서 성인이 이 역할을 하는 연습을 하여야 한다. 감독자의 역할은 혼자서 사회극 놀이에 참여하지 못하는 유아에게 적용할 때 가치가 있으며, 놀이의 시작에 짧게 사용해야 한다. 교수자 역할은 가작화 역할에 안정되게 참여하지 못하는 유아에게 의미 있는 학습이 일어날 수 있는 기회가 있을 때만 사용하여야 하며, 유아가 자신의 놀이에 몰입하기 시작하면 놀이에서 빠져나와야 한다.

(3) 역할의 융통성

과거에는 지시적 · 행동적 전략과 놀이에 기초한 촉진적 전략이 종종 분극화되어 있었다. 그러나 현재는 교육과정에서 놀이와 작업은 혼합된 활동이고, 지시적에서 비지시적 범위에 걸친 전략적 연속성을 장애 유무를 막론하고 모든 유아에게 모든 상황에서 적용한다는 이해가 증진되고 있다. 교사는 놀이나 작업에서 유아와의 상호작용을 위한 전략적 연속성을 사용할 수 있다.

일반유아교사와 유아특수교사를 면담한 한 연구에서는 장애유아와 비장애 유아의 놀이 동안 교사가 제안하는 행동은 낮은 지도성(지켜보기, 도울 수 있도록 옆에 있기, 환경구성하기)에서 높은 지도성(개입하기, 규칙 부여하기, 감독하기)의 연속성을 따라가고 있다고 하였다(McChesney, 1994).

성공적 놀이개입의 핵심은 성인이 주의 깊게 관찰하고 유아의 진행 중인 놀이의 흥미, 유형, 활동에 맞는 상호작용 유형을 선택하는 것이다. 로코스와 뉴만(Roskos & Neuman, 1993)은 여섯 명의 숙련된 유아교사들을 관찰한 결과, 교사들이 다양한 역할인 방관자, 공동놀이자, 놀이지도자의 역할을 사용한다는 것을 발견하였다. 유아의 놀이예정표에 맞는 역할로 전환하는 교사의 능력은 그들이 사용한 특수한 역할만큼 중요하다. 교사의 역할이 민감하고 융통성 있는 방식으로 사용된다면 유아의 놀이가 교육적 놀이로 되는 데 긍정적인 영향을 줄 수 있을 것이다.

6. 놀이자료

놀이자료란 놀이에 대한 흥미를 유발시키고 놀이를 효율적으로 진행시키는 매체를 의미한다. 본 절에서는 놀이자료에 대한 올바른 이해와 활용을 돕기 위하여 놀이자료를 선택하는 데 고려해야 될 준거와 놀이자료가 유아의 놀이행동에 어떻게 영향을 미치는지 살펴보도록 하겠다.

1) 놀이자료의 선택

유아의 놀이활동을 고무하는 데 무엇보다도 고려해야 할 것 중 하나는 놀이자료의 선택이다. 놀이자료를 선택하는 데는 다음의 준거들을 고려해야 한다.

- **놀이자료는 안전해야 한다** 발달지체유아를 포함한 모든 유아들은 위험한 상황에 대한 인식능력이 부족하고 스스로를 보호하는 능력이 미비하므로 성인은 유아의 안전을 위협하는 놀이자료가 있는지 철저하게 살펴보아야 한다.

- **놀이자료는 견고해야 한다** 놀이자료를 선택할 때 놀이자료의 내구성을 고려해야 한다. 즉, 놀이자료의 재질이나 구조, 각 부품의 견고한 부착 등을 고려해야 한다.

- **놀이자료는 유아의 발달에 적합한 것이어야 한다** 놀이자료의 형태, 크기, 난이도가 유아의 신체적 · 정신적 발달에 적합해야 한다. 발달에 부적합한 놀이자료는 유아에게 좌절감을 주거나 놀이에 대한 흥미를 잃게 만들 수 있다.

- **놀이자료의 현실성 정도는 유아의 연령에 따라서 고려되어야 한다** 어린 유아들에게는 현실적인 놀이자료가 바람직한 반면, 나이든 유아들에게는 덜 현실적인 장난감들이 더 높은 수준의 놀이로 유도할 수 있다.

- **놀이자료의 구조성은 유아의 연령에 따라서 고려되어야 한다** 어린 유아들을 위한 놀이자료는 놀이하는 방법을 자세하게 제시해 주는 것이 바람직하지만 성장한 유아들에게는 덜 구조화된 놀이자료가 상상놀이를 장려한다.

- **놀이자료는 반응적이어야 한다** 워시(Wash, 1979)는 물리적으로 반응적인 환경(예: 작동시키면 피드백을 주는 놀이자료)은 인지발달과 긍정적인 관계를 지닌다고 하였다. 반응적인 놀이자료의 경험을 통해 유아는 자신의 행동이 환경에 영향을 미칠 수 있으며, 어떤 결과가 나타나는지를 학습하게 한다는 것이다. 이러한 경험을 통해 자신의 행동이 환경을 통제할 수 있다는 인식은 유아로 하여금 주변 환경에 대한 관심과 활동을 증가시켜 결과적으로 부가적인 학습을 가능하게 한다.

놀잇감의 반응이 크면 클수록 많은 참여를 유도한다는 전제하에 한 연구가 중도 장애를 지닌 세 아동을 대상으로 실시되었다(Bambara, Spiegel-McGill, Shores, & Fox, 1984). 대상 아동들에게 매일 세 개의 반응적인 놀잇감(작동될 때 소리를 냄)과 세 개의 비반응적인 놀잇감(작동해도 소리가 나지 않음)이 주어졌다. 아동들은 비반응적인 놀잇감보다 반응적인 놀잇감을 더 많이 작동시킨 것으로 나타났다. 반응적인 놀잇감이 장애아의 참여를 증진시켰다는 점에 가치를 부여할 수 있다.

2) 놀이자료의 효과

놀이자료와 유아의 놀이행동에 관한 많은 연구들은 놀이자료가 유아의 놀이행동에 많은 영향을 미치고 있음을 시사하고 있다. 구체적으로 놀이자료의 양과 유형, 그리고 놀이자료의 현실성과 구조성이 유아들의 놀이행동에 어떻게 영향을 미치는지 살펴보도록 하겠다.

(1) 놀이자료의 양

놀이자료는 유아의 놀이행동에 영향을 미친다. 놀이자료가 증가하면 부정적 사회행동인 공격성이 감소되는 반면, 유아들 간의 사회적 상호작용의 기회를 감소시키는 경향이 있다. 또, 놀이자료가 감소될수록 유아들 사이의 사회접촉은 더 적극적으로 행해지는 반면 공격성이 유발되는 경향도 있다.

(2) 놀이자료의 유형

연구자들은 놀이자료의 유형이 다양한 사회적 범주의 놀이를 유도한다는 것을 발견하였다. 특정 자료가 집단놀이를 유도하는 반면, 다른 자료들은 단독 혹은 병행놀이를 격려하는 것으로 나타났다. 즉, 소꿉놀이용 소품, 역할놀이용 의상, 인형, 자동차, 다른 모형 탈것은 집단놀이에서 사용되는 경향이 있으며, 미술구성자료(가위, 물감, 크레용), 교육용 놀이자료(구슬, 퍼즐), 점토는 혼자놀이와 병행놀이에서 사용되는 경향이 있다. 블록놀이는 사회적 놀이와 비사회적 놀이에서 동등하게 나타났다.

연구자들은 특정 놀이자료가 상이한 인지적 범주의 놀이를 격려하는 경향이 있음을 발견하였다. 집단놀이를 증진시키는 자료는 극놀이와도 관련이 있었다. 물감, 크레용, 가위는 구성놀이를 증진시키는 반면, 모조 찰흙, 흙, 모래, 물은 기능놀이에서 사용되는 경향이 있었다. 블록은 구성놀이와 극화놀이와 관련이 있었다 (Rubin & Seibel, 1979).

놀이자료가 유도하는 사회적 · 인지적 놀이의 유형이 〈표 11-4〉에 제시되어 있다. 특정 유형의 놀이를 격려하고자 하는 성인은 놀이유형의 칼럼에서 +로 표시된 놀이자료들을 제공함으로써 격려할 수 있다. 예를 들어, 교사가 집단놀이의 증진을 원한다면 소꿉놀이용 놀잇감, 인형, 역할놀이용 의상, 탈것, 블록과 같은 놀이자료들을 제공하면 된다.

(3) 놀이자료의 현실성과 구조성

현실성과 구조는 놀이자료의 모양과 관계가 있다. 현실성은 놀이자료가 실물을 닮은 정도를 의미한다. 바비 인형은 헝겊 인형보다 사실적이다. 구조는 놀이자료

표 11-4 선택된 놀이자료로 격려된 놀이의 유형

	사회적 수준		인지적 수준		
	비사회적 놀이	집단놀이	기능놀이	구성놀이	극놀이
극놀이 소품		+			+
인형		+			+
역할놀이 의상		+			+
탈것		+			+
블록	+	+		+	+
퍼즐	+			+	
구슬	+		+		
미술구성재료 (가위, 물감)	+			+	
점토, 밀가루점토	+		+		
모래, 물	+		+		

가 지닌 특수한 용도의 정도를 의미한다. 현실성이 높은 놀이자료는 고도로 구조화되고, 특수한 용도를 지닌 것으로 간주된다.

현실성이 높은 놀이자료는 놀이자료로서 구조성이 높은 것이며, 놀이자료를 사용하는 특별한 방법이 제시되어 있는 것들이다. 실제의 경찰차를 그대로 축소시킨 모형 경찰차는 유아 놀이활동에서 오직 경찰차로만 사용될 수 있을 뿐이다. 나무조각에 4개의 바퀴만을 부착하여 만든 장난감차는 경찰차뿐만 아니라 여러 가지 용도로 놀이활동에서 사용할 수 있다. 〈표 11-5〉는 물, 모래와 같은 비구조적인 놀이자료부터 단추 혹은 구두끈 등 교사가 의도하는 목적에 따라 유아가 사용할 수 있는 구조적인 교수자료에 이르기까지 놀이자료의 구조성을 제시하고 있다.

일반적으로 정상발달유아보다는 발달지체유아(Horne & Philleo, 1942)가, 나이든 유아보다는 어린 유아(Johnson et al., 1999)가 구조성이 높은 현실적인 놀이자료를 선호한다. 그 이유는 발달지체유아보다 정상발달유아가, 어린 유아가 나이든 유아보다 표상능력이 부족하므로 역할놀이 주제와 관련된 축소된 모형자료가 있을 때 더 수월하게 놀이활동을 시작할 수 있기 때문이다. 그러나 유아가 성장하여 감에 따라 표상능력이 증진되므로 역할놀이활동에서 주제와 연관된 실제 물체를 축소한 현실성이 높은 자료가 제시되지 않더라도 놀이활동을 할 수 있게 된다. 더욱이 플라스키(Pulaski, 1973)는 현실적인 놀이자료가 나이든 유아들의 가상놀이를 방해할 수 있음을 시사하고 있다. 플라스키는 현실성이 높은 놀이자료를 주로 사용하는 유아들보다 현실성이 높은 놀이자료를 적게 사용하는 유아들이 놀이활동을 좀 더 창의적이고 다양하게 이행함을 발견했다. 현실성이 높은 자료는 이미 놀이활동의 주제가 제시되어 있으므로 그와 연관되지 않는 놀이활동을 전개할 수 없다. 그러므로 현실성과 구조성이 높은 자료와 낮은 자료의 장단점과 유아의 특

표 11-5 놀이자료의 구조적 특징

비구조적 ←				→ 구조적
진흙 모래 물	블록	불확실한 이미지의 인형 탈것의 모형	모형 놀잇감	교육용 놀잇감

성을 고려하여 균형 있는 놀이자료를 선택하여 제공해야 한다.

7. 놀이환경

높은 질(quality)의 놀이환경이 유아의 학습을 유도하고 발달을 지지해 준다는 것이 많은 연구들을 통해서 밝혀짐에 따라, 유아의 놀이에 영향을 미치는 물리적 환경과 사회적 환경을 규명하려는 연구들이 활발하게 이루어져 왔다.

특히 발달지체유아들의 놀이행동은 환경에 민감하게 영향을 받는 것으로 나타났다. 즉, 어떤 환경에서는 미숙한 놀이형태를 전개하더라도 다른 환경에서는 아주 정상적으로 놀이할 수도 있다. 따라서 발달지체유아들이 보여 주는 놀이행동과 발달지체유아들의 놀이에 대한 잠재력이 다를 수 있음을 인지하고, 물리적 · 사회적 환경이 발달지체아들의 능력을 최적으로 나타낼 수 있도록 배려할 필요가 있다. 다음은 물리적 환경과 사회적 환경에 관하여 살펴보도록 하겠다.

1) 물리적 환경

프로스트와 크레인(Frost & Klein, 1979)은 교실이나 운동장과 같은 물리적 환경이 여러 가지 장애가 있는 유아의 특별한 요구에 주의를 기울이지 않고 계획되어 있다고 지적하였다. 또한 정상발달유아가 놀이하도록 유도하는 분위기는 발달지체유아에게는 제한되고 적의적이며 금지된 것으로 생각될 수 있음을 지적하였다.

사이나토와 카르타(Sainato & Carta, 이소현, 2000 재인용)의 연구에 따르면, 공간밀도가 높은 환경에서는 부정적인 상호작용과 공격성이 증가하는 것으로 나타난 반면, 넓은 공간에서는 아동들이 뛰거나 뒤엉켜 구르기 놀이를 더 많이 보였다. 그러나 교재와 기타 변인들이 일정할 때는 넓은 공간과 비교해서 좁은 공간에서 더 많은 사회적 행동들이 나타났다(Brown, Fox, & Brady, 1987).

2) 사회적 환경

사회적 환경 중 특히 또래의 능력과 참여가 유아들의 사회적 상호작용과 놀이유형에 영향을 미친다. 사이나토와 카르타(이소현, 2000 재인용)는 사회적 환경, 즉 집단구성이 놀이에 미치는 영향에 대한 몇 가지 연구결과를 제시하였다.

- 영아들의 사회적 행동은 대집단보다는 2~4명의 소집단에서 더 자주 나타난다. 이와 비슷한 결과가 유치원 유아들에게서도 잠정적으로 발견되었다.
- 유아들은 낯선 또래들보다 친숙한 또래들과 함께 있을 때 높은 수준의 놀이인 극놀이나 가상놀이에 더 많이 참여한다.
- 복합연령집단에 비해서 동일연령집단의 유아들이 사회적 행동을 더 자주 보이지만 도움을 주고받는 행동은 복합연령집단에서 나타나곤 한다. 그러나 연령에 따라 집단을 구성하는 것보다 비슷한 사회적 능력을 지닌 유아들로 집단을 구성하는 것이 더 많은 사회적 행동을 일으킬 것이다.
- 유아들의 사회적 행동은 또래친구들의 성별에 따라 영향을 받는 것으로 나타났다. 동성을 선호하는 성향은 영아기에 나타나기 시작해서 유아기에는 동성집단에서 협력놀이와 긍정적인 사회적 행동이 더 많이 나타난다. 그러나 공격행동도 동성집단에서 더 자주 나타나곤 한다. 이성 간의 사회적 행동은 교사의 강화를 통해서 증가될 수 있다.
- 통합환경에서 정상발달유아들은 발달지체유아보다 또래유아와 더 많은 상호작용을 보이며 또한 이를 선호한다. 더욱이 발달지체의 정도는 정상발달유아들과의 사회적인 접촉의 양과 상관관계가 있기 때문에 발달지체의 정도가 심화됨에 따라 사회적인 접촉의 양이 감소하는 것으로 나타났다(Guralnick, 1981).

한편, 발달지체유아를 대상으로 한 연구들은 발달지체유아의 가장 정교한 놀이는 놀이친구가 정상이고 생활연령이 더 어리고 발달연령이 동일할 때 일어난다고 하였다(Bednersh & Peck, 1986). 다른 연구들은 발달지체유아의 놀이가 격리된 환경보다는 통합된 환경에서 더 풍부하고 다양하고 정교하다는 것을 보고하면서 통합교육의 중요성을 강조하고 있다(Esposito & Koorland, 1989; Kohl, Beckman, & Swenson-Pierce, 1984).

참고문헌

이소현, 박은혜(2001). 장애유아 통합유치원 교육과정. 서울: 학지사.

Bakeman, R., & Brownlee, J. R. (1980). The strategic use of parallel play: A sequential analysis. *Child Development, 51,* 873–887.

Beckman, P. (1983). The relationship between behavioral characteristics of children and social interaction in an integrated setting. *Journal of the Division for Early Childhood, 7,* 69–77.

Bednersh, F., & Peck, C. A. (1986). Assessing social environments: Effects of peer characteristics on the social behavior of children with severe handicaps. *Child Study Journal, 16,* 315–329.

Beers, C., & Wehamn, P. (1985). Play skill development. In M. Fallen & W. Umansky(Eds.), *Young children with special needs*(403–440). Columbus, OH: Charles E. Merrill.

Berlyn, D. (1960). *Conflict, arousal and curiosity.* New York: McGraw–Hill.

Bricker, D., & Criple, J. (1992). *An activity based approach to early intervention.* Baltimore: Paul Brooks.

Bruner, J. S. (1972). The nature and uses of immaturity. American Psychologist, 27, 687–708.

Bruner, A. Jolly, & K. Sylva. (Eds.) (1976) *Play: Its role in development and evolution* (pp.537–554). New York: Basic Books.

Cielinski, K. L., Vaughn, B. E., & Seifer, R. (1993). *Relations among sustained attention Syndrome and normally developing toddlers.* Unpublished paper.

Ellis, M. J. (1973). *Why people play.* Englewood Cliffs, N. J.:Prentice–Hall.

Enz, B., & Christie, J. (1997). Teacher play interaction styles: Effects on play behavior and relationships with teacher training and experience. *International Journal of Early Childhood Education, 2,* 55–75.

Erikson, E. (1963). Childhood and society. NY: Norton.

Esposito, B. G., & Koorland, M. A. (1989). *Play behavior of hearing impaired chil-*

dren: Integrated and segregated settings, Exceptional Children, 55, 412–419.

Fein, G., & Fryer, M. (1995). Maternal contributions to early symbolic play competence. *Developmental Review, 15*, 367–381.

File, N., & Kontos, S. (1993). The relationship of program quality to children' s play in integrated early intervention settings. *Topics in Early Childhood Special Education, 13* (1), 1–18.

File, N. (1994). Children' s play, teacher–child interactions, and teacher beliefs in integrated early childhood programs. *Early Childhood Research Quarterly, 9*, 223–240.

Frost, J. L., & Klein, B. L. (1979). Children' s play and playgrounds. Boston : Allyn & Bacon.

Goodman, J. (1992). *When slow is fast enough: Educating the delayed preschool child.* New York: The Guilford Press.

Gourney, L. F. (1984). Play therapy in counseling settings. In T. D. Yawkey & A. D. Pellegrini (Eds.), *Child' s play: developmental and applied* (pp.291–321). Hillsdale, NJ: Lawerence Erlbaum.

Guralnick, M. J. (1981). The efficacy of integrating handicapped children in early education settings: Research implications. *Topics in Early Childhood Special Education, 1* (1), 57–71.

Hall, G. S. (1920). *Youth.* NY: Appleton.

Horne, B., & Philleo, C. (1942). A comparative study of the spontaneous play activities of normal and mentally defective children. *Journal of Genetic Psychology, 61*, 33–46.

Howes, C., & Smith, E. (1995). Relations among child care quality, teacher behavior, children' s play activities, emotional security, and cognitive quality in child care. *Early Childhood Research Quarterly, 10*, 381–404.

Johnson, J. E., & Ershler, J. (1981). Developmental trends in preschool play as a function of classroom program and child gender. *Child Development, 522*, 975–1004.

Johnson, J. E., Christie, J. F., & Yawkey, T. D. (1999). *Play and early childhood development.* Addison Wesley Longman.

Jones, E., & Reynolds, G. (1992). *The play' s the thing: Teacher' s role in pretend play.*

New York: Teacher' s College Press.

King, N. R. (1979). Play: The kindergartner' s perspective. *The Elementary School Journal, 80* (2), 81–87.

Kohl, F. L., Beckman, P. J., & Swenson–Pierce, A. (1984). The effects of directed play on functional toy use and interactions of handicapped preschoolers. *Journal of the Division for Early Childhood, 8* (2), 114–118.

Manning, K., & Sharp, A. (1977). *Structuring play in the early years at school.* London: Ward Lock Educational.

McChesney, J. K. (1994). Teacher directiveness in the free play of young children with diverse abilities. Department of Curriculum and instruction. Unpublished doctoral dissertation: The Pennsylvania State University.

Millar, S. (1968). *The psychology of play.* Baltimore: Penguin.

Miller, S., Fernie, D., & Kantor, R. (1992). Distinctive literacies in different preschool play contexts. *Play and Culture, 5*, 107–119.

Novick, R. (1993). Activity–based intervention and developmentally appropriate practice: Points of convergence. *Topics in Early Childhood Special Education, 13* (4), 403–417.

Odom, S. (1981). The relationship of play to developmental level in mentally retarded preschool children. *Education and Training of the Mentally Retarded, 4*, 136–141.

Odom, S. L., Skellenger, A., & Ostrosky, M. (1993, March). *Ecobehavioral analysis of activity engagement in early childhood education and special education classrooms.* Paper presented at the Biennial Conference of th Society for Research in Child Development, New Orleans.

Parten, M. B. (1932). Social participation among preschool children. *Journal of Abnormal and Social Psychology, 27*, 243–269.

Peterson, N. L. (1987). *Early intervention of handicapped and at–risk children; An introduction to early childhood–special education.* Denver: Love Publishing Company.

Pellegrini, A., & Galda, L. (1993). Ten years after: A reexamination of symbolic play and literacy research. *Reading Research Quarterly, 28* (2), 162–177.

Piaget, J. (1962). Play, dreams and imitation in childhood. New York: Norton.

Pulaski, M. A. (1973). Toys and imaginative play. In J. L. Singer (Ed.), *The child's world of make-believe: Experimental studies of imaginative play* (pp.74–103). New York: Academic Press.

Quay, L. C., & Jarret, O. S. (1986). Social reciprocity in handicapped and non-handicapped children in a dyadic play situation. *Journal of Applied Developmental Psychology, 7*, 383–390.

Quinn, J., & Rubin, K. (1984). The play of handicapped children. In T. D. Yawkey, & A. Pellegrini (Eds.), Child' play: Developmental and applied (pp. 63–80). Hillsdale, NJ: Erlbaum. Rubin, K. H., Fein, G. G., & Vandenberg, B. (1983). Play. In E. M. Hetherington(Ed.), *Handbook of child psychology* (Vol. 18, pp.1–68). Hillsdale, NJ: Erlbaum.

Roskos, K., & Neuman, S. (1993). Descriptive observations of adults' facilitation of literacy in play. *Early Childhood Research Quarterly, 8*, 77–97.

Rubin, K. H., Maioni, T, & Hornung, M. (1976). Free play behaviors in middle-and lower-class preschoolers: Parten and Piaget revisited. *Child Development, 47*, 414–419.

Rubin, K. H., & Seibel, C. C. (1979, April). *The effects of ecological setting on the cognitive and social play behaviors of preschoolers*. Paper presented at the annual meeting of the American Education Research Association, San Francisco.

Rubin, K. H., Fein, G. C., & Vandeberg, B. (1983). Play. In P. H. Mussen (Ed.), *Handbook of child psychology* (4th ed., 693–774). New York:Wiley.

Smilansky, S. (1968). *The effects of sociodramatic play on disadvantaged preschool children*. New York: Wiley.

Smith, P. K. (1978). A longitudinal study of social participation in preschool children: Solitary and parallel play re-examined. *Developmental Psychology, 14*, 517–523.

Sutton-Smith, B. (1967). The role of play in cognitive development. *Young Children, 22*, 361–370.

Sutton-Smith, B. (1998). *The ambiguity of play*. Cambridge, MA: Harvard University Press.

Vygotsky, L. S. (1976). Play and its role in the mental development of the child. In J.

S. Bruner, A. Jolly, & K. Sylva (Eds.), *Play: Its role in development and evolution* (pp.537–554). New York: Basic Books.

Wood, D., McMahon, L., & Cranstoun, Y. (1980). *Working with under fives.* Ypsilanti, MI: High/Scope.

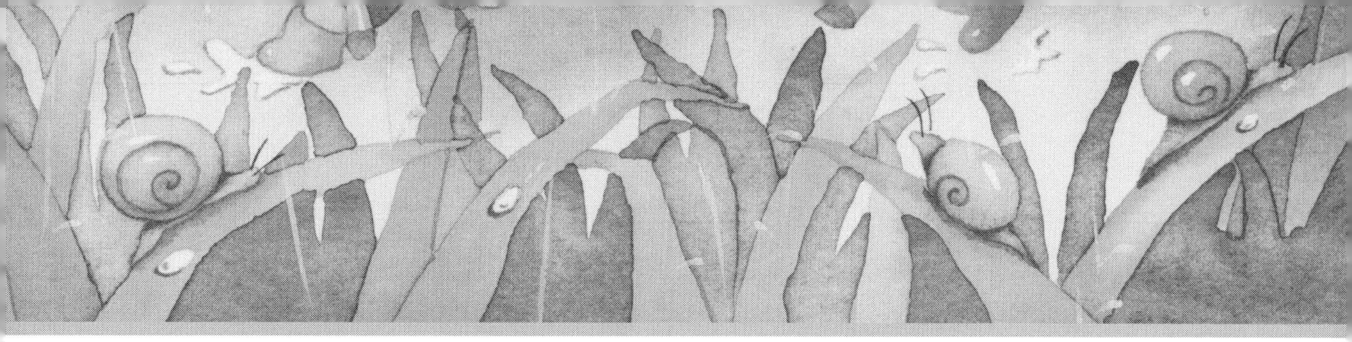

chapter

12 음식섭취 기술의 발달과 지도 방법

1. 음식섭취를 위한 구강 운동 기능의 발달
2. 음식섭취의 감각적 측면 고려하기
3. 유아의 독립적 식사 기술의 촉진
4. 식사 기술 평가와 지도 계획 수립

가족이나 친구와 함께 식사하는 경험을 통하여 영 · 유아들은 성장과 건강에 필요한 영양소를 공급받을 뿐 아니라 다른 사람들과 사회적 관계성을 형성하고 식사예절을 배우며 좋은 식습관을 습득할 기회를 갖게 된다(문수재, 안홍석, 이영미, 1997; Marotz, Cross, & Rush, 2001). 그러나 발달지체유아의 70% 이상이 음식섭취 과정에서 어려움을 경험한다고 보고되고 있다(Blackman, 1990). 영유아가 음식섭취 과정에 어려움을 가지게 되면 성장하고 학습하며 다른 사람들과 의사소통하고 상호작용하는 등의 삶의 모든 면에 영향을 받게 되어 유아의 삶의 질에 장기적으로 부정적인 결과를 초래할 수 있다(Case-Smith & Humphry, 1996). 본 장에서는 음식섭취에 필요한 구강 운동 기능의 발달 과정, 음식섭취 과정에 영향을 주는 감각적 측면들 그리고 영유아의 독립적 식사 기술을 촉진하는 전략을 살펴보고 마지막으로 영유아의 식사 기술 평가 및 지도를 위한 계획 수립 방법에 대해 알아본다.

1. 음식섭취를 위한 구강 운동 기능의 발달

음식을 먹는 것은 별 의식 없이 이루어지기 때문에 당연한 것으로 여겨지기도 한다. 그러나 음식을 먹는 것은 호흡에 맞추어 충분한 구강 조절을 해야 하는 매우 복잡한 과정으로(Eicher, 1993) 본 절에서는 음식섭취와 관련된 구강 운동 기능의 발달과 구강 운동의 역기능을 다루는 기법들에 대해 살펴본다.

1) 음식섭취를 돕는 구강 운동 기능의 발달

음식을 먹을 때 주요하게 작용하는 구강 운동 기능들 중 빨기, 삼키기, 깨물기, 씹기 기능의 발달 과정에 대해 살펴보자.

(1) 빨 기

출생 시 영아들은 흡철 반사나 설근 반사 등 강한 구강 반사를 가지고 있어 어려움 없이 액체를 빨아들일 수 있다. 4개월경 영아는 젖 빨기 형태의 빨기 기능을 보이며 젖이나 우유를 약간 흘리기는 하나 음식을 빠는 도중 숨을 쉴 수 있다. 6개월경이 되면 영아는 입술 오므리기를 보다 잘하게 되어 빨아먹을 때 덜 흘리고 턱이 안정되고 혀의 움직임을 조절하기 시작한다. 9개월 된 영아들은 컵으로 마실 때도 빨기를 지속한다. 12개월 된 영아는 컵으로 마실 때 턱을 상하로 움직여 조절하며 혀를 전후 방향으로 움직이는 빨기 형태를 보임으로써 마시기 활동을 원활히 하려 한다. 2세가 되면 컵으로 마시기를 잘 할 수 있는데 이때 영아는 유동식을 삼킬 때 입을 다물어 음식을 흘리지 않는다.

(2) 깨물기

영아가 5~6개월경이 되면 부드러운 과자를 먹을 때 원시적인 깨물고 놓기 형태가 나타난다. 이때 턱은 수직으로 움직이고 혀의 움직임은 빨기 형태를 보인다. 깨물기 리듬이 일정하게 나타나며 깨물기 기능은 조절되어 지속적으로 음식을 물고 있지 못하고 빨아먹는 행동으로 되돌아간다. 생후 7~8개월이 되면 영아는 숟가락에 담긴 부드러운 음식을 윗입술로 치운다. 9개월경 영아는 턱을 움직이지 않고 부드러운 과자를 잇몸이나 이 사이에 한참 동안 물고 있을 수 있다. 12개월 된 영아는 부드러운 과자 물기를 지속적으로 조절할 수 있다. 그러나 단단한 과자를 주면 오래 물고 있지 못하고 물었다가 놓는 형태를 반복한다. 18개월이 되면 단단한 과자도 지속적으로 물 수가 있는데, 이때 조각을 흘린다. 쉽게 깨물고 있기 위해 머리를 뒤로 젖히거나 팔다리를 움직인다. 21개월경이 되면 딱딱한 음식을 흘리지 않고 불필요하게 사지를 움직이지 않으면서 지속적이고 조절된 물기 기능을 보인다.

(3) 씹 기

5~6개월경 영아는 음식이 입 속의 한쪽에 있으면 씹기 위해 턱을 대각선으로 돌려 움직여 음식물을 입의 중앙부로 옮긴다. 음식이 입의 중앙에 있으면 혀는 우적우적 씹는 동작을 하는 것처럼 상하로 움직인다. 씹는 동작을 할 때 간헐적으로 턱을 수직으로 움직이기도 하는데 상하 움직임이나 속도가 불규칙하다. 또한 음식물이 잇몸의 씹는 면에 놓이면 볼과 입술을 대칭적으로 조여서 음식을 놓인 자리에 고정시켜 두고 씹으려 한다. 9개월경에는 씹는 동작을 할 때, 상하 운동의 양

이나 속도가 다양한 턱 운동을 하며 대각선 회전 운동 양식으로 입의 중앙에서 측면으로 혀를 움직인다. 또한 턱이 상하 운동으로 씹는 동작을 할 때 상하 입술도 중앙과 측면에서 서로 부딪친다. 12개월경이 되면 혀의 움직임이 더욱 조정되는데 혀를 이용하여 음식을 입의 양옆으로 옮긴다. 이 시기에는 씹을 때 입술의 움직임도 활발해지는데 윗니나 잇몸을 사용하여 아랫입술에 묻은 음식물을 치울 수 있다. 그러나 씹는 동안 음식이나 침을 흘린다. 14개월경이 되면 영아는 씹을 때 턱 운동이 한층 부드럽고 협응된 대각선 회전운동을 하며 위아래 입술도 훨씬 활발히 움직여 입술과 볼의 움직임을 조절하여 입 속의 음식의 위치와 이동을 조정한다. 18개월이 되면 입술을 오므리고 씹을 수 있고, 21개월경이면 씹는 동안 적절한 입술 운동을 하고 더 이상 음식이나 침을 흘리지 않고 음식을 씹어 먹을 수 있다.

(4) 삼키기

생후 1개월 된 영아는 묽은 액체를 빨아 삼킬 수 있는데, 1~2회 젖꼭지 빨기를 한 다음 멈추고 젖을 삼키거나 숨을 쉰다. 그러나 3개월이 되면 20회 이상 연속적으로 젖을 빨고 삼킬 수 있다. 6개월경이 되면 컵에 담긴 음료나 부드러운 작은 덩어리 음식을 삼킬 수 있는데, 이때 혀를 앞으로 내밀었다 뒤로 당기는 움직임을 사용한다. 삼킬 때는 음료나 음식을 흘린다. 특히 컵으로 마실 때 비협응된 삼키기 동작이 나타나는데 한 번에 너무 많은 양의 음식이 입에 들어가면 사레가 들리거나 기침을 한다. 9개월경에는 반고형 음식을 삼킬 수 있으며 컵으로 마실 때 세 번 정도 연속으로 빨아 삼키고 숨쉬기를 하는 방식으로 먹는다. 12개월경에는 컵에 담긴 유동식을 삼킬 때 혀끝 세우기가 나타나며, 혀 내밀기나 내밀었다 뒤로 끌어당기는 형태로 대체하기도 한다. 음식을 삼키는 동안 입을 벌리고 있다. 덩어리가 있는 부드러운 음식을 삼킬 때는 간헐적으로 혀끝을 세우고 혀 내밀기나 내밀었다 뒤로 끌어당기는 형태는 나타나지 않는다. 14개월경에는 컵으로 음료를 마실 때 매우 협응된 방식으로 빨기 후 쉬지 않고 바로 삼킬 수 있다. 18개월이 되면 입을 다물고 고형식을 삼키며 음식이나 침을 흘리지 않는다. 반고형식을 삼킬 때 일관적으로 혀끝을 세운다. 24개월이 되면 입을 다물고 유동식을 삼킨다. 삼킬 동안 컵을 입에서 떼어 내도 흘리지 않는다. 마시는 동안 혀끝을 들어올린 자세를 지속적으로 취한다.

2) 음식섭취를 저해하는 비정상적인 구강 운동의 발달

음식을 먹는 과정에 가장 많은 영향을 주는 입의 근육과 구조는 입술, 뺨, 이, 혀, 턱, 구개 등으로, 이들은 구강 운동에 관여하는 핵심적 신체 기관이다. 비정상적인 구강 운동의 형태는 기본적인 먹기 과정에 내포된 기술을 수행하는 데 부정적인 영향을 끼친다. 비정상적인 구강 운동의 발달 형태를 턱, 혀, 입술과 볼의 측면에서 살펴보자(Eicher, 1993; Morris & Klein, 1987).

(1) 턱

턱은 안전한 기반에서 입술과 혀가 작동하는 것을 가능케 하여 음식 먹기 기술을 수행하는 데 매우 중요한 영향을 미친다. 턱의 조절이 비정상적이거나 지체될 때 음식물을 씹어서 신속하고 기술적으로 이동시키는 섬세한 입 운동은 일어나지 못한다. 먹는 과정에서 나타나는 대표적인 턱 기능의 결함은 턱 내밀기, 턱 꽉 다물기, 턱 뒤로 당기기를 들 수 있다.

- 턱 내밀기 대부분의 영유아는 숟가락이나 컵 등 식사도구의 크기에 맞추어 턱을 벌린다. 즉, 크기나 모양에 대한 시각적 정보에 맞추어 턱을 움직이는 능력은 생후 1년 동안 발달된다. 그러나 외적 정보에 따라 턱의 움직임을 조정하지 못하고 턱을 아래쪽으로 강하게 뻗칠 때 턱 내밀기 현상이 일어난다. 턱 내밀기는 음식을 먹는 과정의 어느 시점에서든 일어날 수 있다. 경우에 따라 턱이 열린 채 고착되어 먹기 위해 입을 다물기 어려워지기도 한다.

- 턱 꽉 다물기 영유아가 비수의적으로 턱을 꽉 다물 때 일어난다. 이것은 영유아가 수의적으로 턱의 움직임을 조절할 수 없는 것으로 음식을 거부하기 위해 턱을 닫는 행동과 구분되는 식사 과정에 나타나는 단단한 턱 닫기의 유형이다. 이러한 다무는 턱의 형태는 특히 목, 어깨, 허리, 팔에 강한 굴근 형태를 보이는 아동들에게 일반적으로 나타난다. 턱 꽉 다물기는 또한 영아가 구강 과민성이나 구강 위생, 지속적 흡인으로 인해 입에 불편함을 경험할 때 나타나기도 한다. 만약 치아를 자극하여 반사적 깨물기가 일어나면, 턱 꽉 다물기

는 위아래 치아가 접촉함으로써 자기 자극적 강직성 깨물기의 결과로 나타날 수도 있다. 턱을 다무는 행동이 지속될수록 턱을 열게 하는 근육이나 조직이 손상될 위험이 커진다.

- 턱 뒤로 당기기 턱을 뒤로 당김으로써 입을 크게 벌리지 못하게 한다.

(2) 혀

혀는 안쪽, 바깥쪽, 위, 아래 방향으로 움직여 입 안에 넣은 음식물을 삼키기 쉽도록 음식물 덩어리를 준비한다. 혀의 형태를 수의적으로 변화시킬 수 있으면 입 속에서 음식을 조직하고 조정할 수 있는 효율성과 기술이 향상된다. 먹는 과정을 저해하는 혀의 기능 결함은 크게 혀 오므리기, 과도한 혀 돌출, 혀 내밀기를 들 수 있다.

- 혀 뒤로 당기기 비정상적인 자세나 근긴장도가 높은 영유아들은 어깨를 움츠리고 목을 지나치게 뻗치며 턱을 위로 들어 올린다. 이러한 자세가 혀 뒤로 당기기를 유발한다. 혀끝이 잇몸이나 아랫입술 근처에 평평하게 있어야 하나, 이것이 힘들다. 종종 혀가 경구개의 중간 부분을 향해 강하게 잡아당겨져 경구개나 연구개 가까이에 강하게 밀착된다. 혀 오므리기가 일어나면 영 · 유아는 젖꼭지나 숟가락, 컵으로 음식물을 먹고 삼키기가 어렵고 혀가 기도를 막을 수도 있다.

- 과도한 혀 돌출 혀를 바깥으로 뻗치는 움직임이 강조된다. 혀가 잇몸이나 치아를 넘어 앞 쪽으로 움직인다. 이러한 현상은 자세나 근긴장도가 낮은 영 · 유아들에게 주로 일어난다. 다운증후군을 가진 아동들에게서도 전형적으로 관찰된다. 또한 호흡장애 증후군이나 호흡기 장애를 가진 영아들은 기도를 넓히기 위한 방법으로 잇몸 사이에 돌출된 위치로 혀를 내민다.

- 혀 내밀기 입에서 혀가 매우 강하게 쑥 나오는 현상이다. 혀의 움직임은 불규칙적이고 가끔 그 전에 나타난 혀 움직임의 리듬을 깨뜨린다. 혀 내밀기 현상

은 젖꼭지나 숟가락을 입에 넣기 어렵게 하고 음식물이나 음료를 입 밖으로 되나오게 한다.

(3) 입술과 볼

입술과 볼은 함께 작동한다. 한쪽의 근긴장도나 기능에 문제가 있으면 다른 쪽의 효율성에 영향을 미친다. 근긴장도가 낮을 때 볼은 효율적 방어벽을 만들어 음식이 잇몸이나 치아에 맞추어 움직이는 것을 어렵게 하여 음식물이 쉽게 입 안쪽의 빈 공간으로 떨어지게 만든다. 반면 근긴장도가 너무 높으면 입술과 볼이 단단히 오므려지는 자세가 되는 경향이 있다. 먹는 과정에 영향을 미치는 입술과 볼의 기능 결함은 입술 뒤로 당기기와 입술 오므리기를 들 수 있다.

- 입술 뒤로 당기기　입술을 뒤로 잡아당겨 입과 수평으로 만들 때 일어난다. 이 상태에서는 젖을 빨거나, 숟가락이나 컵에 담긴 음식물을 치우거나, 음식을 입 속에서 옮기거나, 음식을 입에 담아 놓고 있는 것이 어렵다.

- 입술 오므리기　이 현상은 입술 뒤로 당기기 효과의 반대효과가 나도록 할 때 나타난다. 뒤로 팽팽히 당겨진 상태에서 입술을 앞으로 내밀면 입술 근육이 오므라들어 마치 주머니의 주름진 입구처럼 된다.

3) 음식섭취 과정에서 구강 운동의 역기능을 다루는 기법들

영 · 유아가 음식 먹는 과정에서 입과 입 주위의 민감성이나 여러 가지 비정상적인 구강-운동 패턴이 나타날 때 음식섭취 기능은 비효율적이 된다. 입과 입 주위의 민감성을 완화시키고 비정상적인 구강-운동 패턴을 억제하며 정상적인 구강-운동 패턴을 촉진하는 보조 기법들이 있다. 〈표 12-1〉는 영 · 유아의 구강 운동 기능의 문제를 효율적으로 다루는 기법을 소개한다(Noonan & McCormick, 1993).

표 12-1 구강-운동 문제를 가진 영·유아를 위한 식사 보조 기법들

문 제	식사 보조 기법
입 안과 입 주변의 촉각적 과민성	볼을 가볍게 만지거나 강하게 문질러 주어 입 주변에 촉각적 자극을 제공한다. 견고하게 아래 방향으로 윗입술을, 그리고 아랫입술은 윗방향으로 만져 준다. 위아래 잇몸의 바깥 면을 수평으로 두드리며 마사지해 준다. 식사 동안 숟가락이나 헝겊으로 입 주변을 닦지 않는다. 입 주위를 닦을 필요가 있으면 부드러운 천으로 두드려 준다.
턱을 다물지 않음	광대뼈 아래를 아래 방향으로 만져 주면서 턱 근육을 재빨리 당겨 준다.
입술을 다물지 않음	윗입술은 위쪽으로, 아랫입술은 아래쪽으로, 입의 가장자리를 바깥쪽으로 재빨리 당겨 준다.
민감성 구토 반사	턱을 벌린 채 잡고 작은 막대기나 혀 누르는 도구로 혀를 견고하게 두드려 주고, 천천히 혀끝에서 혀의 중앙으로 막대를 걸어서 옮긴다. 혀의 중앙이 불룩하게 구부려지거나 구토가 일어나면 멈춘다.
턱 조절력의 부족	유아의 턱을 손으로 받쳐 잡고 턱을 닫거나 벌리는 정도를 조절하도록 돕는다.
입술 다물기 어려움	둘째 손가락을 유아의 위아래 입술에 올려놓고 시소 모양으로 움직여 입술을 다물도록 돕는다. 이때 턱을 닫아야 하면 새끼손가락으로 턱을 지지한다. 숟가락을 혀의 앞부분에 놓고 아래 방향으로 강하게 누른다. 45도 각도에서 숟가락을 제거하고 치아로 숟가락에 담긴 음식을 긁지 못하게 하고 입술도 음식을 치우도록 한다.
혀 내밀기	턱 조절과 입 다물기를 보조한다.
과민성 깨물기 반사	고무질로 싼 작은 숟가락을 사용한다. 숟가락을 혀의 앞부분에 놓고 아래 방향으로 강하게 누른다. 45도 각도에서 숟가락을 제거하고 치아로 숟가락에 담긴 음식을 긁지 못하게 하고 입술도 음식을 치우도록 한다.
회전 씹기와 혀 측면화 운동의 결여	어금니에 부드러운 음식을 놓는다. 입을 다물고 있도록 입술과 턱을 조절하도록 돕는다. 회전 모형으로 앞 방향으로 턱을 마사지해 준다. 턱의 중앙을 누른다. 어금니에 음식을 놓는 데 문제가 없으면, 숟가락을 혀의 앞부분에 놓고 아래 방향으로 강하게 누른다. 45도 각도에서 숟가락을 제거하고 치아로 숟가락에 담긴 음식을 긁지 못하게 하고 입술도 음식을 치우도록 한다.
정상적 씹기의 결여	입을 다물도록 한 다음 턱의 아래쪽을 가볍게 두드려 준다.

2. 음식섭취의 감각적 측면 고려하기

식사 지도의 중요한 측면은 감각 처리 과정에 대한 이해와 감각 처리 과정이 음식 먹기에 미치는 효과를 이해하는 것이다. 감각 자극을 수용하고 처리하며 해석하는 능력은 성공적인 식사 지도 프로그램의 기초가 된다. 정확하게 감각 정보를 처리하는 능력의 결함은 음식 먹기 문제의 핵심이 된다. 부모는 종종 유아가 특별한 음식 맛을 싫어한다고 말한다. 그러나 정밀 검사를 해보면 입이나 입 주위의 촉감, 음식의 재질, 또는 음식의 온도가 이러한 반응의 원인이 될 때가 많다.

1) 음식 먹기 과정에 영향을 주는 감각들

음식을 먹는 과정에 영향을 주는 감각 체제에는 시각, 청각, 후각, 미각, 촉각, 고유수요성감각 등이 있다. 각 감각 체제가 음식섭취 과정에 어떤 영향을 주는지 살펴보자.

- **시 각**　음식을 시각적으로 봄으로써 먹는 것에 대한 감각적 기대를 갖게 한다. 음식의 색깔, 그릇에 음식이 담긴 모양, 음식의 양 등은 유아에게 긍정적 혹은 부정적 반응을 일으킨다.

- **청 각**　식사하는 환경에서 나는 소리도 식사 과정에서 중요한 역할을 한다. 편안한 느낌을 주는 청각적 자극(예: 음악)이 주어지면 유아는 보다 진정되고 적합한 음식 먹는 리듬을 형성하게 된다. 따라서 유아가 식사를 하는 환경의 청각적 자극의 양과 종류를 주의 깊게 통제해야 한다.

- **후 각**　후각은 맛과 밀접히 관련된다. 냄새는 강한 정서적 요소를 가지며 오래 기억에 남는다. 따라서 식사와 관련된 긍정적 혹은 부정적 경험과 냄새 감각이 연관된다. 음식 냄새, 환경에서 나는 냄새, 그리고 음식을 먹여 주는 사람의 향수 냄새도 음식을 먹는 과정에 극적인 영향을 미칠 수 있다.

• 미 각 미각 정보는 입의 미뢰에서 받아들인다. 미뢰는 혀의 특수 부위에 위치하며 쓴맛, 단맛, 신맛, 복합적인 맛 등으로 자극을 해석한다. 과잉 반응적인 유아는 자극성이 적은 음식에도 잘 반응하는 반면, 저반응적인 유아는 자극적인 음식에 더 잘 반응한다. 튜브 급식이나 기관지 절개 후에 튜브 삽입을 한 유아는 감각적 자극이 심한 자극성 있는 음식에 잘 반응한다. 단맛은 침 흘리기를 증가시키며 가장 강한 맛 중의 하나다.

• 촉 각 촉각은 매우 복합적이며 피부에 위치한 수용기를 통해 받아들여진다. 다양한 유형의 촉각이 있는데 압각, 온각, 냉각, 통각 등이 있다. 얼굴과 입에는 많은 촉각 수용기가 있다. 이들 수용기는 먹는 동안 구강 근육의 인식을 형성하는 데 도움이 된다.

• 고유수용성감각 신체의 위치를 알게 해 주는 기능으로서 자신의 손이나 발을 보지 않고도 부드럽게 움직이는 것은 고유수용성감각이 있기 때문이다. 고유수용성감각을 잘 유지하고 있을 때는 몸의 균형도 잘 조정된다. 고유수용성감각에 문제가 있는 유아는 움직임이 서툴고 의자에 바른 자세로 앉기를 잘 못하며 식기를 바르게 사용하지 못한다.

2) 음식섭취 과정의 비정상적 감각 반응

음식을 먹는 과정에서 감각적 문제는 개인에 따라, 그리고 그 정도에 따라 매우 다양한 형태로 나타난다(곽준기 & 정창곤, 1994; Lowman & Murphy, 1999). 음식섭취 과정에서 나타나는 비정상적인 감각 반응들은 다음과 같다.

• 음식 거부 구강 자극에 대한 과잉 반응을 알리는 가장 일반적 신호는 음식 거부다. 유아는 종종 촉각, 맛, 온도, 재질 때문에 음식을 거부할 수 있다. 유아가 반응하는 감각을 인식하고 필요한 자극을 제공하는 것이 중요하다. 음식에 대한 거부는 영양에 문제를 야기하는데 유아가 선호하는 음식의 범위에 제한이 생기며 필요한 열량을 섭취하기 위해 인공 수유를 하거나 성장 실패

를 보여 정상 범위 이하의 체중 증가와 성장을 한다.

- **편 식** 까다로운 식성을 가진 유아는 구강 자극에 과잉 반응한다. 부모들은 유아가 수용하는 음식을 알고 유아가 선호하는 메뉴만을 고집할 수 있다.

- **구역질** 입에서 혀와 구개는 가장 민감한 부위다. 어떤 유아는 음식이 혀에 닿으면 구역질 반사를 보이기도 한다. 개그 반사는 기관(trachea)을 보호하므로 생존에 필요하다. 출생 시에 개그 반사는 입의 앞부분에 있으며 나이가 들면서 혀의 뒷부분으로 옮겨 간다. 유아에 따라 개그 반사가 과잉 반응적으로 나타나며 냄새, 보기, 맛, 온도, 재질로 인해 일어나기도 한다. 중추 신경계에 심각한 손상을 입었을 경우에는 개그 반사를 보이지 않는다. 자극에 대한 저반응은 매우 위험한데, 유아의 기도를 보호할 수 없어 기도 흡입의 위험에 처하게 된다. 이런 유아는 개그 반사가 지속적으로 나타날 때까지 구강으로 음식을 먹어서는 안 된다.

- **구 토** 구토는 음식을 먹을 때 나타나는 가장 정도가 심한 과잉 반응이다. 이것은 성장 실패로 이어지며 심각하게 고려되어야 한다. 구토가 지속적으로 일어나면 의료적 의뢰를 하여 위식도 역류, 기도 흡입, 행동 요소 등 구토와 관련된 원인을 확인해야 한다. 구토하기가 지속되면 심각한 합병증이 유발될 수 있다.

- **입에 음식을 가득 채우기** 입에 음식을 가득 채우는 유아는 음식 먹는 속도에 문제가 있다. 이런 유아는 구강에서 음식물을 움직이고 입의 촉감을 느낄 공간이 없을 정도로 입 속에 음식물을 가득 채운다. 이는 많은 양의 음식을 입으로 움직이고 조절할 기술이 부족하기 때문이다. 어떤 유아는 입 속의 지각력이 부족하여 입 속에 음식을 가득 채우는데, 이런 유아는 구강 운동 기술을 활성화하기 위해 더 많은 감각 자극을 필요로 한다. 입 안을 지나치게 채움으로써 유아는 감각 자극을 증진시키고 자극을 보다 효과적으로 지각할 수 있다.

• 음식을 빨아먹기 대부분의 유아들은 음식을 씹기보다 빨아먹기를 더 선호하는데, 이는 음식을 빨면 입 속에서 음식이 더 부드러워지기 때문이다. 음식을 빨아먹는 유아는 종종 감각 처리, 입 운동 기술, 삼키기에 어려움을 보인다. 입 속에서 음식을 잘 부수지 않기 때문에 유아가 음식을 삼키는 소리를 듣거나 볼 수도 있다.

3) 음식물의 감각적 요소들

유아가 음식을 수용하고 먹는 기술을 발달시키는 데 영향을 미치는 음식물의 감각적 특성 중 유아들에게 제공할 수 있는 음식물의 질감, 맛, 색, 냄새에 대해 알아보자(정연강 & 조정순, 1997; Murphy & Caretto, 1999)

• 음식의 질감 질감 있는 음식을 씹음으로써 유아는 구강 안면 구조의 골격과 근육의 성장을 촉진하므로 질감이 있는 음식물은 유아의 식단에서 매우 중요하다. 질감이 다른 여러 음식들로 구성된 식단을 제공함으로써 양질의 구강 자극을 제공할 수 있다. 유아의 식단에 음식의 질감 종류를 다양화하는 방법은 여러 가지가 있다.

유아가 선호하는 질감의 음식과 함께 새로운 질감을 가진 음식물을 제공할 수 있다. 예를 들어, 유아가 푸딩과 같은 부드러운 음식을 먹는다면 크래커를 잘게 부수어 푸딩에 섞어 줄 수 있다. 두 가지 선호하는 음식물을 한 가지 음식으로 만들어 주는 방법으로 유아에게 새로운 질감을 제공할 수 있다. 삶은 당근과 으깬 감자를 섞어 주면 유아에게는 새로운 음식이지만 먹기 어렵지는 않다. 부드러운 음식에서 보다 질감 있는 음식으로 바꿀 때, 처음에는 침에 쉽게 녹는 음식을 선택하는 것이 좋다. 새로운 음식이나 새로운 질감을 유아에게 줄 때 음식물을 치아의 씹는 면에 닿도록 입의 측면을 활용한다. 이렇게 함으로써 음식이 민감한 혀 부분에 닿지 않고 입 속의 음식을 다루는 구강 운동을 할 수 있다.

• 음식의 맛 유아들은 싱겁고 순한 맛을 좋아한다. 맛에 대해 저반응을 보이는

유아는 향신료가 들어간 음식에 더 잘 반응한다. 감각 정보를 통합하는 데 어려움이 있는 유아는 신맛과 쓴맛을 식단에서 제거하면 맛에 대해 더 잘 반응한다. 단 맛은 대부분의 유아들이 좋아하는 맛이다. 유아가 선호하는 특정 맛을 과도하게 사용하게 되면 유아가 특정 맛을 가진 음식물에 의존하게 되므로 특정 맛을 식단에 지나치게 포함시키지 말아야 한다.

• **음식의 온도** 많은 유아들이 음식의 온도에 선호도를 보인다. 그러나 음식의 온도는 통제하기 힘든 변인이다. 뜨겁고, 차고, 따뜻한 온도나 실내 온도 등은 매우 단순한 변인이다. 유아가 따뜻한 음식을 좋아할 경우 음식을 먹고 있는 동안 차갑게 식을 때 문제가 발생한다. 어떤 유아는 먹는 것을 중단하고 더 이상 먹지 않을 것이다. 음식의 온도가 변할 때 나타나는 이러한 행동이 유아가 충분히 먹었다는 표시인지 또는 음식의 온도 변화 때문인지 양육자가 인식하기 어렵다.

금속 숟가락이나 포크 등의 식사 도구는 일정 시간 동안 뜨겁거나 찬 상태를 유지하는데 이때 유아는 음식보다는 식사 도구에 더 반응할 수도 있다. 차가운 음식과 식사 도구는 구강 근육을 자극하여 구강 활동을 활성화시키는 데 사용될 수 있다. 찬 음료를 약간 주면 삼키기 동작이 더 잘 일어난다.

• **음식의 색** 유아는 음식물의 색깔에 관심을 가지고 식사에 흥미를 더 가지게 될 수도 있다. 적색, 녹색, 오렌지 색, 황색 등의 밝은 색깔은 식욕을 촉진시키는 작용을 한다. 유아들의 식단에는 중간 색의 식품이 많은데 빨간 토마토와 당근, 초록 오이 등 화려하고 순수한 색의 식품을 곁들여 주면 음식에 대한 유아의 기호도를 높일 수 있다.

• **음식의 냄새** 음식 냄새는 식욕을 촉진하거나 저해할 수 있는 큰 영향력을 가진 감각 요소다. 음식물은 식품 자체가 가지고 있는 독특한 자연의 향기를 살리거나 불쾌한 냄새를 제거하고 조리 중에 일어나는 여러 가지 화학적 변화로 식욕을 촉진한다. 조미료, 향신료, 방향 채소 등을 적절히 활용하여 음식의 향기를 보완하도록 조리하여 식품의 냄새를 좋게 해 주는 것이 중요하다.

3. 유아의 독립적 식사 기술의 촉진

1) 독립적 식사 기술의 발달 과정

궁극적으로 유아는 사회적으로 수용되는 환경에서 독립적 식사를 할 수 있어야 한다. 만약 유아가 식사 과정에 참여하려는 열의를 보이고 음식에 선호도를 나타내며 음식을 가지고 놀기를 즐기거나 음식, 숟가락, 컵에 손을 뻗쳐 입으로 가져가려는 행동을 보이면 독립적 식사로 옮길 준비가 되었다고 볼 수 있다(Allen & Schwartz, 1996). 〈표 12-2〉는 독립적 식사하기의 발달과정을 보여 준다(Moriss & Klein, 1987).

표 12-2 독립적 식사하기의 발달 과정

연 령	식사 기술
2개월	• 엎드리거나 바로 누운 자세에서 손을 입으로 가져간다. • 숟가락으로 곡류나 즙을 낸 야채를 받아 먹는다.
3개월	• 물건을 쥐고 있는 상태에서 손을 입으로 가져간다. • 시각적으로 음식과 우유병을 인식한다.
4개월	• 우유병을 인식하고 젖꼭지를 준비하면 입을 벌린다. • 양손으로 우유병을 가볍게 두드리거나 잡는다. • 컵으로 음식을 주면 먹을 수 있고 그것을 즐긴다. 그러나 많이 흘린다.
5개월	• 숟가락을 예상하고 입을 벌린다. • 손을 사용하여 우유병을 끌어당겨 잡고 젖꼭지가 입에 들어가면 병을 놓는다. • 단단한 과자 같은 고형 음식을 입으로 문질러 진득거리게 만든다.
6개월	• 어른이 컵을 잡아 주면 마신다. • 혼자 크래커를 먹는다.
7개월	• 숟가락으로 덩어리 음식을 주면 먹는다. • 바나나, 야채 등의 부드러운 음식을 스스로 먹는다. • 머리를 음식 쪽으로 가져간다.

(계속)

8개월	• 두 손으로 컵을 사용하나 많이 흘리고 쉽게 사레가 들린다. • 엄지와 집게손가락으로 음식물을 집어먹는다.
9개월	• 음식을 준비하는 것을 보고 점점 안달한다. • 숟가락을 쥐고 두드리거나 젓는 흉내를 낸다. • 손가락으로 먹는 것을 좋아한다.
10개월	• 우유병을 쥐고 입으로 가져간다. • 음식을 느끼고 맛보고 손으로 뭉개고 바닥에 떨어뜨린다. • 컵으로 음식을 먹이면 여전히 지저분해지나 그것을 즐긴다.
11개월	• 양육자가 식사를 다 마치도록 도우려 하면 거부한다. • 혼자 컵을 사용한다. 약간 흘린다.
12개월	• 음식에 대한 기호가 더욱 나타난다. • 식사를 독립적으로 마친다. 남은 음식을 바닥에 던져 버리기도 한다. • 음식이 담긴 숟가락을 입으로 가져가다가 도로 내려놓는다.
15개월	• 컵으로 손가락으로 쥔다. 많이 흘린다. • 숟가락을 뒤집어서 입에 넣는다. • 특정 음식에 대한 분명한 선호도를 보인다.
18개월	• 컵으로 잘 마신다. • 양육자에게 빈 컵이나 접시를 건네준다. 그러나 양육자가 보지 않으면 바닥에 떨어뜨린다.
21개월	• 컵을 잘 다룬다. • 먹는 것에 매우 규격화된다. 모든 것을 정해진 일과대로 하기를 원하며 매번 같은 방식으로 주기를 원한다.
2세	• 음료가 반쯤 담긴 작은 유리컵을 한 손으로 잘 다룬다. • 손바닥을 편 채 숟가락을 쥐며 숟가락을 뒤집지 않고 입에 음식을 넣는다. • 맛, 형태, 점도, 색깔 등에서 음식 선호도를 보인다.
3세	• 숟가락으로 음식을 아주 조금 흘리면서 먹는다. • 작은 용기에 담긴 음료를 따를 수 있다. • 포크로 음식 찍는 것을 즐긴다.
4세	• 식사 준비하는 것을 즐긴다. • 얼굴과 손을 씻고 닦는다.

(계속)

5세	• 식욕이 증가하고 단순한 음식을 선호한다. • 식사하는 동안 말을 많이 한다. • 스스로 식사를 끝내지 못하며 도움이 필요하다.
6세	• 식사보다 간식을 즐긴다. • 손가락으로 집어먹기도 한다.
7세	• 싫어하는 음식을 형식적으로 먹기도 한다. • 후식에 관심을 보인다. • 간간이 냅킨을 사용한다.
8세	• 여아는 어른처럼 포크를 쥐고 남아는 손이 안쪽으로 향한 상태로 포크를 쥐고 사용한다. • 나이프로 음식을 자르기 시작한다.

2) 독립적 식사 기술의 지도 순서

독립적 식사의 준비도 행동은 근긴장도와 운동 기능이 정상적으로 발달하는 유아에게는 자연스럽고 쉽게 일어난다. 운동 요소에 제한을 갖는 유아는 신체 운동이나 자세가 부적절하고 구강 운동 조절 능력이 저하되어 있어 독립적 식사를 할 수 없다. 교사나 치료사는 유아가 구강 운동 기능의 질적 수준을 유지하면서 숟가락을 입으로 가져가려는 시도가 성공하도록 도와야 할 것이다. 그러나 유아가 나이가 들어 자신의 장애와 독립성의 필요에 대해 자의식을 가지게 될 때, 구강-운동조절의 정확성을 요구하기보다는 독립적 식사하기를 허용하는 것이 중요하다.

식사 기술을 가르칠 때는 핵심적인 기술을 발달 순서에 따라 가르친다. 숟가락을 예상하기와 식사 도구에 담긴 음식을 제거하기 위해 입술 사용하기 등의 의존적 식사 기술을 먼저 지도하고, 손가락으로 먹을 수 있는 음식물 먹기, 숟가락으로 먹기, 컵으로 마시기, 포크 사용하기, 음식 제공하기, 양념 사용하기, 훌륭한 식사 예절 보이기 등의 순서로 가르친다.

그러나 모든 식사 기술을 발달적 순서대로 가르칠 필요는 없다. 식사 일과와 유아가 할 수 있거나 배울 수 있는 관련 기술을 통합함으로써 유아의 독립성을 촉진할 수 있다. 마찬가지로, 기능적 순서로 기술을 가르치는 것이 최선의 선택일 수도 있다. 예를 들어, 흘리지 않고 숟가락으로 먹을 수 있으나 포크를 사용하지 못하는 유아가 있다고 가정하자. 이 유아는 발달적으로 포크 사용 기술을 습득해야 하나, 팀은 먼저 냅킨 사용과 줄 서기가 더 기능적 기술이라고 결정하였고 포크 사용기술의 교수는 뒤로 늦출 수 있다(Farlow & Snell, 2000).

3) 독립적 식사 기술의 촉진 전략

유아가 독립적으로 식사를 할 수 있도록 지도할 때 사용할 수 있는 전략들을 자세 잡아 주기, 식사도구의 조정 그리고 식사 환경의 면에서 살펴보자.

(1) 식사하는 동안 적절한 자세 잡아 주기

자세 잡아 주기란 유아들에게 자세 잡기 지원을 제공하는 조정 기법이나 설비를 말하는 것으로, 운동 기능에 제약을 가진 유아의 자세나 운동의 제한을 보상하고 유아의 기능을 증진시키는 데 사용된다. 음식을 먹는 동안 자세 잡아 주기의 목표는 아동의 기능적 수행을 증진하는 직립 자세와 지지를 제공하는 것이다. 자세 잡아 주기 전략은 자세 조절을 개선하고 운동 조절을 촉진하는 신체 이동해 주기(handling) 기법과 함께 사용될 수 있다.

식사 동안 올바른 자세 잡아 주기는 네 가지 이점을 가진다. 첫째, 자세 잡아 주기를 통해 기도가 열린 채 유지되도록 직립 자세를 형성하고 유지한다. 식사하는 동안 머리, 목, 몸통의 직립 자세를 유지하지 못하면 호흡 기능에 문제를 가져올 수 있는데 자세 잡아 주기를 통해 유아의 호흡을 증진시킬 수 있다.

둘째, 먹는 과정의 순서가 원활히 진행되도록 도와주는 것이다. 효과적인 음식 먹는 과정은 먼저 음식을 입에 넣어 둥근 덩어리로 만들어서 삼킨 후 음식이 기도로 흡인되거나 음식의 역류가 일어나지 않아야 하며 정상적인 소화기관과 장으로 음식이 이동되어야 한다. 직립 자세는 이러한 먹는 과정이 저해되지 않고 순조롭게 진행되도록 해 준다.

셋째, 음식 삼키기를 원활하게 해 준다. 머리와 목의 과도한 굴절 혹은 신전은 삼키기에 영향을 미치며 음식이 기도로 흡입될 위험을 증가시킨다. 운동 기능의 결함을 가진 유아는 중력에 대해 머리, 목, 몸통의 자세를 조절하는 데 어려움을 가져서 호흡과 삼키기를 제대로 협응하지 못한다.

넷째, 소화를 가속화시켜 위식도 역류의 심각성을 감소시키는 것이다. 조정 의자는 식사 시간 동안 자세, 머리 조절, 몸통의 수직 자세를 개선하며 유아가 쥐기 패턴을 개선하고 우유병에서 컵으로 마시기, 부드러운 음식에서 단단한 음식으로 진전하는 것을 촉진시킨다.

이에 덧붙여, 운동 기능의 결함을 가진 유아는 일반 또래와 유사한 자세를 취할 때 식사 시간 동안 의미 있는 상호작용에 참여할 수 있는 기회를 갖는다. 운동 기능의 결함을 가진 유아는 식사하는 동안 이해하기 어려운 행동이나 오해를 받을 만한 행동을 할 수 있다. 몸을 구부린 채 식사하는 유아를 볼 때 이러한 행동이 상호작용을 회피하는 것인지, 아니면 운동 조절을 잘하지 못해서 나타나는 자세인지 판단하기 어려울 수 있다. 운동 조절에 실패한 자세가 나타나지 않으면, 양육자는 유아가 의사소통하려는 신호를 보다 정확하게 평가할 수 있을 것이다. 자세 잡아 주기는 의사소통과 사회적 상호작용에 참여를 촉진하는 지지를 유아에게 제공함으로써 양육자-유아 관계성을 증진시킬 수 있다.

한편, 유아의 식사를 보조하는 성인들 또한 자신의 자세나 위치가 유아의 식사 활동에 영향을 준다는 사실을 인식해야 한다. 양육자는 유아의 눈높이나 약간 아래에서 음식과 음료를 제시하여 유아가 적절하게 머리와 목의 정렬을 이룰 수 있도록 해 주어야 한다(Farlow & Snell, 2000; Snyder, Breath, DeMauro, 1999).

(2) 효율적 식사를 촉진하는 식사용 조정 기구

조정 기구나 장비는 과제를 효율적으로 수행하기 위해 유아의 필요에 부응하여 수정하거나 변화시킨 장비나 기구를 말한다. 식사용 조정 도구는 조정된 테이블, 의자, 숟가락, 접시, 컵을 포함하여 음식을 먹는 과정에서 사용되는 모든 도구로서 가정, 지역사회에서 정상화된 방식으로 유아가 먹는 것을 방해하지 않고 식사 시간을 효율적으로 만들어 준다(Lowman, 1999; Venn, Holcombe, & Wolery, 1992). 대표적인 식사용 조정 기구들을 [그림 12-1]에서 볼 수 있다.

- **컵** 컵으로 마시기는 구강 운동 기능 장애를 가진 유아에게는 어려운 과제다. 컵은 뚜껑의 여부, 손잡이 여부, 음료 흐름의 통제 방식에 따라 다양한 종류가

있다. 한쪽 면이 둥글게 패인 컵을 사용하면 목을 지나치게 젖히지 않고 마실 수 있다. 쥐는 기능에 문제를 가진 유아들은 작은 컵을 쥐는 것이 더 수월할 것이다. 근력을 잘 조절하지 못하는 유아들은 손잡이가 없는 컵을 쥐는 데 어려움을 보이므로 손잡이가 달린 컵을 사용하기가 더 쉬울 것이다. 뚜껑이 있는 컵은 음료를 입에 넣을 때 그 흐름을 조절하지 못해 많이 흘리는 유아들에게 제공할 수 있다.

• 빨 대 빨대로 마시기는 유아의 빨기 능력을 증진시키며 입술 다물기나 입술의 근력, 입술 조절력 등을 발달시키는 데 도움이 된다. 또한 빨대로 마실 때 유아가 빨대에 입을 닿기 위해 몸을 앞으로 기울여야 하므로 빨대로 마시기는 턱을 구부리는 자세를 증진시킨다. 빨대의 중간이 2~3회 꼬인 형태를 한 빨대는 구강 운동 기능을 연습하는 데 유용하다.

• 숟가락 과민성 깨물기 반사나 구역질 반사를 보이는 유아들은 조정된 숟가락을 사용할 필요가 있다. 숟가락을 선택하는 기준으로 숟가락의 오목한 부분의 크기, 숟가락을 감싸는 재질, 손잡이 모양, 손잡이 길이 등을 들 수 있다. 숟가락의 오목한 부분의 크기는 유아의 입 크기에 맞아야 한다. 오목한 부분이 깊을수록 음식을 다 먹기가 힘들고 오목한 부분이 얕을수록 음식을 다 먹기가 수월하다. 숟가락을 감싸는 자료도 신중히 고려되어야 한다. 플라스틱 숟가락은 유아가 깨물어서 부서지지 않을 만큼 강해야 한다. 금속 숟가락은 유아들을 자극하기도 한다. 플라스틱이나 고무로 감싼 숟가락은 차거나 뜨거운 자극에 과민한 반응을 보이는 유아들에게 적당하다. 작은 1회용 숟가락은 자극을 최소화하므로 어떤 유아들에게는 유용하다. 그러나 1회용 숟가락은 잘 부서지기 때문에 숟가락을 깨무는 유아에게는 적당하지 않다.

숟가락 손잡이는 독립적으로 숟가락을 사용하여 먹는 기술의 발달을 위해 조정할 수 있다. 유아가 쥐기 쉽게 손잡이의 구조를 조정한다. 다양한 재질, 무게, 모양의 숟가락이 상용될 수 있다. 숟가락이 무거우면 숟가락의 움직임을 조절하기가 수월해진다. 손잡이가 구부러진 숟가락은 손 운동 기능의 어려움을 가진 유아에게 유용하다. [그림 12-1]에 제시된 것처럼 숟가락에 부착

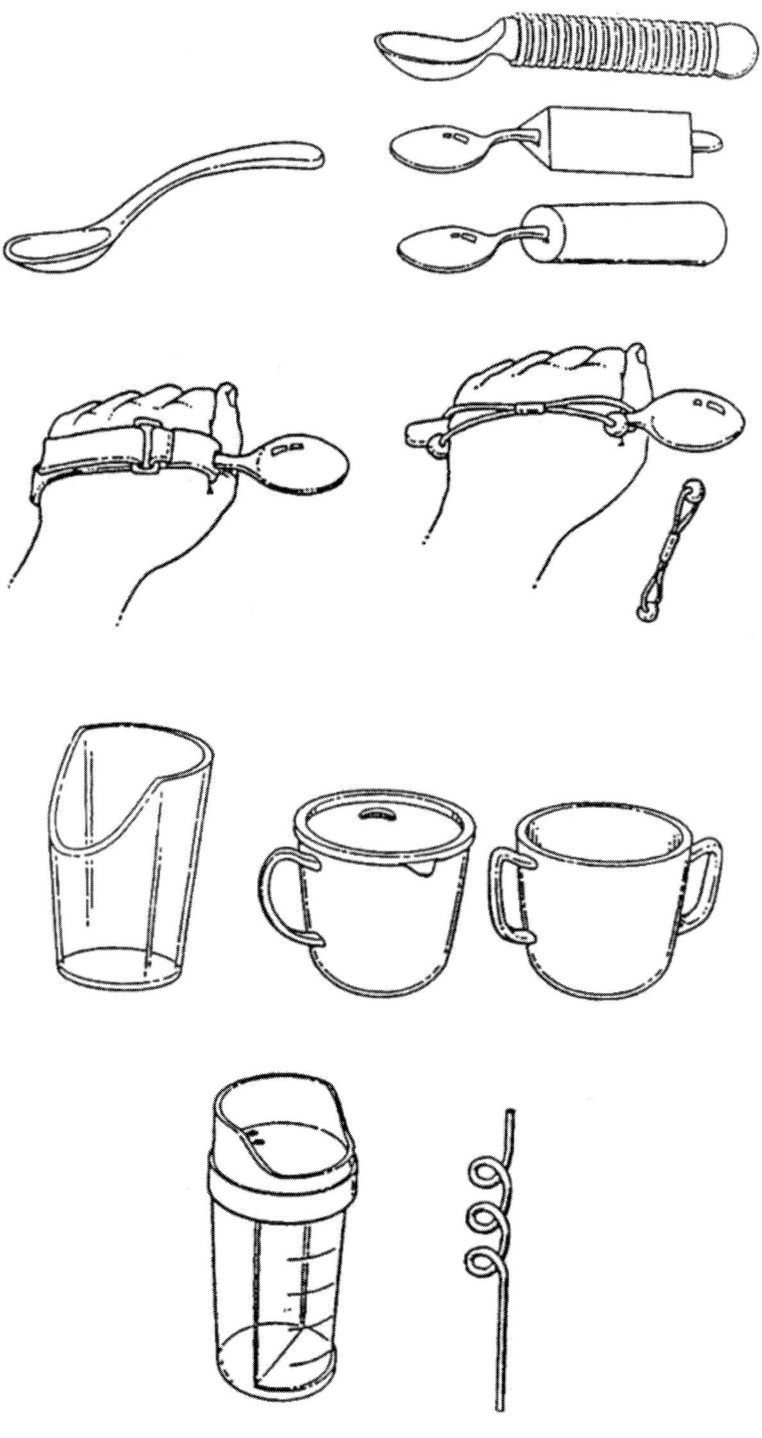

◎◎ [그림 12-1] 여러 가지 유형의 숟가락, 컵, 빨대

된 다양한 보조물이 유아들이 숟가락 손잡이를 쥐기 쉽게 해 준다. 신축성 있는 벨크로가 부착된 손잡이나 신축성 있는 둥근 끈 모양의 손잡이가 부착된 숟가락도 유아가 숟가락 쥐기를 수월하게 해 준다.

- 접시와 그릇　독립적 식사하기를 배울 때 한 가지 어려운 점은 숟가락으로 음식을 뜨는 것이다. 가장자리를 높인 그릇이나 접시에 음식을 담아 주면 유아는 그릇의 가장자리를 숟가락으로 음식물을 떠올리는 면으로 이용하여 보다 수월하게 숟가락으로 음식을 뜰 수 있다. 또는 그릇이 식탁에서 움직이지 않고 안정된 상태로 있을 수 있도록 그릇의 밑면에 흡입 받침대를 부착할 수도 있다. 다이섬과 같은 미끄럼 방지 깔개 위에 그릇을 두면 그릇이 식탁 위에서 미끄러지지 않는다.

(3) 독립적 식사 환경의 구성

유아가 음식섭취 행동을 습득하고 적절한 음식 먹기 기술을 발달시키면 식사 지도는 유아의 사회성 기술, 의사소통 기술, 인지 기술의 통합에 식사 지도의 초점을 두어야 한다. 식사 시간을 유아의 학습, 사회적 관계 형성, 의사소통 시간으로 활용하기 위해 다음의 전략을 사용할 수 있다(조경자 & 이형숙, 1999; Venn, Holcombe, & Wolery, 1992).

- 식사 준비 과정에 유아 참여　식사나 간식 준비하는 과정에 유아들이 적극적으로 참여하도록 유도한다. 유아들이 냅킨, 컵, 수저를 놓거나 매트를 까는 일을 하게 하거나 냉장고나 서랍 속의 음식물을 식탁에 올려놓는 일을 하도록 허용한다.

- 유아의 선택 허용　식사나 간식 시간에 유아의 기호가 반영되어야 한다. 일정 범위가 주어진 상황에서 유아들은 자신이 먹을 음식이나 음료의 종류, 사용하기를 원하는 컵이나 기타 식사 도구를 선택하도록 허용한다.

- 유아들 간 사회적 상호작용 촉진　식사 시간은 가족, 또래, 교사와 질적인 사회

적 상호작용이 일어날 수 있는 상황을 제공할 수 있다. 유아들은 식사하는 과정에서 다른 유아들이나 성인과 자연스러운 상호작용과 대화를 하도록 격려되어야 한다.

• **다른 학습의 촉진** 식사나 간식 시간은 유아가 영양분을 섭취하고 음식섭취 기술을 습득하는 것 외의 다양한 학습이 이루어질 수 있는 시간이다. 여러 음식의 색깔, 컵의 종류나 색, 음식물이나 식사 도구의 숫자 세기, 음식물을 종류에 따라 분류하기 등 다양한 인지적 학습이 일어날 수 있다. 또한 식사를 위한 구강 운동 기술의 연습은 유아의 발성 역량을 증진시키며 식사 도중 유아 간, 유아와 성인 간에 오가는 다양한 형태의 대화를 통해 유아의 언어발달을 증진할 수 있다.

• **식사 후 정리 과정에 유아 참여** 식사나 간식을 준비할 때와 마찬가지로 식사나 간식을 마친 후 뒷정리 과정에 유아의 참여를 격려한다. 유아는 남은 음식을 치우고 식기를 지정된 장소에 갖다 놓으며 쓰레기를 버리고 식탁을 닦는 등의 활동으로 식사 후 뒷정리 활동에 참여할 수 있다.

• **식사 전후의 위생활동** 유아는 식사 전후의 위생활동으로 손 씻기를 하고 식사 후 양치질을 하여 위생 관념을 배울 수 있다. 매일 반복적으로 손 씻기와 양치질을 함으로써 이러한 활동에 관련된 기술을 습득하고 연습할 수 있다.

4. 식사 기술 평가와 지도 계획 수립

1) 유아의 식사 기술 평가

유아의 음식섭취와 식사 기술에 대한 지도는 유아의 음식물 섭취에 관련된 평가를 기반으로 계획되어야 한다. 유아의 식사와 관련된 평가를 위해 가장 풍부한 정보를 제공할 수 있는 사람은 유아의 부모로서 평가 과정에 부모의 관점이 적극적으로 반영될 필요가 있다. 평가 과정은 부모 인터뷰, 부모가 유아의 식사 지도를 하는 장면 관찰, 전문가(교사 혹은 치료사)가 직접 유아의 식사 지도하기 단계를 거친다(Morris & Klein, 1987).

(1) 부모 면담

유아에 대해 가장 잘 아는 사람은 유아의 부모다. 부모는 유아가 식사하는 효율적인 자세, 유아가 특별히 좋아하거나 싫어하는 음식, 유아가 사용하는 식사 도구, 식사하기 좋은 환경 등에 대해 잘 알고 있다. 교사나 치료사는 음식물 섭취에 어려움을 갖는 유아를 지도하기 전에 음식 먹기와 관련한 여러 사항에 대해 부모와 면담을 할 필요가 있다.

(2) 부모가 유아의 식사를 돕는 장면 관찰하기

부모가 유아를 먹이는 장면을 관찰함으로써 유아와 부모에게 친숙한 음식 먹는 과정에 포함된 여러 측면들을 관찰할 수 있다. 관찰할 때, 특히 유아가 먹을 때 어떤 자세를 취하는지, 유아의 식사를 돕기 위해 양육자는 어떤 자세를 취하는지, 얼마나 빠른 속도로 음식을 먹이는지, 식사 동안 부모와 유아 간에 어떤 상호작용이 일어나는지, 유아의 음식섭취에 관련된 어려움을 부모가 어떻게 다루는지 등에 대해 주의 깊게 살펴볼 필요가 있다.

(3) 교사나 치료사가 직접 유아의 식사 보조하기

대상 유아의 식사를 직접 보조하거나 식사하는 장면을 직접 관찰함으로써, 교사나 치료사는 음식섭취에 관련하여 유아의 필요와 능력에 대한 다른 관점을 얻을 수 있다. 식사하는 과정에서 나타나는 자세, 긴장도의 변화나 신체 기관의 움직임의 형태를 가까운 거리에서 볼 수 있다.

교사나 치료사는 다른 종류의 음식, 다양한 식사 도구, 음식 제공 속도, 음식 제공 자세 등에 변화를 주고 이러한 변화에 대해 유아가 어떻게 반응하는지 관찰한다. 유아가 선호하는 것과 다양한 상황에서 유아가 원하는 것이 무엇인지, 유아가 식사 과정에서 참여하기를 기대하는 활동은 어떤 것인지 등에 대한 관찰을 통해 유아가 잘 기능하는 것에 대한 정보와 식사 시간을 개선하기 위해 필요한 변화 등에 대한 지식을 얻을 수 있다.

(4) 유아의 음식섭취하기에 관한 평가 자료 정리하기

앞의 3단계를 거쳐 수집된 유아의 식사에 관련된 자료들을 효율적 식사 지도로 연결하기 위해 다음에 제시된 영역에 따라 정리할 수 있다.

- 의료적 배경: 유아의 음식 먹기 기술에 영향을 미치는 의료적 역사
- 주요 관심사: 부모나 양육자, 교사, 치료사들의 주요 관심사, 음식섭취하기와 관련하여 변화 혹은 개선이 필요하다고 느끼는 문제
- 학습 환경: 유아의 식사 습관에서 변화의 필요성, 유아의 인지능력이나 학습 능력, 식사 시간 동안 유아의 주의 집중력, 식사 시간에 음악의 활용
- 의사소통 환경: 식사할 동안 유아가 이야기할 기회, 유아의 의사소통 방식과 적절성
- 물리적 환경: 식사 환경, 유아의 식사 자세, 앉는 위치와 방식, 식사 도구 유형, 양육자의 위치, 유아가 가진 신체 조절의 어려움이 음식 먹는 능력에 미치는 방식
- 감각 환경: 제공되는 음식의 재질, 맛, 온도 등 음식을 먹는 동안의 감각에 대해 유아의 반응
- 정상적인 구강 운동 기술과 제한된 구강 운동 기술의 유형

2) 유아 식사 지도에 대한 계획 세우기

이상에서 제시된 영역에서의 평가 결과를 토대로 영유아를 위한 식사 지도 계획안을 수립할 수 있다. 부모 면담, 부모와 유아의 식사 장면 관찰, 직접적으로 유아의 식사 보조 등을 통해 파악한 대상 유아의 강점과 필요, 유아의 음식섭취 행동에 변화를 주는 방법, 유아가 보다 나은 음식섭취 기술을 발달시키는 데 방해가 되는 요인 등에 대해 논의한다. 유아를 위한 식사 지도 계획에는 다음의 사항들을 포함한다.

- 학습 환경: 어떤 학습 접근과 학습 도구를 탐색하였는가? 유아가 식사 동안 집

중할 수 있도록 하기 위해 어떤 변화가 도움이 될 것인가?

- 의사소통 환경: 양육자와 유아 간 상호작용을 극대화하기 위해 환경은 어떻게 구성되어야 하는가? 눈을 마주칠 기회를 증가시키기 위해 앉는 자세는 어떠해야 하는가? 어떤 의사소통 방식이 활용되어야 하는가?
- 물리적 환경: 식사할 때 좌석이나 자세변화가 이루어져야 하는가? 식사 도구는 적절한가? 식사 시간이 변화되어야 하는가?
- 감각 환경: 어떤 음식이 유아의 식사에 추가되어야 하는가? 현재 부적절한 음식이 제공되고 있는가? 음식 맛, 온도, 재질, 감촉에 변화를 줄 수 있는가? 식사 동안 배경 음악의 양이나 종류에 변화가 있어야 하는가?
- 구강-운동 기술의 정상화: 음식은 어떻게 제시되어야 하는가? 구체적인 반응을 어느 정도 오래 기다려야 하는가? 유아는 어떤 신체적 지원을 필요로 하는가?

참고문헌

문수재, 안홍석, 이영미(1997). 어린이 영양과 건강. 서울: 수학사.

조경자, 이형숙(1999). 유아건강교육. 서울: 학지사.

곽준기, 정창곤 편역(1994). 장애아 식사지도의 실제. 서울: 도서출판 특수교육.

윤병완 역(1987). 섭식 기능의 장애. 요한바오로 2세 어린이집.

정연강, 조정순(1997). 유아영양과 건강. 서울: 양서원.

Allen, K., & Schwartz, I. (1996). Facilitating self-care and independent skills. In K. Allen & I. Schwartz *The exceptional child: Inclusion in early childhood education* (3rd ed., pp. 296-310). New York: Delmar.

Eicher, P. M. (1993). Feeding the children with disabilities. In M. Batshaw & Y. Perret, *Children with disabilities; A medical primer* (3rd ed., pp. 197-211). Baltimore: Paul Brookes.

Farlow, L., & Snell, M. (2000). Teaching basic self-care skills. In M. Snell & F. Brown. *Instruction of students with severe disabilities* (5th ed., pp. 331-380). New

Jersey: Prentice Hall.

Marotz, L., Cross, M., & Rush, J. (2001). *Health, safety, and nutrition* (5th Ed.). New York: Delmar.

Morris, S., & Klein, M. (1987). *Pre-feeding skills: A comprehensive resource for feeding development.* Tucson, Arizona: Therapy skill Builders.

Murphy, S., & Caretto, V. (1999). Sensory aspects of feeding. In D. Lowman & S. Murphy. *The educator's guide to feeding children with disabilities* (pp. 111-126). Baltimore: Paul Brookes.

Lowman, D. (1999). Adaptive equipment for feeding. In D. Lowman & S. Murphy. *The educator's guide to feeding children with disabilities* (pp.141-154). Baltimore: Paul Brookes.

Noonan, M., & McCormick, L. (1993). Specialized instructional techniques. In N, Noonan & L, McCormick. *Early intervention in natural environments: methods and procedures* (pp.199-237). Pacific Grove, CA: Brooks/Cole.

Snyder, P., Breath, D., & DeMauro, G. (1999). Positioning strategiesfor feeding and eating. In D. Lowman & S. Murphy. *The educator's guide to feeding children with disabilities* (pp. 65-110). Baltimore: Paul Brookes.

Venn, M., Holcombe, A., & Wolery, M. (1992). Feeding and nutritional issues. In D. Bailey & M. Wolery (2nd ed.). *Teaching infants and preschoolers with disabilities* (2nd ed., pp. 441-480). New York: Macmillan Publishing.

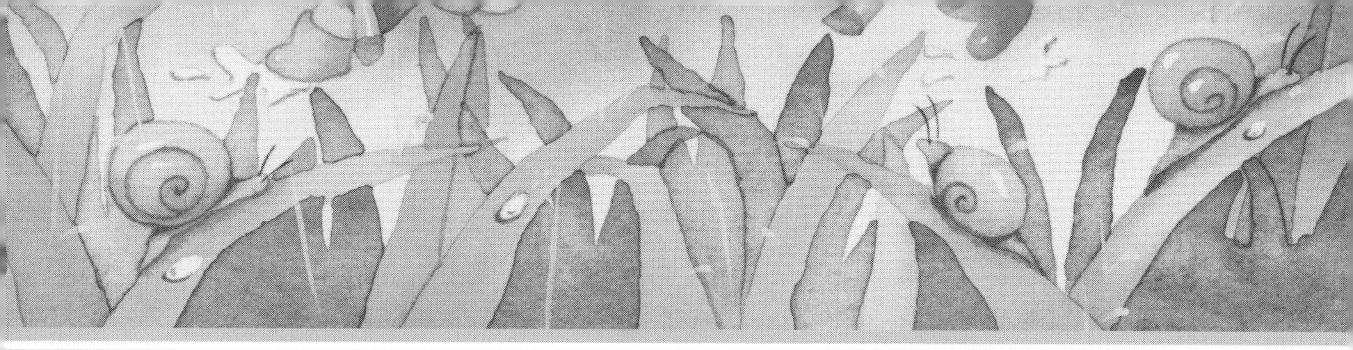

chapter

13 문제행동의 이해와 지도 방법

1. 문제행동의 이해
2. 문제행동에 관한 이론
3. 긍정적 행동지원을 통한 문제행동 지도

유아의 문제행동은 발달에 필요한 학업기능을 습득하는 데 방해가 될 뿐 아니라 일상생활을 영위하는 과정에서도 커다란 문제가 된다. 유아 개인에게는 성취능력 저하와 정서적 · 신체적인 피해를 주는가 하면, 타인에게는 혐오와 방해행동으로 받아들여지고, 심지어는 신체적 손상을 주는 경우도 있다. 또한 문제행동 때문에 주변 사람들이 유아에 대해 부정적인 태도를 가지게 되어 유아가 사회적으로 고립되는 경우도 있다. 이러한 문제행동은 유아에게 가장 시급히 개선되어야 할 과제 중의 하나다.

이 장에서는 다양한 양상으로 나타나는 유아의 문제행동을 어떻게 분류하고, 문제행동의 유형과 진단방법에는 어떠한 것이 있는지를 알아본다. 그리고 문제행동에 관한 제반 이론 등을 고찰하여 문제행동에 대한 전반적인 이해를 하고, 여러 가지 중재방법 중에서 최근 문제행동 연구 분야에서 활발히 논의되고 있는 긍정적 행동지원에 기초한 지도 방법을 살펴보고자 한다.

1. 문제행동의 이해

유아의 문제행동을 지도하기 위해서는 문제행동을 바르게 이해하고, 정의해야 한다. 문제행동을 분류하는 목적은 각 유형의 문제행동에 맞는 효과적인 지도방법을 모색하기 위함이다. 문제행동은 질적 분류체계와 양적 분류체계로 나눌 수 있다. 질적 분류체계는 주로 문제행동을 진단하는 데 사용되고, 양적 분류체계는 문제행동 지도의 기본 자료를 제공하는 데 용이하다. 유아의 문제행동은 관련 전문가들이 팀을 이루어 다양한 방법을 통해 평가하여야 한다.

1) 문제행동의 정의

유아들에게서 일어나는 문제행동을 정의하고 이해하는 것은 쉬운 일이 아니다. 인간의 행동은 다양하고 여러 가지 양상으로 나타날 수 있기 때문에 관점에 따라 달리 설명될 수 있다. 일반적으로 문제행동은 행동장애 또는 정서장애라는 용어로 사용되고 있으며, 그 외 행동문제, 이상행동, 부적응행동, 행동역기능, 심리문제, 손상, 결함, 정신병리 등 여러 명칭으로 불리고 있다.

유아의 문제행동을 정의하는 데 어려움이 있을지라도, 문제행동을 진단하는 일반적인 기준을 살펴봄으로써 문제행동을 정의하는 근거를 찾을 수 있을 것이다. 윅스-넬슨과 이스라엘(Wicks-Nelson & Israel, 2006)은 문제행동을 정의하는 기준으로 이탈과 유해성, 사회 문화적 행동기준, 발달준거, 타인들의 역할과 같은 요인들을 고려해야 한다고 하였다.

문제행동을 정의하고 개념화하는 것은 수많은 요인들에 따라 좌우되는 복잡한 일이라는 것을 알 수 있다. 그러나 위와 같은 요인들을 고려하여 문제행동을 정의하자면, 문제행동이란 단지 개인적인 차원에서 나타나는 이상행동이 아니라 사회의 가치, 사회적 맥락, 발달, 타인의 역할 등을 고려하여 일반적인 범주에서 벗어난 이상행동이다.

2) 문제행동의 분류

질적 분류체계는 주로 정신 내면의 주관성에 따른 임상관찰에 의존하는 경우로, 미국정신의학회(American Psychiatric Association, 2000)에서 발행한 『정신장애진단통계편람(*Diagnostic and Statistical Manual of Mental Disorders: DSM-IV-TR*)』과 세계보건기구(WHO, 1992)에서 발행한 『국제질병분류체계(*ICD-10, International Classification of Diseases, tenth Edition*)』가 있다. 질적 분류는 임상장면에서 많이 사용하는 분류체계로 특수교육 분야에서도 문제행동을 분류하는 데 자주 사용되고 있다.

DSM-IV-TR에서는 유아기, 아동기, 청소년기에 보통 처음 진단되는 장애를 정신지체, 학습장애, 운동근육기술장애, 의사소통장애, 광범위 발달장애, 주의력결핍 및 파괴적 행동장애, 유아기 또는 초기 아동기 급식 및 섭식장애, 틱장애, 배설장애, 유아기, 아동기, 청소년기의 기타 장애로 분류하고 있다. 다음의 〈표 13-1〉은 DSM-IV-TR의 정신장애분류다.

표 13-1 DSM-Ⅳ의 유아기, 아동기, 청소년기에 보통 처음 진단되는 장애

• 정신지체	• 주의력결핍 및 파괴적 행동장애
−경도 정신지체	−주의력결핍과잉행동장애
−중등도 정신지체	−달리 세분되지 않는 주의력결핍과잉행동장애
−중도 정신지체	−품행장애
−최중도 정신지체	−반항장애
−심각도가 세분되지 않는 정신지체	−달리 세분되지 않는 파괴적 행동장애
• 학습장애	• 유아기 또는 초기 아동기 급식 및 섭식장애
−읽기장애	−이식증
−산술장애	−반추장애
−쓰기장애	−유아기 또는 초기 아동기 급식장애
−달리 세분되지 않는 학습장애	• 틱장애
• 운동근육기술장애	−뚜렛장애
−발달협응장애	−만성운동 또는 음성 틱장애
• 의사소통장애	−일과성 틱장애
−표현언어장애	−달리 세분되지 않는 틱장애
−혼재성 수용표현언어장애	• 배설장애
−음운장애	−유분증
−말더듬증	−유뇨증
−달리 세분되지 않는 의사소통장애	• 유아기, 아동기, 청소년기의 기타 장애
• 광범위성 발달장애	−분리불안장애
−자폐성장애	−선택적 함구증
−레트장애	−유아기 또는 초기소동기의 반응성 애착장애
−아동기 붕괴장애	−상동증 운동장애
−아스퍼거 장애	−달리 세분되지 않는 유아기, 아동기, 청소년기 장애
−달리 세분되지 않는 광범위성 발달장애	

양적 분류체계는 행동양식이나 차원적 체계에 따른 분류도식으로 서로 유사한 행동들을 특정한 행동양상으로 분석하여 놓은 것이다. 양적 분류는 교육 현장에 적용하는 데 질적 분류보다 쉽고, 객관적으로 분류할 수 있다는 장점 때문에 많이 사용되고 있다.

양적 분류체계는 질적 분류체계의 대안으로 관련 있는 행동들의 형태를 파악하기 위해 통계적 기술을 적용한 것이다. 일반적인 절차는 관찰자가 유아의 특정 행동 발생 여부를 표시하여 그 반응으로부터 나온 정보를 수량화하는 것이다. 수량화된 정보는 요인분석과 군집분석 등의 통계적 방법을 통해 집단으로 분류한다.

예를 들면, 경험적으로 규정된 증후군을 개발하고자 하는 연구들은 두 개의 광범위한 행동이나 특징을 나타내는 군집이 있다고 제시하고 있다(Achenbach, 1985; Quay, 1986). 첫번째 군집은 외현화, 품행장애와 같은 명칭으로 불리며 싸움, 짜증, 불복종, 파괴 같은 행동들과 관련이 있고, 두 번째 군집은 내면화, 불안·위축과 같은 명칭으로 불리며 불안, 수줍음, 위축, 우울 같은 행동들과 관련이 있다.

이들 두 요인을 추출하는 데 사용한 도구는 아동용 행동 체크리스트(Child Behavior Checklist: CBCL), 교사용 보고서(Teacher Report Form: TRF), 청소년용 자기보고서(Youth Self-Report: YSR)이다. 이러한 도구를 이용한 연구에서는 문제행동을 8가지 증후군으로 분류하였다(Achenbach, 1991). 이 증후군의 내용은 〈표 13-2〉와 같다.

표 13-2 CBCL, TRF, YSR에서 나타난 문제행동의 증후군

외현화 증후군	혼합 증후군	내면화 증후군
• 비행	• 사회적 미성숙	• 위축
–냉담함	–어린 행동	–혼자 있음
–나쁜 친구	–놀림받음	–수줍음
–집에서의 도벽	–아이들이 싫어함	–위축
• 공격성	• 사고의 문제	• 신체증상
–남을 괴롭힘	–환청	–피곤
–남의 물건 파괴	–환상	–통증, 두통
–싸움	–이상한 생각	–복통
	• 주의집중 문제	• 불안 · 우울
	–주의집중 문제	–잘 욺
	–안절부절함	–두려움, 불안
	–충동적	–슬픔, 우울

출처 : Burlington, T. M. (1991), *Integrative guide for the 1991 CBCL/4-18, YSR and TRF profiles*, VT: University of Vermont Department of Psychiatry.

3) 문제행동의 유형

문제행동은 일반적으로 공격행동과 같은 외현화 문제행동과 위축과 같은 내면화 문제행동으로 분류할 수 있다. 이러한 문제행동을 분류하는 방법에는 질적 분류체계와 양적 분류체계가 있다. 유아의 문제행동을 발견하기 위해서 제일 먼저 사용하는 것은 질적 분류체계의 DSM-IV-TR일 것이다. 그러나 부모나 교사들은 이러한 분류체계가 혼란스럽고, 교육장면에 쉽게 적용될 수 없다는 것을 발견한다. 따라서 교육 현장에서는 외현화 행동과 내면화 행동으로 분류하는 양적 분류체계를 사용하는 것이 질적 분류체계보다 실제적이고 교육적인 가치가 있을 것이다. 〈표 13-3〉은 양적 분류체계를 사용해서 관찰된 일반적인 문제행동을 정

표 13-3 외 · 내면화 문제행동의 예

외현화 행동	내면화 행동
• 타인의 기본권리를 침해한다.	• 고통스러운 수줍음을 보인다.
• 사회적 규칙을 위반한다.	• 또래에게 괴롭힘을 당한다.
• 짜증을 낸다.	• 또래에게 무시당한다.
• 재산의 손해나 손상을 일으킨다.	• 우울해 한다.
• 적개심을 가진다.	• 식욕이 없다.
• 논쟁한다.	• 폭식을 한다.
• 반항적이다.	• 사회적으로 위축되어 있다.
• 신체적인 공격을 한다.	• 자살하려는 경향이 있다.
• 교사의 꾸짖음을 무시한다.	• 발견되지 않는 두려움과 공포를 가진다.
• 도둑질한다.	• 낮은 자아존중감을 가진다.
• 도둑질한다.	• 낮은 자아존중감을 가진다.
• 타인의 재산을 손상한다.	• 지나치게 걱정을 한다.
• 강박행동, 충동행동을 보인다.	• 공포증을 보인다.
• 사람이나 동물에게 신체적인 해를 가하거나 위협한다.	
• 외설적인 몸짓을 사용한다.	
• 과잉행동을 한다.	

출처 : Smith, D. D. (1998), *Introduction to Special Education* (3rd ed., p. 331), Boston: Allyn & Bacon.

의하고 설명한 것이다.

(1) 외현화 문제행동

외현화 문제행동은 밖으로 표현되는 공격적인 행동이며, 보통 다른 사람을 향해 나타난다. 외현화 문제행동의 예는 〈표 13-3〉에 있으며, 여기서는 과잉행동, 공격행동, 사회적 부적응과 품행장애를 중심으로 논의하고자 한다.

과잉행동은 행동의 본질과 유형을 고려하여 정의해야 한다. 그러나 특정 행동의 수준이 지나치게 높다고 판단하는 것은 주관적이기 때문에 과잉행동을 정의하는 것은 쉽지 않다. DSM-IV-TR에서는 과잉행동을 아래와 같이 정의하고 있다.

과잉행동(hyperactivity)은 손발을 가만히 두지 못하거나 의자에 앉아서도 몸을 움직거리고, 앉아 있도록 기대되는 교실이나 기타 상황에서 자리를 뜨고, 부적절한 상황에서 지나치게 뛰어다니거나 기어오르고, 여가활동에 조용히 참여하거나 놀지 못하고, '끊임없이 움직이거나' 마치 '자동차에 쫓기는 것' 처럼 행동하고, 지나치게 수다스럽게 말하는 행동이다(APA, 2000).

공격행동(aggressive behavior)은 사물이나 다른 사람을 향해 나타나는 행동이며, 심지어는 자기 자신을 향한 행동으로 나타나기도 한다. 유아기에 발견되는 공격행동은 단지 그 자신의 행동 때문이 아니라 장기간에 걸친 문제행동과 밀접한 관련성이 있기 때문에 특히 문제가 된다. DSM-IV-TR에서는 공격행동을 직접적으로 정의하고 있지는 않지만, 품행장애와 반항성장애 내에 공격행동의 요소를 포함하고 있다. DSM-IV-TR에서 정의하고 있는 반항성장애는 아래와 같다.

반항성장애(oppositional defiant disorder)의 진단 기준은 거부성, 적대적, 시비조의 행동 양성이 적어도 6개월 이상, 다음 중 적어도 네 가지(또는 그 이상)로 표출된다. 자주 심하게 화를 낸다. 자주 어른들과 논쟁한다. 자주 적극적으로 어른의 요구나 규칙을 무시하거나 거절한다. 자주 고의적으로 타인을 괴롭힌다. 자주 자신의 실수나 잘못된 행동을 남의 탓으로 돌린다. 자주 타인 때문에 기분이 상하거나 쉽게 신경질을 낸다. 자주 화내고 원망한다. 자주 악의에 차 있거나 앙심을 품는다(APA, 2000).

사회적 부적응(social maladjustment)과 품행장애(conduct disorder)를 보이는 유아는 특수교육 서비스를 적합하게 받지 못하고 있는 실정이다. 비록 사회적 부적응이 널리 논의되고 있을지라도 이러한 유형의 유아들을 특수교육 범주에 넣어야 할지는 아직도 논쟁거리로 남아 있다.

DSM-IV-TR에 따르면, 품행장애의 필수적인 특징은 타인의 기본 권리를 무시하고, 연령에 적합한 사회규칙들을 지키지 않는 반복적이고 지속적인 행동의 유형이라고 정의하고 있다(APA, 2000). 많은 연구자들은 품행장애가 특수교육에 포함되면 특수교육 대상자 수가 수용하기 어려울 정도로 늘어날 것이라며, 품행장애를 특수교육에 포함시키는 것을 꺼려 하고 있다. 또 다른 연구자들은 품행장애가 특수교육 범주 안에 포함되어서 그들의 요구에 맞는 교육을 받아야 한다고 주장하고 있다(Kauffman, 1997).

(2) 내면화 문제행동

내면화 문제행동은 사회적인 위축으로 표현되며, 타인에게보다는 자기 자신에게 부정적 영향을 주는 행동이다. 내면화 문제행동의 예는 앞의 〈표 13-3〉과 같으며, 여기서는 우울증(depression)과 불안장애(anxiety disorder)를 중심으로 논의하고자 한다.

유아에게서 우울증을 발견하는 것은 쉬운 일이 아니다. 유아에게서 나타나는 죄의식과 자기 비난, 무기력, 낮은 자아존중감, 부정적인 자아상과 같은 우울증의 요소들은 간과되기 쉬우며, 완전히 다른 문제행동으로 보일 수 있다. 또한 유아의 우울증은 성인의 우울증과 다르게 나타나기 때문에 부모나 교사는 우울증을 발견하기가 어렵다. 예를 들면, 우울증이 심한 유아는 사람이 많고 분주한 거리로 뛰어들거나, 자신의 머리를 벽에 박기도 한다. 성인들은 유아들에게 이러한 행동들이 우연히 일어날 수 있다고 생각하기 때문에 이를 정상이라고 여길 수도 있다. 또한 성인들은 유아의 생활이 단순하고 항상 즐거울 것이라고 생각하기 때문에 유아의 고통을 잘못 해석하거나 평가절하하기도 한다. 일반적으로 유아는 우울증을 드러낼 수 있는 어휘력이나 표현력을 갖고 있지 않기 때문에 유아의 우울증을 발견하는 데 어려움이 있다.

불안장애는 가족이나 친구 또는 익숙한 환경으로부터의 강한 불안이나 분리,

낯설거나 산만한 접촉으로부터의 지나친 위축, 그리고 지나친 걱정과 두려움으로 나타난다. 불안장애 유아를 발견하는 것 또한 쉽지 않다. 위축된 유아들은 그들의 또래와 거의 긍정적인 상호작용을 하지 못하기 때문에 또래평가척도(peer-rating scale)는 불안장애 유아를 판별하는 데 도움이 된다. 유형과 상관없이 내면화 문제행동은 판별하기가 어려울 수 있는데, 때문에 치료를 받지 못하거나 적절한 시기에 필요한 교육적 서비스를 받지 못하여 유아가 위험에 처하기도 한다.

4) 문제행동의 평가

유아의 문제행동에 대해 어느 한 가지 방법으로만 평가하는 것은 바람직하지 않다. 평가는 행동적 자료와 정보의 수집, 투사법이나 자기보고서를 이용한 정신역동적 분석 또는 생태학적 평가 등에서 하나 이상을 사용할 수 있다. 유아의 문제행동을 평가하기 위해서는 부모, 교사, 심리학자, 정신과 의사, 그 외 관련 전문가들이 함께 팀을 이루어 아래와 같은 여러 가지 방법들을 사용하여 평가할 수 있다.

- 부모나 교사가 완성한 행동비율척도
- 유아가 완성한 비율척도
- 또래의 수용이나 거부 비율
- 학급 관찰
- ABC(Antecedent Behavior Consequence) 분석
- 면접
- 투사법
- 지능검사
- 신경학적 평가
- 정신과적 분석
- 사회사업가의 평가
- 신체적 평가

평가는 문제행동의 존재 여부를 결정하는 것과 더불어 문제행동의 강도나 등급을 측정해야 한다. 이러한 강도를 측정하는 이유는 첫째, 문제행동의 정의는 행동 특성이 점수화된 등급으로 존재하는 것을 요구한다. 일반적으로 문제행동의 강도가 크면 클수록 문제행동을 개선하기 위한 우선순위가 결정된다. 둘째, 강도의 사전·사후측정은 중재의 효과성 여부를 평가할 때 사용할 수 있다.

〈표 13-4〉는 문제행동의 강도를 결정하기 위한 기준들을 제시한 것이다.

표 13-4 문제행동의 등급을 결정하기 위한 기준

기 준	문제행동의 등급		
	경 도	중등도	중 도
사건에 참여	• 사건에 참여하는 데 스트레스를 강하게 받음	• 사건에 참여하는 데 스트레스를 약하게 받음	• 사건에 참여하는 데 스트레스 없음
파괴행동	• 비파괴적임	• 때때로 파괴적임	• 일반적으로 파괴적임
적절한 성숙	• 연령에 맞는 전형적인 행동을 함	• 연령에 맞는 비전형적인 행동을 함	• 너무 어리거나 나이든 행동을 함
개인적 기능	• 자신의 요구에 따라 돌봄	• 일반적으로 자신의 요구에 따라 돌봄	• 자신의 요구에 따라 돌볼 수 없음
사회적 기능	• 일반적으로 타인과 관계를 맺을 수 있음	• 일반적으로 타인과 관계를 맺을 수 없음	• 타인과 관계를 맺을 수 없음
실존 색인	• 일반적으로 타인의 편에서 사건을 봄	• 때때로 타인의 편에서 사건을 봄	• 실존을 갖고 거의 접촉하지 않음
통찰 색인	• 행동을 인식함	• 일반적으로 행동을 인식함	• 일반적으로 행동을 인식하지 못함
의식의 통제	• 일반적으로 행동을 통제할 수 있음	• 때때로 행동을 통제할 수 있음	• 거의 행동을 통제할 수 없음
사회적 책임	• 일반적으로 적절하게 행동함	• 때때로 적절하게 행동함	• 좀처럼 적절하게 행동하지 못함

출처 : Newcomer, P. L. (1993), *Understanding and Teaching Emotionally Disturbed Children and Adolescents* (2nd ed., p. 139), Austin, TX: Pro-Ed.

2. 문제행동에 관한 이론

문제행동은 다양한 이론에 근거하여 지도해야 한다. 문제행동에 관한 이론은 생물학적 접근, 정신역동적 접근, 행동주의적 접근, 인지적 접근, 체계접근 등으로 복잡하고 다양하다. 최근 문제행동 이론의 동향은 어느 한 가지 관점에서의 문제행동 이론에 맞추어 접근하지 않고 다양한 관점을 통합하여 접근하는 추세다.

1) 생물학적 접근

인간행동의 문제가 생물학적 체계의 결함에서 기인한다는 생각은 고대 그리스 시대부터 있어 왔다. 의학의 아버지인 히포크라테스(Hippocrates)는 적절한 정신 기능은 건강한 뇌의 기능에서 오고, 일탈된 사고나 행동은 뇌의 병리에서 온다는 신체원인론(somatogenesis)을 주장하였다.

최근에 생물학이 문제행동에 직접적인 영향을 미친다는 가설하에 생물학적인 원인을 규명하려는 노력이 계속되어 왔다. 특정한 문제행동에 대한 생물학적인 원인을 규명한 초기 연구들을 통해 문제행동의 신체적 원인을 발견할 수 있다는 희망을 가졌다. 그러나 몇몇 연구들을 제외하고는 문제행동의 원인을 밝힐 수 없는 부분이 많았다. 오늘날의 지배적인 견해는 생물학적 영향이 중요하긴 하지만 생물학적 원인이 독자적으로 작용하기보다는 생물학적, 심리적, 사회문화적 영향들 간의 복잡한 상호작용에 따라 발생하는 것으로 보고 있다.

생물학적 체계의 비정상적 발달이나 손상은 다양한 문제행동을 가져오기 때문에 뇌손상, 신경계와 생화학적 기능, 유전적 영향으로 나누어 살펴볼 필요가 있다.

(1) 뇌손상

뇌손상의 부위와 심각성이 문제행동의 특성을 결정하는 데 영향을 미치지만 뇌손상과 기능장애의 관계를 정확히 기술하기는 어렵다. 손상과 정신병리의 연결에 관해 아직 분명하게 밝혀지지 않는 부분이 남아 있기 때문에 뇌에 대한 기초연구와 임상연구가 지속적으로 이루어질 필요가 있다(Fletcher & Taylor, 1997; Rakic &

Lombroso, 1998).

뇌손상 연구 분야에서의 주요 관심사 중 하나는 뇌손상에 따른 문제행동이 치료될 수 있는가다. 이것은 단순한 문제는 아니지만 손상의 시기, 손상부위의 크기 · 위치 · 진행, 손상의 심각성, 감염과 같은 이차 합병증, 그리고 환경자극의 형태와 정도 등이 치료에 영향을 준다.

(2) 신경계와 생화학적 기능

이 분야에서의 연구들은 문제행동이 신체의 화학적 성질의 불균형과 관련되어 있는 것을 밝히고 있다. 많은 연구자들은 주로 신경전달물질의 생화학과 중추 신경계의 기능이 어떻게 행동장애와 관련되어 있는지에 대해 관심을 가져 왔다. 예를 들면, 특정한 신경전달물질이 너무 많이 방출되거나 너무 적게 방출되면 뉴런이 신경전달물질을 재흡수하는 과정에서 문제가 발생할 수도 있다(Emsile, Weinberg, Kennard, & Kowatch, 1994; Pliszka, McCracken, & Mass, 1996).

(3) 유전적 영향

인간행동에 영향을 미치는 유전적 연구는 대단히 복잡하며, 현재 여러 가지 방향으로 확대되고 있다. 과거에는 장애 분야에서의 유전에 관한 연구가 적었으나 최근 들어서는 상황이 변하고 있다. 유전적 연구는 문제행동의 원인과 관련된 어려운 문제들을 밝혀 줄 수 있다. 예를 들면, 문제행동이 어떤 유전적 요인을 갖는지에 대한 문제다. 유전적 연구는 원인 추적에서 환경의 역할을 확인하고, 특별히 중요한 환경의 특성을 지적할 수 있다(Pike & Plomin, 1996).

문제행동의 유전적 영향에 대한 연구는 크게 단일유전자를 통한 계승과 다중유전자의 효과연구, 그리고 염색체 이상에 대한 연구들이 주류를 이루고 있다. 최근에는 포스트 게놈 프로젝트를 통해 문제행동의 원인으로 추정되는 특정 유전자를 밝히려는 분자유전학의 연구가 활발히 진행 중에 있다.

2) 정신역동적 접근

프로이트의 정신분석이론은 정신장애를 심리적 용어로 설명한 첫 번째 체계적인 시도로 정상행동과 이상행동을 설명하는 보편적인 원리를 갖고 있다. 프로이트는 사회적 영향의 중요성을 인지하였지만 행동발달에서 내적, 심리적 정신적 과정을 강조하였다. 그는 마음 혹은 성격이 원초아(id), 자아(ego), 초자아(super-ego)의 정신적 구조와 일정한 양의 심리적 에너지로 구성되어 있다고 하였다. 그의 이론은 마음의 구조에서 이러한 에너지 이전에 따른 역동적 과정을 설명하고 있다.

(1) 마음의 구조

원초아는 태어날 때부터 존재하는 것으로 모든 정신적 에너지의 원천이다. 완전히 무의식적 수준에서 작용하는 원초아는 모든 충동적 욕구의 즉각적이고 무조건적인 만족을 원한다. 이러한 본능적이고 생물학적인 충동은 성적이고 공격적인 본성을 가진다.

다른 정신구조인 자아와 초자아는 원초아에서 진화하는데, 원초아로부터 에너지를 얻어야만 한다. 자아는 의식적이며, 자아의 중요한 과제는 본능적인 욕구와 외부 세상의 현실을 연결하는 것이다. 성숙한 자아는 과제를 수행하는 데 합리적이고 인지적인 판단결정기능을 보인다. 미성숙한 자아가 모든 갈등을 조정할 수 없을 때 초자아가 발달한다. 초자아는 행동을 위한 이상적 기준을 제시하는 개인의 양심 혹은 자기비판의 한 부분이다. 자아는 원초아의 본능적 욕구를 만족시키려고 노력하면서 현실과 초자아의 이상을 고려한다.

프로이트의 정신역동적 접근은 인간행동의 갈등을 해결하고자 하는 세 가지 체계의 시도로부터 나왔다. 프로이트 이론에 따르면, 무의식적 갈등은 심리적 기능의 중심이 된다.

(2) 성심리 발달단계

정신분석학은 발달의 단계이론을 제시하였다. 유아가 발달하면서 정신적 에너지의 초점이 신체의 한 부분에서 다른 부분으로 이동하여 성심리적 발달의 고정된 다섯 단계를 통과한다. 아래의 〈표 13-5〉는 프로이트의 성심리 발달단계다.

프로이트에 따르면, 유아는 발달 과정의 어느 한 단계에서 완전히 해결되지 않은 위기나 갈등을 다음 단계로 계승할 수 있다. 해결에 실패한 경우 개인은 그 단

표 13-5 프로이트의 발달단계

단 계	쾌감의 부위 및 원천	인성발달
구강기 (oral stage)	입술: 젖 빨기, 먹는 것, 손가락 빨기, 치아 발생 후 씹는 것	• 구강 수동적 성격 • 구강 공격적 · 가학적 성격
항문기 (anal stage)	항문근육 : 대변의 배설과 보유	• 항문 보유적 성격 • 항문 공격적 성격
남근기 (phallicl stage)	생식기의 자극	• 오이디푸스 콤플렉스 • 엘렉트라 콤플렉스 • 초자아(양심) 발달
잠복기 (latency stage)	성적 흥미나 관심이 일시적으로 억압됨. 외계에서 쾌락 추구	• 사회성의 발달과 일상생활에 적응하기 위한 지식 및 기능을 습득하는 데 열중
생식기 (genital stage)	생식기관의 성숙	• 이성적 관계가 원만, 책임감 발달 • 이타적 태도 발달 • 이상적 성격 발달

출처 : 김삼섭(1999), **특수교육의 심리적 기초**(p. 85), 서울: 교육아카데미.

계에 심리적으로 고착되어 버리며, 고착은 다음 단계의 발달에 부정적인 영향을 준다.

(3) 불안과 방어기제

정신분석학적 관점에서는 불안의 개념이 문제행동 발달에 결정적인 영향을 미친다고 본다. 불안은 수용할 수 없는 원초아의 충동이 의식 밖으로 나오려고 한다고 자아에게 위험신호를 보내는 것이다. 불안을 통제하기 위해서 자아는 억압, 투사, 대치와 같은 방어기제(defence mechanism)를 만든다. 이러한 기제는 대부분 수용할 수 없는 충동을 부정하거나 왜곡한다. 방어기제는 불안에 대해 적응적으로 작용할 수 있지만, 심리적인 증후를 발생시킬 수도 있다.

정신분석학적 방법의 중요한 목적은 불안의 원인이 되는 억압된 충동을 의식화하는 것으로 치료적 상황에서 사용되는 기술로는 심리치료나 자유연상, 전이와 해석 등이 있다.

(4) 정신분석이론의 수정

프로이트의 고전적 정신분석학을 수정하여 발전시킨 신프로이트 학파들은 성적인 힘의 중요성을 축소하고 사회적 영향의 중요성을 강조하였다. 프로이트의 딸인 안나(Anna) 등은 발달에서 자아의 역할을 보다 발전시키고 강조하였다.

정신분석학은 1900년대 전반에 걸쳐 정신병리 분야에서 지배적인 접근법이었으며, 정신분석학의 활동은 정신분석의 관점에서 나온 개념화와 치료에 기초하여 계속 진행되어 왔다(Bemporad, 1991; Target & Fonagy, 1994). 비록 최근에는 정신분석학의 영향이 점차 감소하였지만 정신분석학은 정신과정, 불안, 정서, 유아와 초기 아동기의 경험, 부모 자녀와의 관계에 대한 중요성을 일깨워 주었다.

3) 행동주의적 접근

인간의 행동을 다루는 행동주의 연구는 동물 심리학자로부터 기능주의로 발전하면서 많은 연구들의 영향을 받았다. 임상적인 장면보다 실험실에서 발달한 행동주의는 객관적이며 경험적인 검증을 강조하였다. 또한 행동주의는 학습과 환경의 영향이 연구의 적합한 대상이며, 나아가 발달을 일정한 일련의 단계로 보기보다는 연속적인 과정으로 보았다.

행동주의에 영향을 미친 중요한 연구로는 고전적 조건형성에 관한 파블로프(Pavlov)의 연구와 손다이크(Thorndike)의 조작적 조건형성에 기초한 보상학습에 관한 연구 등이다.

파블로프의 실험은 고전적 조건형성에 관한 최초의 연구로 행동주의의 기반을 제공하였다. 그리고 인간문제행동에 고전적 조건형성을 적용한 대표적인 두 개의 연구가 있다. 왓슨과 래이너(Watson & Rayner, 1920)의 실험은 공포의 조건형성을 밝힌 연구이며, 존스(Jones, 1924)의 연구는 고전적 조건형성의 원리를 적용하여 공포반응을 제거한 연구였다.

손다이크의 효과의 법칙 및 스키너(Skinner)와 동료들의 연구에서 밝힌 학습에 대한 접근은 문제행동에 가장 널리 적용되는 행동주의적 접근이다. 스키너의 조작적 조건형성에서는 행동의 결과를 강조하며, 행동은 획득되거나 감소되며, 강화, 소거, 벌, 기타 다른 학습과정을 통해 나타난다고 한다. 고전적 조건형성과 더불어 조작적 조건형성으로부터 나온 대부분의 시도는 문제행동의 원인을 밝히기보다 문제행동 결과에 따른 치료에 중점을 두었다.

이러한 접근들은 인간행동을 반응의 조건화로 해석하면서 행동수정이론의 근거를 제시하였다. 초기의 행동수정은 동물에게 특정 이론을 학습시키는 실험을 통해 학습이론을 정립하였다. 동물실험을 통한 학습이론이 중도 지적장애인, 행동장애인, 정신질환자들에게 기본적인 신변처리기술을 학습시키고, 이들의 문제행동을 수정하는 데 성공함으로써 특수교육에서도 관심을 갖게 되었다. 행동수정이론은 정신지체나 행동장애 등의 중도 장애유아를 지도하는 데 없어서는 안 될 중요한 학습지도 방법이지만 최근에는 일반유아의 행동지도 및 일반성인의 행동을 관리하고 지도하는 데까지 널리 활용되면서 행동수정 이론도 다양하게 개발되었다.

행동수정은 인간의 행동을 분석하고 수정하는 것을 말한다. 행동을 분석한다는 뜻은 행동에 대한 이유를 이해하기 위하여 또는 어떤 사람이 왜 그렇게 행동했는가를 결정하기 위하여 환경과 특정행동 간의 기능적 관계를 확인하는 것을 말한다. 그리고 행동을 수정한다는 뜻은 행동을 변화시키도록 돕기 위하여 절차를 개발하고 이행하는 것을 말한다. 행동수정에 대한 중재는 목표행동 증가시키기, 목표행동 감소시키기, 집단 유관, 행동의 선행통제, 자기 관리, 중재 패키지 등이 있다.

행동수정 이론은 인간의 행동을 바꾸기 위한 원리들로 문제행동의 지도에 많은 영향을 미쳐 왔다. 그러나 주로 실험실 상황에서 이루어져 왔기 때문에 실제 상황에 적용하는 문제가 대두되었다. 행동수정을 실제 상황에 적용하는 일이 많아지면서 응용행동분석이라는 용어가 등장하였다. 응용행동분석은 행동수정 이론에서 나타난 윤리성과 지도에 따른 일반화 등의 문제점을 과학적으로 수정하여 탄생시킨 이론이다.

응용행동분석이라는 용어는 1968년 『*Journal of Applied Behavior Analysis*』 창간호에서 배어 등(Baer, Wolf, & Risely, 1968)이 처음 사용하였다. 그들은 응용행동분석이란 "어떤 특정 상황을 향상시키기 위해 가설적인 행동원리를 적용해 보고 그러한 적용이 행동의 변화를 가져오는지, 변화가 있다면 어떤 부분 때문에 변화가 있었는지를 평가하는 과정"이라고 정의하였다. 즉, 응용행동분석은 환경이 학습에 어떠한 영향을 미치는지에 대한 원리들을 과학적으로 증명하는 교육평가, 설계, 실행을 위한 체계적인 접근이다(Alberto & Troutman, 2006).

4) 인지적 접근

인지적 접근은 문제행동이 인지의 문제로 야기된다는 입장에서 출발한다. 문제행동과 관련된 것으로 추정되는 인지과정은 부정적으로 사고하고, 사회적 단서를 잘못 해석하고, 사건과 행동의 원인을 잘못 귀인하고, 적절한 문제해결을 하지 못하는 것 등이다.

인지적 접근에서는 지각이나 신념의 변화를 통해 자신의 정서 · 행동 반응을 변화시킬 수 있다고 믿는다. 따라서 이 접근법에서는 유아들로 하여금 자신의 목표, 행동, 사고에 대해 정확하게 생각하도록 가르치며, 자신의 인지와 세계관을 재구조화하거나 새로운 인지기술과 전략을 사용하여 현재와 다르게 생각하도록 지도한다.

켄달 등(Kendall, Panichelli-Mindel, Sugarman, & Callahan, 1997)은 행동장애의 발달, 유지, 치료에 기여한다고 추정되는 여러 복잡한 인지적 기능을 인지적 구조, 인지적 내용, 인지적 과정, 인지적 생성물 등의 네 가지 요소로 조직하였다. 또한 그들은 인지적 기능을 구별하는 좋은 방법은 인지적 결함과 인지적 왜곡을 구별하는 것이라고 하였다. 이러한 인지적 용어와 개념의 설명은 〈표 13-6〉과 같다.

인지적 접근의 중재는 인지적 결함과 인지적 왜곡을 합리적인 정서로 수정하는 데 초점을 둔다. 인지적 결함에 대한 중재로는 자기교수와 인지적 문제해결 등이 있으며, 인지적 왜곡에 대한 중재로는 합리적인 정서행동치료, 합리적인 정서 교육, 왜곡된 정보처리 과정의 수정, 왜곡된 귀인 및 신념의 수정 등이 있다.

인지적 행동주의 관점으로 알려진 모델은 수많은 영향들이 상호작용하고 있다는 점에서 통합적이라고 할 수 있다. 인지적 행동주의는 문제행동을 이해하고 치료하는 데 행동, 인지, 정서, 사회적 요인을 통합하고 강조한다(Kendall et al., 1997).

표 13-6 인지적 용어와 개념

용 어	개 념
인지적 구조	인지적 구조는 때때로 도식(schema)이라고도 말하며, 정보가 기억에서 표상되는 방식과 내적 조직화를 나타낸다. 예를 들면, 불안한 유아는 위협에 대한 지배적 도식을 가지고 있어서 다가오는 위험, 상실, 비난 등을 잘 보는 경향이 있다.
인지적 내용	인지적 내용은 기억에 저장된 특정한 자기 언어와 정보를 나타낸다.
인지적 과정	인지적 과정은 어떻게 경험이 지각되고 해석되는지를 나타낸다. 공격적인 유아가 정보를 처리하는 절차가 한 예인데, 단서를 부호화하고, 해석하고, 목표를 선택하고, 반응을 구성하고, 반응을 평가하고 기대하고, 행동으로 옮기는 것이다.
인지적 생성물	인지적 생성물은 구조, 내용, 과정의 결과다. 유아가 행동의 원인을 설명하는 귀인과 방법이 인지적 생성물의 예다. 적대적 의도를 또래에게 귀인하는 공격적인 유아의 경향성은 이런 인지적 생성물의 구체적인 예다.
인지적 결함	인지적 결함은 사고의 결여를 나타낸다. 충동적인 유아를 위해 마이켄바움(Meichenbaum)과 굿맨(Goodman)이 만든 자기교수 프로그램의 목표가 되는 미리 생각하고 계획하는 능력의 결여가 그 예다.
인지적 왜곡	인지적 왜곡은 역기능적인 사고과정을 나타낸다. 타인은 그렇게 생각하지 않는데 우울한 유아는 또래보다 자신이 능력이 없다고 생각하는 것이 인지적 왜곡의 예다.

5) 체계 접근

유아는 또래집단, 유치원, 이웃, 보다 큰 사회적 맥락과 같은 수많은 체계 안에서 존재한다. 체계 접근은 생태학적인 접근으로 유아와 이런 체계들 간에 상호적 관계가 지속적으로 성립된다고 보는 것이다. 예를 들면, 유아는 또래집단에 영향을 주면서 또래집단으로부터 영향을 받으며, 나아가 또래집단은 유치원과 영향을 서로 주고받는다. 이런 관계들은 많은 방법으로 개념화할 수 있다. [그림 13-1]은 체계들과 그들 간의 상호적이고 진행 중인 영향을 보여 주고 있다.

체계개념의 또 다른 측면은 문제가 반드시 유아 안에 있기보다는 오히려 유아

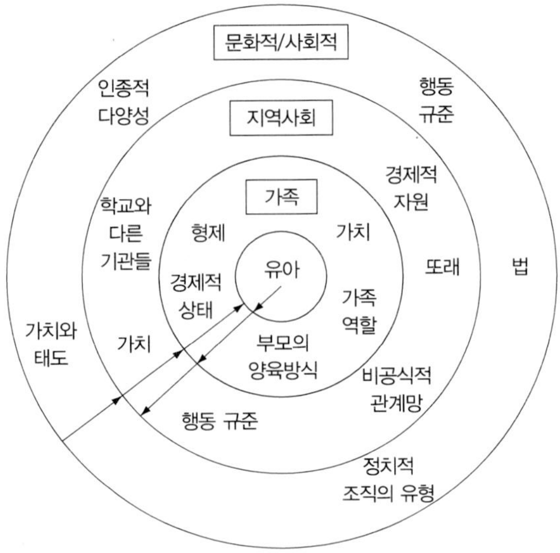

◎◎ **[그림 13-1] 유아의 문제행동에 영향을 주는 다중적 체계**

출처: Belsky(1980), Bronfenbrenner(1977), Lynch & Cicchetti(1998)에서 인용

가 적응하지 못하는 특정한 체계에 있다고 보는 것이다. 문제를 가진 유아는 반사회적 행동과 낮은 학업적 기능 때문에 또래집단으로부터 따돌림을 받는다(Wicks-Nelson & Israel, 2006).

문제행동은 다양한 이론을 바탕으로 접근할 수 있으나 일반적으로 생물학적 접근, 정신역동적 접근, 행동주의적 접근, 인지적 접근, 체계 접근 등으로 설명할 수 있다. 〈표 13-7〉은 이러한 이론적 접근의 내용을 요약한 것이다.

표 13-7 문제행동의 이론적 모델

이론적 모델	내 용
생물학적 접근	원인의 처치에 대한 생물학적 이론에 근거하며 뇌손상, 신경계와 생화학적 기능, 유전적 영향이 주요 관심사다. 다이어트, 약물치료, 바이오피드백과 같은 생리학적 중재가 사용된다.
정신역동적 접근	프로이트와 다른 정신분석학자들의 연구에 근거하여 유아의 문제가 무의식적 갈등과 동기 유발에 근거하고 있다고 본다. 즉, 행동 그 자체에 근거하는 것이 아니라 개인 성격의 병리에 근거한 것이다. 중재는 일반적으로 내면에 깊게 잠재되어 있는 문제들을 발견하여 해결하는 장기간의 개별적 심리치료가 사용된다.

(계속)

행동주의적 접근	스키너와 다른 행동주의 학자들의 연구에 근거한 이 모델은 구조화된 학습 환경과 교수자료를 유아들에게 제공한다. 유아의 행동은 정확하게 측정되고, 중재는 행동을 증진시키거나 감소시키기 위해 설계되고, 목표점에 도달하는 과정이 체계적으로 측정된다.
인지적 접근	유아에게 환경과 유아행동의 영향 사이의 상호작용을 가르친다. 이 접근법은 행동과 인지심리학을 통합하고 재개념화한 것이다. 행동은 개인의 신체적 · 사회적 환경, 개인적 요인(사고, 감정, 지각), 그리고 행동 자체의 상호작용의 결과로 보는 관점이다.
체계 접근	유아의 문제는 가족, 유치원, 지역사회와의 상호작용의 결과로 본다. 이러한 상호작용을 증진시키기 위해서는 유아만이 중재의 유일한 대상이 아니라 가족, 유치원, 이웃, 지역사회도 변화해야 한다.

3. 긍정적 행동지원을 통한 문제행동 지도

유아의 문제행동 지도는 다양한 이론에 기초하여 접근할 수 있다. 그동안 문제행동에 관한 연구들은 주로 행동주의 이론에 근거한 행동수정 방법을 적용해 왔다. 행동수정 접근법에서는 유아가 보이는 문제행동 자체에 초점을 맞추어 그 문제행동을 소거시키거나 경감시키려고 했다. 행동수정 중재 방법들은 문제행동 지도에 쉽게 사용할 수 있고, 단기간에 효과를 볼 수 있다는 장점 때문에 널리 사용되어 왔다. 그러나 이러한 접근법의 연구결과들은 효과 면에서 일반화와 유지에 문제가 있어 근본적인 지도 방법이 될 수 없고, 일부 혐오적인 중재 전략들은 방법상의 윤리적인 문제까지 제기되어 왔다. 따라서 최근에는 문제행동 자체에 초점을 둔 중재 방법보다는 유아들이 갖고 있는 강점과 잠재적인 능력을 찾아내어 신장시키는 데 초점을 맞추는 긍정적 행동지원을 모색하기 시작했다. 긍정적 행동지원 연구는 개인중심의 가치에 기반을 둔 행동중재의 운동과 전통적인 행동수정 방법의 대안적인 방법으로 1980년대부터 시작되었다.

긍정적 행동지원은 문제행동을 보이는 아동들을 효과적으로 지원하는 광범위한 중재 방법으로 응용행동분석의 성장과 더불어 인간중심의 철학에 바탕을 두고 발전되어 왔다(Alberto & Troutman, 2006; Cooper, Heron, & Heward, 1987; Dunlap, & Hieneman, 2000). 긍정적 행동지원의 목적은 아동이 새로운 의사소통 기술, 사회적 기술, 자기관리 기술 등을 개발하는 데 도움을 주고, 타인과 긍정적인 관계를 형성하도록 하며, 학급, 학교, 공동체 내에서 더욱 적극적인 역할을 하도록 도와주는 것이다. 긍정적 행동지원 계획의 성공은 문제행동의 감소와 아동의 생활양식 개선에 달려 있다(Janney & Snell, 2000). 즉, 긍정적 행동지원의 궁극적인 목적은 문제행동의 단순한 감소에 있는 것이 아니라 아동의 삶의 질 향상에 있다.

1) 긍정적 행동지원의 특징

긍정적 행동지원은 문제행동 지도에서의 바람직한 틀을 제공한다. 긍정적 행동지원은 기능평가로 문제행동의 본질을 파악하여 대안적인 새로운 기술을 지도하는 것과 생태학적인 맥락에서의 환경중재로 나누어 설명할 수 있다.

먼저, 긍정적 행동지원은 인간중심의 가치에 기초를 둔 기능평가와 중재 전략으로 문제행동을 감소시킴으로써 바람직한 행동을 증가시키고, 보다 만족스러운 생활양식을 제공한다(Horner, Dunlap, Koegel, Carr, Sailor, Anderson, Albin, & O'Neill, 1990; Koegel, Koegel, & Dunlap, 1996; Dunlap, & Hieneman, 2000). 앞으로의 문제행동 지도는 행동주의적인 접근법의 대안으로 시작된 인간중심적인 철학에 근거를 둔 긍정적 행동지원으로 나가야 할 것이다. 예를 들어, 문제행동 지도에서 차별강화보다는 긍정적인 방법인 대체행동 차별강화(DRA)와 상반행동 차별강화(DRI)를 적용할 수 있고, 기능적 의사소통 훈련과 사회적 기술습득 등의 대안적인 중재 방법들로 접근할 수 있다.

다음으로, 긍정적 행동지원은 문제행동 자체에 초점을 두고, 그 문제행동을 소거하려는 전통적인 행동중재와 다르게 문제행동의 본질을 파악하여 지도하는 장기적인 전략이며, 문제행동이 일어나는 신체적인 맥락과 사회적인 맥락을 이해하여 접근하는 환경적인 접근법이다.

아동들은 일상생활에서 나름대로 환경과의 상호작용을 통해 스스로를 적응시키기 위한 최선의 노력을 하고 있으며, 문제행동은 환경과 아동 간의 상호작용 관계에서 발생한다. 따라서 문제행동의 원인이 단지 아동 자신에 있다기보다는 아동이 포함되어 있는 환경, 아동이 상호작용하고 있는 환경 모두에 있다는 것을 의미한다. 이 환경에는 교실을 포함한 물리적 환경뿐 아니라 부모와 교사도 자신도 포함될 수 있다. 문제행동 지도에서 긍정적 행동지원은 여러 가지 방법으로 기술되고 있으며, 다음과 같은 주요 특징을 가지고 있다(Horner et al., 1990).

첫째, 개인 존중의 철학과 보다 나은 생활양식을 돕기 위한 요구에 기초한다. 둘째, 개별적인 기능평가 과정을 통해 획득된 중재들은 아동과 환경이 서로 상호작용하는 것에 기초한다(Foster-Johnson & Dunlap, 1993; Repp & Horner, 1999). 셋째, 중재들은 단순히 바람직하지 않는 행동을 억누르는 것보다 새로운 기술을 가르치고, 적응행동을 증진시키는 데 초점을 맞춘다(Carr, Levin, McConnachie, Carlson, Kemp, & Smith, 1994; Evans & Meyer, 1985). 넷째, 지원계획은 사회적인 맥락, 교육과정, 생태학적인 맥락의 변인들을 포함한다(Dunlap & Kern, 1993; Munk & Repp, 1994). 다섯째, 지원계획은 전형적으로 선행사건, 결과, 맥락적인 조정들을 비롯한 복합적인 요인들을 포함한다. 이러한 모든 것들은 개인에 기초해서 알 수 있다(Horner & Carr, 1997).

2) 문제행동의 기능

인간은 기본적인 욕구를 채우기 위해 다양한 행동을 한다. 인간의 기본적인 욕구에는 생존, 소속감, 권력, 자유, 즐거움이 있다(Glasser, 1998). 이러한 욕구들은 상호 배타적이 아니라 서로 상호작용을 하고 있으며, 행동을 이끌어 내는 역할을 하고, 학교 상황에 적용되고 있다. 기본적인 다섯 가지 욕구들은 기능적인 행동평가를 수행하는 데 적용될 수 있고, 긍정적 행동지원을 개발하거나 학습 환경을 개선시킬 수 있다(Frey & Wilhite, 2005).

한편, 응용행동분석에서는 인간의 행동은 선행자극에 따라 발생한다고 보며, 문제행동에는 어떠한 원인이 있다고 보고 접근하고 있다. 이러한 문제행동의 원인은 기능(function) 또는 본질(nature)로 불리우며, 그 기능에는 구체물 요구(tangible), 관심끌기(attention), 도피(escape), 기타로 설명할 수 있다.

이 기능을 좀 더 구체적으로 살펴보자면, 먼저 선호하는 행동, 장난감, 음식물 등과 같은 구체물을 얻으려고 문제행동을 보이는 경우를 들 수 있다. 에델슨 등(Edelson, Taubman, & Lovaas, 1983)은 아동들이 원하는 물건을 제거했을 때 자해행동이 증가하였다고 보고하면서, 아동들이 자신이 원하는 물건이나 활동을 얻기 위해 문제행동을 대체 수단으로 사용한다고 하였다. 그 외의 많은 연구에서 또한 아동들의 문제행동이 원하는 물건이나 활동들을 얻기 위한 기능으로 작용하고 있는 것을 밝히고 있다(Billingsley & Neel, 1985; Horner & Budd, 1985; Wiesler, Hanson, Chamberlain, & Thompson, 1985; Day, Rea, Schussler, Larsen, & Johnson, 1988; Durand & Crimmins, 1988).

다음으로, 아동들이 다른 사람으로부터 관심을 끌기 위해 문제행동을 나타내는 경우가 있다. 아동들은 대인 간의 사회적 상황에서 극적인 형태의 행동을 보이지 않는다면 타인으로부터 종종 무시당한다고 생각하기 때문에, 문제행동을 타인과 상호작용하는 효과적인 방법으로 사용하곤 한다. 테일러와 카(Taylor & Carr, 1992)의 연구는 행동장애 아동들이 성인들과 사회적 접촉을 하기 위한 효과적인 방법으로 문제행동을 사용하고 있다는 것을 보여 주었고, 많은 연구들 또한 행동장애 아동들의 문제행동이 성인의 관심을 끌기 위한 기능으로 작용하고 있다는 것을 밝히고 있다(Lovaas, Freitag, Gold, & kassorla, 1965; Lovaas & Simmons, 1969; Martin & Foxx, 1973; Carr & McDowell, 1980; Durand, Crimmis, Caulfield, & Taylor, 1989; Taylor & Carr, 1992).

마지막으로, 싫어하는 상황으로부터 도피하려고 문제행동을 야기하는 경우를 고려해 볼 수 있다. 카 등(Carr, Newson, & Binkoff, 1976)은 그들의 연구에서 아동들에게 학업적 과제들을 제시했을 때는 공격행동이 나타났으나 과제를 제거했을 때는 공격행동이 거의 나타나지 않은 것을 발견하고, 아동들의 공격행동이 과제를 피할 수 있게 도와주었다고 주장하였다. 다른 여러 연구들에서도 아동들의 문제행동이 싫어하는 과제를 회피하기 위한 수단으로 사용하고 있다는 것을 밝히고 있다(Churchill, 1971; Carr et al., 1976; Durand, 1982; Carr & Newsom, 1985; Repp, Felce, & Barton, 1988; Durand et al., 1989; Steege, Wacker, Berg, Cigrand, & Cooper, 1989).

문제행동의 이러한 세 가지 기능 외의 기타 변인으로는 감각 자극(sensory), 생리적 자기조절 기능(homeostatic), 기질성(organic) 등이 있다.

감각 자극은 문제행동이 감각적인 자극으로 유지된다는 것이다(Flavell, McGimsey, & Shell, 1982). 예를 들어, 아동이 자기의 눈을 반복적으로 찌르는 행동은 안내(眼內)섬광(phosphene)이라 불리는 시각적으로 흥미로운 패턴이 아동의 감각을 자극하기 때문에 그러한 행동이 유지되는 것이다. 몇몇 연구에서는 감각적인 자기자극의 결과가 상동행동, 자해행동, 이식증과 같은 문제행동을 유지시킨다고 밝히고 있다(Wolery, Kirk, & Gast, 1985; Lovaas, Newsom, & Hickman, 1987; Wolery, 1987).

인간은 기본적으로 생리적 자기조절 기능을 가지고 있다. 생명체의 모든 활동은 외부의 여러 가지 변화와 자극 가운데 시작된다. 외부의 자극이 피부를 통해서 내부 세계에 전달되고, 내부 세계는 그 외부의 여러 가지 변화와 자극에 대하여 자신의 생활에 적합하도록 항상적인 유지 기능을 이룬다. 즉, 날씨가 추우면 피부가 오그라들고 혈관이 수축되어 체온의 발산을 막듯이 외부의 변화에도 불구하고 신체의 내부는 언제나 일정한 상태로 보존된다. 이와 같이 인간 유기체는 항상 자기의 유기체 내부적으로 평형을 유지하려는 경향이 있는데 이러한 평형 상태를 생리적 자기조절 기능이라고 한다. 이러한 생리적 자기조절 기능으로 문제행동을 설명하려는 접근들은 생리적 자기조절 기능을 환경적인 자극에 대한 반응으로 보고 있다. 게스와 카(Guess & Carr, 1991)는 너무 많거나 적은 주변의 자극 때문에 자해행동이 발생한다고 주장하였다. 그들은 아동에게 어떠한 자극을 제공하지 않았을 때 머리로 박거나 얼굴을 치는 등의 자기자극이 발생하였고, 반대로 소음이 많거나 사람이 많은 것과 같이 환경이 자극적이었을 때 다양한 형태의 자해 행동으로 과잉 자극을 막으려는 것을 발견하였다.

기질성은 문제행동을 생물학적 요인들의 결과로 보는 것이다(Cataldo & Harris, 1982; Schroder, Rojahn, Mulick, & Schroder, 1990; Lowry & Sovner, 1992). 연구에 따르면, 자해행동의 어떠한 형태는 중독적인 행동의 형태를 보인다고 제시하고 있다. 예를 들어, 아동이 머리를 칠 때 아편제 같은 물질이 혈액 속에서 나와 자해에 따른 즐거운 효과를 주고 그 때문에 자신의 행동이 습관적이 된다는 것이다. 이러한 기질성과 관련된 문제행동들은 날트렉손(naltrexone)과 같은 아편을 차단하는 약물치료를 통해 효과를 얻을 수 있다고 밝히고 있다(Herman, Hammock, Arthur-Smith, Egan, Chatoor, Werner, & Zelnick, 1987; Barrett, Feinstein, & Hole, 1989; Sandman, Barron, & Colman, 1990).

감각 자극, 생리적 자기조절 기능, 기질성 요소들에 관한 연구들이 계속 진행 중에 있으나 이들에 따른 문제행동의 평가와 중재는 복잡하고 전문성을 요구하기 때문에 아직은 효과 검증에 문제가 있다.

이상과 같이 응용행동분석에서는 문제행동의 기능을 의사소통 기능에 두고, 자신의 의도를 표현하려는 구체물 요구 행동, 관심 끌기 행동, 도피 행동과 기타 행동으로 나누고 있다. 긍정적 행동지원은 응용행동분석에서의 문제행동 기능을 이해하고 행동의 본질이 되는 의사소통 의도를 정확히 파악한 후에 그에 대응하는 적절한 지도를 하는 것이다.

3) 문제행동과 기능평가

긍정적 행동지원은 아동의 문제행동이 외현화 문제행동이든, 내면화 문제행동이든 문제행동의 원인이 무엇인가를 파악하여 긍정적인 중재 전략을 사용하는 것이다. 따라서 긍정적 행동지원에서는 문제행동의 원인이 되는 기능, 즉 문제행동의 의도를 파악하는 것이 중요하다. 아동이 보이는 문제행동을 파악하기 위해서는 먼저 문제행동의 본질을 이해하고, 그 문제행동이 의도하는 기능을 파악해야 한다.

기능평가는 문제행동을 일으키는 아동의 의도를 분석하여 그 행동이 뜻하는 것이 무엇인가를 파악하는 것이다. 기능평가를 통해 얻은 정보는 먼저, 아동 행동의 기능적 현 수준을 알려 주고, 아동의 행동에 직접적으로나 간접적으로 영향을 미치는 요인들을 분석할 수 있게 한다. 기능평가로 행동이 의도하는 것을 이해한 다음에는 문제행동에 대한 의미 있는 대안들을 아동들에게 제공해 주는 중재들을 설계할 수 있고, 행동 변화의 양상과 중재 프로그램의 효과를 평가할 수 있다.

또한 기능평가는 개인의 문제행동에 기여하는 심리학적 요인과 환경적 요인을 이해하는 과정으로 행동적 중재의 효과와 효용성을 개선시키는 정보를 얻을 수 있다. 기능평가로부터 얻은 정보가 생활 장면의 물리적인 상황, 학교의 커리큘럼 혹은 직업 환경에서의 사회적 구조를 재설계하도록 도움을 줄 수 있기 때문에 문제행동을 유지시키는 결과들을 이해하는 것이 중요하다. 다시 말해 기능평가는 문제행동이 발생하는 물리적 · 사회적 환경에 대해 세부적인 정보를 제공해 준다.

기능평가로부터 얻은 정보를 임상적인 프로그램에 단순히 적용시키는 것은 의미 없는 일이기 때문에 기능평가는 의학적인 진단과는 다르다. 기능평가는 의사소통과 행동장애를 가진 아동들의 환경을 재설계하도록 요구하며, 이를 위하여 다학문적인 팀의 참여를 요구한다(Carr et al., 1994).

문제행동의 의도를 파악하는 기능평가는 크게 세 가지 전제를 바탕으로 한다(O' Neill, Horner, Albin, Sprague, Storey, & Newton, 1997).

첫째 전제는 문제행동의 원인을 알면 바람직하지 않은 행동이 나타났을 때 바람직한 행동으로 대체할 수 있도록 가르칠 수 있다는 것이다. 둘째 전제는 행동수정에서의 접근법이 주로 문제행동 감소에 초점을 두고 행동의 결과에만 관심을 두기 때문에 교육과는 상관관계가 낮다는 것이다. 마지막 전제는 기능평가를 통해 문제행동을 대치할 수 있는 동등한 기능을 가진 대안적인 행동을 찾아낼 수 있다는 것이다. 기능평가는 이러한 세 가지 전제를 바탕으로 문제행동을 기술하고 분석한다.

기능평가 방법에는 일반적으로 면접, 직접관찰, 실험을 통한 기능분석 등이 있다. 면접은 평가자가 행동의 본질을 기술하기 위해서 아동을 지도하는 교사나 부모에게 문제행동에 관한 제반 사항들을 질문하여 정보를 수집하는 방법이다. 직접관찰은 평가자가 다양한 일상 상황 속에서 아동의 문제행동을 직접적으로 관찰하여 문제행동의 정보를 수집하는 방법으로, 주로 A−B−C(antecedent−behavior−consequence) 평가 방법을 사용한다. 그리고 실험을 통한 기능분석 방법은 평가자가 어떤 상황 속에서 문제행동이 지속적으로 일어나는지를 결정하기 위하여 상황을 의도적 또는 체계적으로 조정하는 것이다. 기능평가를 통해 아동의 문제행동을 파악할 때는 먼저 면접을 통해 아동의 문제행동에 대한 정보를 1차적으로 수집한 다음, 기능분석과 여러 가지 관찰 방법을 사용하여 문제행동을 좀 더 구체적으로 파악한다.

기능평가에 관한 연구는 1980년대에 들어서 응용행동주의자들을 중심으로 시작되었다. 1980년대 이전에는 문제행동 지도에 관심이 적었으나, 아이와타 등(Iwata, Dorsey, Slifer, Bauman, & Richman, 1982)의 연구에서 행동이 무엇을 나타내는가를 밝히려는 기능평가에 관한 연구를 시작하면서 문제행동 지도에 관심을 갖게 되었다. 그들은 문제행동의 원인을 파악하기 위하여 기능분석 방법을 사용하였는데, 기능분석은 고립조건, 장난감 놀이조건, 관심조건, 요구조건의 4가지 평가조건으로 구성한 다음, 각 평가조건에서 아동의 문제행동을 관찰하여 문제행동이 가장 많이 발생되는 조건을 문제행동의 원인이 되는 기능으로 분석하였다.

기능평가에 관한 본격적인 연구는 카와 두랜드(Carr & Durand, 1985)의 연구로, 이 연구에서는 문제행동을 관찰하여 평가한 후 무엇을 지도해야 하는지를 제시하였다. 또한 문제행동이 일어나는 원인은 주로 성인에게 관심을 끌기 위함과 과제를 회피하기 위함이라는 것을 알아냈으며, 각각의 지도 방법은 다르게 적용해야 한다고 밝히고 있다.

기능평가에 관한 연구들은 기능분석 방법 외에 직접관찰, 면접, 평가척도에 따른 방법들을 사용하였다. 랩 등(Repp et al., 1988)은 중도 정신지체아 3명의 상동행동과 자해행동의 기능을 파악하기 위해 직접관찰 방법을 사용하였다. 그들은 직접관찰로부터 얻은 가설화된 기능에 맞춘 중재와 맞추지 않은 중재를 비교한 결과, 가설화된 기능에 맞춘 중재에서만 문제행동이 감소되었다고 보고함으로써 문제행동의 기능에 대한 가설을 수립하는 데 직접관찰 평가가 유용함을 입증하였다. 스미스(Smith, 1985)는 자폐 성인 두 명이 보이는 공격행동과 산만한 행동에 대해 A-B-C 평가를 사용하여 행동을 분석한 다음, 분석된 기능에 기초한 중재가 성공적이었다고 보고하였다. 버드 등(Bird, Dores, Moniz, & Robinson, 1989)도 기능적으로 대응되는 의사소통 반응을 가르치기 위해 중도 정신지체 성인의 자해행동과 공격행동에 대해 직접관찰과 동기 사정척도(MAS)를 사용하여 그 기능들을 평가하였다. 던랩 등(Dunlap et al., 1993)의 연구에서는 아동들의 문제행동과 교실 내의 상황과 관련된 기능평가를 실시하여 문제행동과 관련된 변인을 찾아냈다. 그들의 연구는 일상적으로 진행되고 있는 자연스러운 교실 활동 속에서 실시되어 기능평가 결과에 따른 중재의 일반화에 긍정적인 영향을 미쳤다. 이성봉(1999)은 공격행동, 자해행동, 방해행동 등을 보이는 행동장애 아동들의 문제행동을 기능평가 방법으로 분석하였다. 기능평가는 직접관찰 방법을 사용하여 문제행동을 수집하였고, 수집된 문제행동으로 의도분석과 상황분석을 실시하여 의사소통 중재의 기본 자료를 제시하였다.

문제행동을 평가하는 방법으로 기능평가가 다른 방법에 비해 다소 복잡하고 까다로운 면이 있으나, 이상과 같은 연구결과들로 미루어 보아 기능평가 방법은 행동장애 아동들의 문제행동 의도를 분석하는 데 유용하고 분석적이었다. 또한 기능평가 결과들로부터 나온 문제행동 기능들을 바탕으로 수립한 긍정적 행동지원이 문제행동 감소에 효과적이었다.

이상의 연구들을 종합해 보면, 기능평가를 바탕으로 한 긍정적 행동지원에 관한 연구들은 문제행동 중재에 효과가 있다는 것이 증명되었다.

4) 긍정적 행동지원 전략

긍정적 행동지원 계획은 전형적으로 예방, 지도, 반응의 세 가지 전략으로 살펴볼 수 있다. 예방전략은 선행사건으로 행동을 변화시키고, 지도전략은 지도를 통해 행동을 변화시키고, 반응전략은 행동의 결과를 변화시킨다. 이러한 예방, 지도, 반응의 세 가지 전략들은 선행사건, 행동, 결과를 변화시키기 위해 계획되어야 한다. 아동들에게 보이는 심각한 문제행동을 지도하기 위한 대부분의 계획들은 예방, 지도, 반응의 세 가지 유형의 전략이 필요하다. 이와 더불어 아동이 파괴행동이나 자해행동 등의 심각한 문제행동을 보인다면 위기관리 계획으로 발전시켜야 한다. 〈표 13-8〉은 아동에게서 보이는 문제행동에 대한 A-B-C정보와 행동지원 전략 유형과의 관계를 나타낸 것이다.

표 13-8 A-B-C정보와 행동지원 전략 유형과의 관계

구 분	평가 정보의 유형		
	선행사건(A)	행 동(B)	결 과(C)
	예 방	지 도	반 응
지원전략 유형	• 선행사건 회피(일시적, 영구적) • 삶의 질을 개선하기 위한 장기적인 변화유도	• 특정행동, 대안행동 지도 • 사회기술, 관리기술 지도	• 문제행동의 비강화, 대안행동의 강화 • 예방을 위한 위기관리

출처 : Janney, R., & Snell, M. E. (2000), *Teachers' guide to inclusive practices: Behavioral Support*, Baltimore: Paul H. Brooks.

(1) 예방전략

긍정적 행동지원 전략의 첫 번째는 문제행동을 예방하는 것이다. 긍정적 행동지원은 문제행동을 감소시키기 위해 문제행동이 발생한 이후에 대처하는 것뿐 아니라 문제행동 발생의 예방에 두기 때문에 아동 개인이 필요한 사회적, 학습적 성과를 달성할 수 있도록 지원하는 체계적이고 종합적인 개별화 전략이 필요하다. 따라서 긍정적 행동지원은 새로운 행동의 지도과정을 통해 아동이 할 수 있는 기능의 범위를 확장시키는 교육적인 측면과 아동이 속한 다양한 환경을 재구성하는 측면이 동시에 있다(Carr et al., 2000). 예방전략은 신체적인 환경, 일상생활 계획, 스태프와 동료들에서의 변화를 포함한다.

문제행동을 예방하기 위해서는 문제행동이 발생했을 때 누가, 언제, 어디서, 왜, 어떻게 발생했는가를 파악하는 것으로부터 정보를 수집할 수 있다. 예방 중심의 접근법에서는 과제수행에서 실패로 이끄는 상황들을 피하고, 올바른 방법으로 과

표 13-9 문제행동 예방을 위한 선행사건 점검 항목

누 가
• 지도교사들을 바꾼다. • 그룹을 바꾼다.
무엇을
• 기능적인 교수활동을 만든다. • 난이도 수준을 바꾼다. • 아동 스스로 활동을 선택하게 한다. • 긍정적인 행동과 바른 행동을 촉진한다. • 구조적이고 구체적인 활동을 만든다. • 활동의 시작과 종료를 명확히 한다. • 시각적 촉구와 모델을 사용한다. • 아동이 가장 잘 배우는 방법을 찾아낸다. • 규칙, 절차, 일정, 활동을 명확히 알려 준다. • 더 많은 강화를 제공한다.
언 제
• 일정의 변화를 알려 준다. • 어려운 과제와 쉬운 과제의 균형을 맞춘다. • 자리 배치나 학습 장소를 바꾼다. • 문제가 되는 환경을 피한다.

제를 수행할 수 있도록 돕는 것이다. 새로운 기술이나 습관을 지도할 때 주의해야 할 점은 잘못된 기술습득이 새로운 방법을 지도하는 것보다 더 힘들다는 점이다.

예방전략은 아동의 교육 프로그램과 삶의 질 지수에서의 변화다. 이러한 변화들은 가족활동에 참여하기, 또래관계를 촉진하기, 선택의 기회 제공하기를 포함한다. 문제행동은 적절한 교육프로그램이나 아동에게 적합한 교실 환경을 제공함으로써 예방할 수 있다. 아동은 능력과 흥미에 맞는 과제를 수행할 때, 문제행동이 감소되고 학습된 성취감을 가질 수 있다. 반면에 아동 자신의 능력으로 과제를 수행하기 어렵거나 과제수행 기술을 습득하는 시간이 길어질 때는 문제행동이 나타날 수 있다.

예방전략의 또 다른 유형은 선행사건의 정보를 파악하는 것이다. 문제행동의 선행사건은 문제행동 발생에 대하여 '누가, 언제, 어디서, 무엇을' 으로 질문을 함으로써 발견할 수 있다. 선행사건을 파악한 다음 문제행동이 발생되지 않도록 하는 것이 문제행동 해결에 도움이 된다. 다음은 문제행동을 회피하기 위하여 선행사건을 바꾸는 다양한 방법들의 예다.

(2) 지도전략

긍정적 행동지원 계획에 포함되는 전략의 두 번째 형태는 새로운 기술을 가르치는 것이다. 행동지원 계획의 가장 중요한 부분은 문제행동을 사용하지 않고 아동이 요구하는 것을 얻을 수 있도록 아동에게 새로운 기술을 가르치는 것이다. 심각한 문제행동을 보이는 아동에게 문제행동과 동등한 의도를 가진 대안적인 행동양식을 지도하는 것과 아동의 감정을 관리하는 자기관리 전략을 가르치는 것이 유용하다.

긍정적인 행동계획 지도전략은 아동이 의도하는 목적을 성취하기 위해 대안적이고 적합한 행동양식을 획득하고 사용하도록 지도하는 것이다. 문제행동의 목적이 자신의 요구를 문제행동으로 의사소통하는 것이라면 아동에게 새로운 형태의 의사소통 양식을 지도해야 한다. 예를 들어, 학생이 "나는 마실 것을 원해요"를 소리를 질러서 의사소통을 한다면, 새로운 형태의 의사소통 양식인 단어, 신호, 몸짓 등을 사용하여 의사소통할 수 있도록 지도해야 한다. 그리고 행동의 기능이 자기규제이면, 아동이 그 목적을 성취하기 위해 새로운 방법을 지도해야 한다. 예를 들어, 짜증을 유발하는 큰 소음에 노출되었을 때, 아동이 손으로 귀를 막고 소리를 지르는 문제행동을 보인다면 이러한 문제행동보다 긍정적인 의사소통 양식으로 자신의 의사를 표현할 수 있는 대안적인 방법을 지도해야 한다.

대안적인 기술 지도는 문제행동과 동등한 대체행동을 파악하고, 대안적인 기술을 사용하는 시기와 방법을 지도하고, 일상생활에서 문제행동보다 효과적인 기술을 사용하도록 지도해야 한다. 오네일 등(O'Neill et al., 1997)은 그들의 연구에서 비효과적인 문제행동을 파악하면서 효과적인 대체행동을 확인하고 지도했다. 그들은 아동이 의사소통 목적을 달성하는 데 문제행동보다 새로운 대체기술이 더 쉬워야 한다고 했다.

대안적인 기술 지도는 어떻게, 언제, 누가 기술을 지도하고, 일반화와 유지를 고려한 교수프로그램 개발을 포함한다. 대안적인 기술 지도에 사용되는 교수방법으로는 모델링, 촉구와 행동형성, 행동의 시연, 코칭, 우발학습, 자기관리 전략, 사회인지적 과정 등이 있다. 이러한 방법들은 아동의 인지능력과 의사소통 능력에 따라 다르게 사용되어야 한다.

문제행동 지도전략은 대체행동을 배우는 것과 더불어 사회적인 상호작용 기술과 자기관리 전략을 개선시키는 것이 포함된다. 의사소통과 자기관리가 문제행동의 출현을 감소시킬 수 있지만 아동의 전반적인 삶의 질을 변화시키지는 못한다. 그러나 사회적 기술과 자기관리 기술은 긍정적 행동지원의 목표인 행동과 생활양식을 개선하는 데 도움이 된다.

(3) 반응전략

반응전략은 아동이 행동한 결과에 대한 변화다. 이 전략은 강화의 원리를 사용하지만 적절한 행동에 대해 보상을 주거나 부적절한 행동에 대해 벌을 주는 것에 초점을 맞추지 않는다. 보상과 벌의 접근법은 단기간에 효과가 있을지 모르지만 아동의 행동관리를 타인에게 의지하는 결과를 초래한다. 이러한 결점과 더불어 전통적인 행동수정 프로그램들은 통합학급에 적용시키는 데 어려움이 있고, 아동을 낙인찍는 방법이 되므로 아동을 외톨이로 만들 수 있다.

반응전략의 목적은 아동이 대안적인 기술과 대처전략을 사용하도록 지원하는 것이다. 이 전략은 아동에게 문제행동이 더 이상 효과가 없다는 것을 깨닫게 하는 데 있으며, 문제행동보다 효과적인 다른 행동을 사용하도록 격려하는 것을 포함한다. 이러한 접근에 적합한 반응 양식으로는 비강화와 재지시, 논리적이고 교육적인 결과, 휴식 등이 있다.

참고문헌

김삼섭(1999). 특수교육의 심리적 기초. 서울: 교육아카데미.

이성봉(1999). 기능평가를 통한 정서장애아의 문제행동 분석, 특수교육연구, 제6집(pp. 89-102). 국립특수교육원.

Achenbach, T. M. (1985). *Assessment and taxonomy of child and adolescent psychopathology*. Beverly Hills: Sage.

Achenbach, T. M. (1991). *Integrative guide for the 1991 CBCL/4-18, YSR and TRF profiles*. Burlington, VT: University of Vermont Department of Psychiatry.

Alberto, P. A., & Troutman, A. C (2006). *Applied behavior analysis teachers* (7th ed.). Upper Saddle River, NJ: Merrill/Prentice Hall.

American Psychiatric Association. (2000). *Diagnostic and statistical manual of mental disorders* (4th ed.). Text Revision. Washington, DC: American Psychiatric Association.

Baer, D. M., Wolf, M., & Risely, T. R. (1968). Some still-current dimensions of Applied Behavior Analysis. *Journal of Applied Behavior Analysis, 20*, 313-327.

Barrett, R. P., Feinstein, C., & Hole, W. T. (1989). Effects of naloxone and naloxone on self-injury: A double-blind, placebo-controlled analysis. *American Journal of Mental Retardation, 93*, 644-651.

Belsky, J. (1980). Child maltreatment: An ecological integration. *American psychologist, 35*, 320-335.

Bemporad, J. (1991). Psychoanalysis and psychodynamic therapy. In J. M. Weiner (Ed.), *Textbook of child and adolescent psychiatry*. Washington, DC: American Psychiatric Press.

Billingsley, F. F., & Neel, R. S. (1985). Competing behavior and their effects on skill generalization and maintenance. *Analysis and Intervention in Developmental Disabilities, 5*, 357−372.

Bird, F., Dores, P. A., Moniz, D., & Robinson, J. (1989). Reducing severe aggressive and self−injurious behaviors with functional communication training. *American Journal of Mental Retardation, 94*, 37−48.

Bronfenbrenner, U. (1977). Toward an experimental ecology of human development. *American psychologist, 32*, 320−335.

Carr, E. G., Newsom, C. D., & Binkoff, J. A. (1976). Stimulus control of self−destructive behavior in a psychotic child. *Journal of Abnormal Child Psychology, 4*, 139−153.

Carr, E. G., & McDowell, J. J. (1980). Social control of self−injurious behavior of organic etiology. *Behavior Therapy, 11*, 402−409.

Carr, E. G., & Durand, V. M. (1985). Reducing behavior problems through functional communication training. *Journal of Applied Behavior Analysis, 2*, 111−126.

Carr, E. G., & Newsom, C. D. (1985). Demand−related tantrum: conceptualization and treatment. *Behavior Modification, 9*, 403−426.

Carr, E. G., Levin, L., McConnachie, D. C, Carlson, J. I., Kemp, D. C, & Smith, C. E. (1994). *Communication based intervention for problem behavior.* Baltimore, ML: Paul H. Brooks.

Carr E. G., Dunlap, G., Horner, R. H., Koegel, R. L., Turnbull, A. P., Sailor, W., Anderson, J., Albin, R., W., Koegel, L. K., & Fox, L. (2000). Positive Behavior support: Evolution of applied science. *Journal of Positive Behavior Interventions, 4*, 4−16.

Cataldo, M. F., & Harris, J. (1982). The biological basis for self−injury in the mentally retarded. *Analysis and Intervention in Developmental Disabilities, 2*, 21−39.

Churchill, D. W. (1971). Effects of success and failure in psychotic children. *Archives of General Psychiatry, 25*, 208−214.

Cooper, J. O., Heron, T. E., & Heward, W. L. (1987). *Applied behavior analysis.* Columbus, OH: Merrill.

Day, R. M., Rea, J. A., Schussler, N. G., Larsen, S. E., & Johnson, W. A. (1988). A functionally based approach to the treatment of self−injurious behavior.

Behavior Modification, 12, 565–589.

Dunlap, G., & Kern, L. (1993). Assessment and intervention for children within the instructional curriculum. In J. Reichle & D. Wacker (Eds.), *Communicative alternatives to challenging behavior*. Baltimore: Brookes.

Dunlap, G., Kern, L., DePerczel, M., Clarke, S., Wilson, D., Childs, K. White, R., & Falk, G. (1993). Functional analysis of classroom variables for students with emotional and behavior disorders. *Behavior Disorders, 18*, 275–291.

Dunlap, G., & Hieneman, M. (2000). Essential elements of inservice training in positive behavioral support. *Journal of Positive Behavioral Interventions, 2*, 22–37.

Durand, V. M. (1982). Analysis intervention of self–injurious behavior. *Journal of the Association for the Severely Handicapped, 7*, 44–53.

Durand, V. M., & Crimmins, D. B. (1988). Identifying the variable maintaining self–injurious behavior. *Journal of Autism and Developmental Disorders, 18*, 99–117.

Durand, V. M., Crimmis, D. B., Caulfield, M., & Taylor, J. (1989). Reinforcer assessment Ⅰ: Using problem behavior to select reinforcers. *Journal of The Association for persons with severe Handicaps, 14*, 113–126.

Edelson, S. M, Taubman, M. T., & Lovaas, O. I. (1983). Some social contexts of self–destructive behavior. *Journal of Abnormal Child Psychology, 11*, 299–312.

Emsile, G. J., Weinberg, W. A., Kennard, B. D., & Kowatch, R. A. (1994). Neurobiological aspects of depression on children and adolescents. In W. M. Reynolds & H. F. Johnston (Eds.), *Handbook of depression in children and adolescents*. New York: Plenum.

Evans, I. M., & Meyer, L. H. (1985). *An educative approach to behavior problems: A practical decision making model for interventions with severely handicapped learners*. Baltimore: Brookes.

Flavell, J. E., McGimsey, J. F., & Schell, R. M. (1982). Treatment of self–injury by providing alternate sensory activities. *Analysis and Intervention in Developmental Disabilities, 2*, 83–104.

Fletcher, J. M., & Taylor, H. G. (1997). Children with brain injury. In E. J. Mash & L. G. Terdal (Eds.), *Assessment of childhood disorders* (3rd ed.). New York: Guilford Press.

Foster–Johnson, L., & Dunlap, G. (1993). Using functional assessment to develop effective individualized interventions for challenging behaviors. *Teaching Exceptional Children, 25*, 44–50.

Frey, L. M., & Wilhite, K. (2005). Our five basic needs: Application for understanding the function of behavior. *Intervention in School and Clinic 40, 3*, 156–160.

Glasser, W. (1998). Choice theory: *A new psychology of personal freedom*. New York: HarperCollins.

Guess, D., & Carr, E. (1991). Emergence and maintenance of stereotype and self–injury. *American Journal of Mental Retardation, 96*, 299–319.

Herman, B. M., Hammock, M. K., Arthur–Smith, A., Egan, J., Chatoor, I., Werner, A., & Zelnick, N. (1987). Naltrexone decrease self–injury behavior. *Annals of Neurology, 22*, 550–552.

Horner, R. H., & Budd, C. M. (1985). Acquisition of manual sign use: Collateral reduction of maladaptive behavior and factors limiting generalization. *Education and Training of Mentally Retarded, 20*, 39–47.

Horner, R. H., Dunlap, G., Koegel, R. L., Carr, E. G., Sailor, W., Anderson, J., Albin, R. W., & O' Neill, R. E. (1990). Toward a technology of nonaversive behavioral support. *Journal of the Association for Persons with Severe Handicaps, 15*, 125–132.

Horner, R. H., & Carr, E. G. (1997). Behavioral support for students with severe disabilities: Functional assessment and comprehensive intervention. *The Journal of Special Education, 31*, 84–104.

Iwata, B. A., Dorsey, M. F., Slifer, K. J., Bauman, K. E., & Richman, G. S. (1982). Toward functional analysis of self–injury. *Analysis and Intervention in Developmental Disabilities, 2*, 3–20.

Janney, R., & Snell, M. E. (2000). *Teachers' guide to inclusive practices: Behavioral Support*. Baltimore: Paul H. Brooks.

Jones, M. C. (1924). A laboratory study of fear: The case of Peter. *Pedagogical Seminary, 31*, 308–315.

Kauffman, J. M. (1997). *Characteristics of behavioral disorders of children and youth* (6th ed.). Columbus, OH: Merrill.

Kendall, P. C., Panichelli–Mindel, S. M., Sugarman, A., & Callahan, S. A. (1997). Exposure to child anxiety: Theory, research, and practice. *Clinical Psychology:*

Science and Practice, 4, 29–39.

Koegel, L. K., Koegel, R. L., & Dunlap, G. (1996). *Positive behavioral support: Including people with difficult behavior in the community*. Baltimore: Brookes.

Lovaas, O. I., Freitag, G., Gold, V. J., & kassorla, I. C. (1965). Experimental studies in childhood schizophrenia: Analysis of self–destructive behavior. *Journal of Experimental Child Psychology, 2*, 67–84.

Lovaas, O. I., & Simmons, J. Q. (1969). Manipulation of self–destruction in three retarded children. *Journal of Applied Behavior Analysis, 2*, 143–157.

Lovaas, O. I., Newsom, C., & Hickman, C. (1987). Self–stimulatory behavior and perceptual reinforcement. *Journal of Applied Behavior Analysis, 2*, 45–68.

Lowry, M. A., & Sovner, R. (1992). Severe behavior problems associated with rapid cycling bipolar disorder in two adults with profound mental retardation. *Journal of Intellectual Disability Research, 36*, 269–281.

Lynch, M., & Cicchetti, D. (1998). An ecological–transactional analysis of childen and contexts: The longitudinal interplay among child maltreatment, community violence, and children' s symptomatolgy. *Development and Psychopathology, 10*, 235–257.

Martin, P. L., & Foxx, R. M. (1973). Victim control of the aggression of an institutionalized retardate. *Journal of Applied Behavior Analysis, 4*, 161–165.

Munk, D. D., & Repp, A. C. (1994). The relationship between instructional variables and problem behavior: A review. *Exceptional Children, 60*, 390–401.

O' Neill, R. E., Horner, R. H., Albin, R. W., Sprague, J. R., Storey, K., & Newton, J. S. (1997). *Functional assessment and program development for problem behavior: A practical handbook* (2nd ed.). CA: Brooks/Cole.

Pike, A., & Plomin, R. (1996). Importance of nonshared environmental factors for childhood and adolescent psychopathology. *Journal of the American Academy of Child and Adolescent Psychiatry, 35*, 560–570.

Pliszka, S. R., McCracken, J. T., & Mass, J. W. (1996). Catecholamines in attention–deficit hyperactivity disorder: Current perspectives. *Journal of the American Academy of Child and Adolescent Psychiatry, 35*, 264–272.

Quay, H. C. (1986). Classification. In H. C. Quay & J. S. Werry (Eds.), *Psychopathological disorders of childhood* (3rd ed.). New York: Wiley.

Rakic, P., & Lombroso, P. J. (1998). Development of the cerebral cortex: I. Forming the cortical structure. *Journal of the American Academy of Child and Adolescent Psychiatry, 37*, 116–117.

Repp, A. C., Felce, D., & Barton, L. E. (1988). Basing the treatment of stereotypic and self–injurious behaviors on hypotheses of their causes. *Journal of Applied Behavior Analysis, 21*, 281–289.

Repp, A. C., & Horner, R. H. (1999). *Functional analysis of problem behavior: From effective assessment to effective support*. Belmont, CA: Wadsworth.

Sandman, C. A., Barron, J. L., & Colman, H. (1990). An orally administered opiate blocker, naltrexone, attenuates self–injurious behavior. *American Journal of Mental Retardation, 95*, 93–102.

Schroder, S. R., Rojahn, J., Mulick, J. A., & Schroder, C. S. (1990). Self–injurious behavior: An analysis of behavior management techniques. In J. L. Matson & J. R. McCartney (Eds.), *Handbook of behavior modification with the mentally retarded* (2nd ed.). New York: Plenum Press.

Smith, M. D. (1985). Managing the aggressive and self–injurious behavior of adults disabled by Autism. *Association for persons with Severe Handicaps, 10*, 228–232.

Steege, M. W., Wacker, D. P., Berg, W. K., Cigrand, K. C., & Cooper, L. J. (1989). The use of behavioral assessment to prescribe and evaluate treatment for severely handicapped children. *Journal of Applied Behavior Analysis, 22*, 23–33.

Target, M., & Fonagy, P. (1994). The efficacy of psychoanalysis for children: Prediction of outcome in a developmental context. *Journal of the American Academy of Child and Adolescent Psychiatry, 33*, 1134–1144.

Taylor, J. C., & Carr, E. G. (1992). Severe problem behavior related to social interaction II: A system analysis. *Behavior Modification, 16*, 336–371.

Watson, J. B., & Rayner, R. (1920). Conditioned emotional reactions. *Journal of Experimental Psychology, 3*, 1–14.

Wicks–Nelson, R., & Israel, A. C. (2006). *Behavior disorders of childhood* (6th ed). New Jersey: Prentice–Hall.

Wiesler, N. A., Hanson, R. H., Chamberlain, T. P., & Thompson, T. (1985).

Functional taxonomy of stereotypic and self−injurious behavior. *Mental Retardation, 23*, 230−234.

Wolery, M. R., Kirk, K., & Gast, L. (1985). Stereotypic behavior as a reinforcer: Effects and side effects. *Journal of Autism and Developmental Disorders, 15*, 149−161.

Wolery, M. R. (1987). Self−stimulatory behavior as a basis for devising reinforcers. *AAESPH Review, 3*, 23−29.

World Health Organization. (1992). *The ICD−10 Classification of Mental and Behavioral diseases, Tenth revision.* Chapter V. Mental and behavioral disorders. Diagnostic criteria for research. Geneva: Author.

찾아보기

인 명

내 용

ㅇ

ㅈ

저자 소개

김경숙
미국 University of Kansas 졸업(철학박사)
현 전남대학교 유아교육과 교수

주요 논문
- 유아통합교육을 위한 교사자질과 역할에 관한 교사와 교수들의 인식(특수교육연구, 2001)
- 장애유아 통합교육을 위한 일반교사와 특수교사 간 협력체제 연구(열린유아교육연구, 2006)
- 교사를 통해 본 다문화 가정 유아 부모의 특성과 유치원 교육 참여에 대한 질적 연구(공저, 특수아동교육연구, 2007) 외 다수

김미숙
대구대학교 특수교육과 졸업(문학박사)
현 백석대학교 특수교육과 교수

주요 저서 및 논문
- 특수아동의 이해와 교육(공역, 박학사, 2004)
- 학습장애: 이론, 진단 그리고 교수전략(공역, 박학사, 2005)
- 근접발달지역과 다매체순환표현을 통한 발달장애아의 그림표현발달지원에 관한 연구(공저, 정신지체연구, 8권, 2006) 외 다수

김성애
독일 쾰른 대학교 졸업(철학박사)
현 대구대학교 사범대학 특수교육학부 유아특수교육과 부교수

주요 논문
- 통합교육의 효율적 운영을 위한 지원방안(통합교육연구, 2006)
- "장애인 등에 대한 특수교육법"에 따른 통합교육의 가능성과 한계성(통합교육연구, 2007) 외 다수

김수진
대구대학교 대학원 특수교육학과 졸업(문학박사)
현 백석대학교 특수교육과 교수

주요 저 · 역서
- 청각장애아 교육(공저, 학지사, 2004)
- 학습장애: 이론, 진단 그리고 교수전략(공역, 박학사, 2005)
- 아동언어장애 이해(공저, 한국언어치료학회, 2005) 외 다수

박숙영
미국 뉴욕 주립대(Buffalo) 졸업(철학박사)
현 백석대학교 유아교육과 교수

주요 저서 및 논문
- Computer Graphic Programming and Children's Perspective Ability(구미서관, 2001)
- Logo 컴퓨터 프로그래밍과 아동의 공간지식(교육학연구, 1998)
- 유아의 컴퓨터교육에서 성평등을 실현하기 위한 방안(유아교육연구, 19권, 1999)
- 탁아경험이 유아발달에 미치는 영향(한국교육문제연구소논문집, 1998) 외 다수

백유순
미국 오하이오 주립대학교 졸업(철학박사)
현 나사렛대학교 유아특수교육과 교수

주요 논문
- 경도 정신지체 아동의 명료화 요구에 대한 반응: 언어능력, 지적 능력, 생활 연령이 일치하는 정상발달 아동그룹과 비교하여(특수교육학연구, 2000)
- 청각 장애의 조기 발견과 중재를 위한 전신생아 청력선별 검사의 제도적 실시를 위한 제언(특수아동

교육연구, 2006)
- 유아환경평가척도에 의한 유아특수교육 기관과 일반유아교육 기관의 환경실태 비교(유아특수교육연구, 2006) 외 다수

이 성 봉

단국대학교 특수교육과 대학원 졸업(교육학박사)
현 백석대학교 특수교육과 교수

주요 저 · 역서 및 논문

- 자폐 범주성 장애 아동 교육의 실제(공역, 시그마프레스, 2007)
- 문제행동과 긍정적 행동지원에 관한 고찰(한국자폐학회, 2003) 외 다수

조 광 순

미국 University of Arizona 졸업(철학박사)
현 University of South Florida 교수

주요 논문

- 장애 영 · 유아 조기발견 및 진단 · 평가 방안 연구(공저, 국립특수교육원, 2001)
- 특수유아들을 위한 교과과정 개발과 운영의 향후 방향(특수교육학연구, 2000)
- Using functional assessment and children's preferences to improve the behavior of young children with behavior disorders (Behavioral Disorders, 1999) 외 다수

조 윤 경

이화여자대학교 특수교육과 졸업(특수교육학 박사)
현 한국성서대학교 영유아보육학과 교수

주요 저서 및 논문

- 유아교사를 위한 특수아동지도(공저, 도서출판 공동체, 2008)
- 장애유아 통합 프로그램 운영의 A to Z(창지사, 2007)
- 통합학급 교사에 대한 긍정적 행동지원 훈련이 교사 교수 행동 및 장애유아 행동에 미치는 영향(유아특수교육연구, 2007) 외 다수

최 민 숙

독일 홈볼트 대학 졸업(철학박사)
현 백석대학교 유아특수교육과 교수

주요 저 · 역서

- 장애아동교육을 위한 가족참여와 지원(학지사, 2002)
- 장애유아 통합교육방법(공역, 양서원, 2003) 외 다수

허 계 형

University of Oregon 졸업(철학박사)
현 총신대학교 유아교육과 교수

주요 저서 및 논문

- K-ASQ 부모 작성형 유아 모니터링 체계(2007, 서울장애인 종합복지관)
- AEPS 시리즈(2008, 도서출판 특수교육)
- Cross cultural adaptation of a preschool screening instrument: Comparison of Korean and US population (2008)
- Identification of social-emotional problems in young children using a parent-completed screening measure (2001) 외 다수

2판

유아특수교육개론

2002년 9월 10일 1판 1쇄 발행
2006년 10월 20일 1판 4쇄 발행
2009년 2월 20일 2판 1쇄 발행
2021년 4월 20일 2판 6쇄 발행

지은이 • 김경숙 · 김미숙 · 김성애 · 김수진 · 박숙영 · 백유순
이성봉 · 조광순 · 조윤경 · 최민숙 · 허계형

펴낸이 • 김진환
펴낸곳 • (주) 학지사
04031 서울특별시 마포구 양화로 15길 20 마인드월드빌딩
대표전화 • 02)330-5114 팩스 • 02)324-2345
등록번호 • 제313-2006-000265호

홈페이지 • http://www.hakjisa.co.kr
페이스북 • https://www.facebook.com/hakjisa

ISBN 978-89-6330-036-8 93370

정가 18,000원